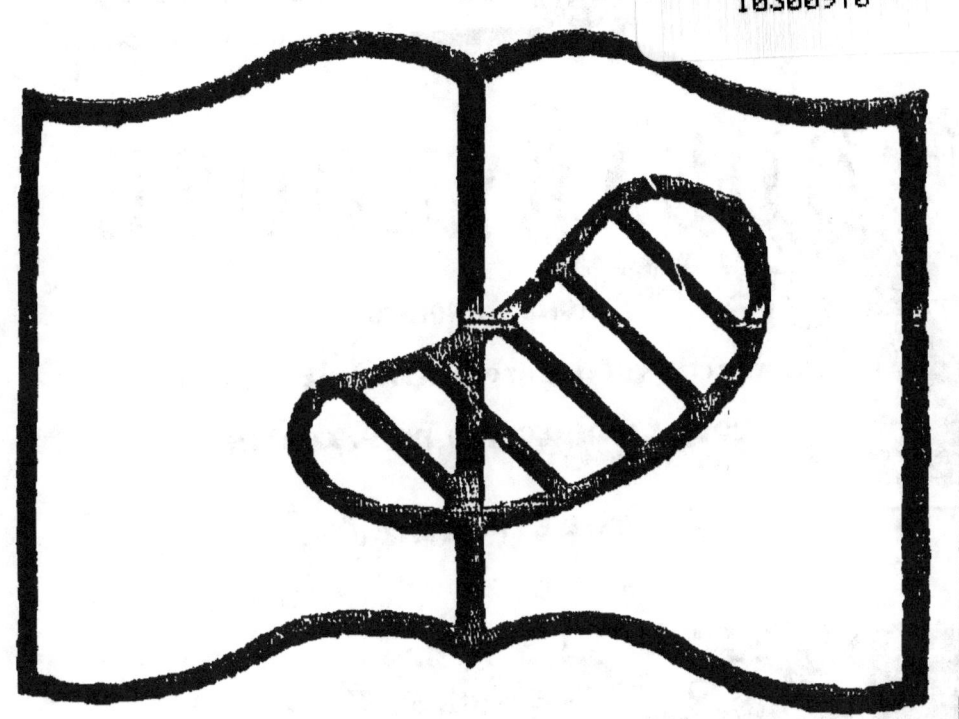

lisibilité partielle

VALABLE POUR TOUT OU PARTIE DU
DOCUMENT REPRODUIT

CH. DICKENS

BLEAK-HOUSE

ROMAN ANGLAIS

TRADUIT AVEC L'AUTORISATION DE L'AUTEUR

SOUS LA DIRECTION DE P. LORAIN

TOME PREMIER

PRIX : 2.00

PARIS
LIBRAIRIE HACHETTE ET Cⁱᵉ
79, BOULEVARD SAINT-GERMAIN, 79

Librairie HACHETTE et Cie, boulevard Saint-Germain, n° 79, à Paris.

BIBLIOTHÈQUE DES MEILLEURS ROMANS ÉTRANGERS

ÉDITIONS À 1 FRANC 25 CENTIMES LE VOLUME

ROMANS TRADUITS DE L'ANGLAIS

Ainsworth (W.) : Abigall. 1 v. — Crichton. 2 v. — Jack Sheppard. 2 v.

Anonymes : Les pilleurs d'épaves. 1 v. — Miss Mortimer. 1 v. — Paul Ferroll. 1 v. — Violette. 1 v. — Whitehall. 2 v. — Whitefriars. 2 v. — La veuve Barnaby. 2 vol. — Tom Brown à Oxford. 2 vol. — Mehalah. 1 vol. — Molly Bawn. 1 vol.

Austen (Miss) : Persuasion. 1 v.

Beaconsfield (lord) : Endymion. 2 vol.

Beecher-Stowe (Mrs) : La case de l'oncle Tom. 1 v. — La fiancée du ministre. 1 v.

Black (W.) : Anne Beresford. 1 vol.

Blackmore (R.) : Krema. 2 vol.

Braddon (Miss) : Œuvres. 41 volumes.

Bulwer Lytton (sir Ed.) : Œuvres. 25 vol.

Conway (H.) : Le secret de la neige. 1 v.

Craik (Miss Mullock.) : Deux mariages. 1 v. — Une noble femme. 1 v. — Mildred. 1 v.

Cummins (Miss) : L'allumeur de réverbères. 1 v. — Mabel Vaughan. 1 v. — La rose du Liban. 1 v.

Currer-Bell (Miss Brontë) : Jane Eyre. 2 v. — Le Professeur. 1 v. — Shirley. 2 v.

Dasent : Les Vikings de la Baltique. 2 v.

Derrick (F.) : Olive Varcoe. 2 v.

Dickens (Ch.) : Œuvres. 28 volumes.

Dickens et Collins : L'abîme. 1 v. Voir ci-dessus Beaconsfield.

Disraeli : Sybil. 2 v. — Lothair. 2 v.

Edwardes (Mrs Annie) : Un bas-bleu. 1 v. — Une singulière héroïne. 1 v.

Edwards (Miss Amélie) : L'héritage de Jacob Trefalden. 2 vol.

Elliot (F.) : Les Italiens. 1 vol.

Fleming (M.) : Un mariage extravagant. 2 v. — Le mystère de Catheron. 2 vol. — Les chaînes d'or. 1 vol.

Fullerton (lady) : L'oiseau du bon Dieu. 1 v. — Hélène Middleton. 1 v.

Gaskell (Mrs) : Autour du sofa. 1 v. — Marie Barton. 1 v. — Marguerite Hall (Nord et Sud). 2 v. — Ruth. 1 v. — Les amoureux de Sylvia. 1 v. — Cousine Philis. 1 v. — L'œuvre d'une nuit de mai. Le héros du fossoyeur. 1 v.

Grenville Murray : Le jeune Brown. 2 v. — La cabale du boudoir. 2 v. — Veuve ou mariée. 1 v. — Une famille endettée. 1 v. — Étranges histoires. 1 v.

Hall (Cap. Basil) : Scènes de la vie maritime. 1 v. — Scènes du bord de la terre ferme. 1 v.

Hamilton-Aïdé : Rita. 1 v.

Hardy (T.) : La trompette-major. 1 v.

Harwood (J.) : Lord Ulswater. 2 vol.

Haworth (Miss) : Une reprise. — Les trois soirées de la Saint-Jean. — Morwell. 1 v.

Hawthorne : La lettre rouge. 1 v. — La maison aux 7 pignons. 1 v.

Hildreth : L'esclave blanc. 1 v.

Howells : La passagère de l'Arowstoock. 1 v.

James : Léonora d'Orco. 1 v. — L'Américain à Paris. 2 v. — Roderick Hudson. 1 v.

Jenkin (Mrs) : Qui casse paie. 1 v.

Jerrold (D.) : Sous les rideaux. 1 v.

Kavanagh (J.) : Tuteur et pupille. 2 v.

Kingsley : Il y a deux ans. 2 v.

Lawrence (G.) : Frontière et prison. 1 v. — Guy Livingstone. 1 v. — Honneur atteint. 2 v. — L'épée et la robe. 1 v. — Maurice Dering. 1 v. — Flora Dellassy. 2 v.

Longfellow : Drames et poésies. 1 v.

Marryat (Miss) : Deux amours. 2 v.

Narah (Mrs) : Le contrefait. 1 v.

Mayne-Reid : La piste de guerre. 1 v. — Le Quarteronne. 1 v. — Le doigt du destin. 1 v. — Le roi des Séminoles. 1 v. — Les partisans. 1 v.

Melville (Whyte) : Les gladiateurs : Rome et Judée. 2 v. — Katerfelto. 1 v. — Digby Grand. 2 v. — Kate Coventry. 1 v. — Satanella. 1 v.

Ouida : Ariane. 2 v. — Pascarel. 1 v.

Page (H.) : Un collège de femmes. 1 v.

Poynter (K.) : Hetty. 1 v.

Reade et Dion Boucicault : L'île providentielle. 2 v.

Segrave (A.) : Marmorne. 1 v.

Smith (J.) : L'héritage. 3 v.

Stephens (Miss) : Opulence et misère. 1 v.

Thackeray : Henry Esmond. 2 v. — Histoire de Pendennis. 3 v. — La foire aux vanités. 2 v. — Le livre des Snobs. 1 v. — Mémoires de Barry Lyndon. 1 v.

Thackeray (Miss) : Sur la falaise. 1 v.

Townsend (V.-F.) : Madeline. 1 v.

Trolloppe (A.) : Le domaine de Belton. 1 v. — La veuve remariée. 2 v. — Le cousin Henry. 1 v.

Trolloppe (Mrs) : La Pupille. 1 v.

Wilkie Collins : Œuvres. 16 volumes.

Wood (Mrs) : Les filles de lord Oakburn. 2 v. — Le serment de Lady Adélaïde. 2 v. — Le maître de Greylands. 2 v. — La gloire des Verner. 2 v. — Edina. 2 v. — L'héritier de Court-Netherleigh. 2 v.

Fin d'une série de documents en couleur

BLEAK-HOUSE

OUVRAGES DU MÊME AUTEUR

PUBLIÉS DANS LA BIBLIOTHÈQUE DES ROMANS ÉTRANGERS

PAR LA LIBRAIRIE HACHETTE ET Cⁱᵉ

Œuvres de Charles Dickens, traduites de l'anglais, sous la direction de P. Lorain. 28 vol.

Aventures de M. Pickwick. 2 vol.
Barnabé Rudge. 2 vol.
Bleak-House. 2 vol.
Contes de Noël. 1 vol.
David Copperfield. 2 vol.
La petite Dorrit. 2 vol.
Dombey et fils. 2 vol.
Le Magasin d'antiquités. 2 vol.
Les temps difficiles. 1 vol.
Nicolas Nickleby. 2 vol.
Olivier Twist. 1 vol.
Paris et Londres en 1793. 1 vol.
Vie et aventures de Martin Chuzzlewit. 2 vol.
Les grandes Espérances. 2 vol.
L'ami commun. 2 vol.
Le Mystère d'Edwin Drood. 1 vol.

DICKENS et COLLINS : L'Abîme, traduit de l'anglais, par Mᵐᵉ Judith. 1 vol.

Coulommiers. — Imp. PAUL BRODARD. — 383-96.

CH. DICKENS

BLEAK-HOUSE

ROMAN ANGLAIS

TRADUIT AVEC L'AUTORISATION DE L'AUTEUR

SOUS LA DIRECTION DE P. LORAIN

TOME PREMIER

PARIS
LIBRAIRIE HACHETTE ET Cie
79, BOULEVARD SAINT-GERMAIN, 79

1896

Tous droits réservés.

BLEAK-HOUSE.

CHAPITRE PREMIER.

Coup d'œil sur la chancellerie.

LONDRES. La session judiciaire qui commence après la Saint-Michel vient de s'ouvrir, et le lord chancelier siége dans la grande salle de Lincoln's Inn. Un affreux temps de novembre; autant de boue dans les rues que si les eaux du déluge venaient seulement d'abandonner la surface de la terre, et l'on ne serait pas surpris de rencontrer un megalosaurus[1], gravissant, dans la vase, la colline de Holborn. La fumée tombe des tuyaux de cheminée, bruine molle et noire, traversée de petites pelotes de suie qu'on prendrait pour des flocons de neige portant le deuil du soleil. On ne reconnaît plus les chiens sous la boue qui les couvre. Les chevaux, crottés jusqu'aux oreilles, ne sont guère mieux que les chiens. Les parapluies se heurtent, et les piétons, d'une humeur massacrante, perdent pied à chaque coin de rue, où des milliers de passants ont trébuché depuis le commencement du jour (si toutefois on peut dire que le jour ait commencé), ajoutant de nouveaux dépôts aux couches successives de cette boue tenace, qui s'attache au pavé et s'y accumule à intérêts composés.

Partout du brouillard : sur les marais d'Essex et les hauteurs du Kent; en amont de la Tamise, où il s'étend sur les flots et les prairies; en aval, où il se déploie au milieu des navires qu'il enveloppe, et se souille au contact des ordures que déposent sur la rive les égouts d'une ville immense et fangeuse. Il s'insinue dans la cambuse des bricks, s'enroule aux vergues et plane au-dessus des grands mâts; il pèse sur le plat-bord des barques; il

---

[1] Lézard gigantesque et antédiluvien.

est partout, dans la gorge des pensionnaires de Greenwich qu'il oppresse, dans la pipe que le patron irrité fume au fond de sa cabine; il pince les doigts et les orteils du petit mousse qui grelotte sur le pont; et les passants qui, du haut des ponts, jettent par-dessus le parapet un regard au ciel bas et sombre, entourés eux-mêmes de cette brume, ont l'air d'être en ballon et suspendus entre les nuages.

Le gaz apparaît de loin en loin dans la ville, comme, dans les champs imbibés d'eau, le soleil, avant le jour, laisse apercevoir au laboureur ses rayons voilés d'ombre. Il semble reconnaître qu'on l'allume avant l'heure, tant il prête de mauvaise grâce sa lumière aux boutiques.

Le temps, humide et froid, est plus glacial encore, les rues plus boueuses qu'ailleurs, autour de Temple-Bar; et non loin de Temple-Bar, au centre même du brouillard, siége, à la haute cour de justice, le lord grand chancelier.

Mais la brume ne sera jamais assez épaisse, la fange assez profonde, pour se mettre au niveau des ténèbres et du bourbier où se débat en tombant la plus pernicieuse d'entre toutes les pécheresses qui aient vieilli dans le mal, cette cour suprême, qui, le jour où nous sommes, tient séance à la face du ciel et de la terre.

Certes, si jamais le grand chancelier devait occuper son siége, c'était bien par une journée pareille, ainsi que nous l'y voyons en effet, la tête ceinte d'une auréole blafarde, le corps glorieusement encadré dans des manteaux et des rideaux cramoisis, les yeux fixés au plafond, sur une lanterne, où il ne voit que le brouillard, tandis qu'un gros avocat lui débite d'une voix grêle un bref interminable. Vingt membres du barreau de la haute cour obscurcissent de leurs plaidoiries l'une des dix mille instances d'un procès qui n'a pas de fin; trébuchant contre les précédents, à tâtons et jusqu'aux genoux dans les termes de palais, et parlant d'équité avec un masque plus sérieux que celui dont jamais acteur ait su couvrir sa face. Les divers procureurs attachés à la cause, héritage que trois d'entre eux ont reçu de leurs pères qui s'y étaient enrichis, sont à leur banc, placé entre celui des avocats et la table rouge du greffier; procès-verbaux, arrêts contradictoires, répliques, dupliques, défenses, déclarations, mémoires, référés et rapports, sont amoncelés devant eux.

Que l'ombre envahisse la salle dont les bougies s'usent et s'éteignent; que le brouillard s'y condense et y reste à jamais; que les vitraux décolorés n'y laissent pas pénétrer le jour, afin que de la rue, ceux qui passent, jetant leurs regards sur les panneaux vitrés de la porte, soient repoussés par cet aspect ténébreux et par le son traînant de cette voix qui s'échappe du dais ouaté d'où le lord chancelier contemple une lanterne qui ne contient pas de lumière. C'est la haute cour ! celle qui, dans chaque comté, a ses murailles en ruine et ses terrains en friche ; ses maniaques dans toutes les maisons de fous ; ses morts dans chaque cimetière ; ses plaideurs ruinés, endettés et mendiants, traînant de porte en porte leurs souliers éculés ; celle qui donne à l'argent le pouvoir d'anéantir le droit à force de le lasser : qui épuise la bourse, la patience, le courage, l'espoir, détruit la raison et brise le cœur, si bien qu'il n'est pas un homme honorable parmi ses praticiens qui ne vous donne ce conseil : « Supportez tout le tort que l'on pourra vous faire, plutôt que d'entrer ici pour demander justice. »

Qui, par ce temps humide et sombre, pouvait se trouver à la haute cour, si ce n'est le lord grand chancelier, l'avoué du procès, deux ou trois avocats sans cause, les procureurs déjà nommés, un greffier en robe et en perruque, deux ou trois massiers, huissiers, porte-bourses et porte-queues, enfin tous les comparses indispensables d'un procès en bonne forme? Ils bâillent tous ; car il ne peut découler que de l'ennui de l'affaire *Jarndyce contre Jarndyce*, la cause pendante, pressurée depuis tant d'années, qu'on ne peut plus rien en attendre. Les sténographes et les journalistes décampent invariablement avec le reste des habitués, quand Jarndyce est appelé ; aussi leur place est-elle vide. Une petite femme est assise dans l'un des bas côtés, à l'endroit le plus favorable, pour jeter un coup d'œil entre les rideaux du sanctuaire où se renferme le grand chancelier ; vieille et folle, la pauvre créature ne manque pas une audience, arrive au commencement, ne part qu'après la fin, attendant toujours qu'un jugement quelconque soit rendu en sa faveur ; on suppose qu'elle a vraiment quelque procès, mais nul ne pourrait l'affirmer et personne ne s'en inquiète. Elle porte dans un sac un fouillis de riens sans nom, qu'elle appelle ses documents, et qui est surtout composé d'allumettes de papier et de lavande desséchée. Un prisonnier, maigre et blême, est dans un coin entre ses deux geôliers ; il vient pour la sixième fois demander à purger sa contumace : exécuteur testamentaire, mêlé à des comptes dont on ne prétend même pas qu'il ait eu connaissance, et néanmoins condamné pour la forme, il sollicite la révision de ce jugement qui le flétrit et l'enchaîne ; mais cette fois encore il ne l'obtiendra pas ; et tandis qu'il réclame, son avenir s'est brisé. Plus près de la barre, c'est un malheureux qui vient périodiquement du Shropshire, et qui s'épuise en vains efforts pour trouver, à la fin de chaque audience, le moyen d'adresser un mot au juge; un pauvre homme qui ne veut pas comprendre que, légalement parlant, son existence est complétement ignorée du lord chancelier, qui le voit et le désespère depuis plus de vingt-cinq ans; il choisit une place où il puisse être remarqué, s'y cramponne, et, les yeux attachés sur le juge, se prépare à l'interpeller dès qu'il se lèvera de son siége; ce que voyant, de jeunes clercs d'avoué s'arrêtent, comme ils allaient partir, dans l'espoir qu'il en résultera quelque plaisante affaire, tout au moins un bon mot qui égayera tant soit peu cette journée morne et sombre.

L'affaire Jarndyce continue à occuper l'audience; par la suite des temps ce procès effroyable s'est tellement compliqué, que nul au monde n'en connaît plus le motif, les parties moins que personne, et parmi tous les membres du barreau, on n'en trouverait pas deux qui pussent en parler cinq minutes sans tomber en contradiction avec eux-mêmes. Des myriades d'enfants sont nés depuis le jour où ce procès commença; ils ont grandi, se sont mariés et sont morts. On compte par vingtaines ceux qui, sans savoir ni comment ni pourquoi, se sont trouvés, de naissance, parties intéressées dans Jarndyce contre Jarndyce; des familles tout entières ont hérité de ce procès et des haines traditionnelles qu'il engendra. Le petit défendeur auquel on promit jadis un cheval de bois quand la cause serait gagnée, a possédé de vrais chevaux, et est allé dans l'autre monde toujours trottant, avant que l'époque du jugement ait paru plus prochaine. Les pupilles de la cour sont devenues mères et grand'mères; une longue procession de chanceliers a défilé et s'est éteinte; peut-être n'y a-t-il plus trois Jarndyce sur la terre depuis que le vieux Tom s'est, dans son désespoir, fait sauter la cervelle au café de Chancery-Lane; mais le procès dure toujours et se traîne à perpétuité devant son juge impassible.

Jarndyce contre Jarndyce a passé en proverbe; on en plaisante, on en rit, et c'est là tout le bien qu'il ait jamais su faire. Pas de magistrat qui n'ait à ce sujet quelque épigramme à recevoir; pas de chancelier qui n'y ait été intéressé comme avocat plaidant quand il était à la barre. De vieux légistes, aux souliers bulbeux, au nez violet, en ont eu des saillies après boire; et les stagiaires s'en servent comme de cible pour exercer leur esprit au sarcasme légal; le dernier lord chancelier nous en fournit l'exemple. « Telle chose n'arrivera, disait M. Blowers, l'avocat éminent, qu'à l'époque où il pleuvra des pommes de terre.

Ou quand nous sortirons de l'affaire Jarndyce contre Jarndyce, » reprit le chancelier, dont l'aimable plaisanterie flatta surtout les massiers, les huissiers et les juges.

Et que de gens en dehors de ceux qu'il a ruinés, l'influence malsaine de ce procès n'a-t-elle pas corrompus: depuis le président, qui a devant lui cette montagne jaune de dossiers poudreux, ridés et recroquevillés, jusqu'au petit clerc dont la main a expédié ses dix mille rôles sous la rubrique Jarndyce contre Jarndyce? Qu'est-ce que leur nature y a gagné? Que peut-il ressortir des moyens échappatoires, de la ruse, de la spoliation, du mensonge, de l'insulte et de la haine, sous toutes les formes et sous tous les prétextes? Le saute-ruisseau, qui a trompé cent fois l'infortuné plaideur en affirmant que M⁰ Chizzle ou Mizzle était sorti et ne rentrerait pas de la journée, a fini par contracter dans l'affaire Jarndyce des habitudes de mensonge dont sa franchise ne se relèvera jamais. Le receveur qui s'est enrichi en percevant les revenus des domaines en litige, y a perdu la confiance de sa mère, et dans son propre cœur l'estime qu'autrefois il avait pour les hommes. Chizzle et Mizzle ont pris l'habitude de renvoyer l'examen de telle affaire où le bon droit est, suivant eux, odieusement outragé, après que Jarndyce contre Jarndyce leur en laissera le loisir. Toutes les variétés de l'escroquerie ont été semées à profusion par cet infernal procès! Et que dire de ceux mêmes qui, sachant toutes ces menées, et de loin contemplant ces méfaits, en viennent peu à peu à laisser le mal suivre son cours, et s'endorment sur cette pensée que, si le monde va de travers, c'est qu'il est fait pour cela et n'ira jamais droit.

Ainsi donc au centre de la fange, au cœur même du brouillard, siége le lord grand chancelier à la haute cour de justice. « Maître Tangle, » dit-il, fatigué depuis un instant de l'éloquence déployée par ce savant juriste.

M⁰ Tangle est de tous ses contemporains celui qui en sait le plus sur Jarndyce contre Jarndyce; on pense qu'il n'a pas lu autre chose depuis qu'il est sorti de l'école.

« M'lo'd? répond le célèbre avocat.

— Êtes-vous près de conclure, maître Tangle?

— Non, M'lo'd, non; divers points sont encore à éclaircir; toutefois, je le sais, mon devoir est de me soumettre à Votre Seign'rie.

— Il nous reste à entendre encore plusieurs membres du barreau, je le crois du moins, » reprend milord en souriant légèrement.

Dix-huit collègues de Mᵉ Tangle, porteurs chacun d'un résumé sommaire de dix-huit cents feuillets, se lèvent comme poussés par un ressort, font ensemble leurs dix-huit saluts et se replongent immédiatement dans leur obscurité.

— La cause est renvoyée à quinzaine, dit en se levant le grand chancelier.

— Milord ! s'écrie d'une voix suppliante le pauvre homme du Shropshire, auquel massiers, huissiers, et têtes à perruque, imposent silence avec indignation.

— Relativement à la jeune fille, continue le grand chancelier toujours à propos de l'affaire Jarndyce.

— Au jeune garçon, interrompt Mᵉ Tangle.

— Relativement à la *jeune fille*, reprend milord en appuyant sur chaque syllabe, et au jeune homme que j'ai invités à paraître devant moi aujourd'hui, et qui doivent m'attendre dans mon cabinet, je vais, dès que je les aurai vus, expédier l'ordre qui établit leur domicile chez leur oncle.

— Je demande excuse à Votre Seign'rie, l'oncle est mort.

— En ce cas, chez leur.... continue le chancelier en jetant, à travers ses doubles lunettes, un coup d'œil sur les papiers qui sont placés devant lui, chez leur grand-père.

— Demande excuse à Votre Seign'rie, le grand-père s'est suicidé !

— Que Votre Seigneurie veuille bien me permettre, dit en se levant tout à coup un avoué, petit et grêle, dont la voix de basse-taille éclate comme le tonnerre ; je parais au nom de mon client, cousin des deux pupilles ; je ne saurais informer la cour, en ce moment, du degré exact de parenté qui l'unit aux jeunes gens, je n'y suis point préparé : mais il est leur cousin. »

L'écho de ces paroles prononcées d'un ton sépulcral va se perdre dans la charpente qui soutient la toiture ; le très-petit avoué reprend sa place où le brouillard le cache à tous les yeux.

« Je vais questionner les deux jeunes gens, répond encore le chancelier ; je verrai ce que je dois faire relativement à leur résidence chez le cousin dont il est fait mention, et je rendrai compte à la cour de ce que j'aurai décidé, demain matin, à la reprise de l'audience. »

Au moment où milord va rendre son salut au barreau qui s'incline, on lui présente le malheureux prisonnier ; que peut-il en résulter pour le pauvre contumace, si ce n'est de retourner en prison, ce qui est fait immédiatement ?

« Milord ! » s'écrie de nouveau le malheureux homme du Shropshire ; mais le grand chancelier qui vient de l'apercevoir s'est adroitement éclipsé. Chacun disparaît à son tour; sacs bleus et monceaux de liasses de toutes nuances sont emportés par les clercs; la petite femme, vieille et folle, quitte la salle avec ses documents; la cour est vide, on en ferme la porte. Que ne peut-on y enfermer en même temps les injustices qu'on y a commises, les ruines, les misères qui en résultent, et, approchant la flamme de ce bûcher monstrueux, anéantir toutes ces douleurs et ces iniquités!

CHAPITRE II.

Coup d'œil sur le grand monde.

Vers la fin de ce jour froid et brumeux il est nécessaire que nous jetions un coup d'œil sur le monde fashionable. Il a d'ailleurs assez de ressemblance avec la haute cour pour que nous puissions passer à vol d'oiseau d'une scène à l'autre.

Comme la chancellerie, la fashion n'a de principes que l'usage et les antécédents. Monde étroit, même relativement à celui où nous sommes, peuplé, comme la haute cour, de Rip van Winkles[1] dont l'orage n'interrompt pas le sommeil, et de Belles au Bois dormant qui s'éveilleront à l'heure où les broches, arrêtées lorsqu'elles fermèrent les yeux, tourneront avec une vitesse prodigieuse; point imperceptible sur la terre où il occupe une place déterminée, il renferme beaucoup de bien dans son étroite enceinte et les natures loyales et généreuses ne sont pas rares parmi ceux qui l'habitent. Malheureusement il est, comme les joyaux précieux, trop enveloppé de coton pour entendre le bruit qui s'élève des autres sphères et ne se doute pas de la révolution qu'elles accomplissent autour du soleil; c'est comme un monde amorti qui étouffe et s'étiole faute d'air.

Milady Dedlock est de retour à Londres; elle y restera quelques jours, en attendant qu'elle parte pour Paris, où elle a l'intention de passer quelques semaines; après quoi ses projets sont incertains. C'est du moins ce que l'on trouve dans le cour-

---

1. Personnage d'un conte de Washington Irving, qui dormit pendant tout le temps de la guerre de l'Indépendance et ne s'éveilla qu'après la constitution des États-Unis.
(*Note du trad.*)

rier du grand monde, fort au courant des allées et venues de la fashion; quant à savoir les nouvelles d'autre part, ce serait peu fashionable.

Milady Dedlock a énormément souffert dans « son trou, » ainsi qu'elle appelle, entre intimes, son domaine du Lincolnshire. Tout le comté est submergé; une arche du pont qui est dans le parc a été emportée par les eaux; la prairie est un lac dont les arbres font les îles, et dont la surface est criblée tout le long du jour par une pluie incessante. Milady s'est mortellement ennuyée; il a plu si longtemps que les branches, véritables éponges, ne craquent pas même en tombant sous la cognée qui les frappe; les daims transpercés ne franchissent plus qu'un marais; le coup de fusil perd son retentissement dans un air trop humide, et sa fumée se dirige lentement vers la colline rayée de pluie. Le ciel passe alternativement de la couleur du plomb à celle de l'encre de Chine. L'eau remplit tous les vases de la terrasse, et tombe sur les larges dalles appelées de temps immémorial le promenoir du revenant, avec un *drip drip* continuel, que ne supportaient pas les nerfs de milady Dedlock. Le dimanche, la petite chapelle du parc est moisie; la chaire et les bancs sont inondés de sueur froide, et l'on y sent une vague odeur et comme un arrière-goût des anciens baronnets dont les tombeaux s'y trouvent. Le soir, à l'heure du crépuscule, milady, qui n'a pas d'enfants, a regardé de son boudoir la loge du garde qui est au bout de l'avenue: la lueur du feu sur les vitres, la fumée qui s'élevait de cette maisonnette, un bambin poursuivi par une femme, et courant sous la pluie à la rencontre d'un homme jeune et vigoureux, qui, enveloppé d'un manteau, se dirigeait vers la grille, ont tellement exaspéré milady, qu'elle a perdu patience.

Elle serait morte d'ennui, et c'est pourquoi elle est partie, abandonnant son trou à la pluie, aux corneilles, aux lapins, aux perdrix, aux daims et aux faisans. Les portraits de tous les anciens Dedlock se sont évanouis dans l'ombre où les a plongés la femme de charge en fermant les volets. Quand reparaîtront-ils au jour? Les nouvellistes fashionables, qui, dans leur omniscience ne connaissent que le passé et pour qui l'avenir est lettre close, ne l'ont pas fait savoir.

Sir Leicester Dedlock est seulement baronnet, mais de tous les baronnets le plus puissant et le plus noble. Sa famille, aussi vieille que les collines, est infiniment plus respectable. Le monde, suivant lui, pourrait marcher sans montagnes, mais non pas sans Dedlocks. Il admet que la nature soit une heureuse idée (toutefois un peu vulgaire, quand elle n'est pas comprise dans l'enclôture d'un parc), mais une idée dont la réalisation dépend essentiellement des grandes familles d'Angleterre.

Gentilhomme intègre, il dédaigne toute bassesse, méprise toute lâcheté, et sera toujours prêt, au moindre signe, à mourir de quelque mort que vous lui imposiez, plutôt que de laisser soupçonner sa loyauté. Homme d'honneur, en un mot, fidèle, courageux, opiniâtre dans ses préjugés et parfaitement déraisonnable.

Il a vingt ans de plus que milady, bonne mesure; jamais il ne reverra le chiffre soixante-cinq, ni peut-être même les deux suivants. De temps à autre il est pris d'un accès de goutte et sa démarche en a contracté quelque roideur; mais il est d'un grand air, noble et digne avec ses cheveux et ses favoris grisonnants, son fin jabot, son gilet d'un blanc pur, et son habit bleu à boutons d'or, toujours boutonné. Plein de déférence à l'égard de milady, profondément respectueux, cérémonieux même envers elle et en toute circonstance, il professe la plus haute admiration pour sa dame, et la galanterie dont il fait preuve à son égard, et qui ne s'est pas démentie depuis l'époque où il la recherchait en mariage, est le seul trait romanesque de son caractère.

Il l'épousa par amour; on dit tout bas qu'elle n'avait pas même de naissance; mais sir Leicester était d'origine trop illustre pour avoir besoin d'ajouter au nombre de ses ancêtres. D'ailleurs elle possédait en échange assez de beauté, d'orgueil, d'esprit impérieux, d'insolence, de promptitude et de fermeté dans ses résolutions, pour doter une légion de nobles dames. Un titre et une immense fortune joints à ces qualités brillantes l'eurent bientôt placée au premier rang, et milady Dedlock est au sommet du grand monde et le centre des nouvelles fashionables.

On sait, ou du moins on doit savoir, combien Alexandre pleura quand il n'eut plus de mondes à conquérir. Milady Dedlock, ayant conquis son monde, ne fondit pas en larmes comme le héros macédonien, elle se congela. Une placidité d'épuisement, une sérénité de fatigue, un calme de glace, que ne parviennent à troubler ni l'intérêt ni la joie, sont les trophées de sa victoire. C'est une personne parfaitement bien élevée : Si demain elle était transportée au séjour des élus, elle monterait au ciel sans laisser apercevoir le moindre ravissement.

Elle est toujours belle; peut-être a-t-elle passé les premiers jours de l'été, mais assurément elle est loin encore de l'automne. Son charmant visage, plus séduisant que régulier dans l'origine, est devenu d'une beauté classique par l'expression acquise dans la haute position qu'elle occupe. Sa taille élégante paraît plus élevée qu'elle ne l'est en effet, ce que l'honorable Bob Stables explique en attestant, sous la foi du serment, que cela tient à l'aisance et à la noblesse de ses allures ; et il fait observer en même temps, à propos du soin avec lequel ses cheveux sont arrangés, qu'il n'y a pas dans tout le Stud[1] de femme aussi bien pansée qu'elle.

Munie de ces perfections, milady Dedlock a donc quitté son trou pour venir à Londres, en attendant qu'elle parte pour Paris, et, vers le soir de cette journée de brouillard que nous avons passée à la haute cour, se présente à son hôtel un vieux gentleman, procureur et avoué à la chancellerie, qui a l'honneur d'agir en qualité de conseiller légal des Dedlock, et possède en son étude maintes et maintes boîtes de fonte portant ce noble nom, qui ressort partout chez lui comme la muscade présentée au public par l'escamoteur après chacun de ses tours. Il entre dans le vestibule, monte l'escalier, traverse les salons et les galeries splendides, lieu féerique à visiter, véritable désert pour celui qui l'habite, et, précédé par un Mercure à cheveux poudrés, le vieux gentleman est introduit en présence de milady.

Il est vêtu à l'ancienne mode, et son aspect n'a rien qui puisse flatter le regard ; toutefois, les contrats de mariage et les testaments de sa noble clientèle ont augmenté son épargne, et il passe pour très-riche. Il est environné d'une mystérieuse auréole que forment autour de lui les confidences dont on le sait dépositaire ; et les antiques mausolées gisant depuis des siècles au fond des grands parcs, sous la fougère et les ronces, contiennent moins de nobles secrets qu'il ne s'en promène au grand jour scellés dans la poitrine de M. Tulkinghorn. Il est ce qu'on appelle de la vieille école, expression qui s'applique généralement à ce qui n'a jamais été jeune. Il porte des culottes courtes rattachées à la jarretière avec un nœud de rubans, et, suivant la saison, il a des guêtres ou simplement des bas. Le caractère particulier de ses bas et de son habit, toujours noirs, c'est qu'ils ne reluisent jamais, quelle qu'en soit la matière ; de soie ou de laine, tous ses vêtements sont muets comme celui qui les porte, et ne répondent pas même à la lumière qui les frappe. M. Tulkinghorn ne parle jamais, à moins qu'on ne le consulte pour affaire. On le voit souvent, silencieux, mais parfaitement à l'aise, au bas bout de la table, dans les nobles dîners des plus nobles châteaux, ou bien encore près de la porte du salon, où,

---

1. Livre d'or de la noblesse chevaline.

d'après ce que rapporte le courrier du grand monde, la moitié du *peerage*¹ s'arrête pour lui dire : « Comment vous portez-vous, monsieur Tulkinghorn ? » Il reçoit ces paroles avec une gravité imperturbable et les renferme en lui-même, où elles vont rejoindre les confidences qui lui ont été faites.

Sir Leicester Dedlock est auprès de milady, et paraît toujours heureux de voir M. Tulkinghorn. Il y a dans toute la personne de ce dernier un air de subordination particulièrement agréable au baronnet, qui le regarde comme une sorte d'hommage ; il aime le costume du procureur, où il retrouve quelque chose du respect qui lui est dû, costume profondément estimable, et dont l'ensemble rappelle le serviteur, l'intendant des mystères légaux, le sommelier de la cave judiciaire des Dedlock.

M. Tulkinghorn s'en doute-t-il ? personne ne pourrait le dire. Mais notons, en passant, une circonstance remarquable et qui s'applique non-seulement à milady, mais encore à tous ceux qu'elle représente. Milady est persuadée qu'elle est un être impénétrable, complétement en dehors de la portée du regard des mortels ordinaires ; elle le croit d'autant mieux qu'elle jette les yeux sur sa glace, où elle a parfaitement l'air d'être au-dessus de n'importe quelle atteinte ; et cependant tous les infimes satellites dont elle est le soleil et qui se meuvent autour d'elle, depuis sa femme de chambre jusqu'au directeur des Italiens, connaissent ses préjugés, ses folies, ses fiertés, ses caprices, et règlent toutes leurs actions d'après la mesure qu'ils ont prise de son moral avec autant d'exactitude que sa couturière l'a fait pour son corps. Y a-t-il un vêtement, une étoffe, une mode quelconque, un chanteur, un danseur, une forme de bijou, un nain ou un géant, une chapelle, n'importe quoi dont on veuille faire le succès, il se trouve, dans chaque profession, des gens soumis et respectueux chez qui milady ne soupçonne pas autre chose qu'un profond servilisme et qui la gouvernent toute leur vie ; qui affectent de la suivre humblement et qui la mènent, et qui, l'ayant prise à l'hameçon, entraînent avec elle toute sa bande, comme fit Gulliver de la flotte de Lilliput.

« Si vous avez besoin de vous adresser à notre monde, disent les bijoutiers Blaze et Sparkle, désignant ainsi lady Dedlock et le reste, rappelez-vous que ce n'est plus au public que vous avez affaire. Prenez nos gens par leur faible, et c'est à telle place qu'est leur endroit sensible. »

« Le meilleur moyen d'assurer la vogue de cet article, mes-

---

1. Pairie, chambre haute.

sieurs, disent les marchands de nouveautés Sheen et Gloss à leurs amis les manufacturiers, c'est de nous le confier; nous savons la manière de s'y prendre avec la haute fashion; nous l'y ferons mordre, et le succès est certain. »

« Désirez-vous que cette gravure soit bientôt sur toutes les tables de mes nobles pratiques? dit M. Sladdery le libraire; avez-vous envie que votre nain ou votre géant paraisse dans le salon de mes hautes connaissances? ou bien encore souhaitez-vous le patronage de mes relations distinguées pour ce bal ou ce concert? je m'en charge, monsieur; j'ai depuis longtemps étudié ma noble clientèle; je connais les meneurs, et je puis dire, sans vanité, que je les fais aller du bout du doigt et tourner comme un toton, » assertion qui, de la part de M. Sladdery, n'est nullement exagérée.

C'est pourquoi M. Tulkinghorn peut fort bien savoir ce qui se passe dans l'esprit des Dedlock.

« Aurait-on appelé la cause de milady, M. Tulkinghorn? dit sir Leicester en tendant la main au gentleman.

— Aujourd'hui même, répond l'avoué en adressant un salut discret à milady, qui est assise auprès du feu et qui tient un riche écran.

— Il est inutile de demander si on a fait quelque chose, ajoute milady, toujours profondément ennuyée.

— Rien, effectivement, de ce que vous voulez dire n'a été fait aujourd'hui, réplique le procureur.

— Ou ne se fera jamais, » dit encore milady.

La lenteur d'un interminable procès devant la cour suprême n'a rien qui déplaise au baronnet, dès que c'est une chose grave, dispendieuse, éminemment anglaise et se rattachant aux fondements de la constitution même. La seule impression désagréable qu'il reçoive de celui dont il s'agit, où d'ailleurs milady seule est en cause, est relativement à l'étiquette; il est vraiment ridicule de voir le nom de Dedlock engagé dans une affaire quelconque sans figurer au titre; mais il regarde l'institution de la chancellerie, alors même qu'à l'occasion elle entraverait un peu le cours de la justice et y apporterait quelque légère confusion, comme faisant partie essentielle d'une combinaison imaginée par la sagesse humaine, dans ce qu'elle a de plus excellent, pour régler à jamais tout ce qui se fait ici-bas. Et l'opinion bien arrêtée de sir Leicester est que, sanctionner, même par l'expression de sa physionomie, une plainte quelle qu'elle soit, contre ce monument si parfait de la raison humaine, serait encourager certaines gens de la basse classe à s'agiter quelque part, ainsi que l'a fait jadis ce factieux de Wat Tyler.

« Comme certains afidavit[1] ont été joints au dossier, continue M. Tulkinghorn, que la teneur en est courte, et que j'ai pour principe, fatigant j'en conviens, mais immuable, de ne rien laisser ignorer à mes clients des incidents de la cause où ils sont engagés; sachant en outre que vous êtes sur le point de partir pour Paris, je me suis empressé d'apporter ces afidavit, afin de vous les soumettre. »

Sir Leicester est aussi du voyage, mais le courrier du grand monde ne parle que de milady.

M. Tulkinghorn demande la permission de poser les susdits papiers sur le tapis brodé d'or d'une petite table qui se trouve précisément à côté de milady, met ses lunettes, et commence la lecture suivante :

« En chancellerie, entre John Jarndyce.... »

Milady l'interrompt pour le prier d'abréger autant que possible et de passer toutes ces horreurs de phrases.

M. Tulkinghorn lance un coup d'œil par-dessus ses lunettes et reprend sa lecture un peu plus loin. Milady s'absorbe complétement en elle-même; son air est à la fois insouciant et dédaigneux. Le baronnet est dans un grand fauteuil, il regarde les tisons, et paraît avoir un goût sérieux et noble pour les répétitions et prolixités judiciaires, comme faisant partie de cet ensemble d'institutions heureuses qui sauvegardent la vieille Angleterre. Le feu est des plus vifs : de sa place, milady en ressent trop la chaleur, et l'écran qu'elle tient à la main est moins utile que magnifique; elle se détourne, aperçoit les papiers qui sont sur la petite table, les regarde de près, de plus près encore, et demande, comme poussée par un mouvement involontaire :

« Qui a écrit cela ? »

M. Tulkinghorn s'arrête, frappé du son de voix de milady.

« C'est là ce que vous appelez grossoyer? » reprend-elle avec son indifférence habituelle et en regardant fixement le procureur, tandis qu'elle joue avec le riche écran.

M. Tulkinghorn examine le papier que lui désigne Sa Seigneurie.

« Non, répond-il, c'est une simple copie dont le caractère légal dérive de certaines formalités tout à fait en dehors de la manière dont elle se trouve écrite. Pourquoi demandez-vous cela?

---

1. Serment par écrit prêté devant un officier d'une cour, ou toute autre personne légalement autorisée à le recevoir, dans le but d'affirmer la vérité de certains faits relatés dans ce serment. (*Note du traducteur.*)

— Pour rien du tout, si ce n'est pour sortir un peu de cette lecture monotone; continuez, je vous prie. »

M. Tulkinghorn obéit; la chaleur augmente et milady se cache le visage derrière l'écran qu'elle tient. Tout à coup sir Leicester, qui commençait à sommeiller, se redresse vivement :

« Qu'est-ce qu'il y a? s'écrie-t-il.

— Je crains que milady ne se trouve mal, répond M. Tulkinghorn en se levant.

— Ce n'est qu'une faiblesse, murmure milady de ses lèvres pâles; ce n'est rien, mais je me sens faible à mourir. Ne me parlez pas. Sonnez, sir Leicester, et reconduisez-moi dans mon appartement. »

M. Tulkinghorn se retire dans une pièce voisine; les sonnettes s'agitent, le bruit des pas se fait entendre; tout redevient silencieux; Mercure paraît et prie l'avoué de rentrer dans le salon.

« Mieux maintenant, répond sir Leicester à la question du gentleman en l'invitant à s'asseoir et à reprendre sa lecture. J'ai été fort effrayé; jamais, jusqu'à présent, je n'avais vu milady s'évanouir. Mais ce temps est si affreux, et elle s'est tellement ennuyée dans son château du Lincolnshire! »

CHAPITRE III.

Narration d'Esther.

J'éprouve un grand embarras à écrire les pages qui vont suivre; je n'ai jamais eu d'esprit; je l'ai toujours su. Je me rappelle qu'autrefois, quand j'étais toute petite, je le disais à ma poupée en la priant de m'écouter avec patience; et d'habitude elle restait tranquillement assise dans un grand fauteuil avec son teint blanc, ses joues roses, ses lèvres rouges et ses grands yeux qui me regardaient fixement (peut-être bien sans me voir), tandis que je cousais en lui disant mes secrets.

J'étais si timide que je n'ai jamais ouvert mon cœur à personne, excepté à ma poupée.

Les pleurs me viennent encore aux yeux quand je me rappelle de quelle consolation elle a été pour moi, lorsque, rentrant de l'école, je montais bien vite dans ma chambre, et qu'en la retrouvant, je m'écriais tout émue : « Chère Dolly, je savais bien que tu m'attendais; » puis, que m'asseyant par terre, le coude appuyé sur son fauteuil, je lui racontais ce que j'avais vu depuis que je l'avais quittée. Je suis observatrice par nature, non pas que je perçoive rapidement les choses qui me frappent; c'est une façon tacite de remarquer tout ce qui se passe et de penser que j'aimerais à le mieux comprendre. Mon intelligence n'a pas la moindre vivacité; pourtant quand j'aime quelqu'un, elle semble s'éclairer de mon amour; mais peut-être me trompé-je, et il est possible que cette croyance ne soit que l'effet de ma vanité.

Comme une princesse des contes de fées, avec cette différence que j'étais loin d'être charmante, je fus élevée par ma marraine; du moins je ne lui connaissais pas d'autre titre à mon égard. Je crois qu'elle était très-bonne; elle allait à l'église trois fois tous les dimanches, à la prière du matin le mercredi et le vendredi, et à tous les sermons où elle pouvait assister. Elle était belle, et je pense qu'elle l'eût été comme un ange si elle avait souri; mais elle était toujours grave, sévère et si parfaite, que la malice des autres l'irrita toute sa vie. Je sentais si bien toute la distance qu'il y avait entre nous, j'étais si peu de chose auprès d'elle, si éloignée de sa perfection, que je n'ai jamais pu l'aimer comme je l'aurais voulu. J'étais bien triste, en la voyant si vertueuse, de me trouver si indigne de ses bontés, et je souhaitais ardemment d'avoir un meilleur cœur; j'en parlais souvent à ma poupée; mais je n'ai jamais aimé ma marraine, ainsi que je l'aurais fait si j'avais été bonne.

Ma timidité s'en augmenta, je recherchai la solitude, et je m'attachai d'autant plus à ma poupée qu'elle était ma seule amie, le seul être avec qui je me sentisse vraiment à l'aise. Un épisode de mon enfance vint contribuer encore à développer cette affection pour Dolly et cette humeur craintive qui me faisait aimer la retraite. Je n'avais jamais entendu parler de maman, je ne savais rien de mon père, mais j'éprouvais un plus vif intérêt pour ma mère que pour lui. Personne ne m'avait montré leur tombeau, ne m'avait dit en quel endroit il pouvait être; je ne me rappelais pas avoir porté de robe noire, et même l'on ne m'avait jamais appris à prier que pour ma marraine. Ce rapprochement se présentait fréquemment à ma pensée quand mistress Rachaël, notre unique servante (une autre femme parfaite, mais très-sévère aussi) emportait la chandelle après m'avoir couchée et s'en allait en me souhaitant le bonsoir d'une voix sèche.

Il y avait sept petites filles à l'école voisine où j'allais comme externe; elles m'appelaient toutes « la petite Esther Summerson, » mais je n'ai jamais été chez elles. A vrai dire, elles étaient de beaucoup plus âgées que moi, plus spirituelles et plus instruites; néanmoins ce n'était pas là ce qui semblait nous séparer. L'une d'entre elles m'invita une fois à une petite réunion qui avait lieu chez sa mère; c'était dans tout le commencement de mon séjour à l'école, et cette invitation me combla de joie; mais ma marraine écrivit une lettre glaciale où elle refusait pour moi la partie proposée; je n'y allai pas et je ne sortis jamais. Mon jour de naissance arriva; on donnait congé à la pension quand venait celui des autres, et il y avait fête dans leurs familles, ainsi que je le leur entendais raconter; mais de tous les jours de l'année, celui-ci était pour moi le plus ennuyeux et le plus triste.

J'ai dit plus haut que mon intelligence acquiert une certaine pénétration lorsque mon cœur est ému; si toutefois, je le répète, ce n'est pas une erreur de ma vanité, car je puis être vaine sans le savoir. Mais je suis naturellement affectueuse; et, si jamais l'insensibilité des autres me fit souffrir, c'est à l'occasion de ce triste anniversaire. Nous avions fini de dîner, et ma marraine et moi nous étions au coin du feu. Le tintement de l'horloge et le pétillement de la flamme étaient le seul bruit qui se fit entendre. Je levai timidement les yeux sur ma marraine; elle me regardait fixement et d'un air sombre.

« Il vaudrait bien mieux que vous n'eussiez pas de jour de naissance, me dit-elle, et que vous ne fussiez pas née. »

Je fondis en larmes, et à travers mes sanglots:

« Chère marraine, m'écriai-je, dites-le-moi, je vous en prie, est-ce que c'est ce jour-là que maman est morte?

— Non, répondit-elle, et ne me questionnez pas.

— Oh! je vous en conjure, parlez-moi d'elle au contraire; que lui ai-je fait pour qu'elle m'ait abandonnée? quand est-ce que je l'ai perdue? pourquoi ne suis-je pas comme tous les autres enfants, et pourquoi est-ce ma faute?... Oh! non, non, chère marraine, ne vous en allez pas, je vous en supplie, répondez-moi. »

Outre mon chagrin, j'avais peur; et la saisissant par sa robe, je tombai à ses pieds. Ma marraine s'arrêta; son visage pâle et sévère produisit un tel effet sur moi, que la parole me manqua; mes petites mains tremblantes, que je tendais vers elle pour l'implorer, retombèrent sous l'influence de son regard et se posèrent sur mon cœur; elle me releva, alla se rasseoir, et me faisant rester debout, — je vois encore son doigt tendu et ses sourcils contractés:

« Esther, me dit-elle froidement et d'une voix lente et basse, votre mère fait votre honte, ainsi que vous êtes la sienne. Un jour viendra, trop tôt malheureusement, où vous comprendrez mes paroles et vous en éprouverez la douleur qu'une femme seule peut en ressentir. Je lui ai pardonné, ajouta ma marraine avec un visage qui ne le prouvait nullement, je lui ai pardonné, bien que moi seule aie jamais pu savoir tout ce que j'en ai souffert. Quant à vous, malheureuse enfant, orpheline et dégradée depuis ce jour, dont l'anniversaire ne rappelle qu'opprobre et malédiction, priez, priez pour que le péché des autres ne retombe pas sur votre tête, ainsi qu'il est écrit; ne pensez pas à votre mère, et ne la rappelez jamais à ceux qui, en l'oubliant, se montrent généreux envers sa fille. »

Et comme je me disposais à partir, elle ajouta :

« L'obéissance, l'abnégation de vous-même, l'activité au travail sont désormais ce qui doit remplir une vie souillée dès l'origine. Vous différez des autres enfants, Esther, en ce que vous n'êtes pas née comme le commun des pécheurs sous le coup seulement du péché originel de tous les hommes : vous avez le vôtre à part. »

Je remontai dans ma chambre, je me glissai dans mon lit, et appuyant ma joue baignée de larmes contre celle de ma poupée que je serrai sur mon cœur, je ne m'endormis que lorsque le chagrin eut épuisé mes forces; car je sentais, si bornée que fût mon intelligence, que j'avais fait le malheur des autres, et que je n'étais pour personne ce que Dolly se trouvait être pour moi. Oh! qu'elle me devint chère, et que de fois après cela, dans ces longues heures de solitude que nous passions ensemble, je lui racontai l'histoire de mon jour de naissance, je lui confiai tous les efforts que je voulais faire pour réparer la faute dans laquelle j'étais née (faute dont je me sentais vaguement innocente, quoique coupable); et combien je travaillerais à devenir laborieuse, aimable et bonne, afin de pouvoir faire un peu de bien à quelqu'un, et de gagner un peu d'amour, si cela m'était possible! Je désire qu'il n'y ait pas trop de faiblesse et d'égoïsme à verser quelques larmes, en me rappelant toutes ces choses, car je ne peux pas m'empêcher d'en répandre tandis que j'écris ces lignes; mais je les essuie et je continue.

La distance qui me séparait de ma marraine s'accrut encore à mes yeux, et je ne m'en sentis que d'autant plus touchée de la place qu'elle me permettait d'occuper dans sa maison, et qui aurait dû être vide, ce qui m'intimidait au point qu'il me devint plus difficile que jamais de l'approcher et de lui témoigner ma vive reconnaissance. Depuis les paroles qu'elle m'avait dites non-seulement je n'osais plus la regarder, mais j'éprouvais le même contrainte à l'égard de mes compagnes, de mistress Rachaël, et surtout de sa fille dont elle était si fière et qui venait la voir une fois tous les quinze jours.

Une belle après-midi, je rentrais de l'école, tenant mon portefeuille et mes livres sous le bras; il faisait du soleil et j'avais regardé longtemps mon ombre qui grandissait à mes côtés, lorsqu'enfin arrivée à la maison, je me faufilais dans l'escalier pour courir à ma chambre, quand ma marraine ouvrit la porte du parloir et m'appela. Chose très-rare, un étranger s'y trouvait avec elle, un gentleman à l'air grave et important, tout habillé de noir, avec une cravate blanche, de grosses breloques à sa montre et une énorme chevalière au doigt. « Voici l'enfant, » lui dit ma marraine à voix basse et comme en aparté; puis elle reprit tout haut: « C'est Esther, monsieur. » Le gentleman mit des lunettes d'or, me pria d'approcher, me serra la main et me fit ôter mon chapeau, en me regardant avec une grande attention. « Ah! » s'écria-t-il quand j'eus la tête découverte; et l'instant d'après: « Oui! » Il ôta ses lunettes qu'il remit dans un étui rouge, tourna l'étui entre ses doigts, se renversa dans son fauteuil, et fit un signe à ma marraine qui me dit aussitôt: « Vous pouvez vous en aller, Esther. » Je fis une révérence au gentleman et je sortis du parloir.

Deux années s'étaient écoulées depuis lors et j'approchais de mes quatorze ans; il faisait un temps épouvantable, une nuit affreuse; ma marraine et moi nous étions près du feu. J'étais descendue pour lui faire la lecture, et j'en étais au chapitre de saint Jean, où il est dit que le Seigneur, s'étant baissé, écrivait sur le sable avec son doigt, quand les scribes et les pharisiens lui amenèrent une pécheresse.

Et comme ils continuaient à l'interroger, il se releva et leur dit: « Que celui d'entre vous qui est sans péché lui jette la première pierre. »

Je fus arrêtée tout à coup par ma marraine qui, portant la main à son front, s'écria d'une voix terrible et en se levant de son siége: « Restez éveillés, de peur que le maître, en venant à l'improviste, ne vous trouve endormis; ce que je vous dis, je le dis à tous: Veillez! » Et répétant ces mots, elle tomba comme frappée de la foudre; je n'eus pas besoin d'appeler, sa voix avait retenti dans la maison et jusque dans la rue. On la porta dans son lit, où elle resta plus d'une semaine sans que l'expression de sa figure perdît rien de la sévérité qu'elle avait toujours eue. Je restai auprès d'elle nuit et jour, la tête appuyée sur son oreiller pour qu'elle pût mieux m'entendre; et la couvrant de mes baisers, je la remerciais de toutes ses bontés, et je la suppliais de me pardonner et de me bénir, tout au moins de faire un geste, un signe qui témoignât qu'elle m'avait entendue; mais son visage demeura impassible et conserva jusqu'à la fin cet air rigide et courroucé, que la mort elle-même ne sut pas adoucir.

Le lendemain des funérailles de ma pauvre marraine, ayant été appelée par mistress Rachaël, je retrouvai au salon le gentleman à l'habit noir et à la cravate blanche, assis à la place où je l'avais vu deux ans auparavant, dans la même attitude et comme si jamais il ne l'avait quittée. « Mon nom est Kenge, me dit-il; peut-être vous en souvenez-vous, mon enfant, Kenge et Carboy, de Lincoln-inn. » Je répondis que je me rappelais fort bien l'avoir vu chez ma marraine.

« Asseyez-vous près de moi, reprit-il, et ne vous désolez pas, ce qui ne servirait à rien. Je n'ai pas besoin de vous rappeler, mistress Rachaël, à vous qui connaissiez les affaires de miss Barbary, que sa fortune s'éteint avec elle, et que cette jeune fille, maintenant que sa tante est morte....

— Ma tante, monsieur?

— Il est complétement inutile de prolonger un subterfuge qui n'a plus aucun objet, dit M. Kenge; tante de fait, sinon de droit. Ne pleurez pas comme ça, chère enfant. Mistress Rachaël, notre jeune amie, a, je n'en doute pas, entendu parler de.... l'affaire Jarndyce contre Jarndyce?

— Jamais, répondit mistress Rachaël.

— Est-il possible, poursuivit M. Kenge, relevant ses lunettes, que notre jeune amie.... je vous supplie de n'être pas si chagrine.... n'ait jamais entendu parler de Jarndyce contre Jarndyce.

— Je fis un signe de tête négatif, cherchant en moi-même ce que cela pouvait signifier.

— Ne pas savoir un mot de ce procès ! continua M. Kenge en me regardant par-dessus ses lunettes, dont il caressait l'étui rouge avec sollicitude; ne pas connaître l'une des plus grandes causes qui aient jamais été plaidées; Jarndyce contre Jarndyce ! véritable monument de pratique judiciaire, dans lequel se trouvent représentées maintes et maintes fois toutes les difficultés, contingences, suppositions et fictions, formalités et formes de procédure connues à la haute cour. Un procès qui ne peut se rencontrer que dans un pays puissant et libre, et qui ne pourrait exister ailleurs ! Quand je vous dirais qu'aujourd'hui, mistress Rachaël, l'ensemble des frais se monte à la somme de 1 750 000 fr.! »

Et M. Kenge se renversa sur sa chaise avec une satisfaction évidente; mais, en dépit de tous les renseignements qu'il venait de me donner, je ne comprenais pas davantage ce dont il était question.

« Et vraiment elle n'a jamais entendu parler de ce procès? dit encore M. Kenge ne revenant pas de sa surprise.

— Miss Barbary, monsieur, qui est maintenant avec les séraphins, répondit mistress Rachaël....

— Je n'en doute pas, interrompit M. Kenge.

— Miss Barbary désirait qu'Esther connût seulement ce qui pouvait lui être utile.

— Très-bien, dit M. Kenge, c'est on ne peut plus convenable; mais abordons maintenant l'affaire qui nous occupe. Comme miss Barbary, votre seule parente, ma chère enfant (parente de fait, comme je l'ai déjà dit, car devant la loi, je le répète, vous êtes sans parenté aucune), est décédée, et que nous ne pouvons pas naturellement nous attendre à ce que mistress Rachaël....

— Certes, non, dit vivement celle-ci.

— Assurément, répliqua M. Kenge d'un ton affirmatif; ne pouvant donc nous attendre à ce que mistress Rachaël se charge de votre entretien et de votre nourriture (je vous supplie encore une fois de ne pas vous désoler), vous vous trouvez dans la position de recevoir et d'accepter une offre que j'avais été chargé de faire à miss Barbary pour vous il y a deux ans, et qui fut rejetée alors, mais, sous toutes réserves qu'elle pourrait vous être faite de nouveau dans la triste circonstance où vous êtes aujourd'hui. Maintenant, en vous avouant que je représente, dans Jarndyce contre Jarndyce et ailleurs, un homme à la fois excellent et bizarre, dois-je craindre de me compromettre et de sortir des limites que m'impose la prudence de ma profession? » dit M. Kenge, se renversant sur son fauteuil et nous regardant l'une et l'autre avec calme.

M. Kenge semblait prendre un plaisir indicible à s'écouter parler; ce qui, d'ailleurs, n'avait rien d'étonnant, car sa voix était pleine, harmonieuse, et donnait une grande valeur à ses paroles. Dans la satisfaction qu'il éprouvait à s'entendre, il battait parfois la mesure avec sa tête, ou bien accompagnait d'un geste circulaire ses périodes arrondies. L'impression qu'il produisit sur moi fut très-vive, même avant que j'eusse appris qu'il avait pour modèle un noble lord son client, et qu'on l'avait surnommé Kenge le beau diseur.

« M. Jarndyce, poursuivit-il, connaissant la position fâcheuse, l'abandon, oserai-je dire, de notre jeune amie, offre de la placer dans l'un des premiers pensionnats d'Angleterre, où, ses besoins étant prévenus et son confort assuré, elle recevra une éducation qui lui permettra d'occuper dans le monde la position à laquelle il a plu, dois-je dire, à la Providence de l'appeler. »

Je fus tellement émue de ces paroles et de la manière touchante dont elles étaient prononcées, que je ne pus rien répondre, malgré tous mes efforts.

« M. Jarndyce, continua M. Kenge, ne met à ses bontés d'autres conditions que celles-ci, à savoir que notre jeune amie ne s'éloignera pas de l'établissement susmentionné sans sa permission et son concours ; qu'elle s'appliquera sérieusement à acquérir l'instruction et les talents qui seront plus tard ses moyens d'existence ; qu'elle marchera toujours dans le sentier de la vertu et de l'honneur, etc., etc. »

Je me sentais moins que jamais en état de lui répondre.

« Et que dit à cela notre jeune amie? ajouta M. Kenge. Prenez le temps de réfléchir ; ne vous pressez pas. J'attends votre acceptation ou votre refus ; mais ne vous hâtez nullement. »

Il est inutile de répéter ce que répondit la malheureuse enfant à qui l'on faisait cette offre généreuse ; et nulle parole au monde n'exprimerait la gratitude qu'elle en ressentit alors, et qu'elle en conservera jusqu'à sa dernière heure.

Cette entrevue de M. Kenge avait lieu à Windsor, où s'était passée toute ma vie, du moins depuis l'époque à laquelle remontaient mes souvenirs ; et, huit jours après, amplement pourvue de tout ce qui m'était nécessaire, je quittai cette ville pour monter dans l'intérieur de la diligence, qui me conduisit à Reading.

Mistress Rachaël était trop parfaite pour éprouver la moindre émotion de mon départ ; quant à moi, je fondis en larmes d'autant plus amères, qu'après tant d'années passées auprès d'elle, j'aurais dû lui avoir inspiré assez d'intérêt pour que notre séparation lui fît quelque chagrin ; et, lorsque son baiser d'adieu s'imprima sur mon front, aussi froid que la goutte d'eau glacée qui tombait de l'auvent du porche (car nous étions en hiver), je me sentis si misérable et j'éprouvai tant de remords, que je me jetai dans ses bras en lui disant que c'était ma faute si elle pouvait me quitter sans regret et me dire adieu sans pleurer.

« Non, me répondit-elle ; ce n'est pas votre faute, Esther, mais celle de votre malheur. »

Elle me quitta sans attendre que mes bagages fussent chargés sur la diligence, et rentra, fermant la porte derrière elle. Tant que je pus distinguer la maison, je me retournai pour la regarder à travers mes larmes. Ma marraine avait laissé à mistress Rachaël tout ce qu'elle possédait, et cette chère maison était déjà en vente. Un vieux tapis où il y avait des roses, et qui me semblait tout ce qu'on pouvait voir de plus beau sur la terre, pendait négligemment à l'extérieur, exposé au froid et à la neige. Deux jours avant mon départ, j'avais enseveli ma vieille poupée dans son châle, et, j'ai presque honte de l'avouer, je l'avais enterrée sous le grand arbre qui ombrageait la fenêtre de ma chambre. Il ne me restait d'autre compagnon que mon serin, et je l'emportai dans sa cage.

Lorsque je ne vis plus la maison, je m'assis, avec mon oiseau à mes pieds, et je regardai les arbres couverts de givre, le soleil qui brillait sans chaleur, et la glace qui ressemblait à de l'acier, aux endroits où les patineurs et les enfants, dans leurs glissades, avaient chassé la neige. Sur la banquette en face de moi, se trouvait un gentleman que tous les habits dont il était couvert faisaient paraître très-gros; il regardait par la portière, et ne semblait pas faire attention à moi.

Je pensais à ma marraine, à la dernière lecture que je lui avais faite, au visage sévère qu'elle avait conservé jusqu'à sa mort, à l'endroit inconnu où j'allais, aux personnes que j'y trouverais et à la manière dont j'y serais reçue, quand une voix qui résonna tout à coup me fit tressaillir des pieds jusqu'à la tête.

« Pourquoi diable pleurez-vous? » demandait cette voix.

J'étais si effrayée qu'à peine si je pus répondre.

« Moi, monsieur? » murmurai-je enfin, comprenant que ce ne pouvait être que le gros gentleman qui eût parlé, bien qu'il eût toujours le nez à la portière.

— Oui, vous! dit-il en se retournant.

— Je ne savais pas que je pleurais, monsieur.

— Voyez plutôt, reprit le gentleman en passant sur mes yeux ses gros parements de fourrure, mais sans me faire aucun mal et en me montrant qu'ils étaient tout mouillés. Le savez-vous, à présent?

— Oui, monsieur.

— Qu'est-ce qui vous fait pleurer? Est-ce d'aller où l'on vous mène?

— Oh! non, monsieur, j'en suis très-contente, au contraire.

— Eh bien! alors, ayez donc l'air joyeux. »

Je trouvais ce gentleman très-singulier, ou du moins ce que je pouvais entrevoir de sa personne, car il était enveloppé jusqu'au menton, et son bonnet fourré lui cachait presque entièrement le visage. Cependant, je n'avais pas peur de lui, et, me remettant bien vite de mon premier effroi, je lui dis que, si j'avais pleuré, c'était parce que ma marraine était morte, et encore parce que mistress Rachaël n'avait pas eu de chagrin lorsque je l'avais quittée.

« Que le diable l'emporte ! répondit-il, et laissez-la partir sur son manche à balai. »

Je tremblai de nouveau et regardai le gentleman avec surprise, mais je pensai que de ma vie je n'avais vu de si bons yeux, bien qu'il continuât de grommeler entre ses dents et de donner à mistress Rachaël toutes sortes de noms qui ressemblaient à des injures ; puis, ouvrant son manteau, qui me parut assez large pour envelopper toute la diligence, il plongea sa main dans une poche de côté.

« Regardez un peu, dit-il en me montrant un petit paquet soigneusement arrangé. Il y a, dans ce papier, le meilleur gâteau qu'on puisse jamais acheter, avec une couche de sucre d'un pouce d'épaisseur, comme de la fine graisse sur une côtelette de mouton ; et puis encore un petit pâté, une véritable perle, fait en France, et devinez avec quoi ? avec des foies d'oies grasses. Voilà qui est un pâté ! Mangez-moi cela, petite, et voyons ce que vous allez en dire.

— Merci ! répondis-je. Oh ! merci ! et j'espère que vous ne vous fâcherez pas ; mais cela me ferait mal.

— Encore enfoncé ! » dit le gentleman.

Je le regardai sans comprendre, et il jeta le petit paquet par la portière.

Il ne me parla plus qu'au moment où nous approchions de Reading. Alors, il me recommanda d'être bien studieuse, de me montrer toujours bonne ; me donna une poignée de main, et descendit avant d'arriver à la ville. Je suis souvent revenue à l'endroit où il m'avait quittée, espérant toujours le rencontrer ; mais je ne le revis point : le temps passa, et je finis par l'oublier.

Quand la voiture s'arrêta, une dame très-convenable et très-proprement mise s'approcha de la portière.

« Miss Donny, dit-elle.

— Non, madame, Esther Summerson.

— Précisément, miss Donny. »

Je compris qu'elle se présentait à moi en s'annonçant par son nom. Je m'excusai de ma méprise et lui désignai mes malles, qu'elle fit mettre en dehors d'une petite voiture verte dans laquelle nous montâmes, et qui bientôt nous eût emmenées.

« Tout est prêt pour nous recevoir, Esther, dit miss Donny, et le plan de vos études a été tracé d'après les instructions de M. Jarndyce, votre tuteur.

— De qui, dites-vous, madame?
— De M. Jarndyce, » reprit-elle.

J'étais si troublée, que miss Donny, me croyant indisposée par le froid ou la fatigue, me prêta son flacon.

« Est-ce que vous connaissez mon tuteur, madame? lui demandai-je en hésitant.

— Je ne l'ai jamais vu et ne suis en relation avec lui que par l'intermédiaire de ses avoués, MM. Kenge et Carboy de Londres. Un homme vraiment supérieur que M. Kenge, d'une véritable éloquence; il a de ces phrases d'une noblesse sans pareille. »

J'étais trop émue pour répondre. Notre prompte arrivée à notre destination accrut encore mon trouble et je n'oublierai jamais l'aspect fantastique que Greenleaf (la demeure de miss Donny) me présenta tout le reste de la soirée; je me croyais le jouet d'un rêve; mais bientôt j'eus pris si complétement toutes les habitudes de la maison, qu'avant peu ce fut la vie que j'avais menée chez ma marraine qui me fit l'effet d'un songe.

Nous étions douze pensionnaires, et miss Donny avait une sœur jumelle qui partageait ses travaux. On me destinait à la profession d'institutrice, et non-seulement j'apprenais tout ce qu'on enseignait à Greenleaf, mais encore je ne tardai pas à donner quelques leçons, les étendant à mesure que s'augmentaient mes propres connaissances; surcroît de travail qui prenait tout mon temps, mais auquel je me livrais avec joie, parce que les chères petites que j'aidais dans leurs études m'en aimaient davantage, et les nouvelles élèves, toutes malheureuses de leur isolement au milieu de personnes étrangères, étaient tellement assurées de trouver en moi une amie compatissante, que bientôt elles me furent toutes confiées. Elles disaient que j'étais bonne, mais c'étaient elles qui l'étaient bien plus que moi; e me rappelais souvent la résolution que j'avais prise d'être aborieuse, obligeante et dévouée; de faire un peu de bien à quelqu'un, afin de mériter qu'on m'aimât, si cela m'était possible; et je me sentais confuse d'avoir fait si peu de chose et d'avoir tant gagné.

Je passai à Greenleaf six années de calme et de bonheur; et grâce à Dieu, quand revenait mon jour de naissance, jamais aucun visage ne m'y a laissé voir que j'étais une honte et qu'il eût mieux valu que je ne fusse pas venue au monde. C'était au contraire pour chacun une occasion de me prouver sa tendresse, et ma petite chambre s'embellissait alors de tant de témoignages d'affection, qu'elle en était décorée, depuis le jour de l'an jusqu'à Noël.

Je n'étais jamais sortie de Greenleaf, excepté pour faire quelques visites dans le voisinage à certains jours de fête. Six mois après mon arrivée, j'avais écrit à M. Kenge, avec la permission de miss Donny, pour lui dire combien j'étais heureuse et surtout reconnaissante; il m'avait accusé réception de ma lettre, ajoutant qu'il en avait pris note, afin d'en « transmettre le contenu à son client. » Je savais par miss Donny avec quelle exactitude le prix de ma pension était toujours payé chaque année, j'écrivais donc à M. Kenge pour exprimer ma reconnaissance à mon tuteur, et je recevais par le retour du courrier la réponse qui m'avait été déjà faite, exactement dans les mêmes termes, également écrite en ronde, et signée *Kenge et Carboy* d'une autre main, qui me parut être celle de l'avoué de mon tuteur.

Il me semble bien singulier d'être obligée d'écrire tous ces détails sur moi-même, comme si je devais faire l'histoire de ma vie; mais bientôt ma petite personne n'occupera plus toute la scène et sera rejetée au second plan du tableau.

J'avais donc passé à Greenleaf six années de paix et de bonheur, voyant comme dans un miroir s'accomplir chez mes compagnes les changements qui s'opéraient en moi, lorsqu'un matin de novembre je reçus la lettre suivante :

« Old-square, Lincoln's Inn.

Affaire Jarndyce contre Jarndyce.

« Madame,

« Notre client, M. Jarndyce, étant sur le point de recevoir chez lui, ainsi qu'il a été ordonné par la cour de chancellerie, une pupille de la cour en ladite cause, et voulant garantir à ladite pupille une compagne dont il puisse répondre, nous charge de vous informer qu'il serait heureux d'obtenir votre consentement pour remplir lesdites fonctions.

« Nous avons pourvu aux frais et moyens de votre transport : voiture *franco*, départ de Reading à huit heures du matin, lundi prochain, pour arriver à White-Horse Cellar, Piccadilly, Londres, où l'un de nos clercs vous attendra pour vous conduire en notre étude, à l'adresse ci-dessus.

« Nous sommes, madame,
« Vos obéissants serviteurs,
« KENGE et CARBOY.

« Miss Esther Summerson. »

Jamais je n'oublierai la sensation que cette lettre produisit à Greenleaf. Que de bonté de leur part de s'intéresser autant à une pauvre orpheline, et qu'il était généreux au Père céleste qui ne m'avait pas oubliée, de m'aplanir ainsi la voie et d'incliner vers moi tous ces excellents cœurs! Je pouvais à peine supporter le chagrin que mon départ leur causait; non pas que je regrettasse de les voir pleurer, mais le plaisir, la tristesse, l'orgueil, la joie, la gratitude et les regrets se mêlaient tellement en moi que je crus un instant que mon cœur allait se brise

Je n'avais plus que cinq jours à passer auprès d'elles; chaque minute ajoutait de nouvelles preuves d'affection à celles dont on m'avait comblée, et quand, le matin du départ, elles me firent visiter toute la maison, m'arrêtant à chaque pas pour me dire : « Embrassons-nous ici, où vous m'avez parlé avec tant de bonté la première fois que je vous ai vue; dites-moi adieu près de mon lit où vous m'avez consolée; écrivez mon nom sur ce livre, ajoutez que vous m'aimez; quand elles se pressèrent autour de moi, m'offrant chacune un souvenir, et s'écriant, baignées de larmes : « Que deviendrons-nous sans notre Esther? Quand je voulus leur exprimer à mon tour combien je leur savais gré de leur indulgence, de leur bonté pour moi, les vœux que je faisais pour elles, la reconnaissance que je leur gardais à toutes, comme mon cœur fut attendri! »

Et quelle émotion n'ai-je pas ressentie quand les deux miss Donny me témoignèrent autant de regrets que mes compagnes et mes élèves; quand les bonnes vinrent me dire : « Soyez bénie, miss, partout où vous irez; » et que le vieux jardinier boiteux, qui ne m'avait jamais remarquée, du moins à ce que je pensais, courut après la diligence, et, me donnant un bouquet de géraniums, me dit tout haletant que j'avais été la joie de ses yeux? Comment retenir mes larmes à la vue des petits enfants de l'école agitant leurs chapeaux et leurs mouchoirs sur mon passage; à l'aspect d'un vieux gentleman à cheveux blancs et de sa femme, dont j'avais fait étudier la petite-fille, qui passaient pour les gens les plus fiers du pays, et qui oubliaient leur orgueil pour me crier : « Adieu, Esther, et puissiez-vous être heureuse! » Comment s'étonner alors de me voir repliée sur moi-même au fond de la diligence, tandis que je m'écriais au milieu de mes sanglots : « Que je vous suis reconnaissante! que je vous suis reconnaissante! »

Cependant, je compris que je ne devais pas arriver tout en pleurs où j'étais attendue; on aurait pu se méprendre sur la cause de mes larmes, et, après tant de bontés qu'on avait eues pour moi, je ne devais pas permettre que l'on pût s'y tromper. Je me calmai donc peu à peu, et je finissais de me bassiner les yeux avec de l'eau de lavande quand il me sembla qu'on apercevait Londres. Dix mille à peine, et je supposais que nous serions arrivés; quand les dix mille furent franchis, il me parut, au contraire, qu'on n'arriverait jamais. Cependant quand je me sentis cahoter sur le pavé et que je vis le nombre des voitures s'accroître au point que je crus à chaque instant que la diligence allait écraser toutes celles qu'elle rencontrait, ou se faire briser par elles, je supposai que nous approchions du terme de notre voyage; et peu après, effectivement, nous étions arrivés.

Un jeune homme, taché d'encre, accident assez ordinaire dans son état, m'adressa la parole dès que j'eus quitté la voiture:

« De la part de Kenge et Carboy de Lincoln's Inn, me dit-il; c'est vous, n'est-ce pas, mademoiselle?

— Oui, monsieur, » répondis-je.

Il se montra fort obligeant et me donna la main pour monter dans un fiacre, après s'être occupé d'y faire placer mes bagages.

« Le feu serait-il quelque part? lui demandai-je; car les rues étaient remplies d'une fumée si épaisse qu'on distinguait à peine les objets les plus proches.

— Oh! du tout, mademoiselle; c'est une des particularités de Londres; un de ses brouillards, répondit le gentleman.

— Vraiment! » lui dis-je. Et nous traversâmes les rues les plus sombres et les plus boueuses qu'on puisse imaginer, et si bruyantes et tellement obstruées, que je me demandais comment on pouvait n'y pas perdre la tête. Enfin, après avoir franchi une vieille porte, nous nous trouvâmes tout à coup dans une espèce de grande cour déserte et silencieuse, où notre voiture s'arrêta dans un enfoncement situé à l'un des angles et dont l'entrée, semblable au portail d'une église, donnait sur un large perron; un cimetière se trouvait là, car je reconnus sous un des cloîtres, par la fenêtre de l'escalier, des pierres tumulaires.

C'était la demeure de Kenge et Carboy; le jeune homme qui me servait de guide m'introduisit dans le cabinet de M. Kenge; personne ne s'y trouvait; il m'offrit poliment un fauteuil qu'il approcha du feu et attira mon attention sur un petit miroir appendu à l'un des côtés de la cheminée.

« C'est dans le cas où vous voudriez jeter un coup d'œil sur votre coiffure, comme vous devez être admise en présence du grand chancelier; quoique, du reste, ce ne soit nullement nécessaire, ajouta le gentleman avec une parfaite courtoisie.

— Devant le grand chancelier? répétai-je tout interdite.

— Simple formalité, répondit-il. M. Kenge est maintenant à la cour; il vous présente ses compliments et vous invite à vous rafraîchir en l'attendant. »

Sur une petite table se trouvaient un flacon de vin et des biscuits. Le jeune homme me présenta le journal, pensant que je serais bien aise de le parcourir, attisa le feu et s'en alla.

Tout cela me paraissait fort étrange; mais ce qui m'étonnait le plus, c'était de voir la nuit en plein jour, et les chandelles répandre une lumière si blafarde, que je ne distinguais pas même les mots que j'essayais de lire. Je mis le journal de côté, je regardai dans la petite glace si mon chapeau était droit, et je jetai les yeux, autour de cette chambre, sur les tables poudreuses aux tapis éraillés, les piles de papiers, les rayons couverts de livres de mauvaise mine, qui n'avaient pas l'air de promettre aux lecteurs beaucoup d'intérêt. Puis je détournai les yeux et me mis à réfléchir, tandis que le feu brûlait toujours et que les chandelles pétillaient et coulaient sans que je pusse y remédier, ne trouvant pas de mouchettes dans la pièce. Deux heures passèrent, au bout desquelles je vis entrer M. Kenge.

Il n'était pas changé, mais il fut très-surpris de voir, au contraire, combien j'avais grandi, et parut enchanté.

« Comme vous devez être la compagne de la jeune lady qui est maintenant dans le cabinet particulier du grand chancelier, me dit-il, nous avons pensé, miss Summerson, que vous deviez être présentée en même temps qu'elle; vous ne serez pas intimidée, je l'espère, par le lord chancelier?

— Non, monsieur, » répondis-je, ne voyant pas à quel propos je pourrais être effrayée.

M. Kenge m'offrit son bras; nous tournâmes le coin, suivîmes une colonnade, franchîmes une petite porte et, après avoir traversé un passage, nous entrâmes dans une pièce confortable, où une jeune fille et un jeune homme se tenaient debout, appuyés sur un écran placé devant la cheminée et conversant tous les deux.

Quand nous entrâmes ils levèrent la tête. Oh! quel charmant visage avait cette jeune lady! quelle chevelure opulente, blonde et à reflets d'or! quels beaux yeux bleus, si profonds et si doux et quelle figure ouverte, candide et souriante!

« Miss Eva, je vous présente miss Summerson, » dit M. Kenge. Elle vint à moi, me tendit la main, et, se ravisant aussitôt, m'embrassa cordialement; bref, ses manières étaient si engageantes qu'au bout de quelques minutes nous étions assises l'une auprès de l'autre, causant ensemble à la lueur d'un bon feu avec autant d'abandon que si nous nous étions toujours connues.

De quel poids je me sentais délivrée! et quel bonheur de sentir que je lui inspirais toute confiance et qu'elle pourrait m'aimer!

Le jeune homme, son parent éloigné, me dit-elle, et qui s'appelait Richard Carstone, était d'une taille élégante; son visage respirait la loyauté, et son rire franc et joyeux vous gagnait tout d'abord. Sur l'invitation de sa cousine, il vint s'asseoir auprès de nous, et se mit à causer d'un ton vif et enjoué. Il avait à peine dix-neuf ans, deux ans de plus qu'elle. Orphelins tous les deux, ils ne se connaissaient pas, malgré leur parenté. N'était-il pas étrange que nous fussions réunis tous les trois, pour une première entrevue, dans un lieu où d'habitude on ne se rencontre guère? Cette remarque ne pouvait nous échapper, et tandis que nous en jasions, le feu mourant, dont la flamme se réveillait par intervalles, semblait cligner sur nous ses yeux rouges, comme un vieux chancelier qui s'endort, à ce que disait Richard.

De temps en temps un gentleman en robe et en perruque entrait dans la chambre où nous étions, et en ressortait aussitôt; nous entendions alors, par la porte entr'ouverte, le son d'une voix traînante, celle de notre avocat s'adressant au grand chancelier, à ce que nous dit le gentleman qui annonça enfin à M. Kenge que celui-ci ne tarderait pas à paraître. Un bruit confus s'éleva bientôt; des pas nombreux retentirent, l'audience était levée et le lord chancelier nous attendait dans la pièce voisine où le gentleman en perruque nous introduisit immédiatement : là, tout habillée de noir, assise dans un grand fauteuil auprès d'une petite table et à côté du feu, était Sa Seigneurie dont la robe galonnée d'or avait été déposée sur une chaise. Elle jeta sur nous un regard scrutateur, mais nous reçut néanmoins avec politesse et bonté. Le gentleman en perruque posa sur la petite table plusieurs monceaux de paperasses, parmi lesquels Sa Seigneurie choisit en silence un cahier qu'elle se mit à feuilleter.

« Miss Clare? » dit milord à M. Kenge.

Celui-ci présenta ma jeune amie au grand chancelier qui la fit asseoir auprès de lui; je ne doutais pas que milord ne ressentît pour elle tout l'intérêt qu'elle méritait si bien. Évidemment Sa Seigneurie admirait la beauté de sa pupille, mais je ne pouvais me défendre d'une émotion pénible en voyant le foyer paternel d'une si charmante créature représenté par ce lieu banal et ces formes judiciaires; le grand chancelier lui-même envisagé sous son meilleur aspect, suppléait bien pauvrement à l'orgueil et à l'amour d'un père.

« Le Jarndyce dont il s'agit, dit-il en feuilletant les paperasses qui étaient placées devant lui, n'est-il pas Jarndyce de Bleak-House[1]?

— Oui, milord, répondit M. Kenge.

— Un nom lugubre, reprit le grand chancelier.

— Mais qui n'est plus applicable aujourd'hui à l'endroit qu'il désigne, fit observer M. Kenge.

— Et Bleak-House est situé...? demanda Sa Seigneurie

— Dans le Hertfordshire, milord.

— M. Jarndyce n'est pas marié?

— Non, milord.

— Richard Carstone est-il présent ? » demanda Sa Seigneurie après une pause assez longue.

Richard salua milord et s'avança.

« Hum! fit le grand chancelier en tournant rapidement plusieurs feuillets.

— M. Jarndyce de Bleak-House, milord, objecta M. Kenge à voix basse, y a pourvu en procurant une compagne fort convenable à...

— M. Richard Carstone? interrompit milord en souriant et à demi-voix; du moins à ce que je crus voir et entendre.

— A miss Clare, milord; c'est cette demoiselle, miss Summerson, que j'ai l'honneur de présenter à Votre Seigneurie. »

Milord m'octroya un regard plein d'indulgence et répondit avec courtoisie à mon humble révérence.

« Aucune des parties intéressées dans la cause n'est unie à miss Summerson par un lien de parenté quelconque? demanda-t-il.

— Non, milord. »

M. Kenge se pencha vers le grand chancelier, acheva tout bas sa phrase, dont je n'entendis pas la fin. Sa Seigneurie l'écouta sans quitter des yeux les papiers qu'elle feuilletait, hocha la tête deux ou trois fois, tourna beaucoup de pages et ne me regarda plus qu'au moment de notre départ.

M. Kenge et M. Carstone vinrent me retrouver près de la porte, laissant miss Clare à côté du grand chancelier qui, dans cet aparté, ainsi qu'elle me l'a dit plus tard, lui demanda si elle avait mûrement réfléchi à la proposition qui lui avait été faite d'habiter Bleak-House; si elle pensait y être heureuse et quels motifs le lui faisaient supposer. Puis il se leva, et, s'adressant à

---

[1] Maison désolée.

Richard, lui parla debout pendant quelques minutes, avec une onté toute cordiale, comme s'il avait su, bien qu'il fût grand chancelier, le moyen de gagner la confiance d'un jeune homme.

« Très-bien, dit à haute voix Sa Seigneurie ; je puis maintenant expédier l'ordre qui termine cette affaire. Autant qu'il m'est possible d'en juger, M. Jarndyce a parfaitement choisi la compagne de miss Clare, et cet arrangement paraît aussi convenable que le permettent les circonstances. »

Il nous salua gracieusement et nous partîmes enchantés de sa politesse affable qui, à nos yeux, ne lui avait rien fait perdre de sa dignité ; elle semblait, au contraire, y avoir ajouté.

Quand nous fûmes sous la colonnade, M. Kenge se rappela qu'il lui restait encore certaine question à faire, et nous laissa en plein brouillard avec l'équipage et les domestiques du lord grand chancelier, qui attendaient leur maître.

« Voilà donc qui est réglé, dit Richard ; et où allons-nous maintenant, miss Summerson ?

— Ne le savez-vous point ? demandai-je.

— Assurément non.

— Et vous, Eva !

— Pas le moins du monde. »

Comme nous en étions là, une singulière petite femme, ayant un chapeau tout déformé, et tenant un sac à la main, s'approcha le sourire aux lèvres, et, nous abordant avec force révérences :

« Oh ! dit-elle, les pupilles de la cour dans l'affaire Jarndyce contre Jarndyce ! c'est un heureux présage pour l'espérance, la jeunesse et la beauté, quand elles se trouvent dans ces lieux sans savoir ce qui doit en advenir.

— Folle ! dit tout bas Richard, ne supposant pas qu'il pût être entendu.

— Vous l'avez dit, jeune homme ; folle en vérité, reprit-elle si vivement qu'il en resta confus. J'ai été pupille autrefois : je n'étais pas folle alors, continua la petite vieille entremêlant ses phrases de profondes révérences accompagnées de sourires ; j'avais l'espoir, la jeunesse, je crois même la beauté ; peu importe à présent, rien de tout cela ne m'a servi, rien de tout cela ne m'a sauvée. J'ai l'honneur d'assister régulièrement aux séances de la cour avec mes documents. J'attends une conclusion.... Avant peu.... J'ai découvert que le sixième sceau mentionné dans les Écritures est le grand sceau de la haute cour. Acceptez, je vous prie, la bénédiction que je vous donne. »

Je lui répondis que nous en étions fort touchés.

« Oui, je le crois, dit-elle en minaudant. Ah ! voici Kenge avec ses documents. Comment se porte Votre Honneur ?

— Très-bien, très-bien, ne soyez pas importune ;... c'est une bonne âme, répliqua M. Kenge en nous emmenant chez lui.

— Nullement, reprit la pauvre petite vieille qui nous suivait toujours ; bien loin d'être importune je vous conférerai de vastes domaines, jeunes pupilles, ce qui jamais ne passa pour importun ; j'attends une conclusion.... Avant peu.... Au grand jour du jugement. C'est pour vous d'un bon augure, et je vous bénis encore. »

Elle s'arrêta au bas du perron, mais, avant d'entrer, nous nous retournâmes et nous la vîmes à la même place continuant ses révérences et ses sourires entre chaque membre de phrase.

« Espoir ! Jeunesse ! Beauté, disait-elle, et Kenge le beau diseur. Acceptez, je vous prie, la bénédiction que je vous donne. »

CHAPITRE IV.

Philanthropie télescopique.

M. Kenge nous annonça que nous devions passer la nuit chez mistress Jellyby.

« Vous la connaissez ? me dit-il en se tournant de mon côté.

— Non, monsieur, répondis-je ; peut-être M. Carstone ou miss Clare....

— Ni l'un ni l'autre n'en savait plus que moi.

— Mistress Jellyby, reprit M. Kenge le dos au feu et les yeux fixés sur le vieux tapis du foyer où il semblait lire la biographie de cette dame, est une personne d'une force de caractère excessivement remarquable et qui se dévoue entièrement au bien de l'humanité. De grandes questions l'ont successivement occupée jusqu'à ce jour ; elle est pour l'instant absorbée par l'Afrique au point de vue de la culture du café, de l'éducation des indigènes et de l'heureux établissement de l'excédant de la population anglaise sur les bords des rivières africaines. M. Jarndyce, qui aime à encourager toutes les œuvres utiles, et dont les philanthropes recherchent avidement la connaissance a de mistress Jellyby la plus haute opinion. »

M. Kenge leva les yeux sur nous en ajustant sa cravate.

« Et M. Jellyby ? insinua Richard.

— Ah ! reprit M. Kenge, c'est…. c'est le mari de Mme Jellyby.

— Un zéro ?

— Je n'ai pas dit cela ; du reste, je ne sais pas si je l'ai jamais rencontré ; ce peut être un homme supérieur, quoique complétement éclipsé par sa femme. »

M. Kenge ayant sonné, le jeune homme qui m'avait reçue entra dans le cabinet :

« M. Guppy, lui dit l'avoué, les malles de miss Summerson et les autres bagages ont-ils été envoyés à l'adresse que j'ai donnée ? »

M. Guppy répondit que non-seulement ils l'avaient été, mais qu'une voiture nous attendait et que nous pourrions partir dès que bon nous semblerait.

« Il ne me reste plus alors, dit M. Kenge en nous serrant la main, qu'à vous exprimer ma vive satisfaction (bonjour miss Clare), de l'arrangement qui vient d'être conclu (adieu, miss Summerson), et de mon plein espoir qu'il vous conduira au bonheur (enchanté, M. Carstone, d'avoir fait votre connaissance) ; au bien-être et à tous les avantages qu'il semble vous promettre…. Guppy, veillez à ce que ce jeune homme et ces deux demoiselles arrivent là-bas sains et saufs.

— Où allons-nous, M. Guppy ? demanda Richard en descendant l'escalier.

— Tout près, à Thavie's Inn, vous savez bien.

— Mais je ne sais pas du tout : j'arrive de Winchester et n'ai jamais vu Londres.

— Nous n'avons qu'à remonter Chancery-lane, à traverser Holborn, et nous y serons dans trois ou quatre minutes…. Un vrai brouillard de Londres, n'est-ce pas, miss Summerson ?

— Affreusement épais, répondis-je.

— Non pas qu'il nuise à votre fraîcheur ; au contraire, il vous est favorable, si l'on en juge d'après les apparences. »

Il ferma la portière et monta sur le siége ; l'instant d'après, nous passions sous une arcade et nous entrions dans une rue étroite, bordée de hautes maisons, véritable citerne à brouillard, une foule d'individus, surtout d'enfants, étaient rassemblés devant la maison où nous nous arrêtâmes et qui portait le nom de Jellyby sur une plaque de cuivre très-sale.

« Ne vous effrayez pas, dit M. Guppy ; c'est seulement l'un des petits Jellyby qui a passé sa tête entre les barreaux de la grille et qui ne peut pas l'en retirer.

— Pauvre enfant!... Ouvrez-moi vite que je descende.

— Ne vous inquiétez pas, miss; les petits Jellyby ont toujours quelque aventure de ce genre. »

Toutefois, je courus au malheureux bambin, le plus sale des marmots qu'on pût voir, et qui, tout rouge et poussant des cris affreux, avait le cou fixé entre deux barres de fer, tandis que le marchand de lait et un bedeau le tiraient par les jambes, dans l'espoir que son crâne obéirait à la pression et finirait par céder.

Supposant, au contraire, que, dans l'endroit où la tête avait passé, le corps ne tarderait pas à suivre, j'en fis part au bedeau, qui, admettant cet avis, poussa immédiatement l'enfant et l'eût jeté en bas de l'autre côté, si je ne l'avais retenu par le bout de sa jaquette. Richard et M. Guppy coururent à la cuisine pour le recevoir dans leurs bras; et dès que le marmouset s'y trouva sans accident, il se mit à les frapper avec rage de la baguette de son cerceau qu'il tenait à la main. Survint une femme montée sur des patins, qui bourra l'enfant de coups de balai sans avoir l'air de nous apercevoir, ce qui me fit croire que la maîtresse du logis n'y était pas; mais, à ma grande surprise, revenant bientôt à nous et montant au premier étage, cette femme nous introduisit dans une chambre où elle nous annonça comme étant les deux jeunes demoiselles qu'attendait mistress Jellyby. Plusieurs enfants s'étaient trouvés sous nos pas, et nous avions eu beaucoup de peine, dans l'ombre du couloir, à ne pas marcher sur eux. L'un de ces pauvres petits, à l'instant même où nous entrions chez sa mère, roula du haut en bas de l'escalier, faisant retentir la maison du bruit de sa tête qui rebondissait sur les marches; mais mistress Jellyby, dont le visage demeura complétement impassible, ne nous en reçut pas moins avec la plus parfaite tranquillité. C'était une jolie petite femme grassouillette, de quarante à cinquante ans, dont les beaux yeux semblaient avoir l'habitude de ne regarder qu'à l'horizon, comme si l'objet le plus proche que sa vue pût saisir fût la rive africaine.

« Je suis vraiment enchantée de vous recevoir, nous dit-elle d'une voix douce et harmonieuse; j'ai pour M. Jarndyce le plus profond respect, et personne de ceux qui l'intéressent ne me saurait être indifférent. »

Nous lui témoignâmes toute notre reconnaissance et nous allâmes nous asseoir derrière la porte, où se trouvait un canapé boiteux. Mistress Jellyby avait une belle chevelure; malheureusement ses devoirs envers l'Afrique ne lui laissaient pas le temps de se peigner; et le châle dont elle était enveloppée ayant glissé sur sa chaise, nous pûmes constater, lorsqu'elle revint à sa place, que son dos, où le corsage de sa robe était retenu par un lacet blanc formant treillage, ressemblait au mur d'un pavillon d'été.

La chambre, jonchée de papiers, était presque remplie par une grande table, couverte également d'une litière de paperasses, et tout aussi malpropre que désordonnée. Mais ce qui surtout nous frappa tristement, c'était une jeune fille à l'aspect maladif, jolie pourtant malgré son air de fatigue et d'ennui, qui, assise à cette table, mordillait les barbes de sa plume en fixant sur nous ses grands yeux attristés. Je ne crois pas que jamais personne ait jamais eu un si grand nombre de taches d'encre ; et de ses cheveux ébouriffés à ses jolis petits pieds, où traînaient des savates de satin éraillées, il ne se trouvait pas un seul de ses vêtements, pas une épingle, qui fût à sa place.

Vous me voyez, dit mistress Jellyby en mouchant ses deux chandelles qui brûlaient dans des chandeliers de fer et parfumaient la pièce d'une forte odeur de suif, vous me voyez, comme toujours, extrêmement occupée ; ce projet de colonisation africaine absorbe tout mon temps. Il m'oblige à correspondre avec plusieurs sociétés éminentes et avec une foule d'individus qui prennent vivement à cœur les intérêts de l'humanité. La chose avance, je suis heureuse de vous le dire. Nous espérons avoir l'année prochaine de cent cinquante à deux cents robustes familles se livrant à la culture du café ainsi qu'à l'instruction des indigènes de Borrioboula-Gha, sur la rive gauche du Niger. »

Eva m'ayant regardée sans rien dire, je fus obligée de répondre que c'était fort satisfaisant.

« Assurément, continua mistress Jellyby. Cette œuvre absorbe mon énergie et mes facultés tout entières ; mais qu'importe à qui doit réussir ! Chaque jour le succès me paraît plus certain ; je suis vraiment étonnée, miss Summerson, que vous n'ayez jamais songé à vous établir en Afrique. »

Cette apostrophe me prit tellement au dépourvu que je ne sus d'abord que répondre ; j'insinuai que le climat....

« Le plus beau climat de la terre.

— En vérité, madame?

— Il faut certainement des précautions. Mais si vous alliez à Holborn sans en prendre, vous seriez écrasée ; vous en prenez et vous revenez saine et sauve : il en est de même pour l'Afrique.

— Sans aucun doute, répondis-je en pensant à Holborn.

— Si vous voulez voir les observations qui ont été faites à cet égard, dit mistress Jellyby en me passant un certain nombre d'imprimés, rien ne vous sera plus facile que de vous en convaincre pendant que je finirai de dicter une lettre que j'avais commencée. Je vous présente ma fille aînée, mon secrétaire. »

Nous fîmes un salut à la pauvre jeune fille qui s'inclina d'un air à la fois timide et rechigné.

« Un mot seulement et je suis à vous, bien qu'à vrai dire ma besogne ne soit jamais terminée, continua mistress Jellyby en souriant. Où en étions-nous, Caddy?

« — Présente ses compliments à M. Swallow et lui demande.... répliqua la jeune fille.

« — La permission de l'informer, suivant le désir qu'il en a témoigné relativement au projet de.... » Non, Pépy, non; je ne puis y consentir. »

Le pauvre enfant qui interrompait ainsi la correspondance africaine était celui dont la chute avait retenti dans l'escalier quelques instants auparavant; il venait, le front couvert d'un emplâtre, montrer ses genoux écorchés, que sa mère refusait de voir et dont la crasse, non moins que les contusions, excita notre pitié.

« Laissez-nous et partez, méchant enfant, » dit tout simplement et sans rien perdre de sa sérénité mistress Jellyby, qui fixa de nouveau ses beaux yeux sur l'Afrique.

Le pauvre enfant pleurait; je l'arrêtai au passage, et, tandis que sa mère continuait à dicter, je le pris sur mes genoux; Eva l'embrassa; il en parut tout surpris, et, se calmant peu à peu, l s'endormit bientôt, ne faisant plus entendre que de loin en loin de gros soupirs qui troublaient son sommeil.

« Six heures! dit mistress Jellyby, et nous dînons à cinq; nominalement, car en général nous n'avons pas d'heure fixe. Caddy, conduisez miss Clare et miss Summerson dans leurs chambres, peut-être seront-elles bien aises de quitter leurs chapeaux. Vous m'excuserez, n'est-ce pas, je suis tellement occupée.... Oh! ce vilain enfant, mettez-le par terre, je vous en prie, miss Summerson. »

Je demandai, au contraire, la permission de l'emmener avec moi, et je le déposai sur mon lit. Nos deux chambres communiquaient par une porte, et je n'ai rien vu qui pût leur être comparé; les rideaux de la mienne étaient retenus à la croisée par une fourchette.

« Peut-être voudriez-vous de l'eau chaude? nous demanda miss Jellyby qui cherchait un pot à l'eau et qui n'en trouvait pas.

— Oui, si toutefois cela ne donnait pas trop de peine.

— Oh! ce n'est pas ça, répondit miss Jellyby; toute la question est de savoir si l'on peut s'en procurer. »

Il faisait froid; l'humidité nous pénétrait, et j'avoue que je me trouvais fort mal dans cette chambre qui sentait le marécage. Eva en pleurait presque; mais bientôt nous nous mîmes à rire, et nous causions gaiement en défaisant nos malles quand miss Jellyby revint nous dire qu'il n'y avait pas d'eau chaude, qu'on ne trouvait pas le chaudron, et que la bouilloire était percée.

Nous la priâmes de ne pas s'en inquiéter, et nous fîmes tous nos efforts pour tâcher d'allumer le feu. Les enfants étaient montés; ils regardaient du dehors le phénomène que présentait Pépy en dormant sur mon lit, et notre attention fut attirée par un certain nombre de petits nez et de petits doigts qui s'exposaient à se faire écraser si l'on avait pu fermer la porte; mais le bouton manquait à la serrure de la mienne, et chez Eva la clef tournait toujours sans que le pêne s'en doutât. J'invitai tous les marmots à entrer; ils se mirent autour de la table, et je leur racontai l'histoire du petit Chaperon rouge pendant que je m'habillais; ils restèrent cois comme des souris tapies dans leur trou, jusqu'à Pépy lui-même, qui s'éveilla tout juste pour l'arrivée du loup.

Nous descendîmes quand j'eus fini mon conte, et nous trouvâmes, en guise de lampe, sur la fenêtre du palier, une mèche fumeuse, flottant dans un verre où ces mots étaient gravés: « Souvenir des eaux de Tunbridge. » Dans le salon, une jeune femme, la figure enflée et tout embobinée de flanelle, s'évertuait à souffler le feu qui fumait horriblement. Nous voilà toussant et pleurant, avec les fenêtres ouvertes pendant une demi-heure; ce qui n'empêchait pas mistress Jellyby, dont le cabinet de travail communiquait avec cette pièce, de continuer avec la même sérénité sa correspondance relative à l'Afrique; et je m'estimai bien heureuse de la voir si occupée, car il nous fut impossible de n'être pas prises d'un fou rire, quand Richard nous raconta qu'il s'était lavé les mains dans une terrine à pâté, et qu'il avait trouvé le chaudron sur sa table de toilette.

Sept heures sonnèrent, et quelque temps après nous descendîmes dans la salle à manger. « Prenez garde, faites attention à vos pieds, » nous dit mistress Jellyby; précaution fort utile, car les tapis, dépourvus de tringles et déchirés partout, n'étaient plus que de véritables pièges. On nous servit un cabillaud, un rosbif, des côtelettes et un pouding: un excellent dîner s'il avait été cuit; mais, par malheur, c'était à peu près cru. La jeune femme embobinée de flanelle, et qui faisait le service, posait bout-ci bout-là tous les plats sur la table, sans s'inquiéter de rien. De temps à autre, la femme en patins, sans doute la cuisinière, entre-bâillait la porte et l'appelait aigrement; une querelle s'ensuivait, et mille incidents qui entravaient le dîner : le plat de pommes de terre renversé dans les cendres, la poignée du tire-bouchon cédant tout à coup et venant frapper le menton de la jeune femme aux flanelles. Mistress Jellyby conservait néanmoins l'égalité de son humeur; elle nous dit une foule de choses intéressantes sur Borrioboula-Gha, et reçut tant et tant de lettres, que Richard, assis à côté d'elle, compta jusqu'à cinq enveloppes à la fois dans la sauce du rôti : lettres de plusieurs comités de femmes; comptes rendus et résolutions de plusieurs meetings; questions relatives à la culture du café, aux indigènes du centre de l'Afrique. Mistress Jellyby envoya sa fille à trois ou quatre reprises différentes écrire ce qu'elle avait à répondre. Que d'affaires n'avait-elle pas, et quel dévouement à la cause !

J'étais fort intriguée de savoir ce que ce pouvait être qu'un gentleman, à moitié chauve, portant lunettes, et qui, après que le poisson fut enlevé, s'était glissé à une place jusque-là restée vacante. Il semblait acquis à la question africaine, mais d'une manière passive; et comme il ne disait pas un mot, j'aurais pu le prendre pour un indigène de Borrioboula-Gha, si ce n'avait été la couleur de son teint. Mais quand nous fûmes sorties de table, et que je le vis rester avec Richard, il me vint à l'idée que ce devait être M. Jellyby, et je ne me trompais pas. Un jeune homme très-bavard qui vint dans la soirée, qu'on appelait M. Quale, et dont les cheveux, rejetés vigoureusement en arrière, laissaient voir deux tempes bossues et luisantes, philanthrope, à ce qu'il nous apprit lui-même, nous confirma le fait, en nous disant que l'alliance matrimoniale de M. et de Mme Jellyby lui représentait l'union de l'esprit et de la matière.

Ce jeune homme, qui avait aussi beaucoup à dire sur l'Afrique, et, entre autres choses, l'exposé d'un projet dont il était l'auteur, projet qui consistait à enseigner aux colons de Borrioboula-Gha la manière d'apprendre aux indigènes à tourner des pieds de tables et de pianos qu'ils exporteraient ensuite, prenait un plaisir évident à faire ressortir le mérite de mistress Jellyby. « Vous recevez maintenant, lui disait-il, cent cinquante ou deux cents lettres par jour, relativement à l'Afrique. » Ou bien encore : « Si ma mémoire ne me trompe pas, vous avez envoyé par le même courrier jusqu'à cinq mille circulaires. » Et il nous répétait la réponse de mistress Jellyby, comme eût fait un interprète.

Quant à M. Jellyby, nous le vîmes toute la soirée dans un coin, la tête appuyée contre le mur, ayant l'air d'un homme profondément abattu. Il paraît qu'il avait ouvert la bouche plusieurs fois, lorsqu'après le dîner il s'était trouvé seul avec Richard; mais il l'avait toujours refermée sans rien dire, à la grande confusion de M. Carstone.

Pendant ce temps-là, mistress Jellyby, presque entièrement cachée par le monceau de papiers dont elle était entourée, prenait force café, dictait quelques lettres à sa fille, et entretenait avec M. Quale une discussion très-animée sur la fraternité humaine, ce qui lui donna l'occasion d'exprimer les sentiments les plus nobles et les plus généreux. Toutefois, je ne pus pas l'écouter aussi attentivement que je l'aurais désiré, parce que les enfants nous entourèrent dans un coin du salon, Eva et moi, et me demandèrent une autre histoire. Je m'assis au milieu du cercle qu'ils formèrent, et leur racontai tout bas le *Chat botté*, sans regarder ce qui se passait autour de nous, jusqu'au moment où mistress Jellyby, se souvenant d'eux par hasard, les envoya coucher. Pépy ne voulut pas y aller sans moi, et je l'emportai à l'étage supérieur, où nous trouvâmes la jeune femme aux flanelles, qui chargea la petite famille haut la main, comme un vrai dragon, et fourra en un clin d'œil chaque enfant dans son lit.

J'essayai de mettre un peu d'ordre dans notre chambre, et je finis, à force de soins, par faire flamber notre vilain feu, qui n'allait pas lorsque j'étais entrée. De retour au salon, je compris que mistress Jellyby regardait avec une certaine pitié mon caractère frivole ; j'en fus triste, mais je sentis en même temps que mes prétentions ne dépassaient pas mes humbles facultés.

Minuit sonna avant que nous eussions pu saisir l'occasion de nous retirer ; nous levant enfin, nous laissâmes mistress Jellyby dictant ses lettres, prenant toujours du café, et sa pauvre fille mordillant les barbes de sa plume.

« Quelle singulière maison, dit Eva quand nous fûmes dans notre chambre, et quelle idée mon cousin Jarndyce a-t-il eue de nous envoyer ici ?

— Tout ce que j'y vois me confond, répondis-je ; j'ai besoin de le comprendre, et je ne peux y parvenir. C'est une grande bonté de la part de mistress Jellyby de se donner toute cette peine, et de vouloir faire le bien des indigènes de Borrioboula-Gha.... cependant sa maison.... Pépy et les autres.... »

Eva se mit à rire, me passa le bras autour du cou pendant

que je regardais le feu, et me dit que j'étais une créature douce et tendre et que j'avais gagné son cœur.

« Vous êtes à la fois si réfléchie et si gaie, ajouta-t-elle, vous faites tant et si bien, et tout cela vous est si naturel. »

Simple et chère mignonne, c'était dans son cœur qu'elle trouvait la bonté dont elle me parait à ses yeux.

« Puis-je vous faire une question ? lui demandai-je.

— Mille, si vous voulez.

— Voulez-vous me parler de votre cousin, M. Jarndyce, auquel j'ai tant d'obligations, et me dire comment il est ? »

Elle rejeta ses beaux cheveux en arrière et tourna vers moi des yeux à la fois si étonnés et si fins, que je restai surprise à mon tour et de son étonnement et de sa beauté.

« Que je vous dépeigne mon cousin Jarndyce !

— Eh bien ! oui, pourquoi pas ?

— Mais je ne l'ai jamais vu.

— Malgré votre parenté ?

— Mon Dieu non. »

Toutefois elle se rappelait, si jeune qu'elle fût alors, que les larmes venaient aux yeux de sa mère quand elle parlait de la noblesse et de la générosité du caractère de cet excellent homme, en qui, disait-elle, on pouvait avoir confiance plus qu'en personne au monde. Aussi miss Clare se fiait entièrement à son cousin Jarndyce, qui lui avait écrit quelques mois auparavant une lettre simple et franche, où il lui proposait l'arrangement que nous allions effectuer; lui disant, en outre, qu'il espérait, avec le temps, guérir quelques-uns des maux qu'avait fait naître ce misérable procès. Elle avait accepté avec reconnaissance. Richard, qui avait reçu la même lettre et fait la même réponse, se rappelait avoir vu M. Jarndyce une fois seulement au collège de Winchester, où il était alors; il y avait de cela cinq ans. Ses souvenirs le lui représentaient comme un homme franc, robuste, un peu gros. Eva n'en savait pas plus long.

Elle s'endormit; je restai près du feu, songant à Bleak-house, et m'étonnant que le matin fût si long à revenir. Je ne sais plus où s'égaraient mes pensées, quand un léger coup frappé à la porte vint me rappeler à moi-même. J'ouvris doucement, c'était miss Jellyby, toute transie, tenant d'une main un chandelier cassé où coulait une chandelle brisée, et de l'autre un coquetier.

« Bonsoir, dit-elle d'un air maussade.

— Bonsoir, dis-je à mon tour.

— Peut-on entrer ? demanda-t-elle brusquement.

— Certes, mais ne réveillez pas miss Clare. »

Elle ne voulut pas s'asseoir et resta de bout au coin de la cheminée, trempant son doigt dans le coquetier rempli de vinaigre, et s'aspergeant la figure pour en ôter les taches d'encre. Elle avait l'air sombre et le visage irrité.

« Je voudrais voir l'Afrique à tous les diables, dit-elle tout à coup. »

J'essayai de la calmer.

« C'est comme je le dis, reprit-elle, je l'exècre, je l'abhor c'est une peste. »

Je posai ma main sur son front qui était brûlant. « Vous êtes fatiguée, lui dis-je, vous avez mal à la tête; allez dormir, vous serez mieux demain matin. »

Elle continua de faire la moue et de froncer les sourcils; mais elle quitta son coquetier et se tournant du côté d'Éva :

« Miss Clare est bien jolie, » dit-elle.

Je fis en souriant un signe affirmatif.

« N'est-elle pas orpheline ?

— Oui, répondis-je.

— Et pourtant je suis sûre qu'elle a appris beaucoup de choses : la danse, le piano, le chant, le français, la géographie et toutes sortes d'ouvrages à l'aiguille ?

— Certainement.

— Tandis que moi, je ne sais rien faire, si ce n'est écrire; j'écris toute la journée pour maman. C'est bien méchant de votre part d'être venues ici pour voir mon ignorance. C'est sans doute pour faire mieux ressortir votre mérite. »

Je la regardais sans rien dire en tâchant de lui montrer tout l'intérêt qu'elle m'inspirait.

« C'est déshonorant ! continua-t-elle les yeux pleins de larmes; la maison tout entière, les enfants et moi, tout cela est une honte. Papa est malheureux; ça n'a rien d'étonnant. Priscilla est toujours ivre; vous ne pouvez pas dire que vous ne l'ayez pas senti quand elle servait à table; on se serait cru au cabaret; vous l'avez bien vu.

— Je vous assure que non, chère Caroline.

— C'est un conte; vous l'avez bien senti; pourquoi dire le contraire ?

— Écoutez-moi, Caroline.

— Qu'ai-je besoin de vous entendre ? »

Elle s'approcha du lit et, sans quitter son air maussade, elle embrassa miss Clare; puis elle revint près de moi; sa poitrine se soulevait à faire pitié; j'étais vivement émue.

« Je voudrais être morte, s'écria-t-elle, ce serait bien plus heureux. »

L'instant d'après, s'agenouillant auprès de moi, elle cacha sa tête dans mes vêtements, éclata en sanglots et me supplia de lui pardonner. J'essayai de la relever; mais elle ne voulut pas. « Non, non, disait-elle; vous qui avez l'habitude de montrer aux autres, si vous vouliez m'instruire, j'apprendrais bien avec vous; je suis si malheureuse et je vous aime tant ! »

Je ne pus jamais la décider à se mettre à côté de moi; tout ce que je pus obtenir, c'est qu'elle prît au moins, pour s'asseoir, un tabouret tout en loques qui se trouvait dans la chambre. Peu à peu elle se calma, et s'endormit. J'attirai sa tête sur mes genoux, et l'enveloppai de mon châle; le feu s'éteignit et toute la nuit elle sommeilla dans la même attitude. Je restai d'abord péniblement éveillée, puis mes idées se troublèrent, devinrent plus vagues, et la jeune fille endormie sur mes genoux se transforma successivement. Je la prenais tantôt pour Éva, tantôt pour une de mes amies de Reading que je croyais avoir quittée depuis longtemps, ou pour la petite femme vieille et folle aux révérences et aux sourires; j'entrevis l'ombre du maître de Bleak-House; la vision s'effaça, je ne distinguai plus rien et perdis bientôt jusqu'à la conscience de moi-même.

Le jour luttait faiblement contre le brouillard quand mes yeux s'ouvrirent et rencontrèrent le visage d'un petit fantôme crasseux qui me regardait fixement : c'était Pépy qui avait escaladé son berceau et qui s'était traîné jusqu'à moi en robe de nuit et en béguin; il avait si froid que ses petites dents en claquaient à se briser.

CHAPITRE V.

Une aventure.

Bien que la matinée fût froide et que le brouillard semblât toujours épais (je dis semblât, car les fenêtres étaient tellement sales que le plus beau soleil de juin en eût été assombri), je pressentais suffisamment ce que devait être la maison à l'heure du lever, et j'étais en outre assez curieuse de voir Londres, pour approuver l'excellente idée de miss Jellyby qui nous proposait une promenade.

« Maman ne descendra pas de longtemps, nous dit-elle, et ce sera bien heureux si après cela nous n'attendons pas le déjeuner plus d'une heure. Quant à papa il mange ce qu'il trouve, et s'en va au bureau; mais jamais il ne déjeune régulièrement : la bonne laisse le pain sur la table et un peu de lait quand il en reste ou que le chat ne l'a pas bu, et voilà tout. Mais attendez-moi, je vais chercher mon chapeau. »

Pendant qu'Eva s'habillait, j'offris à Pépy de le débarbouiller et de le coucher ensuite dans mon lit; ce qu'il accepta de bonne grâce, me regardant néanmoins pendant toute l'opération avec un étonnement qui témoignait de l'extrême rareté du fait. Il avait l'air très-malheureux, il faut l'avouer, mais ne proférait pas une plainte et paraissait enchanté d'aller dormir dans un lit bien bordé aussitôt que le nettoyage serait fini. L'idée me vint alors d'être inquiète de la liberté que je venais de prendre; mais je réfléchis que probablement personne ne s'en apercevrait.

Nous trouvâmes miss Jellyby dans la salle de travail à côté du feu que Priscilla tâchait d'allumer à la flamme d'une chandelle. Elle finit même par y jeter aussi le bout pour faire aller le feu plus vite. Toute la maison était dans l'état où nous l'avions laissée la veille au soir : la nappe était restée sur la table et s'y trouvait toute prête pour le déjeuner; les miettes de pain, la poussière et les papiers qui se voyaient partout n'avaient pas été balayés et ne paraissaient pas devoir l'être; la porte de la rue était ouverte, le pot au lait était accroché à la grille et nous rencontrâmes la cuisinière qui revenait du cabaret du coin en s'essuyant la bouche : elle nous dit en passant qu'elle avait été savoir l'heure.

Richard montait et descendait la rue, frappant de la semelle pour s'échauffer les pieds, et, fort agréablement surpris de nous voir, il se joignit à nous, enchanté de partager notre promenade. Miss Jellyby avait repris son air maussade, et personne ne se serait douté de l'affection qu'elle disait avoir pour moi.

« Où voulez-vous aller ? demanda-t-elle.

— N'importe où, répondis-je, mais de grâce ne nous arrêtons pas.

— Voyez-vous, dit-elle en m'entraînant tout à coup, dût-il venir tous les soirs, avec son front luisant et bossu, et vivre autant que Mathusalem, je ne trouverai jamais rien à lui dire : maman et lui sont de vrais ânes ! »

— Votre devoir, chère Caroline....

— Que me parlez-vous de devoir, miss Summerson ? maman a-t-elle jamais rempli les siens ? Elle ne pense qu'à l'Afrique ; eh bien ! que l'Afrique ait pour elle du respect, c'est son affaire et pas la mienne. Ça vous choque ? moi aussi ; mais, je vous le répète, continua-t-elle en marchant de plus en plus vite, il aura beau venir, je ne lui répondrai pas ; je le déteste ; et, s'il y a quelque chose au monde qui m'exaspère, ce sont les balivernes qu'il débite avec maman ; je me demande comment les pavés qui sont devant la maison peuvent avoir la patience d'y rester et d'entendre toutes ces sottises. »

Je compris qu'elle parlait du philanthrope que nous avions vu la veille ; mais je fus dispensée d'y répondre par Eva et Richard, qui accouraient tout essoufflés en nous demandant si nous avions l'intention de gagner un prix à la course. Une fois interrompue, miss Jellyby garda le silence et marcha d'un air pensif à côté de moi, tandis que je regardais avec étonnement ces rues variées qui se succédaient sans fin, la foule qui s'y pressait déjà, la masse des voitures, l'activité qu'on déployait pour l'étalage des boutiques, et surtout ces malheureux en haillons qui fouillaient à la dérobée les tas d'ordures pour y chercher des épingles et des guenilles.

« Tous les chemins mènent à la chancellerie, s'écria gaiement Richard ; nous y revoilà, cousine ; et, par le grand sceau ! ne vois-je pas la petite femme aux révérences ? »

Elle était effectivement en face de nous, saluant et souriant comme la veille, et disant d'un air de protection bienveillante :

« Les pupilles dans Jarndyce contre Jarndyce ! très-heureuse de les revoir.

— Vous êtes sortie de bonne heure, madame, lui dis-je en réponse à la révérence qu'elle m'adressait.

— O.... ui ; j'ai l'habitude de me promener ici le matin, avant l'ouverture de la cour. C'est un endroit retiré. J'y recueille mes pensées pour les affaires du jour, dit-elle avec un grand sérieux : les affaires exigent tant de réflexion... ! la justice est une chose si difficile à suivre !

— Qui est cette femme ? me demanda tout bas miss Jellyby en se serrant contre moi.

— Une plaideuse, mon enfant (répondit aussitôt la pauvre folle dont l'oreille était d'une finesse remarquable), à votre service. J'ai l'honneur d'assister régulièrement aux séances de la cour, avec mes documents. Est-ce à une autre pupille de l'affaire Jarndyce que j'ai l'honneur de parler ? »

Richard, désireux de faire oublier son étourderie de la veille, répondit avec bonté que miss Jellyby n'était pas intéressée dans le procès.

« Ah! dit la petite vieille, elle n'attend pas de jugement, tant mieux pour elle! cela ne l'empêchera pas de vieillir, mais elle ne vieillira pas sitôt. Voici le jardin de Lincoln's Inn ; un véritable bosquet en été, où les oiseaux chantent mélodieusement. J'y passe en contemplation la plus grande partie des vacances. Les vacances sont bien longues, n'est-ce pas? »

Nous répondîmes que oui, pour lui être agréables.

« Quand vient la chute des feuilles et qu'on ne trouve plus de bouquets pour le grand chancelier, continua-t-elle, les vacances sont finies; et le sixième sceau mentionné dans l'Apocalypse reprend tout son pouvoir. Je vous en prie, venez visiter ma retraite; ce sera pour moi d'un bon augure : l'espérance, la jeunesse et la beauté ne s'y rencontrent guère. Il y a bien des années que l'une ou l'autre ne m'a rendu visite. »

Elle me prit par la main ainsi que miss Jellyby et appela d'un signe M. Carstone et miss Clare. Je ne savais comment refuser. Je regardai Richard pour qu'il vînt à mon secours, mais l'offre de la petite vieille paraissait l'amuser, et je me laissai conduire par notre guide étrange, qui m'assurait en souriant que sa demeure n'était pas loin.

L'instant d'après, effectivement, elle nous fit franchir une petite porte latérale, entra dans une rue étroite formée par les murailles des cours et des allées qui se trouvent à l'extérieur de Lincoln's Inn et nous dit en s'arrêtant tout à coup : « C'est ici, veuillez monter. »

Nous nous trouvions devant une affreuse boutique où ces mots étaient écrits en gros caractères :

KROOK,
MAGASIN DE CHIFFONS ET DE BOUTEILLES CASSÉES.
Krook, marchand d'objets pour la marine.
Ici on achète les os, la graisse, les ferrailles, les vieux habits d'homme et de femme.

Partout dans cette boutique, où l'on ne parlait que d'acheter et non de vendre, se trouvaient étalées des bouteilles sales de toute espèce, à drogues, à cirage, à bière, à eau gazeuse, à conserves, bouteilles à vin, bouteilles à encre ; ces dernières me rappellent que ce ramas de vieilleries se ressentait de son voisinage, et qu'il avait un certain air de parenté lointaine, mais réelle, avec l'ordre judiciaire. De vieux encriers, de vieux livres écornés, éraillés, déchirés, traînant sur des rayons poudreux avec cet écriteau :

« Livres de droit et de jurisprudence à dix-huit sous le volume. »

Titres et inscriptions écrits en ronde, comme les papiers que j'avais vus chez Kenge et Carboy, et comme les lettres que j'avais reçues de leur étude ; avis portant qu'un homme respectable, âgé de quarante-cinq ans, demandait à faire des copies et des grosses, qu'il s'engageait à expédier avec soin et promptitude : s'adresser à M***, voir M. Krook pour les renseignements ; sacs bleus et sacs rouges appendus aux murailles ; monceau de vieux parchemins craquelés et recroquevillés ; dossiers jaunis cornés aux principaux feuillets ; trousseaux de clefs par centaines ayant appartenu aux portes des études, aux coffres-forts des hommes de loi ; guenilles faisant litière et s'échappant de l'énorme plateau d'une balance boiteuse, sans contre-poids aucun, où se retrouvaient des lambeaux souillés de rabats et de vieilles robes de palais. « Et pour compléter la ressemblance, nous dit tout bas Richard, il est facile de prendre ces vieux os grattés à blanc, qu'on voit empilés dans un coin, pour ceux des malheureux plaideurs. »

Comme le brouillard durait toujours, et que l'ombre du mur de Lincoln's Inn interceptait la lumière qui aurait pu pénétrer dans la boutique, il nous eût été impossible d'y rien voir sans la lanterne qu'un vieux homme à lunettes et à bonnet fourré promenait dans le magasin. Il se tourna vers la porte où il nous aperçut ; il était petit, cadavéreux et ridé ; portait de travers sa tête enfoncée entre ses deux épaules, et son haleine, qu'on voyait sortir de sa bouche, paraissait être la fumée d'un feu qui le brûlait intérieurement ; sa gorge, son menton, ses joues et ses sourcils étaient couverts de poils blancs, si ébouriffés et si roides, sur une peau tellement raboteuse, où les veines se tordaient en faisant de telles saillies, que la partie supérieure de son corps, depuis la poitrine jusqu'au sommet de la tête, ressemblait à une vieille souche couverte d'une neige épaisse.

« Hi ! hi ! hi ! dit-il en s'approchant, avez-vous quelque chose à vendre ? »

Nous reculâmes en regardant la petite vieille, qui s'efforçait en vain d'ouvrir la porte de la maison, et à qui Richard essayait de faire entendre que, puisque nous avions eu le plaisir de voir l'endroit où elle demeurait, nous allions la quitter ; mais elle devint si pressante et renouvela sa prière avec tant d'instances que je ne pus résister au désir qu'elle exprimait ; et, lorsque l'affreux vieillard, se joignant à elle, nous eut dit : « Contentez-la, c'est l'affaire d'une minute ; passez par la boutique si l'autre porte ne va pas, » nous nous laissâmes persuader, encouragées par Richard et comptant sur la protection qu'au besoin il saurait nous donner.

« Krook, mon propriétaire, dit la petite vieille en daignant condescendre jusqu'à nous le présenter ; il est connu dans le voisinage sous le nom de lord Chancelier, et sa boutique y est appelée la Cour de chancellerie ; c'est un homme original, tout à fait excentrique. » Elle hocha la tête en se frappant le front d'une manière significative, et nous pria d'être indulgents pour lui, « car il est un peu.... vous savez.... un peu fou.... » ajouta-t-elle avec une profonde dignité. Le vieillard l'entendit et se mit à ricaner.

« C'est pourtant vrai qu'ils m'appellent lord Chancelier, dit-il en passant devant nous avec sa lanterne, et qu'ils ont donné à ma boutique le nom de Chancellerie ; savez-vous pourquoi ?

— Assurément non, répondit Richard avec indifférence.

— Voyez-vous, reprit le vieillard, hi ! hi !... quelle jolie chevelure ! j'en ai trois grands sacs dans ma cave, rien que de cheveux de femme, et pas une mèche aussi belle que celle-ci ; quelle couleur ! quelle finesse !

— Assez, mon brave, assez ! dit Richard révolté de voir l'affreux regrattier toucher de sa main jaune l'une des nattes de miss Clare ; vous pouvez les admirer, ainsi que nous le faisons tous, sans vous permettre une telle licence. »

Krook lança un regard rapide sur le jeune homme. Eva, toute tremblante et dont la beauté miraculeuse semblait fixer même l'attention de la petite vieille, dit en rougissant qu'elle ne pouvait que s'enorgueillir de cette preuve d'admiration ingénue, et le vieillard reprit, aussi vite qu'il l'avait quittée, la physionomie qui semblait lui être habituelle.

« Voyez-vous, dit-il, j'ai ici tant de choses de tant d'espèces, que les voisins qui s'imaginent (est-ce qu'ils savent ?) que tout ça n'est bon à rien, dépérit et s'en va, que ce n'est que ruine et désordre, nous ont rebaptisés mon magasin et moi. Et comme j'ai dans mon fonds de commerce tant de vieux parchemins et de vieilles paperasses, que j'ai du goût pour la rouille, la moisissure et les toiles d'araignée ; que je fais argent de tout ; que je n'aime pas à lâcher ce que j'agrippe, ni à changer quoi que ce soit, ni à balayer, à nettoyer, à fourbir non plus qu'à réparer tout ce qui m'entoure, c'est pour cela qu'ils m'ont donné ce sobriquet et m'appellent Chancelier. Cela m'est égal. Je vais tous les jours voir siéger mon confrère. Il ne me remarque pas moi je l'observe; il n'y a pas tant de différence entre nous; tous les deux nous pêchons en eau trouble. Hi! lady Jane! »

Une grosse chatte grise sauta d'une planche sur l'épaule du vieillard et nous fit tressaillir.

« Montre-leur comme tu égratignes; bien, lady Jane; hi, hi! Déchire, déchire, milady. »

L'animal se précipita sur un paquet de chiffons qu'il laboura de ses griffes de tigre avec un bruit qui me fit grincer les dents.

« Sans compter qu'elle en ferait autant de n'importe qui, si je le lui commandais, reprit le vieillard. J'achète des peaux de chat, parmi tant d'autres choses, et l'on vint m'offrir la sienne; une belle peau, comme vous voyez; mais j'ai gardé la bête et ne l'ai pas dépouillée; ce qui ne ressemble guère, direz-vous, à ce qu'ils font à la chancellerie. »

Nous avions traversé la boutique, et le regrattier venait d'ouvrir la porte qui conduisait à l'entrée de la maison, quand la petite vieille lui dit d'un air gracieux :

« Merci Krook; vous avez de bonnes intentions, mais vous êtes fatigant; ces jeunes demoiselles sont pressées. J'ai moi-même peu de temps à perdre, ayant à me rendre à la cour. Mes jeunes amis sont les pupilles dans Jarndyce contre Jarndyce.

— Jarndyce! s'écria le vieillard avec surprise.

— Mon Dieu, oui.

— Est-il possible! reprit M. Krook émerveillé.

— Vous paraissez prendre un vif intérêt aux causes que votre noble collègue est appelé à juger, lui dit Richard.

— Oui, répliqua-t-il d'un air distrait. Alors votre nom doit être....

— Richard Carstone.

— Carstone, répéta-t-il en comptant sur ses doigts; oui, c'est cela; il y avait encore les noms de Barbary, de Clare et je crois celui de Dedlock.

— Il en sait autant là-dessus que le véritable chancelier, nous dit M. Carstone.

— Oui! continua le vieillard sortant peu à peu de sa rêverie; Tom Jarndyce.... excusez-moi, si je l'appelle Tom, mais à la cour on ne lui connaissait pas d'autre nom. Tom Jarndyce donc entrait souvent ici; le pauvre homme n'avait plus guère de repos; il avait pris l'habitude de rôder par ici quand sa cause était appelée ou quand elle devait l'être; il allait et venait, parlant aux boutiquiers et disant à chacun: « Garez-vous de la chancellerie, quoi qu'il puisse arriver, car c'est être broyé lentement par un moulin qui ne tourne pas; c'est cuire à petit feu; mourir à coups d'épingle; être noyé goutte à goutte; devenir fou. » Le malheureux finit par se défaire en détail; je le vois encore, il se tenait où sont justement les deux jeunes demoiselles. »

Nous écoutions avec horreur. Tout le voisinage savait bien qu'un jour où l'autre il en arriverait là. « Une fois donc il entra, vint s'asseoir à la place où sont ces deux dames; il me pria d'aller lui chercher une pinte de vin (j'étais un peu plus jeune que je ne le suis maintenant); « je me sens, dit-il, tout abattu; mon procès est appelé, et je suppose que je suis plus près que jamais d'obtenir un jugement; il faut donc se remonter. » Je ne voulais pas le laisser seul, et je lui persuadai d'aller à la taverne qui est de l'autre côté de ma ruelle (c'est-à-dire la ruelle de la Chancellerie). Quelques instants après je le vis par la fenêtre confortablement établi près d'un bon feu, assis dans un grand fauteuil avec du monde autour de lui. Je sortis donc bien tranquille; je n'étais pas rentré, que j'entends un coup de pistolet retentir avec fracas dans l'Inn; j'accours avec tous les voisins. »

Le vieillard nous regarda fixement, ouvrit sa lanterne, en souffla la chandelle et continua :

« C'était lui, je n'ai pas besoin de vous le dire. Tout le monde se précipite à l'audience où le procès allait son train; mon noble et savant confrère et tous les autres pataugeaient dans le bourbier, comme toujours, et faisaient semblant de ne pas savoir un mot de ce qui s'était passé, ou bien de n'avoir pas à s'en préoccuper. »

Eva et Richard étaient d'une pâleur extrême, et je compris à l'émotion que je ressentais ce qu'ils devaient éprouver en se voyant héritiers de cette longue série de douleurs qui se rattachait à de si affreux souvenirs. Je souffrais aussi pour la pauvre créature qui nous avait amenée, craignant l'application qu'elle pouvait se faire de cette pénible histoire; mais, à ma grande surprise, elle ne semblait pas même en être émue, et monta l'escalier en nous informant, avec l'indulgence d'un être supérieur, que son propriétaire était « un peu.... fou.... vous savez! »

Elle habitait dans les combles une chambre assez grande, d'où elle apercevait le toit de la grande salle de Lincoln's Inn, avantage qui semblait l'avoir décidée à choisir ce logement. « La nuit, disait-elle, je peux encore voir la Cour, principalement quand il fait clair de lune. » Sa chambre était propre, mais absolument nue; j'y vis à peine les meubles les plus indispensables; quelques anciennes gravures arrachées à de vieux livres; des portraits de chanceliers et d'avocats illustres, collés sur la muraille avec des pains à cacheter; quelques vieux sacs fanés « contenant ses documents, » ainsi qu'elle prit grand soin de nous le dire; dans la grille pas de charbon ni même de cendres, et nulle part aucune trace de vêtement, aucun vestige de nourriture. Dans un buffet entr'ouvert, j'entrevis bien deux tasses, autant d'assiettes, un pot ou deux, mais tout cela vide et scrupuleusement essuyé. Je sentis alors que son extérieur misérable avait un sens plus profond et plus touchant que je ne l'avais supposé.

« Infiniment honorée, je vous assure, de la visite que me font les pupilles dans Jarndyce, dit la pauvre petite vieille avec une douceur extrême, et profondément reconnaissante de l'heureux présage qu'elle m'apporte. C'est un endroit retiré que celui que j'habite. La nécessité où je me trouve de suivre toutes les séances de la cour, restreint de beaucoup le cercle des logements où j'aurais pu m'établir. Je suis ici depuis bien des années; je passe mes jours au palais, mes soirées et mes nuits dans cette chambre. Les nuits sont bien longues, car je dors peu et je pense beaucoup. C'est inévitable, plaidant en chancellerie. Je regrette de ne pas pouvoir vous offrir le chocolat. J'attends un jugement qui ne saurait plus tarder; je m'établirai alors sur un grand pied. Quant à présent, je ne crains pas de l'avouer sous le sceau du secret aux pupilles dans Jarndyce, il m'est quelquefois bien difficile de conserver l'apparence d'une personne comme il faut. J'ai eu bien froid ici; j'y ai supporté des privations encore plus rudes que le froid. Mais peu importe; veuillez me pardonner de vous entretenir d'un sujet si vulgaire. »

Elle tira le rideau qui masquait la fenêtre étroite et basse de sa mansarde, et appela notre attention sur plusieurs cages renfermant des alouettes, des linotes des chardonnerets, une vingtaine de petits oiseaux.

« Quand je me suis procuré ces chères petites créatures, nous dit-elle, j'avais un but que vous allez comprendre : c'était dans l'intention de leur rendre la liberté quand j'aurais gagné mon procès. Mon Dieu! oui. Mais, en attendant, elles meurent en prison. L'existence de ces pauvres petits êtres est si courte, en comparaison des formalités judiciaires, que ma collection s'est renouvelée bien des fois depuis lors; je doute même que pas un de ceux que vous voyez, et qui sont tous très-jeunes, vive assez longtemps pour jamais être libre. C'est mortifiant, n'est-ce pas? Et je pense quelquefois, poursuivit-elle sans attendre qu'on lui eût répondu, je pense qu'un jour on me trouvera froide et sans vie dans cette chambre avant la fin du procès, comme j'ai trouvé si souvent mes pauvres petits oiseaux. »

Richard, obéissant à la pitié profonde qu'exprimaient les yeux de miss Clare, saisit l'occasion de poser quelque argent sur le coin de la cheminée, tandis que, nous rapprochant des cages, nous feignîmes d'examiner les oiseaux qu'elles contenaient.

« Il est rare que je leur permette de chanter, reprit la pauvre fille. Vous trouvez cela singulier? mais la pensée qu'ils chantent tandis que je suis à l'audience, à écouter les arguments qu'on m'y oppose, me trouble l'esprit, et vous savez combien il est urgent que mes idées soient précises. Une autre fois, je vous apprendrai leur nom. Pas à présent. Qu'ils chantent aujourd'hui, pour célébrer cette visite de bon augure; qu'ils chantent tant qu'ils voudront en l'honneur de la jeunesse, de l'espoir et de la beauté, dit-elle en faisant à chaque mot une révérence accompagnée d'un sourire, et laissons-les jouir en plein de la lumière du jour. »

Immédiatement les pauvres petits commencèrent à gazouiller en sautillant dans leurs cages.

« Je ne les mets pas dehors, continua-t-elle, et je n'ouvre pas la fenêtre, parce que la chatte que vous avez vue, et qu'on appelle lady Jane, pourrait bien les manger ; elle reste pendant des heures entières couchée au bord du toit. J'ai découvert, ajouta-t-elle mystérieusement, que la crainte de les voir retrouver leur liberté aiguise encore sa cruauté naturelle. Cette affreuse bête est rusée, pleine de malice. Quelquefois, je serais tentée de croire que ce n'est pas une chatte, mais cet affreux loup de la fable, tant il est difficile de l'éloigner de chez soi. »

Neuf heures et demie ayant sonné aux horloges du voisinage, la pauvre femme saisit en toute hâte son sac de documents qu'elle avait posé sur la table, et nous demanda si nous nous rendions à la cour. Sur la réponse que nous lui fîmes que ce n'était pas notre intention, mais que nous serions désolés de la retenir, elle ouvrit la porte et se dirigea vers l'escalier.

« Avec un tel présage, il est plus nécessaire que jamais, dit-elle, que je me trouve à la cour avant l'arrivée du chancelier, car il est possible que ma cause soit appelée tout d'abord. J'ai le pressentiment qu'elle passera la première. »

Elle s'arrêta et nous dit tout bas que la maison était remplie d'un ramas d'objets que son propriétaire avait achetés pièce à pièce et ne consentait pas à vendre, en raison de ce qu'il « était un peu.... fou. » Au second étage, elle nous avait montré du doigt sans nous rien dire, une porte sombre qui s'ouvrait sur le palier.

« Le seul locataire qui habite cette maison avec moi, continua-t-elle, est un copiste qui fait de la grosse. Les enfants du voisinage disent qu'il a vendu son âme au diable. Je ne sais pas ce qu'il a fait du prix qu'on lui en a donné. Chut! »

Et, craignant sans doute que le locataire pût l'entendre, elle répéta : « Chut! » et marcha sur la pointe du pied, comme si le bruit de ses pas avait pu révéler ses paroles.

Quand nous traversâmes la boutique, ainsi que nous l'avions fait en arrivant, le vieux Krook était en train d'emmagasiner de nombreux ballots de papier déchiré, qu'il fourrait dans une espèce de puits béant au milieu du plancher. La sueur couvrait son front, tant il mettait d'activité à cette besogne, et, à chaque ballot qu'il enfonçait dans la trappe, il faisait une croix sur la muraille avec un morceau de craie. Richard, Eva, miss Jellyby et la petite vieille étaient déjà passés, quand, m'arrêtant par le bras, il traça un J sur le mur, en commençant par la fin de la lettre et en la terminant à rebours. C'était une majuscule en ronde, telle que l'eût faite un clerc de Kenge et Carboy.

« Pouvez-vous lire? me demanda-t-il en me jetant un regard perçant.

— Très-bien.

— Qu'est-ce que c'est?

— Un J. »

Il me regarda de nouveau, lança un coup d'œil vers la porte, effaça la lettre qu'il avait faite, et la remplaça par un *a* (cette fois une petite lettre), et ainsi de suite jusqu'à ce qu'il eût formé successivement toutes celles qui composent le mot *Jarndyce*.

« Qu'avez-vous lu? » me demanda-t-il.

Je le lui dis. Il se mit à rire, et traça, toujours de la même façon et les unes après les autres, les lettres qui forment *Bleak-House*.

« Hi! dit-il en posant son morceau de craie. Je ne sais ni lire ni écrire, mais j'ai toujours eu des dispositions pour retracer de mémoire les signes qui m'ont frappé. »

Sa physionomie avait quelque chose de si désagréable, et sa chatte me regardait avec un air si méchant, que je me sentis soulagée quand Richard, étant revenu sur ses pas, apparut à la porte en disant :

« J'espère, miss Summerson, que vous n'êtes pas en marché pour vendre votre chevelure. Ne vous laissez pas tenter; M. Krook en a déjà trois sacs, et c'est bien suffisant. »

Je souhaitai le bonjour à l'horrible vieillard, et m'empressai de rejoindre mes amis dans la rue, où la pauvre folle nous quitta en nous donnant sa bénédiction en grande cérémonie, après avoir renouvelé la promesse qu'elle nous avait faite la veille de nous léguer d'immenses domaines.

Au moment de sortir de cette ruelle, nous nous retournâmes, et nous vîmes M. Krook sur sa porte, nous regardant à travers ses lunettes avec sa chatte sur l'épaule. La queue de l'animal, dressée comme un plumet, semblait faire partie de la coiffure de son maître.

« Une véritable aventure! dit Richard en soupirant. Ah! cousine, cousine, quel mot affreux que celui de Chancellerie!

— J'en ai toujours eu peur dit Eva. Je suis si malheureuse, d'être l'ennemie, sans le savoir, de tant de gens, qui, à leur tour, sont les miens; de penser que nous nous ruinons mutuellement, sans même savoir pourquoi, et que nous passerons toute notre vie dans l'inquiétude et la discorde! Le bon droit est pourtant quelque part. N'est-il pas bien étrange que, depuis tant d'années qu'on s'en occupe, un juge honnête et pénétré de ses devoirs n'ait pas encore pu découvrir où il se trouve?

— Oui, cousine, c'est quelque chose de bien étrange en effet! que cette partie d'échecs, inutile et ruineuse; que cette cour, impassible dans sa sérénité, au milieu des misères qu'elle fait naître et qu'elle prolonge! Ma tête s'égare à force de me demander comment tout cela pourrait exister, si les hommes n'étaient pas des fous ou des fripons, et mon cœur se brise en pensant que peut-être sont-ils l'un et l'autre. Mais, quoi qu'il arrive, chère Eva.... vous permettez que je vous appelle ainsi?... quoi qu'il arrive, la chancellerie n'influera pas sur nous. Grâces à notre bon parent, nous voilà réunis; elle ne peut plus nous séparer maintenant.

— Je l'espère, cousin Richard. »

Miss Jellyby me pressa le bras en me regardant d'un air significatif; je répondis par un sourire, et notre promenade s'acheva gaiement. Nous étions rentrés déjà depuis quelque temps, lorsque mistress Jellyby sortit de sa chambre, et, une heure après environ, tout ce qui était nécessaire pour le déjeuner arriva peu à peu dans la salle à manger.

Il est probable que mistress Jellyby s'était déshabillée comme tout le monde avant de se mettre au lit, mais rien dans son aspect ne le faisait supposer. Elle fut très-occupée pendant tout le déjeuner, car le courrier du matin lui apporta une énorme quantité de lettres, toutes relatives à Borrioboula Gha, qui, lui donnaient, nous dit-elle, beaucoup de besogne pour le reste du jour. Les enfants tombèrent de côté et d'autre, marquant chaque fois d'une entaille leurs pauvres petites jambes, véritables mémoranda où s'inscrivaient leurs chutes; Pépy fut perdu pendant deux heures, ramené du marché de Newgate par un policeman, et mistress Jellyby accueillit son retour avec autant de calme qu'elle avait supporté son absence.

Caroline était à son pupitre, les doigts et le visage tachés d'encre, comme nous l'avions trouvée la veille, et sa mère persévérant à lui dicter force lettres, quand une voiture découverte vint nous prendre, avec une petite charrette pour nos bagages.

Mistress Jellyby nous chargea de ses compliments affectueux pour M. Jarndyce; Caroline vint nous reconduire, m'embrassa dans le corridor, et s'arrêta sur les marches où je la vis pleurer en mordillant sa plume. Pépy dormait, par bonheur, ce qui nous épargna le chagrin d'une séparation douloureuse (j'avais certains motifs de supposer qu'il n'était allé au marché de Newgate qu'avec l'intention de m'y chercher); les autres enfants montèrent derrière notre carrosse, ne manquèrent pas d'en tomber, et nous les vîmes avec inquiétude éparpillés sur le pavé de Thavies-Inn, au moment où nous venions d'en sortir.

CHAPITRE VI.

Tout à fait chez nous.

Le brouillard s'était dissipé et le ciel devenait de plus en plus clair à mesure que nous avancions vers l'ouest. Nous avions traversé Londres, admirant ses rues immenses, l'éclat de ses magasins, l'activité de son commerce et la foule aux mille couleurs que le soleil attirait au dehors. Après la Cité les faubourgs, qui à eux seuls formeraient une grande ville. Enfin, la route à travers la campagne avec ses bornes milliaires; et les moulins à vent; les meules de blé, les charrettes de ferme, la senteur du vieux foin, les enseignes et les augettes aux portes des auberges; les arbres, les champs et les haies. Sous ses yeux paysage et verdure, et derrière soi la métropole immense, quel plaisir! Aussi, quand un chariot, dont le magnifique attelage, harnaché de rouge et grelots au collier, passa près de nous en faisant retentir son joyeux carillon, nous fûmes sur le point de joindre notre voix à celle des clochettes, tant l'influence vivifiante des lieux que nous traversions excitait notre gaieté.

« Cette route, dit Richard, me rappelle mon homonyme Wittington [1]; mais le chariot s'arrête, est-ce à nous qu'on veut parler? »

Le carillon s'éteignait peu à peu, ranimé de temps en temps par un cheval qui, en relevant la tête ou en secouant sa crinière, faisait vibrer au loin le son éclatant de ses grelots.

« Bonjour, l'ami (le conducteur du chariot était à notre portière); mais voyez donc, Eva, nos trois noms dans son chapeau, sur trois billets qui nous sont adressés; de la part de qui? demanda Richard.

— De mon maître, monsieur, » répondit le charretier, qui, remettant son chapeau, fit claquer son fouet, réveilla ses clochettes et continua sa route au milieu d'un tourbillon sonore.

« Serait-ce le chariot de M. Jarndyce? demanda Richard au postillon.

— Oui, monsieur. »

Nous ouvrîmes les billets qui nous avaient été remis; ils étaient chacun la contre-partie de l'autre, et contenaient ces mots, d'une écriture ferme et lisible :

« Voulant dégager de toute contrainte notre première entrevue et la rendre aussi agréable que possible, je viens, chère enfant, vous proposer de nous aborder en vieux amis, et de considérer le passé comme un fait accompli; vous et moi nous en serons plus à l'aise.

« Je vous attends et je vous aime.

« JOHN JARNDYCE. »

J'avais craint jusqu'alors de ne pouvoir exprimer assez ma reconnaissance à mon bienfaiteur, au seul appui que je me connusse sur la terre. Il m'avait toujours semblé que ma gratitude était trop profondément ensevelie dans mon cœur pour cela; et je me demandais à présent comment je pourrais voir cet homme généreux sans le remercier des bienfaits dont il m'avait comblée. Mais ces quelques lignes réveillaient chez Eva et Richard un vague souvenir dont ils ne se rappelaient pas l'origine, et

---

1. Richard Whittington, né vers 1360, fit un noble usage de l'immense fortune qu'il avait acquise dans le commerce, fonda plusieurs établissements publics, hôpitaux et collèges, et fut nommé trois fois maire de Londres. (*Note du traducteur.*)

qu'ils avaient pourtant conservé, de l'antipathie que M. Jarndyce éprouvait pour les remercîments que lui attiraient ses bontés; antipathie qui lui faisait recourir aux expédients les plus étranges, pour éviter toute expression de gratitude. Eva se souvenait d'avoir entendu raconter à sa mère, qu'un jour où elle allait le remercier d'un trait de générosité peu commune, il l'avait aperçue par la fenêtre, et, se doutant du motif de sa visite, s'était échappé par la porte de derrière et qu'il était ensuite resté pendant trois mois sans donner signe de vie. Cette bizarrerie servit de thème à notre conversation, qui roulait naturellement sur la nouvelle existence que nous allions avoir; que pouvait être Bleak-House; et M. Jarndyce lui-même? Que nous dirait-il et quelle serait notre réponse? Le verrions-nous en arrivant ou ne serait-ce que plus tard? mille questions qui servaient de base aux conjectures les plus incertaines et qui revenaient sans cesse.

La route était mauvaise pour les chevaux; le trottoir des piétons au contraire paraissait assez bon. Nous descendîmes de voiture pour gravir la colline. Arrivés au sommet, trouvant du plaisir à marcher, nous continuâmes notre promenade. On relayait à Barnet : les chevaux étaient prêts, mais ils venaient de manger; il fallut les attendre; les jours étaient courts, et il faisait nuit close avant que nous eussions atteint la petite ville de Saint-Albans, près de laquelle est située Bleak-house.

L'inquiétude commençait à nous gagner; Richard avouait lui-même qu'il éprouvait une certaine émotion et comme un vague désir de retourner sur ses pas. Quant à miss Clare et à moi, le froid aidant, nous tremblions de la tête aux pieds. Saint-Albans était maintenant derrière nous; à un détour de la route, le postillon nous regarda, nous fit un signe, et, nous levant pour mieux voir (Richard tenait Eva pour l'empêcher de tomber), nous cherchâmes à distinguer quelque chose à l'horizon; une lumière brillait à la crête d'une colline et le postillon, nous la montrant avec son fouet, nous cria : « C'est Bleak-House! » Il mit ses chevaux au galop, pressa leur allure, faisant jaillir les cailloux autour de nous comme l'eau écumante que fouette la roue d'un moulin. La lumière disparue à nos yeux reparut encore; de grands arbres nous la masquèrent; nous franchîmes une avenue et nous la revîmes bientôt, brillant d'un plus vif éclat; elle s'échappait de la fenêtre d'une vieille façade à trois pignons et à laquelle on arrivait par une allée tournante. Au bruit de nos roues, une cloche se fit entendre; et aux sons graves que sa voix jetait dans l'air, aux aboiements des chiens, à la lueur des flambeaux, aux battements précipités de nos cœurs, nous descendîmes de voiture au milieu d'une extrême agitation.

« Eva, Esther, chers enfants! soyez ici les bienvenus; que je suis heureux de vous voir. Rick! si j'avais une troisième main, elle serait pour vous, mon ami. »

Celui qui disait ces mots d'une voix franche et hospitalière nous entourait de ses bras, Eva et moi, et, nous couvrant de baisers paternels, il nous entraîna dans un petit salon où brillait un bon feu. Il nous fit asseoir près de lui sur une causeuse à côté de la cheminée.

« Maintenant, Rick, reprit M. Jarndyce, ma main est libre, la voici; un mot du cœur vaut autant qu'un discours : je suis enchanté de vous voir; approchez-vous du feu, vous êtes ici chez vous. »

Richard lui serra la main avec un mélange instinctif de respect et de franchise et n'ajoutant que ces paroles (mais avec tant d'âme que j'eus peur de voir s'enfuir M. Jarndyce) : « Vous êtes bien bon, monsieur, nous vous sommes très-reconnaissants. » Il se débarrassa de son chapeau et de son manteau et revint auprès du feu.

« Êtes-vous contents de votre voyage? Et que pensez-vous de mistress Jellyby? » demanda M. Jarndyce en se tournant vers Eva.

Je saisis cette occasion de l'examiner avec soin, tandis qu'il écoutait la réponse que lui faisait miss Clare. Il avait une belle et bonne figure, expressive et mobile, des cheveux d'un gris de fer argenté, et me parut avoir de cinquante à soixante ans; mais il était droit et vigoureux et portait bien sa taille. Le son de sa voix avait, de prime abord, réveillé dans mon esprit une idée vague que je ne pouvais définir, mais son regard plein de bonté, et quelque chose de spontané dans ses manières, me rappelaient ce gentleman que j'avais rencontré dans la diligence le jour mémorable où j'avais quitté la maison de ma marraine pour me rendre à Reading, six ans auparavant. C'était lui, je ne pouvais en douter; il me regarda au moment où je venais de faire cette découverte, et de ma vie je ne fus plus effrayée, car il sembla lire ma pensée dans mes yeux et se tourna vers la porte d'un air qui me fit croire qu'il voulait s'en aller; cependant il n'en fit rien et me demanda de lui dire à mon tour mon opinion sur mistress Jellyby.

« Elle se donne beaucoup de mal pour l'Afrique, répondis-je.

— Noble conduite, répliqua M. Jarndyce; mais c'est répondre comme Eva (je crois qu'Eva n'avait rien dit), et vous pensez autre chose.

— Peut-être oublie-t-elle un peu sa maison, ajoutai-je en regardant Richard qui m'engageait à parler.

— Continuez, reprit M. Jarndyce; j'ai besoin de connaître votre opinion tout entière; ce n'est pas sans motif que je vous ai envoyés là-bas....

— Nous pensons, repris-je en hésitant, qu'il faut d'abord remplir les devoirs que la famille impose et qu'on ne saurait les remplacer par d'autres.

— Les petits Jellyby sont vraiment dans un état.... Je ne trouve pas d'expression assez forte pour qualifier leur abandon, monsieur, dit Richard qui s'empressa de venir à mon secours.

— Elle a de bonnes intentions, reprit M. Jarndyce avec vivacité.... il fait un vent d'est qui....

— Il était du nord quand nous sommes arrivés, fit observer Richard. De l'est, mon cher Rick, dit M. Jarndyce en attisant le feu; j'éprouve toujours une sensation pénible quand le vent souffle de ce côté, et cela ne me trompe jamais.

— Un rhumatisme?

— Probablement.

— Ainsi donc les petits Jellyby.... je m'en doutais, sont dans un é.... Le vent est bien de l'est, je vous le jure. »

Il fit deux ou trois fois le tour de la chambre, tenant d'une main le tisonnier, de l'autre ébouriffant ses cheveux avec une originalité si plaisante et d'un air où la bonté se mêlait tellement à la mauvaise humeur, que nous nous surprîmes à l'aimer plus que je ne pourrais vous le dire. Puis, offrant un bras à Eva, l'autre à moi, et priant Richard de s'emparer d'une bougie, M. Jarndyce nous fit sortir du salon.

« Ces petits Jellyby! poursuivit-il; mais ne pouviez-vous pas.... et d'ailleurs ne l'avez-vous pas fait?... enfin s'il avait plu des dragées, des tartes aux confitures ou n'importe quoi du même genre....

— Oh! mon cousin.... dit Eva qui s'interrompit en rougissant.

— Très-bien, ma charmante; j'aime cela, appelez-moi mon cousin; cousin John serait mieux encore.

— Eh bien donc, cousin John, reprit Eva en riant, il a plu pour eux quelque chose de meilleur que les dragées : c'est Esther.

— Vraiment? qu'est-ce qu'elle a donc fait?

— Figurez-vous, dit Eva en croisant ses mains sur le bras de M. Jarndyce, et en me faisant des signes de tête négatifs pour répondre à ceux que je lui adressais de mon côté pour la faire taire, figurez-vous qu'elle est devenue tout de suite leur amie et qu'elle les a soignés, dorlotés, bercés, débarbouillés, habillés; qu'elle leur racontait des histoires, leur faisait des cadeaux.

— Ma chérie, que dites-vous là? pour un mauvais petit cheval de plomb....

— Et ce n'est pas tout, cousin John; elle consolait Caroline, la fille aînée de mistress Jellyby, pensait à tout, veillait sur moi et s'est montrée si bonne et si aimable!... Non, non, chère Esther, je ne veux pas m'arrêter, encore moins être contredite, vous savez bien que je dis vrai. »

Et la ravissante créature, se penchant vers moi, m'embrassa de tout son cœur; puis regardant M. Jarndyce en face, elle lui dit audacieusement : « Quoique vous puissiez faire et dire, cousin John, je veux vous remercier de la compagnie que vous m'avez donnée. » Je craignais de le voir partir; mais se retournant vers Richard :

« De quel côté disiez-vous qu'était le vent? lui demanda-t-il.

— Du nord, quand nous sommes arrivés, dit Richard.

— Vous aviez raison, mon ami; pas le moindre petit vent d'est; c'était une méprise de ma part. Allons, venez, enfants, que je vous fasse voir votre demeure. »

C'était une de ces vieilles maisons délicieusement irrégulières où l'on monte deux marches, on en descend trois, pour aller d'une pièce à l'autre; où vous découvrez encore des chambres quand vous croyez avoir tout vu; et qui contiennent une foule de cabinets, de petits passages, de couloirs, de chambrettes avec des jalousies aux fenêtres, à travers lesquelles passent les branches flexibles des plantes grimpantes qui tapissent la muraille. La mienne, dans laquelle nous entrâmes d'abord, était de ces dernières, en mansarde, avec toutes sortes de petits coins et une cheminée garnie intérieurement de carreaux de faïence qui reflétaient la flamme d'un feu de bois clair et vif. Nous descendîmes deux marches et nous nous trouvâmes dans un charmant petit salon, donnant sur le parterre et qui nous était réservé. Trois marches à monter et nous fûmes dans la chambre de miss Clare, belle et grande pièce dont la fenêtre à profonde embrasure dominait la campagne et d'où l'on devait découvrir un magnifique horizon; pour l'instant, nous n'aperçûmes que d'immenses ténèbres se déroulant sous les étoiles.

On sortait de cette chambre par une petite galerie avec laquelle communiquaient les deux chambres d'honneur et d'où l'on revenait à la grande salle du rez-de-chaussée par un petit escalier avec des embranchements sans nombre. Mais au lieu de suivre cette direction, nous revînmes sur nos pas, montâmes quelques marches et nous engageâmes dans des corridors où se trouvaient des cylindres, des tables triangulaires, une chaise hindoue qui servait en même temps de sofa, de lit et de coffre, qui tenait à la fois d'un bambou et d'une grande cage, et avait été rapportée des Indes on ne savait plus par qui. De là on entrait dans la chambre de Richard, mi-bibliothèque et mi-salon. De là, nous allâmes par un corridor directement dans celle où M. Jarndyce couchait toute l'année, la fenêtre ouverte, et dont le lit sans rideaux occupait le milieu de la pièce afin d'y avoir plus d'air. A côté, dans un petit cabinet, se trouvait la baignoire où chaque matin il prenait son bain froid. Venait ensuite un couloir sur lequel donnait l'escalier dérobé, et d'où l'on pouvait entendre le pied des chevaux glisser sur le pavé en sortant de l'écurie et les paroles que le palefrenier leur adressait chaque fois; ou bien, si vous preniez la porte opposée (toutes les chambres en avaient au moins deux), vous n'aviez que six marches à descendre et à traverser un corridor voûté, et vous étiez tout étonné de vous retrouver dans la salle.

La variété de cette disposition irrégulière se montrait également dans l'ameublement qui n'était pas vieux, mais à la vieille mode. Même la chambre où couchait Eva n'était que fleurs et guirlandes, sur le papier des murs, sur la perse des rideaux, le brocart des grands fauteuils qui se dressaient de chaque côté de la cheminée, fauteuils de cour roides et massifs ayant en guise de page un tabouret à leurs pieds. Notre salon était vert et contenait, dans des cadres accrochés aux murailles, de nombreux portraits d'oiseaux surprenants et non moins surpris de ce qu'ils voyaient autour d'eux; une véritable truite dans sa vitrine où elle était aussi brune et aussi luisante que si on venait de la servir dans son jus; enfin on y voyait la mort du capitaine Cook, avec une série de tableaux représentant la préparation du thé en Chine et dus au pinceau d'un artiste chinois.

Dans ma chambre étaient les mois de l'année, jeunes ladies à taille courte, un grand chapeau attaché sous le menton, et fauchant du bout des doigts, pour représenter juin; gentilshommes, au chapeau à trois cornes, au jarret tendu, montrant au loin quelque clocher de village, pour figurer octobre. Et partout dans la maison des portraits demi-grandeur, mais tellement dispersés, que je retrouvai le pendant du frère d'un jeune officier de mes amis dans le cabinet aux porcelaines, et celui de la jolie fiancée de ma chambre, devenue une tête grise, et portant une fleur au corsage, dans la salle à manger. Par contre, j'avais l'ascension d'un gentleman du temps de la reine Anne, que quatre anges entouraient de guirlandes et s'efforçaient d'enlever au ciel, non sans difficulté; plus, un tableau en tapisserie représentant des fruits, un chaudron et un alphabet. En un mot, tous les meubles, depuis les armoires jusqu'aux pelotes et aux flacons des tables de toilette, offraient la même diversité, et n'avaient de commun entre eux que leur exquise propreté, et la profusion de feuilles de rose et de lavande que renfermait chaque tiroir. C'est ainsi que nous apparut pour la première fois Bleak-House, avec ses fenêtres versant dans la nuit la lumière des flambeaux, avec sa flamme dans chaque foyer, ses habitudes de confort, son cliquetis hospitalier d'assiettes et de couverts qui annonçaient le dîner, le visage de son généreux maître éclairant tout de son regard, et juste assez de vent au dehors pour accompagner de son murmure cette harmonie intérieure.

« Je suis enchanté que Bleak-House vous convienne, nous dit M. Jarndyce en nous ramenant au petit salon de miss Clare, c'est une demeure sans prétention, mais confortable, et qui le deviendra bien davantage avec de jeunes sourires et de si beaux yeux dans ses murs. Il vous reste une demi-heure à peine jusqu'au dîner; nous n'avons personne, si ce n'est la meilleure créature du monde.... un enfant.

— Encore un bambin à dorloter, Esther, me dit Eva.

— Non pas comme vous l'entendez, reprit mon tuteur; celui dont je parle est un homme de mon âge; mais ce n'en est pas moins un enfant, par la simplicité, la fraîcheur, l'enthousiasme de son esprit et l'innocente inaptitude qu'il a conservée pour toutes les choses de ce monde. Il est excellent musicien, dessine parfaitement, pourrait exercer la profession d'artiste et vit en amateur; il est fort instruit, et ses manières sont des plus séduisantes. Il n'a pas été heureux dans ses affaires, ses entreprises, son intérieur, mais il ne s'en souvient même pas.

— A-t-il des enfants? demanda Richard.

— Certes, une demi-douzaine : huit ou dix peut-être; mais il ne s'en est jamais occupé; comment l'aurait-il fait, lui qui ne pense pas même à ses propres besoins?

— Et que sont-ils devenus? poursuivit Richard; ont-ils pu au moins se tirer d'affaire tout seuls?

— Je l'espère, dit M. Jarndyce, dont la figure s'attrista. On ne porte pas l'enfant du pauvre, on le traîne, et ce n'est pas à force de soins qu'on l'élève, mais à force de coups; enfin, d'une manière ou de l'autre ceux d'Harold Skimpole ont culbuté dans le fossé.... Le vent tourne, j'en ai peur. »

Richard fit observer que Bleak-House était en effet très-exposé à la bise.

« Assurément, répondit M. Jarndyce; et nul doute que ce ne soit la cause de ce que j'éprouve; mais votre chambre est près de la mienne, et je vais vous y conduire. »

Je fus habillée en quelques minutes, et je défaisais mes malles, quand une servante, que je n'avais pas encore vue, m'apporta un panier contenant deux trousseaux de clefs soigneusement étiquetées.

« Pour vous, s'il vous plaît, miss.
— Pour moi?
— Les clefs de la maison, qu'on m'a dit de vous remettre; je ne me trompe pas; vous êtes bien miss Summerson?
— Oui, répliquai-je.
— Le gros paquet de clefs est celui des chambres; l'autre, celui de la cave; demain matin, à l'heure que vous voudrez, je vous montrerai les armoires et les portes qu'elles ouvrent. »

Je lui répondis que je serais prête à six heures et demie. Elle s'en alla, et je restai debout en face du panier, tout émue de la grandeur et de l'importance de mes nouvelles fonctions; mais lorsque j'eus montré mes clefs à Eva, et que je lui eus tout dit, elle me témoigna tant de confiance, que c'eût été de l'ingratitude de ne pas me sentir encouragée. Assurément c'était pure bienveillance de sa part, je le savais; mais il m'était bien doux de me laisser tromper ainsi.

De retour au salon, nous fûmes présentées à M. Skimpole, que nous trouvâmes racontant à Richard combien, lorsqu'il était au collége, il avait été passionné pour le jeu de ballon. C'était un petit homme, à l'air vif et enjoué, avec la tête un peu forte, le visage délicat, la voix douce, un grand charme dans toute sa personne, et quelque chose de si imprévu et de si spontané dans l'esprit, que ses moindres paroles, dites avec une gaieté charmante, vous captivaient complétement. Il paraissait bien moins âgé que M. Jarndyce, et me faisait plutôt l'effet d'un jeune homme flétri que d'un vieillard bien conservé; sa toilette participait de l'insouciance pleine de grâce qu'il montrait dans ses manières; et ses cheveux, qui retombaient négligemment sur ses épaules, sa cravate lâche et flottante, comme celle que j'avais remarquée dans le portrait de certains artistes peints par eux-mêmes, ajoutaient à l'idée qu'il faisait naître en moi d'un jeune homme romanesque, déchu par quelque cause inconnue, et vieilli avant l'âge, sans avoir suivi la route commune à travers les années, l'expérience et les soucis.

Il avait étudié la médecine dans sa jeunesse, et avait été placé chez un prince allemand en qualité de médecin; mais comme il n'avait jamais rien su des poids et mesures, si ce n'est qu'il n'y avait rien de plus antipathique à son caractère, il avait toujours été incapable de prescrire la dose nécessaire des médicaments qu'il indiquait. Ne pouvant en outre s'astreindre à la pratique d'une science qui exigeait une précision de détails pour laquelle, disait-il, sa tête n'était pas faite, il avait trouvé fort naturel et fort juste que le prince eût rompu leur engagement.

C'est alors que n'ayant plus pour vivre que son cœur, et plus rien à faire que d'aimer, il s'était vivement épris d'une jeune fille qu'il avait épousée, et suivant son expression « s'était entouré de chérubins aux joues roses. » M. Jarndyce et plusieurs de ses amis avaient essayé maintes fois de lui ouvrir une carrière; mais que peut faire en ce monde un homme qui ne sait pas compter et n'a jamais pu avoir une idée précise ni du temps ni de l'argent? pas de rendez-vous possible, de terme à fixer, ni d'engagement à prendre; d'entreprise à tenter, ou de mission à remplir; il avait donc mené la vie tout bonnement sans rien voir aux affaires d'ici-bas. Il aimait passionnément à lire, à dessiner et à chanter; passionnément la nature et passionnément l'art. Tout ce qu'il demandait à la société, c'était de le laisser vivre, et c'était bien peu de chose; qu'il eût des journaux, de la musique, une aimable causerie, un beau site, une côtelette, du café, des fruits dans la saison, quelques feuilles de Bristol et un peu de vin de Bordeaux, il n'en demandait pas davantage. Il n'était qu'un enfant, mais il n'exigeait pas qu'on lui donnât la lune.

« Vivez en paix chacun comme vous l'entendez, disait-il aux autres; portez l'habit bleu ou l'habit rouge[1], prenez le surplis ou le tablier; mettez-vous la plume derrière l'oreille; courez après la gloire, la fortune ou la sainteté; faites ce qui vous plaira, mais laissez vivre Skimpole à sa guise. »

Il nous disait tout cela, non-seulement avec un brio sans pareil, mais surtout avec une franchise et une candeur singulières; parlant de lui-même comme d'un étranger dont il connaissait les

---

1. Uniforme de la marine et de l'armée en Angleterre.
(*Note du traducteur.*)

bizarreries et les défauts, mais dont il n'était pas permis néanmoins à la société de méconnaître les droits. Il m'enchantait bien que je ne pusse faire concorder ses théories avec les convictions que j'avais toujours eues relativement aux exigences de la vie et aux devoirs qu'elle impose. Mais si je ne comprenais pas comment il avait pu s'en affranchir, j'étais bien obligé de reconnaître que néanmoins il l'avait fait complétement.

« Je ne convoite rien, poursuivit-il d'un ton enjoué; la propriété n'aurait aucun charme pour moi, au contraire. Voilà mon ami Jarndyce qui a une excellente maison; je lui suis très-reconnaissant de vouloir bien la posséder; dès que j'y viens, elle m'appartient suffisamment, sans que j'en aie l'embarras et la dépense; je suis ici chez moi : mon intendant s'appelle Jarndyce et je puis compter sur sa fidélité.

« Nous parlions tout à l'heure de mistress Jellyby, une femme de tête, qui a une puissance d'application extraordinaire pour les choses de détail, et qui se jette dans les affaires avec une ardeur surprenante. Je l'admire, mais sans lui porter envie. Je puis sympathiser avec l'objet de ses préoccupations; je puis en rêver, me coucher sur l'herbe par un beau jour et m'abandonner au courant d'une rivière africaine, embrassant tous les nègres que je rencontre, ou jouissant du profond silence de ces rivages déserts, dessiner la végétation des tropiques tout aussi exactement que si j'y étais allé. Je ne dis pas que ce soit d'une utilité absolue et directe; mais c'est tout ce que je puis faire, et je le fais en conscience. Que le monde, ce composé d'individus affairés, se donne donc toute la peine qu'il aime à prendre, mais qu'il laisse vivre tout simplement Skimpole; qu'il lui permette d'admirer la nature, et souffre que ce vieil enfant se berce joyeusement sur son cheval à bascule; pourquoi ne pas lui laisser son dada? »

Il était évident que M. Jarndyce n'avait pas négligé de se rendre à cette prière; la position que M. Skimpole occupait à Bleak-house le prouvait suffisamment.

« Charmantes créatures, continua ce dernier en s'adressant à nous, c'est vous seules que j'envie; c'est le pouvoir que vous avez de répandre la joie autour de vous qui ferait tous mes délices, et loin de ressentir pour vous une gratitude vulgaire, il me semble que c'est vous qui me devez de la reconnaissance, à moi qui vous donne l'occasion de jouir du bonheur qu'on éprouve à se montrer généreux. Peut-être ne suis-je venu au monde que pour accroître la somme de jouissances qui vous est destinée; pour être l'un de vos bienfaiteurs en vous mettant à même de m'assister dans mes perplexités. Pourquoi regretterais-je alors mon inaptitude aux affaires, quand elle a de si agréables conséquences ? »

De tout ce qu'il avait dit jusqu'alors, rien ne sembla plaire davantage à M. Jarndyce que ces dernières paroles; et je me suis demandé bien des fois comment un homme qui se montrait si reconnaissant du bien qu'on lui donnait l'occasion de faire pouvait éprouver un si vif désir d'échapper à la gratitude qu'il faisait naître chez les autres.

Nous étions ravis de M. Skimpole, et j'attribuai aux qualités attrayantes de mes nouveaux amis l'abandon avec lequel cet esprit aimable se livrait sans réserve à des êtres qu'il ne connaissait pas. Eva et surtout Richard en paraissaient vivement touchés, et considéraient comme un rare privilége la confiance que leur témoignait cet homme séduisant. Plus nous l'écoutions, plus M. Skimpole montrait de verve et de gaieté; plus il semblait nous dire par ses manières enjouées, sa grâce légère, sa franchise en parlant de ses faiblesses, son rire plein d'insouciance : « Je ne suis qu'un enfant, vous le savez; oubliez un instant, vous qui êtes graves et réfléchis, oubliez votre science du monde et vos projets sérieux pour jouer avec moi, qui suis tout innocence ; » et nous restions éblouis. D'ailleurs très-sensible, le sentiment qu'éveillait en lui tout ce qui était beau, généreux et tendre, aurait suffi pour lui gagner tous les cœurs. Le soir, comme je préparais le thé, pendant qu'Eva, au piano dans le salon voisin, chantait à Richard une romance dont il avait été question, il vint s'asseoir auprès de moi et me parla de cette charmante créature en des termes qui auraient suffi pour me le faire aimer.

« Elle ressemble, disait-il, avec ses cheveux blonds, ses yeux bleus et humides, cette teinte rose, délicate et si fraîche dont ses joues sont couvertes, au matin d'un beau jour. Les oiseaux la prendraient pour l'aurore en la voyant sourire. Nous ne pouvons pas appeler orpheline cette créature ravissante, qui fait la joie de l'humanité; c'est l'enfant de l'univers. »

M. Jarndyce s'était approché de nous et l'écoutait en souriant.

« Je crains, dit-il, que l'univers ne soit un assez mauvais père.

— Je ne sais pas ! s'écria M. Skimpole.

— Je crois pouvoir l'affirmer, répliqua mon tuteur.

— Fort bien, reprit M. Skimpole. Vous connaissez la société, qui à vos yeux est l'univers, et je ne sais rien de ce monde : conservez donc votre opinion : mais dans celui dont je parle, continua-t-il en regardant les deux jeunes gens, il n'y aurait pour eux ni ronces, ni réalités sordides; leur sentier serait jonché de roses, et se déroulerait à l'ombre de bocages délicieux, où l'été serait éternel, et dont les années ne flétriraient pas les fleurs : monde divin d'où n'approcheraient pas les soucis et près duquel le mot *argent* ne serait jamais prononcé. »

M. Jarndyce lui frappa doucement sur la tête, comme on fait aux enfants, et tourna ses yeux vers les deux pupilles qui lui étaient confiés. Son regard devint pensif, mais d'une bienveillance que j'y ai vue bien souvent, et dont l'expression est restée gravée dans mon cœur. Le salon où se trouvaient les deux jeunes gens n'avait d'autre lumière que la flamme du foyer ; Eva était assise au piano ; Richard, debout auprès d'elle, inclinait sa tête vers la sienne ; leurs ombres s'unissaient et se confondaient sur la muraille, où elles s'agitaient vaguement à la lueur tremblante qui éclairait la pièce et dont chaque objet, autour d'eux, recevait une apparence de vie au milieu des formes indécises qu'ils revêtaient aux yeux. Eva effleurait à peine les touches d'ivoire, et le vent, qui gémissait au loin en passant sur les collines, mêlait ses soupirs aux accents affaiblis qu'elle murmurait tout bas à l'oreille de Richard : tableau charmant, rempli d'ombres flottantes, dont l'avenir semblait déjà percer le mystère.

Mais ce n'est pas pour parler de cette vision que j'ai décrit la scène qui me la rappelle. Ce qui alors me frappa, ce fut, au milieu du contraste que présentait ce silence avec le flux de paroles qui l'avait précédé, le regard significatif que mon tuteur jeta vers le piano, et celui qu'immédiatement il reposa sur moi ; il me sembla qu'il me confiait sa pensée, qu'il se sentait compris, et me disait son espérance de voir un jour Eva et Richard s'unir plus étroitement qu'ils ne l'étaient déjà par les liens de la famille.

M. Skimpole jouait du violoncelle et du piano ; il était compositeur, avait commencé un opéra qu'il avait laissé à moitié, et dont il exécuta plusieurs fragments avec un goût parfait. Après le thé, nous eûmes un véritable concert, dont Richard, complétement subjugué par la voix d'Eva, M. Jarndyce et moi fûmes les auditeurs ravis. Tout à coup, M. Skimpole s'éclipsa ; Richard quelques instants après, au moment où je m'étonnais de le voir si longtemps sans reparaître et perdre ces chants qui l'avaient passionné, la servante qui m'avait remis les clefs entre-bâilla la porte et me demanda si je pouvais venir une minute.

« Oh! s'il vous plaît, miss, allez-y! s'écria la pauvre fille en joignant les mains dès que nous fûmes dans l'antichambre. M. Carstone vous prie de monter chez M. Skimpole, où il est en ce moment, et qui vient d'être pris....

— Que voulez-vous dire?

— Oui, miss, il a été saisi tout à coup. »

Je craignis qu'une attaque soudaine n'eût mis sa vie en danger; toutefois, je m'efforçai de calmer la pauvre fille, et lui recommandai de n'en parler à personne. Je tâchai, de mon côté, de rappeler toute ma présence d'esprit, et je la suivis en toute hâte, cherchant le meilleur remède qui pût servir en pareille occasion, quand, à ma grande surprise, au lieu de voir M. Skimpole étendu sur le carreau ou couché sur son lit, comme je m'y attendais, je le trouvai debout devant la cheminée, le dos au feu et souriant à Richard, qui regardait avec un extrême embarras un homme assis sur le sofa, vêtu d'une redingote blanche, avec des cheveux lisses et rares, qu'il rendait plus lisses et plus rares encore en les essuyant avec son mouchoir de poche.

« Miss Summerson, me dit vivement Richard, donnez-nous un conseil. Quel bonheur que vous soyez montée ! notre ami M. Skimpole.... n'ayez pas peur.... est arrêté pour dettes.

— Et vraiment, chère miss, ajouta M. Skimpole avec son aisance habituelle, je n'ai jamais été dans une situation qui exigeât plus de ce calme, de cet esprit d'ordre et de méthode, de cette pratique des affaires et de ce sens droit que peut observer en vous quiconque a eu le bonheur de vous voir un instant. »

L'individu qui était sur le sofa, et qui me parut être enrhumé du cerveau, renifla si bruyamment que je ne pus m'empêcher de tressaillir.

« La somme que vous devez est-elle considérable? demandai-je à M. Skimpole.

— Chère miss, répondit-il en secouant la tête d'un air aimable, il me serait impossible de vous le dire; il s'agit je crois de quelques centaines de francs, sans oublier les centimes.

— Six cent vingt francs soixante-quinze centimes, fit observer l'étranger.

— Ne croirait-on pas, à l'entendre, que c'est une petite somme? » reprit M. Skimpole.

L'étranger ne répondit pas, mais fit entendre un nouveau reniflement d'une puissance à l'enlever du sofa.

« M. Skimpole, dans sa délicatesse, me dit Richard, éprouve quelque hésitation à s'adresser pour cette affaire à mon cousin Jarndyce, ayant eu, depuis peu.... Je crois avoir compris, monsieur, que c'était tout dernièrement....

— Oui, oui, répliqua M. Skimpole en souriant, il y a très-peu de temps, bien que je ne me rappelle plus ni l'époque ni combien ce pouvait être. Jarndyce recommencerait encore, et ce n'est pas là ce qui m'occupe ; mais je préférerais un nouveau bienfaiteur ; et je sens que la variété ajouterait une certaine volupté à l'appui qui me serait donné. J'aimerais, ajouta-t-il en me regardant ainsi que Richard, à développer la générosité dans un sol vierge, et à l'y voir fleurir sous une forme nouvelle.

— Qu'en pensez-vous, miss Summerson ? » me dit tout bas Richard.

Avant de répondre, je voulus savoir ce qui arriverait si M. Skimpole ne trouvait pas d'argent.

« La prison, me répondit l'étrange petit homme en mettant froidement son mouchoir dans son chapeau qui était à ses pieds ; la prison ou bien Coavinses.

— Et qu'est-ce que c'est que Coavinses ?

— Une prison pour dettes. »

Nous nous regardâmes, Richard et moi, profondément troublés ; et, chose bizarre, partageant seuls l'inquiétude et l'embarras que nous causait cette triste perspective. Quant à M. Skimpole, l'intérêt avec lequel il observait notre visage était sincère, et, quelque étrange que puisse paraître cette assertion, n'avait rien d'égoïste. Il s'était mis à l'écart, s'était retiré de la cause, et ne s'inquiétait plus que pour nous de cette difficulté, qui devenait notre affaire.

« J'ai pensé, nous suggéra-t-il dans notre propre intérêt et désirant nous aider à sortir d'embarras, j'ai pensé que M. Richard ou sa charmante cousine, étant parties intéressées dans un procès important où se trouvent engagées d'immenses propriétés, pourraient l'un ou l'autre ou l'un et l'autre signer, ou faire quelque chose comme un bon, une traite, un engagement, je ne sais quel nom les gens d'affaires donnent à ces sortes de formalités, mais je suppose qu'il existe en leur pouvoir quelque moyen d'agir et d'arranger tout cela.

— Nullement, répondit le petit homme.

— En vérité ? reprit M. Skimpole. Eh bien ! ça paraît drôle, je vous assure, à un être qui n'est pas, il est vrai, bon juge en cette matière.

— Drôle ou non, répliqua l'étranger d'un air brusque et maussade, je vous dis que c'est impossible.

— Ne vous fâchez pas, mon ami ; restez calme, dit M. Skimpole raisonnant l'étranger avec douceur, tandis qu'il faisait le croquis de sa figure sur la page volante d'un livre. Ne vous tourmentez pas de l'office que vous avez à remplir, nous savons distinguer l'homme de ses actes, et séparer l'individu des fonctions qu'il exerce. Nul doute que, dans la vie privée, vous ne soyez fort estimable, et que votre nature ne possède un fonds de poésie dont peut-être ne vous doutez-vous pas. »

L'étranger ne répondit que par un violent reniflement, soit qu'il voulût par là reconnaître le fonds de poésie qui lui était attribué, soit, au contraire, pour rejeter cette imputation avec mépris, ce qu'il ne m'a pas confié.

« Maintenant, chère miss Summerson et cher monsieur Richard, poursuivit M. Skimpole avec enjouement et confiance, tout en regardant son dessin et en penchant la tête de côté, vous me voyez dans la complète impuissance de rien faire pour moi-même. Mon sort repose entièrement entre vos mains. Je ne demande qu'à être libre. Les papillons jouissent de leur liberté : l'humanité ne refusera pas à Skimpole ce qu'elle accorde aux papillons.

— J'ai deux cent cinquante francs que j'ai reçus de M. Kenge, me dit tout bas Richard, et je m'en vais les offrir. »

De mon côté, j'avais près de quatre cents francs, résultat de plusieurs années d'épargnes, et que j'avais conservés avec soin, craignant toujours de me trouver, à un moment donné, sans appui et sans ressource; je le dis à Richard, en le priant, tandis que j'irais chercher mon trésor, d'annoncer à M. Skimpole que nous allions avoir le plaisir de le libérer complètement. A mon retour, M. Skimpole me baisa la main d'un air vraiment ému, non pas pour son compte, mais relativement à nous, comme si, toute considération personnelle lui étant impossible, la vue seule de notre bonheur causait son émotion. Richard m'ayant priée, pour rendre la chose plus gracieuse, de terminer l'affaire avec Coavinses, ainsi que notre ami appelait joyeusement le petit homme aux cheveux plats, je comptai l'argent et reçus la quittance en échange, formalité qui amusa beaucoup M. Skimpole, dont les compliments, d'une exquise délicatesse, diminuèrent ma rougeur. L'affaire une fois réglée sans méprise de ma part, le petit homme mit l'argent dans sa poche en disant brièvement :

« Bonsoir, miss.

— Mon ami, reprit M. Skimpole, qui maintenant, le dos au feu, avait abandonné son esquisse à moitié terminée, je voudrais vous faire une question, toutefois sans avoir l'intention de vous blesser : saviez-vous, ce matin, que vous auriez ce soir pareille mission à remplir?

— J'l'ai eu hier dans l'après-midi, à l'heure du thé, répondit l'agent de la maison Coavinses.

— Et vous n'en avez pas perdu l'appétit, pas éprouvé de malaise?

— Pas un brin. J'savais que, si je vous manquais aujourd'hui, je ne vous manquerais pas demain; un jour de plus ou d'moins, c'est pas ça une affaire.

— Mais aujourd'hui, continua M. Skimpole, c'était une belle journée: le soleil brillait sans nuages; le vent avait d'harmonieux soupirs; la lumière et l'ombre des effets magiques, et les oiseaux chantaient.

— Personne ne dit l'contraire, répondit Coavinses.

— Assurément, reprit M. Skimpole; mais à quoi pensiez-vous, sur la route?

— A quoi? grommela Coavinses d'un air profondément irrité; j'ai ben trop d'choses à faire et trop peu à gagner, sans qu'j'aille encore penser.... Penser! ajouta-t-il avec mépris.

— Alors, vous ne vous êtes pas dit à ce propos: « Harold Skimpole aime à voir briller le soleil, à entendre le vent souffler et gémir, à regarder les effets changeants de la lumière et des ombres, à écouter les oiseaux, ces choristes divins du temple de la nature, et je vais priver Skimpole de la part qu'il a dans tous ces biens, son unique héritage. » Vous n'avez pas songé à tout cela, Coavinses?

— As-su-ré-ment *non!* répondit celui-ci en articulant avec colère chacune de ses syllabes, et en accompagnant le mot *non!* d'un signe de tête assez violent pour disloquer un cou moins solidement attaché.

— Singulière chose, que la manière dont l'intelligence procède chez vous autres hommes d'affaires, répliqua M. Skimpole d'un air pensif! Merci, mon ami, et bonsoir. »

Comme notre absence avait été assez longue pour que l'on pût s'en étonner, je m'empressai de retourner au salon, où Eva travaillait auprès du feu et causait avec son cousin John. M. Skimpole revint bientôt nous rejoindre, et Richard quelques instants après. Le reste de ma soirée fut consacré à ma première leçon de trictrac, jeu favori de M. Jarndyce, et que, par conséquent, je voulais apprendre le plus tôt possible, afin de pouvoir faire sa partie quand il n'aurait pas d'autre adversaire. Toutefois, en écoutant M. Skimpole jouer et chanter quelques-unes de ses compositions avec cette grâce qui lui était particulière, ou causer avec cet abandon, cette aisance qui donnaient tant de charme à sa conversation, je ne pus m'empêcher de faire cette remarque assez curieuse, qu'il nous avait transféré complétement, à Richard et à moi, l'impression qu'il aurait dû ressentir, et que c'était vraiment nous qu'on semblait avoir arrêtés quelques instants auparavant.

Il était fort tard lorsque nous nous séparâmes, car, Eva ayant voulu se retirer vers onze heures, M. Skimpole se mit au piano en lui disant gaiement que le meilleur moyen de prolonger l'existence était de dérober quelques heures au sommeil; ce n'est qu'après minuit qu'il prit son bougeoir, et que sa figure radieuse disparut du salon. Je crois vraiment qu'il nous eût bien retenus jusqu'au jour, s'il l'avait voulu. Eva et Richard restèrent quelques moments encore à jaser auprès du feu, et se demandaient si mistress Jellyby avait fini de dicter ses lettres à la pauvre Caddy, lorsque rentra M. Jarndyce, qui nous avait quittés en même temps que M. Skimpole.

« Qu'est-ce que c'est, qu'est-ce que c'est? dit-il en se frottant la tête et en marchant à grands pas de cet air à la fois si bon et si vexé que nous connaissions déjà. Rick, mon enfant! et vous chère Esther, qu'est-ce qu'on vient de me dire là? qu'avez-vous fait? pourquoi et comment? dites un peu.... Le vent tourne de nouveau; je le sens jusqu'à la moelle. »

Nous ne savions que lui répondre.

« Voyons, Rick, voyons, poursuivit-il, je veux régler cette affaire avant d'aller me coucher; qu'est-il sorti de votre poche? C'est vous deux qui avez fait la somme, je le sais; mais pourquoi cela? Comment avez-vous pu?... Oh! mon Dieu, quel vent d'est?

— En vérité, monsieur, dit Richard, je ne crois pas pouvoir en tout honneur vous parler de cette affaire; M. Skimpole s'est confié à nous...

— Que Dieu vous bénisse, mon cher enfant! il se confie à tout le monde, répondit M. Jarndyce en se frappant la tête et en s'arrêtant tout à coup.

— Vraiment, monsieur?

— A tout le monde, reprit mon tuteur qui arpenta de nouveau le salon à grands pas, tenant à la main sa bougie qu'il avait éteinte sans s'en apercevoir; il sera dans le même bourbier la semaine prochaine; il y est toujours; il est né poursuivi et contraint; je suis persuadé que l'on trouverait ces lignes dans le journal qui publia sa naissance : « Mardi dernier, Mme Skimpole est accouchée, en son domicile d'Argencourt, d'un garçon protesté. »

Richard éclata de rire.

« Toutefois, dit-il, je ne crois pas devoir divulguer le secret de M. Skimpole; à moins qu'après y avoir réfléchi vous ne me donniez tort et n'insistiez pour que je vous le confie.

— Très-bien, répliqua M. Jarndyce qui s'arrêta et fit avec distraction quelques efforts pour mettre son bougeoir dans sa poche. Donc je.... Prenez ceci, ma chère, et emportez-le; je ne sais pas ce que je veux en faire; c'est le vent d'est; toujours le même effet; Rick, je n'insisterai pas davantage; il est possible que vous ayez raison; mais vraiment.... vous empaumer, Esther et vous; et vous pressurer comme deux oranges de San-Miguel; affreux vent d'est! une véritable tempête! » Et il plongeait alternativement les mains dans ses poches comme si elles devaient y rester, mais il les en retirait bientôt pour se frotter la tête avec violence. J'insinuai que M. Skimpole n'était vraiment qu'un enfant en matière d'intérêt.

« Plaît-il? reprit M. Jarndyce que ce dernier mot avait frappé.

— Je dis que c'est un véritable enfant, et si différent de tout le monde, que....

— Vous avez bien raison, répliqua M. Jarndyce, dont le visage s'éclaircit tout à coup; votre pénétration féminine a trouvé le mot; c'est un enfant, et rien de plus; tout d'abord je vous l'ai dit, quand je vous ai parlé de lui.

— Certainement, répondis-je.

— N'est-ce pas? continua M. Jarndyce, dont les yeux rayonnèrent. C'est de votre part, du moins de la mienne, le comble de l'enfantillage, que de l'avoir considéré un instant comme un homme. Il ne saurait être responsable de ses actes; Harold Skimpole ayant un but, faisant un plan et tirant des conséquences!... Ah! ah! ah! »

Il était si touchant de voir les nuages qui avaient couvert son front se dissiper pour faire place à une joie sincère, et de sentir que cette joie prenait sa source dans un cœur pour lequel la nécessité de blâmer quelqu'un ou de s'en défier était une véritable torture, que je vis des larmes dans les yeux d'Eva, et que j'en sentis dans les miens, tout en nous joignant au rire bienveillant et sonore de mon excellent tuteur.

« Je ne suis vraiment qu'un imbécile, d'avoir eu besoin qu'on me le rappelât, continua M. Jarndyce; l'affaire d'un bout à l'autre prouve assez que ce n'est en effet qu'un enfant; un enfant seul pouvait avoir recours à vous et supposer que vous aviez cet argent, car la somme eût-elle été de vingt-cinq mille francs, il vous l'aurait demandée avec la même confiance. »

Tout ce que nous avions vu confirmait cette opinion, et nous nous empressâmes de le lui dire.

« Certainement, poursuivit-il ; néanmoins, Rick, Esther, et vous aussi, Eva, car je ne crois pas que votre petite bourse elle-même soit à l'abri de son inexpérience, promettez-moi que rien de pareil n'arrivera plus ; aucun prêt, fût-il même de dix sous. »

Nous fîmes la promesse qui nous était demandée, et Richard mit la main à sa poche en me regardant avec malice, pour me rappeler qu'il n'y avait pas le moindre danger que nous vinssions à manquer à notre parole.

« Quant à Skimpole, continua M. Jarndyce, une maisonnette de poupée avec une bonne table et des bonshommes d'étain à qui l'on puisse emprunter quelque argent, et devoir toujours quelque chose, voilà tout ce qu'il lui faut ici-bas. Je suis sûr qu'il dort comme un enfant, bercé par des songes de l'autre monde, et je m'en vais à mon tour mettre ma tête, infiniment plus positive, sur mon oreiller terrestre. Bonsoir, mes bien-aimés, bonsoir, et que Dieu vous garde ! »

Il rouvrit la porte et nous dit avec un sourire : « J'ai été voir la girouette ; c'était une fausse alerte ; le vent est bien du sud, » et nous l'entendîmes s'éloigner en chantant.

Quand nous fûmes montés, Eva et moi, nous parlâmes de cette préoccupation de M. Jarndyce relativement au vent d'est, et nous restâmes d'avis que c'était une fiction, le prétexte qu'il se donnait à lui-même pour détourner sa mauvaise humeur, quand il lui devenait impossible de n'être pas mécontent, et pour ne pas avoir à blâmer celui qui l'avait irrité. C'était une bizarrerie qui témoignait de son excessive bonté ; mais elle mettait aussi une distance entre lui et ces gens maussades qui, loin d'invoquer la bise pour oublier leurs ennemis, s'en font au contraire un nouveau motif d'avoir le spleen et de se montrer plus grognons et plus sombres

Cette soirée avait ajouté tant d'affection à ma gratitude pour mon tuteur, qu'il me sembla d'avance, aidée par ces doux sentiments, pénétrer ses intentions et comprendre ses actes. Quant à M. Skimpole et à mistress Jellyby, j'avais trop peu d'expérience pour m'expliquer leur conduite et ne l'essayai même pas. Une seule fois, je reportai mon esprit sur Eva et sur Richard, et songeai à la confidence que j'avais cru saisir, relativement à eux, dans le regard de mon tuteur. Enfin, peut-être égarée par le vent d'est, mon imagination vint à se replier sur elle-même en dépit de mes efforts, et à s'occuper de moi, quelque désir que j'eusse d'échapper à l'égoïsme. Je me retrouvai chez ma marraine, je parcourus de nouveau les années que j'avais passées à Greenleaf ; et les folles visions qui avaient tremblé dans l'ombre où s'était écoulée mon enfance surgirent encore, me rappelant cette idée qui m'était venue souvent : M. Jarndyce devait connaître mon histoire ; j'avais été jusqu'à rêver qu'il pouvait être mon père ; mais ce rêve était maintenant complétement effacé. Je me levai tout à coup et rentrant en moi-même : « Ce n'est plus au passé, me dis-je, mais au présent que j'appartiens aujourd'hui et que je dois me consacrer tout entière avec joie et reconnaissance. A tes devoirs, Esther, à tes devoirs ! » m'écriai-je en secouant mon petit panier : les clefs qu'il contenait vibrèrent comme des clochettes, et, encouragée par leur tintement joyeux, je me couchai pleine d'espoir.

CHAPITRE VII.

Le Promenoir du Revenant.

Esther est endormie ; et tandis qu'elle repose, tandis qu'elle veille, il pleut dans le trou du Lincolnshire. Nuit et jour, la pluie incessante tombe sur les larges dalles que l'on appelle le Promenoir du Revenant ; le temps est si affreux que l'imagination la plus vive a de la peine à se figurer qu'il puisse redevenir beau. D'ailleurs la vie et l'imagination n'abondent pas à Chesney-Wold ; sir Leicester, qui sous ce rapport y eût peu mis du sien, n'est pas dans le Lincolnshire, mais à Paris avec milady Dedlock, et la solitude couvre de ses ailes le château du baronnet.

Il se peut toutefois qu'il se fasse quelque mouvement dans l'esprit des animaux inférieurs qui habitent Chesney-Wold. Les chevaux, par exemple, au fond des longues écuries situées dans la basse-cour, désert entouré de murs en briques, où s'élève une tourelle contenant une cloche et une horloge, il se peut qu'ils contemplent quelque peinture imaginaire d'un beau jour, et se montrent plus artistes que leurs palefreniers. Le vieux rouan, si habile à franchir tout obstacle, qui tourne ses grands yeux vers la fenêtre placée auprès de son râtelier, songe peut-être au vert feuillage qu'à une autre époque il voyait briller, aux senteurs qui accompagnaient la fanfare, et, entraîné par ses souvenirs, il suit peut-être la meute à travers champs et bois, tandis que le groom qui est en train de curer la stalle voisine n'aperçoit rien au delà de son balai et de sa fourche. Le gris pommelé, qui dresse les oreilles chaque fois qu'on ouvre la porte et dont le regard, qu'il lance tristement sur celui qui vient d'entrer, reçoit pour toute réponse : « Ouah ! vieux gris; reste tranquille, personne n'a besoin de toi, » le sait tout aussi bien que le rustaud qui le lui dit ; et les nobles bêtes qui partagent cette vie monotone passent peut-être ces jours de pluie à instruire si ce n'est à corrompre le poney qui est libre dans la stalle du coin.

Il se peut que le mâtin qui sommeille dans sa niche, sa large tête appuyée sur ses pattes, rêve d'un jour brûlant d'été, où l'ombre en tournant met sa patience à bout, et que, tout haletant, il éprouve le besoin d'avoir autre chose à tourmenter que lui-même ; à cette heure, clignant des yeux et à demi réveillé, peut-être se rappelle-t-il l'époque où la maison est remplie de monde, les remises de voitures, les écuries de chevaux, les cours de valets et d'écuyers ; jusqu'au moment où, doutant du présent, il sort de sa niche pour voir ce qui en est ; et secouant alors sa chaîne, peut-être se grogne-t-il en lui-même : « De la pluie, toujours de la pluie, rien que de la pluie, et personne, personne ! » tandis qu'il rentre dans sa niche, où il se couche en bâillant tristement.

Les limiers que le repos irrite et qui, de leur chenil situé au bout du parc, font entendre leur voix gémissante jusque dans la chambre de milady, parcourent en esprit la contrée tout entière pendant que la pluie tombe et les condamne à l'inaction. Peut-être que, tapis dans leurs terriers, les lapins dissipent leur ennui en songeant aux jours où leurs oreilles sont caressées par la brise ; à la saison intéressante où l'on a de jeunes pousses à grignoter, où les racines sont tendres, savoureuses, et où l'on folichonne à l'ombre des grands arbres. La dinde, vaguement troublée du sort qui attend toute sa race et pressentant la broche, peut se rappeler cette matinée de juillet où, s'échappant de la basse-cour, elle prit le chemin du parc, et, trottant parmi les branches des arbres abattus, arriva jusqu'à la grange qui se trouvait remplie d'orge. L'oie mécontente, qui se baisse pour passer sous la grand'porte, cancane sa préférence pour les jours où l'ombre du portail se projette sur le sable.

C'est à peu près tout ce que l'imagination produit à Chesney-Wold ; mais le peu qu'il y en a ressemble au léger bruit de ce vieux château qui s'enfle répété par l'écho ; elle aussi, quand elle se met en frais, elle ne recule pas même devant les histoires de revenants les plus mystérieuses.

Il pleut donc si fort et depuis si longtemps dans le Lincolnshire, que mistress Rouncewell, la femme de charge de Chesney-Wold, ôte à plusieurs reprises ses lunettes qu'elle essuie, croyant y voir les gouttes d'eau qu'elle aperçoit au dehors ; elle aurait pu se détromper en écoutant la pluie, mais elle est un peu sourde, bien qu'elle ne veuille pas le croire. C'est une belle vieille femme, au port majestueux, d'une propreté merveilleuse, et dont le buste largement développé est tellement bien soutenu, que si après sa mort l'on découvrait un jour qu'elle avait pour corset une ancienne grille de foyer, personne n'en resterait surpris. La pluie l'affecte peu ; le château n'en est pas moins à sa place, et suivant son expression : « C'est la seule chose qui l'occupe. » Elle est assise dans sa chambre située au rez-de-chaussée, dans un corridor latéral, dont la fenêtre cintrée ouvre sur un terrain plat, quadrangulaire et parfaitement uni, planté régulièrement d'arbres lisses à tête ronde, et orné de grosses pierres également lisses et rondes, comme si les arbres étaient là pour faire une partie de boules avec les pierres. Toute la maison est confiée à la fidèle femme de charge ; c'est elle qui, active et affairée, l'ouvre en certaine occasion ; mais aujourd'hui tout est fermé, tout dort, plongé dans un sommeil profond et majestueux, et repose sur la vaste poitrine cerclée de fer de mistress Rouncewell.

Il serait impossible de se figurer Chesney-Wold sans elle ; demandez-lui, en ce jour pluvieux où nous sommes, depuis combien de temps elle l'habite, elle vous répondra : « Cinquante ans, trois mois et quinze jours, si le bon Dieu me fait la grâce de vivre jusqu'à mardi prochain. » M. Rouncewell mourut quelque temps avant la disparition de la mode charmante des catogans et s'en alla cacher modestement la sienne dans un coin du cimetière de l'église du parc tout à côté du portail humide et moisi. Cet honnête homme était né dans le bourg voisin, de même que sa jeune veuve, dont la faveur dans la famille Dedlock remontait au précédent baronnet et avait eu pour origine son habileté dans l'art de distiller les liqueurs.

Le baronnet actuel est un excellent maître ; il suppose ses domestiques privés absolument de tout caractère individuel, ne pouvant avoir ni intentions ni opinions par eux-mêmes ; et demeure intimement persuadé qu'il est venu au monde pour leur épargner la nécessité de réfléchir et de comprendre ; s'il découvrait le contraire, il en serait foudroyé et n'aurait plus qu'à mourir; néanmoins c'est un excellent maître, et qui regarde l'obligation de se montrer tel, comme faisant partie des devoirs que son rang lui impose. Il a pour mistress Rouncewell une sincère affection, la tient pour une femme éminemment respectable, ne manque jamais de lui serrer la main quand il arrive à Chesney-Wold, ou quand il en part; et s'il advient qu'il soit malade ou blessé, rompu, écrasé, dans quelque position fâcheuse où un Dedlock n'aime pas à se faire voir : « Laissez-moi, dira-t-il, et qu'on m'envoie mistress Rouncewell, » sachant bien qu'avec la bonne dame sa dignité n'a rien à craindre.

Mistress Rouncewell n'en a pas moins connu l'inquiétude et le chagrin. Elle avait deux fils : le plus jeune, après quelques folies, s'engagea comme soldat, et n'est jamais revenu. Même encore aujourd'hui, les mains de la pauvre femme perdent leur calme habituel, se décroisent et s'agitent quand elle parle de lui : un si beau garçon, plein de cœur et de franchise, toujours gai, toujours joyeux, si aimable et si bon! L'aîné aurait pu rester à Chesney-Wold, et, avec le temps, y devenir majordome; mais tout enfant, passionné pour la mécanique, il construisait des machines à vapeur avec les poêlons et les marmites, faisait tirer à ses canaris l'eau qui leur était nécessaire, inventait mille moyens pour que cette tâche pût s'accomplir en dépensant le moins de force possible, et qu'un serin altéré n'eût littéralement qu'à mettre l'épaule à la roue pour que sa besogne fût faite. Ce penchant bien marqué fut pour mistress Rouncewell une cause de grande perplexité. Elle savait que toute aptitude à une profession quelconque se rattachant, de près ou de loin, à la cheminée d'une usine, était aux yeux de sir Leicester le premier pas dans la direction fâcheuse qu'avait prise Wat Tyler, et sentait avec angoisse que son malheureux fils suivait cette voie funeste. Mais le jeune rebelle, très-doux sous tous les autres rapports, loin d'être touché par la grâce, ayant, avec l'âge, persévéré dans ses coupables intentions et fini par construire le modèle d'un métier mécanique, la pauvre mère se vit forcée d'aller, tout en larmes, confier au baronnet l'apostasie de son fils.

« Mistress Rouncewell, lui avait répondu sir Leicester, vous savez que je ne consens jamais à discuter avec personne; puisqu'il en est ainsi, vous ferez bien de vous débarrasser de votre fils, et de le placer dans un atelier quelconque. C'est, je le suppose, dans les comtés du nord où l'on travaille le fer, que veut aller un garçon qui a de pareilles tendances. »

Le jeune Rouncewell partit donc pour le nord; et si, plus tard, le baronnet Dedlock pensa jamais à lui, ce fut pour le considérer comme appartenant à une corporation de quelques milliers de conspirateurs noirs et menaçants, qui, deux ou trois fois par semaine, font, à la lueur des torches, quelque protestation dans un but illégal.

Néanmoins, le fils de mistress Rouncewell a pris des années, est devenu maître dans son art, s'est marié, a des enfants. Il a un fils à son tour dont l'apprentissage est fini, et qui, au retour d'un voyage qu'il a fait en pays étranger pour étendre ses connaissances, est venu voir sa grand'mère. C'est lui qui est précisément appuyé contre la cheminée, dans la chambre e mistress Rouncewell occupe à Chesney-Wold.

« Je suis bien heureuse de te voir, lui dit la femme de charge, bien heureuse, mon cher Watt. Tu es si beau garçon! tout le portrait de ton oncle George. »

Les mains de mistress Rouncewell tremblent d'émotion, comme toujours, quand elle parle de ce dernier.

« On dit, grand'mère, que je ressemble à mon père.

— C'est vrai, mon enfant, mais bien plus encore à ton pauvre oncle. Et ton père, comment va-t-il?

— A merveille.

— J'en remercie Dieu de tout mon cœur. »

Mistress Rouncewell a pour son fils une affection profonde ; mais elle éprouve en même temps une sorte de pitié douloureuse à son égard, comme si, par exemple, ayant été militaire, il avait passé à l'ennemi.

« Est-il vraiment heureux?

— Complétement, grand'mère.

— Dieu soit loué, mon enfant! Et il t'a élevé pour suivre la même carrière, et t'a fait voyager dans cette intention-là? Enfin il connaît ça mieux que moi. Il peut y avoir, en dehors de Chesney-Wold, un monde auquel je n'entends rien, quoique je ne sois pas jeune et que j'aie vu toujours d'excellente compagnie.

— Grand'mère, dit Watt en changeant de conversation, quelle jolie personne j'ai trouvée là tout à l'heure! C'est Rosa que vous l'appelez?

— Oui, mon enfant; sa mère est une pauvre veuve du village. Les filles qu'on prend en service ont aujourd'hui la tête si dure que j'ai voulu former celle-là de bonne heure et l'avoir auprès de moi. Elle mange à ma table et ne me quitte guère : c'est une bonne élève ; je crois qu'elle ira bien. Elle montre déjà très-joliment le château aux étrangers qui viennent le visiter.

— J'espère que ce n'est pas moi qui l'ai fait fuir?

— Elle aura pensé que nous avions à parler d'affaires de famille, et sera partie pour nous laisser plus libres. Elle est très-modeste, qualité précieuse chez une jeune fille, et plus rare aujourd'hui qu'elle ne l'était jadis. »

Mistress Rouncewell met une épingle à son fichu croisé; le jeune homme incline la tête en signe d'assentiment. Mistress Rouncewell prête l'oreille.

« Des roues ! » dit-elle.

Depuis longtemps déjà son compagnon les avait entendues.

« Qui peut venir par un temps pareil? »

On frappe à la porte quelques instants après. Une jeune fille brune, aux yeux noirs, entre timidement dans la chambre; elle a tant de grâce et de délicate fraîcheur, qu'on prendrait les gouttes de pluie qui tremblent sur ses cheveux pour des gouttes de rosée sur une fleur à peine éclose.

« Qu'est-ce que c'est, Rosa? dit mistress Rouncewell.

— Deux jeunes gens, madame, qui désireraient voir le château. Je leur ai dit que ce n'était ni le jour ni l'heure où on pouvait le visiter; mais le jeune monsieur qui conduisait le tilbury a ôté son chapeau malgré la pluie, et m'a priée de vous apporter cette carte.

— Lis-moi le nom qui s'y trouve, » dit la femme de charge à son petit-fils.

Rosa est si timide, qu'en donnant la carte au jeune homme elle la laisse tomber entre eux; ils se précipitent tous les deux pour la ramasser : leurs fronts s'effleurent, et la jeune fille est plus intimidée que jamais.

« La carte ne porte que le nom de M. Guppy.

— Guppy? répète mistress Rouncewell. Impossible! je n'ai jamais entendu parler de ce nom-là.

— Il me l'a bien dit, reprend la jeune fille; mais il a ajouté que lui et le gentleman qui l'accompagne étaient arrivés de Londres la nuit dernière par le courrier, pour assister à la réunion des magistrats qui a eu lieu ce matin dans les environs; que leur affaire avait été finie de bonne heure, et qu'ayant beaucoup entendu parler de Chesney-Wold, ils étaient venus, malgré la pluie, pour visiter le château; ce sont de jeunes avocats : il m'a dit qu'il ne travaillait pas dans l'étude de M. Tulkinghorn, mais qu'il pouvait s'autoriser de son nom, si la chose était nécessaire. »

M. Tulkinghorn fait partie de Chesney-Wold; on pense, en outre, qu'il est dépositaire du testament de mistress Rouncewell, et, puisqu'il connaît cet étranger, la vieille dame consent à l'admission des visiteurs, et envoie Rosa pour leur servir de guide. Watt, à son tour, éprouve tout à coup le plus vif désir de voir cette magnifique résidence, et propose de se joindre aux deux jeunes avocats. Sa grand'mère, enchantée de l'intérêt qu'il témoigne pour Chesney-Wold, se lève et l'accompagne, malgré son insistance pour qu'elle ne se dérange pas.

« Je vous suis très-obligé, madame, s'empresse de dire M. Guppy en ôtant son pardessus qui ruisselle et qu'il laisse dans le vestibule. Il est rare que nous autres, gens de loi, nous puissions quitter Londres, et, quand cela nous arrive, nous tâchons d'en profiter. »

La femme de charge montre, d'un geste à la fois gracieux et digne, le grand escalier vers lequel on se dirige; M. Guppy et son ami suivent Rosa; mistress Rouncewell et son petit-fils viennent ensuite; un garçon jardinier passe devant pour ouvrir les volets.

Comme il arrive presque toujours à ceux qui visitent n'importe quel château, les deux gentlemen sont morts de fatigue et d'ennui avant d'avoir rien vu, bâillent à chaque porte qu'on ouvre et sont visiblement accablés. Dans toutes les pièces où l'on entre, mistress Rouncewell, aussi droite que le vieux château lui-même, s'assied à l'écart, près d'une fenêtre ou dans un coin, d'où elle approuve majestueusement la démonstration que Rosa fait aux deux étrangers. Son petit-fils est tellement attentif aux paroles de la jeune fille, que Rosa est de plus en plus timide et de plus en plus jolie. On passe d'une chambre à l'autre, évoquant tour à tour les vieux Dedlock, dont l'image disparaît bientôt dans l'ombre où les plonge le garçon jardinier en refermant les volets. Il semble aux visiteurs désolés qu'ils n'arriveront jamais au bout de ces Dedlock, dont la grandeur paraît consister à n'avoir rien fait qui pût les distinguer les uns des autres depuis plus de sept cents ans.

Le grand salon de Chesney-Wold lui-même ne parvient pas à relever les forces de M. Guppy, qui se sent près de défaillir et retrouve à peine assez de courage pour en franchir le seuil. Mais un portrait, dû au pinceau de l'artiste le plus fashionable du jour, et placé au-dessus de la cheminée, le ranime tout à coup; il le regarde et semble fasciné par l'image qu'il représente.

« Qui est-ce? s'écrie-t-il vivement intéressé.

— Le portrait qui est au-dessus de la cheminée? dit Rosa; c'est celui de lady Dedlock, celle qui vit à présent; il est d'une parfaite ressemblance, et c'est, dit-on, le meilleur ouvrage du maître.

— Vraiment! dit M. Guppy en regardant son ami avec une sorte d'épouvante. Je ne l'ai jamais vue, et cependant je la reconnais. A-t-on gravé ce portrait, mademoiselle?

— Non, monsieur; sir Leicester ne l'a jamais permis.

— En ce cas, murmure tout bas M. Guppy, je veux être pendu si je sais comment j'ai pu voir ce portrait que je connais certainement; c'est fort curieux. Ainsi donc c'est milady Dedlock?

— Le portrait qui est à droite est celui du baronnet actuel; le précédent représente le père de celui-ci, le dernier sir Leicester. »

M. Guppy ne donne pas même un regard à ces illustres magnats.

« Je ne puis comprendre, dit-il en considérant toujours le portrait de milady, comment il se fait que je connaisse ce visage, et surtout aussi bien; je n'en reviens pas; il faut que je l'aie rêvé! »

Personne parmi ceux qui accompagnent M. Guppy ne s'intéressant à ses rêves, cette probabilité n'est pas même discutée; il reste absorbé par le portrait de milady jusqu'au moment où le dernier volet est fermé; il quitte le salon dans cet état de vertige qui lui tient lieu d'intérêt et traverse les pièces suivantes au hasard, comme s'il cherchait partout l'image de milady; mais il ne la voit plus. Il entre dans son appartement qu'on montre le dernier parce qu'il est le plus élégant, et jette un coup d'œil par la fenêtre, d'où naguère elle voyait cet affreux temps qui la faisait mourir d'ennui. Tout prend fin, même les châteaux qu'on visite, et Rosa, la charmante villageoise, arrive au bout de sa description, qui se termine invariablement par ces mots :

« La terrasse que vous voyez de ces fenêtres est extrêmement admirée; elle tire son nom d'un fait historique arrivé dans la famille, et s'appelle « le Promenoir du Revenant. »

— Bah! dit M. Guppy chez qui ces mots excitent une vive curiosité, le fait dont vous parlez se rapporte-t-il au portrait?

— Oh! je vous en prie, contez-nous cette histoire, murmure Watt en se penchant vers la jeune fille.

— Je ne la sais pas, monsieur, répond Rosa dont la timidité augmente encore.

— On ne la raconte point aux étrangers; elle est d'ailleurs presque oubliée, dit mistress Rouncewell en s'avançant, et n'a jamais été qu'une anecdote de famille.

— Pardonnez-moi si j'insiste de nouveau, madame, pour savoir si elle a quelque chose de relatif au portrait du grand salon, reprend M. Guppy; car je vous assure que, plus je songe à ce portrait, plus je suis assuré de le connaître, sans pouvoir comprendre comment la chose est possible. »

L'histoire en question n'a pas le moindre rapport avec le portrait de milady : la femme de charge l'affirme. M. Guppy lui est fort obligé de cette communication et de la peine qu'on a prise pour lui montrer le château ; il se retire avec son ami, et, guidé par le garçon jardinier, il retrouve son mackintosh et sa voiture, qui ne tarde pas à s'éloigner.

Le jour baisse ; il fait déjà presque nuit ; mistress Rouncewell peut se fier à la discrétion de ses deux jeunes auditeurs et leur dire maintenant pourquoi la grande terrasse porte ce nom lugubre. Assise dans un grand fauteuil, près de la fenêtre qui s'assombrit, elle prend la parole en ces termes :

« A l'époque malheureuse et criminelle où régnait le roi Charles Ier, c'est-à-dire, chers enfants, à l'horrible époque où des rebelles se liguèrent contre cet excellent monarque, le possesseur de Chesney-Wold était sir Morbury Dedlock. Y avait-il avant ce temps-là quelque revenant dans la famille ? c'est ce que je ne saurais dire, bien que je sois portée à le croire. »

Mistress Rouncewell estime qu'une famille de cette importance et d'une telle ancienneté doit avoir son revenant ; car le revenant est l'un des priviléges de l'aristocratie, une distinction à laquelle le vulgaire ne peut nullement prétendre.

« Sir Morbury Dedlock, je n'ai pas besoin de vous le dire, poursuit mistress Rouncewell, était pour le saint roi, dont il soutenait la cause ; mais on pense que sa femme, qui n'avait pas une goutte de sang noble dans les veines, favorisait la rébellion. On dit qu'elle avait des parents parmi les révoltés ; qu'elle correspondait avec eux et les informait des résolutions prises par les fidèles serviteurs du monarque ; et l'on assure que son oreille était toujours collée à la porte quand l'un des gentlemen qui suivaient la bonne cause se rendait au conseil.... Watt, n'entends-tu pas quelqu'un traverser la terrasse ? »

Rosa se rapproche de mistress Rouncewell.

« J'entends la pluie qui tombe sur les dalles, répond le jeune homme, et de plus un écho très-curieux ; j'imagine que ce n'est pas autre chose ; mais on dirait le pas inégal d'un boiteux.

Mistress Rouncewell hoche la tête et continue son récit :

« A cause de cette différence d'opinions et par d'autres motifs encore, sir Morbury et sa femme ne vivaient pas en très-bonne intelligence ; milady était fort impérieuse ; une grande différence d'âge et de caractère séparait milord et milady qui n'avaient pas d'enfants pour servir de lien entre eux ; et quand le frère bien-aimé de milady, jeune homme distingué, eut été tué pendant la guerre civile par un proche parent de sir Morbury, son désespoir fut si violent qu'elle étendit sa haine à toute la race de celui qu'elle avait épousé. On dit même qu'il lui arriva plus d'une fois, au moment où les Dedlock allaient quitter le château pour voler au secours du roi, de se glisser dans l'écurie au milieu des ténèbres et de rendre tous leurs chevaux boiteux. L'histoire ajoute qu'une nuit son mari, l'ayant surprise comme elle descendait l'escalier, la suivit jusqu'auprès de son cheval favori, et que, lui saisissant le poignet, soit qu'elle vint à tomber en se débattant, soit qu'un cheval effrayé lui lançât quelque ruade, elle resta boiteuse de la hanche et depuis lors déclina de jour en jour. »

Mistress Rouncewell avait baissé la voix au point qu'on l'entendait à peine.

« Milady, continua-t-elle, avait eu la taille élégante et la démarche noble ; elle ne se plaignit jamais du changement qui s'était fait en elle, jamais de boiter ou de souffrir ; mais du matin jusqu'au soir elle se promenait sur la terrasse, appuyée sur un bâton, et chaque fois avec une difficulté croissante. Enfin, un jour, comme la nuit approchait, son mari, à qui rien n'avait pu la décider à parler depuis son accident, la vit tomber sur les dalles et se précipita pour la relever ; mais elle le repoussa rudement, et fixant sur lui un regard froid et sévère :

« — Je veux mourir ici, dit-elle, où je me suis tant promenée ; et j'y reviendrai, sortant de ma tombe, jusqu'à ce que l'orgueil de cette maison soit humilié ! Que vos descendants écoutent, ils entendront mon pas chaque fois que le malheur ou la honte planera sur leur famille. »

Watt regarde Rosa, qui, à demi effrayée, à demi intimidée, fixe dans l'ombre ses yeux sur le parquet.

« Elle mourut au même instant, poursuit mistress Rouncewell, et depuis cette époque la terrasse porte le nom de « Promenoir « du Revenant. » Si le bruit de ces pas n'est que celui d'un écho, c'est un écho bien étrange, car on ne l'entend qu'à la nuit close, et souvent il s'est passé bien des années sans qu'on l'ait entendu ; toutefois il revient de temps à autre, et soyez sûrs que, dans ce cas, la maladie ou la mort a frappé la famille.

— Et la honte, grand'mère ? demande Watt.

— Jamais la honte ne visite Chesney-Wold, répond la femme de charge.

— C'est vrai, dit Watt en s'excusant.

— Telle est l'histoire. Mais, n'importe d'où il vienne, ce bruit

n'en est pas moins tourmentant; et remarquez bien, dit mistress Rouncewell en se levant, qu'on ne peut pas se dispenser de l'écouter. Milady, qui ne s'effraye de rien, l'admet comme tout le monde. Quand il existe, il faut absolument qu'on l'entende; rien ne peut l'empêcher d'arriver jusqu'à vous. Il y a derrière toi une grande horloge française qui a été placée là tout exprès, dont le mouvement fait beaucoup de bruit quand elle va, et qui a une musique; tu sais, Watt, comment la faire marcher?
— Oui, grand'mère.
— Eh bien, remonte-la un peu. »
Watt remonte à la fois l'horloge et la musique.
« Viens ici, maintenant, dit la femme de charge; ici enfant, tout près de l'oreiller de milady. Je ne suis pas bien sûre que l'ombre soit assez épaisse; mais écoute, n'entends-tu pas marcher sur la terrasse, malgré la musique et le tintement de la grande horloge?
— Assurément, grand'mère. »
C'est ce que dit aussi milady.

CHAPITRE VIII.

La narration d'Esther continue.

Dès que je fus habillée, mon premier soin fut de regarder par la fenêtre où mes bougies se reflétaient comme deux phares en attendant la venue du jour. Tout reposait encore, enveloppé de ténèbres, et j'éprouvais un vif intérêt à guetter le retour de la lumière, afin de voir ce qui sortirait de l'obscurité. Peu à peu, la perspective se dévoila. Ces lieux, sur lesquels pendant la nuit le vent errait dans l'ombre comme ma mémoire sur le passé, apparurent graduellement, et je distinguai bientôt les objets dont j'étais environnée; d'abord vaguement, à travers le brouillard, au-dessus duquel les dernières étoiles brillaient encore; puis cette pâle vapeur se dissipa, le cadre du tableau s'élargit et s'emplit tellement vite qu'à chaque nouveau coup d'œil je découvrais un nouvel horizon. Mes bougies pâlirent devant l'éclat du jour; les dernières ténèbres s'évanouirent, et le soleil éclaira l'église de l'ancienne abbaye, dont la vieille tour projetait une ombre gracieuse sur ses lignes austères. Ce n'était pas la première fois que j'avais vu la rudesse des formes cacher la douceur et la sérénité.

La maison était tenue avec tant d'ordre, et tout le monde se montra si attentif et si bon envers moi, que mes deux trousseaux de clefs ne me causèrent nul embarras. Néanmoins, la visite des buffets et des tiroirs de l'office, les notes que je pris sur les jambons, les conserves, les bouteilles, les verres, la porcelaine et tant d'autres menues choses, en un mot tous les soins que j'apportai dans mes recherches, car je suis de ma nature une personne méthodique et tant soit peu vieille fille, m'occupèrent au point que je ne pouvais croire qu'il fût l'heure du déjeuner quand j'entendis la cloche qui nous y appelait tous. J'y courus aussitôt et m'empressai de faire le thé, car c'était à moi que la théière avait été confiée. Puis, comme personne n'était encore descendu, je crus pouvoir jeter un coup d'œil au dehors. Devant la porte d'entrée s'étendait l'avenue par laquelle nous étions arrivés et l'allée circulaire qui conduisait au perron. Derrière la maison était le jardin rempli de fleurs ; Éva le regardait de sa fenêtre, et me jeta un sourire, comme si elle avait voulu m'embrasser à distance. Après le jardin on trouvait le potager, puis un enclos, un terrain rempli de meules de foin et de blé, enfin une petite cour de ferme. Quant à la maison par elle-même, avec ses trois pignons, ses fenêtres variées et toutes charmantes, son treillage au midi pour palisser le chèvrefeuille et les roses, son aspect confortable, son air hospitalier, elle était, selon l'expression d'Éva qui vint à ma rencontre au bras de M. Jarndyce, digne, sous tous les rapports, de son propriétaire, parole audacieuse qui valut à la ravissante créature d'avoir la joue pincée.

M. Skimpole fut aussi aimable à déjeuner qu'il l'avait été la veille.

« Je n'élève aucune objection contre le miel, nous dit-il, mais je proteste contre l'arrogance des abeilles. De quel droit m'imposeraient-elles leur exemple? Si elles fabriquent du miel, c'est que la chose les amuse ; personne ne les y force. Pourquoi se ferait-on un mérite de ses goûts? Si chaque producteur s'en allait bourdonnant, quereller le premier venu, et, dans son égoïsme, tracasser chacun pour lui faire observer qu'on ne doit pas le déranger pendant qu'il va à son ouvrage, le monde deviendrait un lieu insupportable. C'est, d'ailleurs, une position ridicule, que d'être enfumé par celui qui vous prend votre fortune aussitôt qu'elle est faite. Vous auriez une bien pauvre opinion d'un fabricant de Manchester, s'il ne filait le coton que pour arriver à ce but. Ne pensez-vous pas que le bourdon per-

souffle une idée plus souriante et plus sage? Il vous dit tout bonnement : « Veuillez bien m'excuser ; mais je ne puis vraiment pas m'occuper du magasin. Je me trouve dans un monde où il y a tant à voir et où l'on reste si peu, que je m'empresse de regarder autour de moi, ne demandant qu'une chose, c'est d'être pourvu de ce qui m'est nécessaire par ceux qui n'ont pas besoin de regarder autour d'eux. »

Suivant M. Skimpole, toute la philosophie du bourdon était renfermée dans ce peu de mots, et il la trouvait excellente, ajoutant que le bourdon, facile à vivre par nature, consentirait volontiers à rester en bons termes avec l'abeille et y resterait toujours, si cette dernière avait moins de prétentions orgueilleuses pour son miel.

Il poursuivit ce raisonnement, qu'il étendit à une foule de sujets, avec une délicatesse et une vivacité qui nous firent beaucoup rire, bien qu'il parût attacher une intention réelle au sens de ses paroles, et y mettre tout le sérieux dont il était capable. Je le laissai développant ses théories, et je retournais vaquer à mes occupations, lorsque, traversant un corridor, M. Jarndyce m'appela et me fit entrer dans une petite pièce où l'on voyait, d'un côté, des papiers et des livres qui la faisaient ressembler à une bibliothèque ; de l'autre, une collection de bottes, de souliers et de cartons à chapeau qui la convertissaient en un véritable musée de toilette.

« Asseyez-vous, et apprenez, chère fille, me dit M. Jarndyce, que vous êtes dans mon grognoir. Quand je suis de mauvaise humeur, je viens ici, je m'y enferme et j'y grogne ; c'est, de toute la maison, la pièce qui me sert le plus. Vous ne vous doutez pas de mon affreux caractère ;... mais vous tremblez, chère enfant? »

Comment n'être pas émue? J'essayais de me contenir ; mais me trouver en face de cet homme généreux, voir son regard s'arrêter sur le mien avec tant de bienveillance, et me sentir si heureuse, si honorée ; oh! que mon cœur était plein!...

Je pris sa main, que je baisai. Je ne sais pas ce qu'il me dit ou même s'il me parla : il sembla déconcerté, fit quelques pas vers la fenêtre, et je crus qu'il allait la franchir et disparaître ; mais je fus bientôt rassurée en voyant dans ses yeux ce qui l'avait fait s'éloigner afin de me le cacher. Il me frappa doucement sur la tête, et nous nous assîmes tous les deux.

« Ah!... dit-il, c'est fini ; bouh! pas de folies, mon enfant!

— Cela ne m'arrivera plus, monsieur, répondis-je ; mais, tout d'abord, il est bien difficile....

— Au contraire ; rien n'était plus aisé. Pourquoi pas? J'en-

souffle une idée plus souriante et plus sage? Il vous dit tout bonnement : « Veuillez bien m'excuser; mais je ne puis vraiment pas m'occuper du magasin. Je me trouve dans un monde où il y a tant à voir et où l'on reste si peu, que je m'empresse de regarder autour de moi, ne demandant qu'une chose, c'est d'être pourvu de ce qui m'est nécessaire par ceux qui n'ont pas besoin de regarder autour d'eux. »

Suivant M. Skimpole, toute la philosophie du bourdon était renfermée dans ce peu de mots, et il la trouvait excellente, ajoutant que le bourdon, facile à vivre par nature, consentirait volontiers à rester en bons termes avec l'abeille et y resterait toujours, si cette dernière avait moins de prétentions orgueilleuses pour son miel.

Il poursuivit ce raisonnement, qu'il étendit à une foule de sujets, avec une délicatesse et une vivacité qui nous firent beaucoup rire, bien qu'il parût attacher une intention réelle au sens de ses paroles, et y mettre tout le sérieux dont il était capable. Je le laissai développant ses théories, et je retournais vaquer à mes occupations, lorsque, traversant un corridor, M. Jarndyce m'appela et me fit entrer dans une petite pièce où l'on voyait, d'un côté, des papiers et des livres qui la faisaient ressembler à une bibliothèque; de l'autre, une collection de bottes, de souliers et de cartons à chapeau qui la convertissaient en un véritable musée de toilette.

« Asseyez-vous, et apprenez, chère fille, me dit M. Jarndyce, que vous êtes dans mon grognoir. Quand je suis de mauvaise humeur, je viens ici, je m'y enferme et j'y grogne; c'est, de toute la maison, la pièce qui me sert le plus. Vous ne vous doutez pas de mon affreux caractère;... mais vous tremblez, chère enfant? »

Comment n'être pas émue? J'essayais de me contenir; mais me trouver en face de cet homme généreux, voir son regard s'arrêter sur le mien avec tant de bienveillance, et me sentir si heureuse, si honorée; oh! que mon cœur était plein!...

Je pris sa main, que je baisai. Je ne sais pas ce qu'il me dit ou même s'il me parla : il sembla déconcerté, fit quelques pas vers la fenêtre, et je crus qu'il allait la franchir et disparaître; mais je fus bientôt rassurée en voyant dans ses yeux ce qui l'avait fait s'éloigner afin de me le cacher. Il me frappa doucement sur la tête, et nous nous assîmes tous les deux.

« Ah!... dit-il, c'est fini; bouh! pas de folies, mon enfant!

— Cela ne m'arrivera plus, monsieur, répondis-je; mais, tout d'abord, il est bien difficile....

— Au contraire; rien n'était plus aisé. Pourquoi pas? J'enmême on les paye sans qu'elles aient été faites, ce qui est le plus ordinaire, car personne n'en a besoin. Et vous êtes forcé de prendre part à ce chassé-croisé de frais et d'honoraires, de sottise et de corruption plus infernal, cent fois, qu'on n'en rêva jamais dans les plus folles visions du sabbat des sorcières. L'équité naturelle pose des questions au droit légal; le droit y répond par d'autres questions à l'équité. Le droit trouve que cela ne peut pas aller comme ceci; l'équité que cela ne peut pas se passer comme ça, et ni l'un ni l'autre ne peuvent rien pour vous sans maîtres tels et tels, avocats et avoués comparaissant pour A; et maîtres tels et tels comparaissant pour B; ainsi de suite jusqu'à Z; et les choses vont de la sorte d'années en années, de plaideurs en plaideurs, recommençant toujours et ne finissant jamais; et vous ne pouvez pas même renoncer à ce procès, car vous en faites partie, et partie *vous devez être*, que vous le vouliez ou non. D'ailleurs cela ne servirait à rien d'y penser; sitôt que l'idée en vint à notre pauvre oncle Tom, ce fut pour lui le commencement de la fin.

— Le M. Jarndyce dont l'histoire m'a été racontée? demandai-je.

— Oui, répondit-il gravement; j'héritai de lui; cette maison était la sienne, et méritait bien qu'on l'appelât *la maison désolée*; quel cachet de misère n'avait-elle pas alors! Autrefois on la nommait les Pignons; c'est mon pauvre oncle Tom qui lui donna le nom lugubre qu'elle porte aujourd'hui. Le malheureux y vivait enfermé, courbé nuit et jour sur les pièces du procès, dans l'espoir de le dépouiller de ses mystifications et de l'amener à bonne fin. Pendant ce temps-là, sa demeure dépérissait; le vent soufflait à travers les murailles; le toit effondré laissait passer la pluie, l'herbe emplissait les allées qui conduisaient à la porte vermoulue; et quand je vins ici, rapportant ce qui restait de mon malheureux oncle, il me sembla que sa maison s'était, en même temps que lui, fait sauter la cervelle, car on n'y voyait plus que débris et que ruines. »

Il marchait à grands pas et tressaillit en disant ces paroles; puis il me regarda; son visage s'éclaircit, et il revint s'asseoir ses deux mains dans ses poches.

« Esther, je vous l'ai dit, reprit-il, c'est pour grogner qu'on vient ici. Où en étais-je?

— A l'heureux changement que vous avez fait dans cette maison, répondis-je.

— C'est vrai, dit-il, et je reprends mon récit. Nous possédons dans certains quartiers de Londres d'autres immeubles qui

même on les paye sans qu'elles aient été faites, ce qui est le plus ordinaire, car personne n'en a besoin. Et vous êtes forcé de prendre part à ce chassé-croisé de frais et d'honoraires, de sottise et de corruption plus infernal, cent fois, qu'on n'en rêva jamais dans les plus folles visions du sabbat des sorcières. L'équité naturelle pose des questions au droit légal; le droit y répond par d'autres questions à l'équité. Le droit trouve que cela ne peut pas aller comme ceci; l'équité que cela ne peut pas se passer comme ça, et ni l'un ni l'autre ne peuvent rien pour vous sans maîtres tels et tels, avocats et avoués comparaissant pour A; et maîtres tels et tels comparaissant pour B; ainsi de suite jusqu'à Z; et les choses vont de la sorte d'années en années, de plaideurs en plaideurs, recommençant toujours et ne finissant jamais; et vous ne pouvez pas même renoncer à ce procès, car vous en faites partie, et partie *vous devez être*, que vous le vouliez ou non. D'ailleurs cela ne servirait à rien d'y penser; sitôt que l'idée en vint à notre pauvre oncle Tom, ce fut pour lui le commencement de la fin.

— Le M. Jarndyce dont l'histoire m'a été racontée? demandai-je.

— Oui, répondit-il gravement; j'héritai de lui; cette maison était la sienne, et méritait bien qu'on l'appelât *la maison désolée*; quel cachet de misère n'avait-elle pas alors! Autrefois on la nommait les Pignons; c'est mon pauvre oncle Tom qui lui donna le nom lugubre qu'elle porte aujourd'hui. Le malheureux y vivait enfermé, courbé nuit et jour sur les pièces du procès, dans l'espoir de le dépouiller de ses mystifications et de l'amener à bonne fin. Pendant ce temps-là, sa demeure dépérissait; le vent soufflait à travers les murailles; le toit effondré laissait passer la pluie, l'herbe emplissait les allées qui conduisaient à la porte vermoulue; et quand je vins ici, rapportant ce qui restait de mon malheureux oncle, il me sembla que sa maison s'était, en même temps que lui, fait sauter la cervelle, car on n'y voyait plus que débris et que ruines. »

Il marchait à grands pas et tressaillit en disant ces paroles; puis il me regarda; son visage s'éclaircit, et il revint s'asseoir ses deux mains dans ses poches.

« Esther, je vous l'ai dit, reprit-il, c'est pour grogner qu'on vient ici. Où en étais-je?

— A l'heureux changement que vous avez fait dans cette maison, répondis-je.

— C'est vrai, dit-il, et je reprends mon récit. Nous possédons dans certains quartiers de Londres d'autres immeubles qui

femme qu'il faut à Bleak-House afin qu'on y soit bien ; vous savez la bonne petite vieille de la chanson de l'enfant (je ne parle pas de Skimpole) :

> Son bras n'est pas si petit
> Qu'au besoin elle ne puisse
> Balayer du ciel de lit
> La toile qui le tapisse.

Et vous aussi, vous tiendrez notre ciel si net et si brillant, chère Esther, qu'un de ces jours nous ne reviendrons plus au grognoir, dont nous fermerons la porte. »

C'est depuis lors qu'on m'appela petite vieille, petite femme, petite mère, bonne maman, dame Durden, et que j'eus tant de noms de ce genre, que celui d'Esther ne tarda pas à disparaître.

« Pour en revenir à ce que nous disions tout à l'heure, reprit M. Jarndyce, voilà Richard, un beau jeune homme, un garçon plein d'avenir, mais qu'allons-nous en faire ? »

Bonté divine ! avoir l'idée de me consulter, et sur un point de cette importance !

« Il faut qu'il ait une profession, mais laquelle ? ajouta M. Jarndyce en mettant les mains dans ses poches et en allongeant ses jambes. Il va falloir que nous ayons là-dessus un perrucobalivernage[1] qui n'en finira pas.

— Un perruco....

— Oui, répondit-il ; je ne sais pas d'autre nom qui convienne à la chose. Il est pupille en chancellerie : Kenge et Carboy auront leur mot à dire ; maître un tel, espèce de fossoyeur, qui dans une arrière-chambre, au bout de Chancery-Lane, creuse la fosse où l'on enterre le bon droit et le bon sens qui se trouvent dans un procès, l'avocat, le chancelier, ses acolytes auront leur mot à dire, et chacun, pour ce mot, touchera de gros honoraires ; la chose se fera solennellement, verbeusement, désagréablement, surtout dispendieusement, et voilà ce que j'appelle un perrucobalivernage. D'où vient que l'humanité est affligée de cette plaie ? ou pour quelle faute ces malheureux jeunes gens furent-ils plongés dans cet abîme ? je l'ignore ; mais il en est ainsi. »

Et se frottant la tête avec violence, M. Jarndyce fit allusion au vent d'est ; mais, preuve touchante de sa bonté pour moi, son visage recouvrait son expression bienveillante dès qu'il rencontrait le mien.

1. Allusion au babil sans fin des gens de loi, qui portent perruque en Angleterre.

« Ce qu'il y aurait peut-être de mieux à faire, répondis-je, ce serait d'abord de demander à Richard quelle serait la profession qui semble avoir pour lui de l'attrait.

— Précisément, répliqua mon tuteur ; parlez-en souvent avec Eva et lui ; mettez-y votre tact habituel, et nous verrons ensuite. »

Ce n'était pas là ce que j'avais voulu dire ; je pensais que ce serait lui qui parlerait à Richard, je me sentais donc effrayée de l'importance que l'on me donnait et du nombre de choses qui allaient reposer sur moi. Néanmoins je promis de faire de mon mieux, répétant que j'avais peur qu'il ne me supposât une sagacité que j'étais bien loin d'avoir ; ce à quoi mon tuteur répondit par le plus aimable de tous les rires que j'eusse jamais entendus.

« Allons, dit-il en se levant et en repoussant son fauteuil, assez de grognerie pour un jour ; mais un seul mot encore. Avez-vous quelque chose à me demander, chère Esther ? »

Il fixa sur moi des yeux si attentifs qu'il attira mon regard, et je crus comprendre sa pensée.

« Relativement à moi ? lui demandai-je.

— Oui, répondit-t-il.

— Rien, cher tuteur, répliquai-je en mettant dans la sienne ma main qui se trouva tout à coup plus tremblante que je ne l'aurais voulu ; s'il existait une chose qu'il me fallût savoir, je n'aurais pas besoin de vous prier de me la dire ; il faudrait que mon cœur fût bien profondément endurci pour que toute ma confiance ne vous soit pas acquise ; non, tuteur, je n'ai rien à vous demander. »

Il me donna son bras ; nous sortîmes pour aller à la recherche d'Eva ; et depuis ce moment je me sentis complétement à l'aise auprès de lui, complétement heureuse et ne désirant pas en savoir davantage.

La vie que nous menions à Bleak-House fut d'abord assez active : nous avions à faire connaissance avec les personnes du voisinage que voyait M. Jarndyce, et nous fîmes cette remarque, Eva et moi, qu'il semblait connaître tous ceux qui éprouvent le besoin de faire quelque chose avec l'argent des autres. Un jour que nous étions occupées dans le grognoir à trier ses lettres et à répondre à quelques-unes d'entre elles, nous en restâmes confondues. La plupart de ses correspondants paraissaient n'avoir d'autre affaire que de se former en comités pour demander de l'argent ; les femmes tout aussi bien que les hommes, et peut-être plus encore. Elles y mettaient une passion vraiment extraordinaire, et leur vie nous sembla n'avoir pas d'autre but que de jeter à la poste des billets de souscription, depuis un sou jusqu'à un souverain ; elles demandaient sans cesse et avaient besoin de tout : de vêtements, de vieux linge, de charbon, d'intérêt, d'aliments, de flanelle, d'autographes et d'argent, de tout ce que M. Jarndyce avait ou n'avait pas. Leurs projets n'étaient pas moins variés que ne l'étaient leurs demandes ; elles avaient à construire un nouvel édifice ; à terminer tel autre sur lequel on redevait et qu'il fallait payer ; à établir la confrérie de Marie du Moyen Age, construction pittoresque dont la gravure de la façade était jointe au billet ; à donner un témoignage d'admiration publique à mistress Jellyby ; à faire faire le portrait à l'huile du secrétaire de leur comité, pour l'offrir à sa belle-mère, dont le profond dévouement à ce gendre estimable était bien connu de tous. En un mot, elles éprouvaient le besoin d'ériger tout au monde, depuis un hôpital jusqu'au marbre d'une tombe ; de tout offrir, depuis une rente de cinq cent mille livres jusqu'à une théière d'argent ; et prenaient une multitude de titres, s'appelant les femmes d'Angleterre, les filles de la Grande-Bretagne, les sœurs de la foi, de la charité, de l'espérance, de toutes les vertus du monde ; s'occupaient continuellement d'intriguer et d'élire, et notre faible tête se brisait, rien qu'à penser à la vie fiévreuse que devaient mener toutes ces dames.

Parmi celles que faisait remarquer entre toutes la rapacité de leur bienfaisance, était une mistress Pardiggle. A en juger par le nombre de ses lettres à M. Jarndyce, elle devait avoir une puissance épistolaire presque égale à celle de mistress Jellyby. Nous avions observé que le vent changeait toujours quand le nom de mistress Pardiggle se mêlait par hasard à la conversation, et que la bise interrompait invariablement M. Jarndyce dès qu'il avait exprimé cette opinion : qu'il existe deux sortes de gens charitables, ceux qui font beaucoup de bruit et peu de bien ; ceux qui font beaucoup de bien sans faire le moindre bruit. Nous étions fort curieux de voir mistress Pardiggle, qui devait, pensions-nous, être un type de charité bruyante ; aussi fûmes-nous enchantées lorsqu'un beau jour nous vîmes entrer cette dame avec cinq petits garçons qui lui appartenaient.

C'était une grande femme d'un aspect formidable, avec des lunettes, un nez proéminent, la voix haute et des mouvements si brusques et d'une telle force qu'elle renversait les chaises rien qu'en les effleurant de sa robe, dont l'immense ampleur exigeait une place énorme. Nous étions seules à la maison, Eva et moi, et nous la reçûmes avec timidité, saisies par le froid glacial qui entrait en même temps qu'elle et bleuissait le visage des petits Pardiggle dont elle était suivie.

« Jeunes ladies, nous dit-elle après les salutations d'usage et avec une grande volubilité, je vous présente mes cinq fils, dont vous avez pu voir les noms sur les listes de souscription imprimées que possède M. Jarndyce, mon estimable ami : Egbert, mon fils aîné (douze ans) est celui qui envoya tout son argent de poche, cinq schellings et trois pence, aux Indiens Tockahoupo ; Oswald, mon second fils (dix ans et demi) contribua pour deux schellings et neuf pence à la grande manifestation nationale des forgerons ; ainsi que François, mon troisième (neuf ans), qui donna pour le même objet un schelling six pence et un demi-penny ; Félix, mon quatrième (sept ans), a envoyé huit pence à la société des veuves ; Alfred, mon petit dernier (cinq ans), fait volontairement partie de l'association des enfants de la joie, et s'est engagé pour la vie à ne jamais user de tabac sous une forme quelconque. »

Vous n'avez jamais vu d'enfants plus mécontents, et dont la figure, contractée par la fureur, exprimât plus de rage concentrée en entendant citer le chiffre de leurs contributions ; quant à l'enfant de la joie, on n'a pas l'air plus malheureux ni plus stupide.

« Si j'ai bien compris, nous dit mistress Pardiggle, vous avez fait une visite à mistress Jellyby ?

— Oui, madame, répondis-je, nous y avons même couché.

— Mistress Jellyby, poursuivit notre interlocutrice d'un ton dogmatique, d'une voix qui me sembla porter des lunettes et avec de gros yeux qui lui sortaient de la tête.... mistress Jellyby est un bienfait pour la société tout entière, et mérite qu'on la soutienne ; mes fils ont contribué pour leur part à ses projets sur l'Afrique ; Egbert y a souscrit pour un schelling et six pence, montant de la petite somme qui lui est allouée pour neuf semaines ; Oswald pour un schelling et un penny, et les autres suivant leurs faibles moyens. Toutefois je ne partage pas entièrement la manière de voir de mistress Jellyby et n'approuve pas sa conduite envers sa jeune famille. On a fait cette remarque fâcheuse, que ses enfants sont exclus de toute participation à l'œuvre qu'elle a entreprise. Elle peut avoir raison, comme elle peut avoir tort ; mais à tort ou à raison, ce n'est pas ainsi que je me conduis envers ma jeune famille, que je conduis partout avec moi. »

Ces paroles arrachèrent au malheureux Egbert une plainte qu'il termina par un bâillement, mais qui, j'en suis certaine, commença par un cri.

« Ils me suivent à l'église, où nous allons tous les jours à six heures et demie du matin, même au plus fort de l'hiver, continua mistress Pardiggle avec volubilité; ils viennent avec moi dans tous les lieux où m'appellent les devoirs que mes fonctions m'imposent. Je suis dame lectrice, surveillante des écoles, distributrice de secours et dame visitante des ouvriers et des malades. J'appartiens au comité local des layettes, à plusieurs comités généraux, et mes œuvres particulières sont extrêmement nombreuses, plus peut-être que celles de qui que ce soit. Eh bien! mes enfants ne me quittent jamais, et c'est ainsi qu'ils apprennent à connaître les pauvres, qu'ils acquièrent l'intelligence des affaires de charité, s'exercent à les traiter en général, et prennent le goût de ces occupations qui, plus tard, les rendront utiles à leur prochain et seront pour eux une source de satisfaction. Mes enfants n'ont rien de frivole; tout l'argent qui leur est alloué pour leurs menus plaisirs est dépensé par eux en souscriptions, que je dirige; et les réunions publiques auxquelles je les fais assister, les sermons, les oraisons et les discussions qu'ils entendent dépassent en nombre tout ce qu'il est possible d'imaginer. Alfred (cinq ans), dont je vous ai parlé comme s'étant, de son propre mouvement, engagé à n'user jamais de tabac sous aucune forme, est l'un des rares enfants qui, dans cette occasion solennelle, montrèrent qu'ils avaient conscience de ce qu'ils faisaient, après avoir écouté le discours plein de chaleur que le président leur adressa dans cette soirée mémorable, et qui dura deux heures.

« Vous avez pu, miss Summerson, poursuivit mistress Pardiggle, remarquer dans quelques-unes des listes de souscription que possède notre estimable ami M. Jarndyce, après les noms de ma jeune famille, celui de O. A. Pardiggle, F. R. S., souscrivant pour une livre, c'est mon mari; nous suivons toujours le même ordre; j'ouvre la marche et dépense mon obole la première; viennent ensuite mes enfants par rang d'âge et souscrivant d'après leurs faibles ressources; enfin M. Pardiggle forme l'arrière-garde, heureux d'apporter, sous ma direction, la modeste offrande qu'il peut donner.

« C'est ainsi que la chose est faite, non-seulement pour nous être agréable, mais encore pour servir d'exemple aux autres, et rendre meilleurs ceux qui peuvent en profiter. »

Supposez que M. Pardiggle et M. Jellyby, ayant dîné ensemble, voulussent après voire soulager leur esprit et en vinssent à se confier mutuellement leurs pensées!... J'étais vraiment confuse d'avoir eu cette idée, mais malgré moi elle me trottait dans la tête.

« Cette maison est parfaitement située, » dit tout à coup mistress Pardiggle.

Et fort contente de lui voir changer de conversation, je m'approchai de la fenêtre et lui fis remarquer les beautés du paysage, sur lesquelles ses lunettes me parurent se reposer avec indifférence.

« Vous connaissez M. Gusher ? » reprit-elle aussitôt.

Nous fûmes obligées de répondre que non.

« Vous y perdez beaucoup, répliqua mistress Pardiggle avec un air d'importance ; M. Gusher est un orateur fervent et passionné, dont la parole est pleine de feu. Monté dans une charrette sur cette pelouse, qui, par la disposition des lieux semble naturellement destinée pour un meeting, il pourrait parler pendant des heures entières sur n'importe quel sujet et le développer avec une éloquence saisissante ! Maintenant, jeunes ladies, ajouta mistress Pardiggle, en reculant son fauteuil et en renversant comme par une puissance invisible une petite table ronde où était mon panier à ouvrage et qui se trouvait à l'autre bout du salon, maintenant, j'ose le dire, vous m'avez comprise et jugée. »

A ces paroles embarrassantes, Eva me regarda tout interdite, et ma rougeur exprima trop clairement ma pensée.

« Je veux dire, poursuivit mistress Pardiggle, que vous devez maintenant connaître le trait saillant de ma nature. Il est assez marquant pour être immédiatement découvert ; d'ailleurs je me livre sans réserve et j'avoue franchement que je suis une femme pratique, adonnée aux affaires. J'aime les difficultés et ne redoute pas la peine ; elle m'excite et m'est vraiment salutaire ; je suis accoutumée, endurcie aux travaux pénibles et ne connais pas la fatigue. »

Nous balbutiâmes quelques mots sans suite, exprimant à la fois notre étonnement et les félicitations que nous dictait la politesse.

« Le mot lassitude n'existe pas pour moi, je ne le comprends pas, continua mistress Pardiggle ; vous voudriez me lasser que vous ne le pourriez jamais ; tout ce que je fais (et sans efforts), la quantité d'affaires que j'expédie (et que je regarde comme peu de chose) m'étonne souvent moi-même. J'ai vu M. Pardiggle et ma jeune famille se lasser complétement, rien qu'en me voyant agir, alors que je me sentais aussi vive qu'une alouette. »

Si jamais le sombre visage du fils aîné put exprimer plus de haine malicieuse qu'il ne l'avait fait depuis le commencement de cette visite, ce fut en entendant ces paroles ; et fermant le poing, il en donna un coup discret, mais significatif, dans le fond de son chapeau qu'il portait sous le bras gauche.

« Cette faculté, poursuivit mistress Pardiggle, me donne un grand avantage lorsque je fais mes tournées; si je rencontre une personne qui refuse de m'écouter, je lui dis tout de suite : « Mon ami, je ne connais pas la fatigue; je ne me lasse jamais et j'ai la ferme intention de persévérer jusqu'au bout.... » Mais cela se trouve à merveille, j'ai précisément à voir quelques malheureux dans les environs; puis-je espérer, miss Summerson et miss Clare, que vous voudrez bien m'accompagner?

— Je suis, lui dis-je, trop occupée pour sortir; » et voyant que cette excuse n'était pas acceptée, j'ajoutai que je ne me croyais pas les qualités nécessaires pour remplir une telle mission : que j'avais trop peu d'expérience pour savoir mettre mon esprit à la portée des gens dont la situation était différente de la mienne : que je n'avais pas cette connaissance du cœur humain, ce tact indispensable pour une telle œuvre : qu'il me restait trop à apprendre pour que je pusse me livrer à l'enseignement des autres et que mes bonnes intentions ne me semblaient pas suffire : que par tous ces motifs je croyais devoir limiter mes efforts et tâcher de me rendre utile à ceux qui m'entouraient, essayant d'étendre peu à peu le cercle de mes devoirs, à mesure que se développeraient mes facultés et mes forces.

« Vous avez tort, me dit mistress Pardiggle. Toutefois il se peut que vous n'ayez pas la vigueur nécessaire pour vous livrer à cette pénible tâche. Mais s'il vous plaisait de me voir à l'œuvre, je vais de ce pas, avec ma jeune famille, visiter un briquetier du voisinage (fort vilain homme du reste), et je serais enchantée de vous avoir toutes les deux avec moi. »

J'échangeai un coup d'œil avec Eva et j'acceptai l'offre qui nous était faite, puisque dans tous les cas nous devions nous promener. Quand nous revînmes au salon, après avoir été chercher notre chapeau et notre châle, nous trouvâmes la jeune famille languissant dans un coin, tandis que mistress Pardiggle marchait à grands pas, renversant tous les petits meubles qui se trouvaient dans la pièce. Elle prit possession d'Eva et je les suivis avec tous les enfants.

J'aime passionnément les enfants, et je me suis toujours estimée fort heureuse de leur pétulante confiance; mais, dans cette occasion, ce fut le contraire, et j'eus beaucoup à souffrir de tous ces petits Pardiggle. A peine étions-nous dehors, qu'Egbert, s'adressant à moi comme l'eût fait un mendiant, me demanda un schelling, sous prétexte qu'on lui avait volé son argent; et sur l'observation que je me permis de lui faire relativement à l'inconvenance de son langage, car il avait ajouté « c'est elle, » en désignant sa mère : « C'est bon, dit-il, et je voudrais vous y voir; pourquoi est-ce qu'elle m'attrape en me disant qu'elle me donne de l'argent pour me le reprendre ensuite? Pourquoi dit-elle que c'est à moi, et qu'elle m'empêche de le dépenser? c'est bien la peine de parler de ce qu'on me donne par semaine! » Ces questions brûlantes l'exaspérèrent tellement, ainsi qu'Oswald et Francis, qu'ils me pincèrent tous à la fois, et d'une manière si atroce que j'eus beaucoup de peine à m'empêcher de crier. En même temps Félix me marchait sur les pieds, et l'Enfant de la joie, dont tout l'argent passait en souscriptions, et qui se trouvait condamné par le fait à s'abstenir de gâteaux en même temps que de tabac, devint tellement pourpre de rage quand nous passâmes devant la boutique du pâtissier, que j'en fus vivement effrayée. Jamais enfants ne m'ont fait autant souffrir; aussi me félicitai-je d'arriver à la maison du briquetier; pauvre masure pourtant, faisant partie d'un groupe de misérables cabanes situées au milieu d'un terrain argileux, ayant devant la porte un jardin ne produisant autre chose que des flaques d'eau stagnante, avec l'étable aux cochons près des fenêtres brisées; et çà et là un vieux cuvier pour recevoir, quand il pleut, l'eau qui découle du toit, ou bien rempli d'argile et ressemblant à un gros pâté de boue. Des hommes et des femmes étaient aux fenêtres ou sur les portes et ne semblèrent pas nous voir; toutefois ils se mirent à ricaner lorsque nous passâmes devant eux et à jaser du beau monde qui ferait mieux de penser à ses affaires que de s'occuper de celles des autres, et de crotter ses souliers pour venir voir ce qui ne le regarde pas.

Mistress Pardiggle ouvrait la marche d'un air déterminé, et tout en parlant des habitudes de désordre et de saleté des gens près desquels nous passions (je doute que la plus soigneuse d'entre nous eût pu être plus propre qu'eux dans un pareil endroit), elle nous conduisit à l'une des masures les plus reculées, dont la chambre d'en bas était à peine assez grande pour pouvoir nous contenir. Dans cette pièce humide et puante se trouvaient une femme ayant un œil poché, assise auprès du feu, et tenant sur ses genoux un petit enfant qui râlait; un homme ignoble, aux vêtements souillés de boue, qui gisait sur le carreau, où il fumait sa pipe; un grand garçon qui mettait un collier à un chien, et une fille effrontée, faisant une espèce de savonnage dans une eau épaisse et bourbeuse. Ils nous regardèrent quand nous entraque : la femme se détourna pour cacher son œil meurtri ; mais personne ne nous souhaita le bonjour.

« Eh bien ! mes amis, comment vous portez-vous ? demanda mistress Pardiggle d'une voix brève et dure qui n'avait rien d'affectueux ; me voilà revenue ; je vous l'avais dit : vous ne pourrez pas me lasser ; j'aime les difficultés, la rude besogne, et je suis fidèle à ma parole.

— Y a-t-i' encore queuqu'un à entrer avec vous ? grommela entre ses dents l'homme étendu par terre, et qui, sans se relever, posa sa tête sur sa main pour nous regarder fixement.

— Non, mon ami, répondit mistress Pardiggle, qui renversa l'un des escabeaux en s'asseyant sur l'autre.

— C'est que j'trouvons qu'vous n'êtes pas assez d'monde, » dit l'homme sans quitter sa pipe et en promenant sur nous un regard peu bienveillant.

Le fils et la fille se mirent à rire ainsi que deux amis du jeune homme accourus pour nous voir et qui se tenaient debout près de la porte, les deux mains dans leurs poches.

« Vous ne me lasserez pas, braves gens, reprit mistress Pardiggle ; je me fais un jeu de toutes les difficultés, et plus vous rendrez ma tâche pénible, plus vous me la ferez aimer.

— Eh ben ! alors, à vos souhaits ! grogna l'homme à la pipe. J'en ons assez comme ça, et i' faut qu'ça finisse. J'n'en veux pus d'ces libertés qu'on prend dans ma maison ; c'est-i' que j'sommes un blaireau pour qu'on me r'lance dans mon trou ? Vous v'là encore fourrant vot'nez ici pour faire tout'vos questions comme à vot' habitude. J' vous connaissons et j' savons tout c' que vous v'nez nous dire. Mais pas la peine, j' m'en vas vous l'épargner. Ma fille savonne-t-elle ? Eh ben ! oui, la v'là qui lave ; r'gardez un peu c't' eau-là, et flairez-la pour voir ; c'est pourtant c' que j' buvons. Comment la trouvez-vous ? qu' pensez-vous du gin auprès de c'te boisson ? Ma baraque est-elle sale ? Eh ben ! oui, elle est sale, et par elle-même, encore, tout comme elle est malsaine, et cinq enfants qu' nous avons, qui sont sales et malsains, et condamnés d'avance ; tant mieux pour eux s'ils meurent, et tant mieux pour nous autres. J'ai-t-y lu l' petit liv' que vous avez laissé ? Non ; je n' lisons pas les liv' que vous nous apportez ; y a personne ici qui sache seulement y lire, et quand y en aurait, ça n' nous conviendrait pas. C'est bon pour un marmot, et j' sommes pas un enfant ; si c'était vot' idée de m' laisser une poupée, est-c' que j' m'en occuperais ? Maint'nant c'est ma conduite, vous v'nez pour la savoir ? Eh ben ! j' vas vous la dire ; j'ons été soûl trois jours, et j' l'aurions été quat', si j'avions eu de l'argent. J'ai-t-y été à l'église? Non, j'n'y mettons pas les pieds; c'est pas là qu'on m'verra; le bedeau est un mou-siour trop dis-tin-gué pour moi; et comment que ma femme a attrapé sa tape à l'œil? C'est moi qui l'y ai donné, et si alle vous dit qu'non, all' en aura menti. »

Et reprenant sa pipe, qu'il avait quittée pour nous faire ce discours, il nous tourna le dos et se remit à fumer.

Mistress Pardiggle, qui, tout le temps, l'avait regardé à travers ses lunettes d'une façon provocante, tira de sa poche un livre, et, s'en servant comme d'un bâton de constable, fit main basse sur toute la famille, condamnée en bloc, de par elle, à entendre la lecture qu'elle s'apprêtait à faire.

Nous étions fort mal à notre aise, Eva et moi, nous sentant déplacées aussi bien qu'importunes, et supposant que mistress Pardiggle serait arrivée plus sûrement à son but en agissant d'une tout autre manière. Ses enfants, l'œil fixe et l'air maussade, regardaient tout sans rien voir; et, dans la famille du briquetier, personne ne s'occupait plus de nous, à l'exception du fils aîné, qui ne manquait pas de faire aboyer son chien toutes les fois que mistress Pardiggle déployait le plus d'emphase. Une barrière infranchissable nous séparait de ces malheureux. Pouvait-elle s'abaisser? Nous n'aurions pas su le dire; mais assurément notre nouvelle connaissance n'était pas destinée à opérer ce miracle. Sa lecture, aussi bien que ses paroles, nous sembla mal choisie pour de tels auditeurs, et n'aurait produit aucun bon résultat, même alors qu'elle eût été faite avec douceur et en s'y prenant mieux. Quant au petit livre auquel le briquetier avait fait allusion, nous en apprîmes le titre, et mon tuteur nous dit que Robinson Crusoé ne l'aurait même pas lu au fond de son île déserte.

Enfin mistress Pardiggle termina sa lecture, et ce fut pour nous un véritable soulagement.

« Vous avez donc fini? demanda le briquetier d'un ton bourru en se retournant vers elle.

— Pour aujourd'hui, mon ami, répliqua mistress Pardiggle, mais vous savez que je ne me fatigue jamais, et vous aurez ma visite quand votre tour reviendra.

— C'est bon! Filez d'abord, et, quand vous s'rez ailleurs, faites tout c' qui vous plaira, » répondit l'homme en croisant les bras et en accompagnant ces paroles d'un juron énergique.

Mistress Pardiggle se leva, formant un tourbillon qui faillit entraîner la pipe de l'ouvrier, prit deux de ses enfants par la main, appela les autres, exprima l'espoir qu'à sa prochaine visite elle trouverait la maison et la famille du briquetier dans un état plus convenable, et se dirigea vers une cabane voisine. Je ne crois pas manquer de bienveillance, ni me tromper, en supposant qu'elle voulait, en ceci comme dans tout le reste, montrer qu'elle faisait la charité en gros et donnait à ses affaires une immense extension.

Elle supposait que nous allions la suivre ; mais, dès qu'elle fut sortie de la chambre, nous nous approchâmes de la femme qui était assise près du feu, pour lui demander ce qu'avait l'enfant qu'elle tenait sur ses genoux.

Elle regarda le pauvre petit sans nous répondre, en cachant son œil meurtri, comme pour séparer toute idée de violence et de mauvais traitement du pauvre ange dont la vie s'éteignait. Eva, profondément émue, s'inclina vers l'enfant. Le pauvre petit n'était plus !

« Esther ! s'écria-t-elle en s'agenouillant auprès de lui, voyez donc la malheureuse petite créature, comme elle est calme et jolie ! Oh! mon Dieu, quel chagrin! et que je suis triste pour sa pauvre mère. Je n'ai jamais rien vu qui me causât autant de peine. Cher ange, cher petit ange! »

Elle mit, en pleurant, sa main sur celle de la malheureuse femme, qui, la regardant tout étonnée, éclata en sanglots.

Je pris l'enfant, que j'arrangeai pour son dernier sommeil ; et le posant sur une planche, je le couvris de mon mouchoir. Nous essayâmes de consoler sa pauvre mère en lui disant tout bas les paroles de notre Sauveur au sujet des enfants. Elle ne répondit pas et continua de pleurer.

Le fils aîné avait mis son chien dehors et se tenait auprès de la porte. Ses yeux étaient secs, mais n'avaient plus rien d'insolent. Sa sœur avait quitté son savonnage ; elle était assise dans un coin et regardait vaguement par terre. Le briquetier s'était levé ; il fumait toujours sa pipe et conservait un air sombre et défiant, mais il était silencieux. Comme je les regardais, une femme très-laide et misérablement vêtue se précipita dans la chambre en s'écriant :

« Jenny ! Jenny ! »

A cette voix, la pauvre mère quitta sa chaise et se jeta dans les bras de celle qui l'appelait ainsi. La nouvelle arrivée portait, sur les mains et sur le visage, la marque des mauvais traitements qu'elle recevait chaque jour. Elle était laide, sans grâce aucune, mais bonne et sensible ; et, lorsqu'elle mêla ses pleurs à ceux de la malheureuse qu'elle était venue consoler, la beauté ne lui manquait plus. Quand je dis consoler, elle ne trouvait que ces mots : « Jenny ! Jenny ! » Tout le reste était dans la manière dont elle les prononçait. Rien n'était plus touchant que de voir ces deux femmes battues et misérables, si étroitement unies, éprouver l'une pour l'autre une sympathie si vive et se soutenir mutuellement ; de sentir que les rudes épreuves de leur cruelle existence avaient attendri leur cœur et les faisaient s'entr'aider et s'aimer. Le bon côté de ces malheureux, pensai-je, nous est toujours caché. Tout le monde ignore ce que le pauvre est pour le pauvre, excepté lui et Dieu.

Nous jugeâmes plus convenable de ne pas les interrompre et de nous retirer sans bruit. Personne ne remarqua notre départ, si ce n'est le briquetier, qui, appuyé contre le mur, se dérangea pour nous laisser passer. Nous l'en remerciâmes ; mais il ne voulut pas avoir l'air de l'avoir fait avec cette intention et ne nous répondit pas.

Eva était si désolée de ce que nous avions vu, et Richard, que nous trouvâmes en rentrant, fut si triste de la voir pleurer (bien qu'il m'avouât que les larmes l'embellissaient encore), que nous fîmes le projet de retourner le soir chez la pauvre Jenny et de lui porter diverses choses.

Quant à M. Jarndyce, il avait suffi de lui en dire un seul mot pour que le vent changeât immédiatement.

Le soir venu, Richard nous accompagna jusqu'où nous devions aller. Sur la route se trouvait un cabaret où beaucoup d'hommes étaient rassemblés devant la porte ; et, parmi ces hommes, le briquetier dont l'enfant venait de mourir se querellait bruyamment. Un peu plus loin, nous rencontrâmes son fils aîné avec son chien ; quant à sa fille, elle riait et causait avec d'autres jeunes femmes ; mais elle parut confuse en nous apercevant, et se détourna quand nous passâmes près d'elle.

Richard nous quitta lorsque nous fûmes arrivées près de la maison de Jenny. La pauvre femme que nous y avions laissée y était toujours et regardait au dehors avec anxiété.

« Est-ce vous, bonnes demoiselles ? nous demanda-t-elle tout bas. J'suis là, guettant not' maît', et j'en suis toute tremblante, car il m'assommerait de coups s'il venait à me trouver ailleurs qu'à la maison.

— Votre mari ? lui demandai-je.

— Oui, mademoiselle, not' maît'. Jenny dort ; elle a eu tant de peine avec son pauv' petit, qu'elle en est épuisée ; elle l'a gardé sept jours et sept nuits sur ses genoux sans vouloir le quitter, si c'n'est lorsque j'pouvais le lui prendre pour une minute ou deux. »

Elle nous laissa entrer, et nous posâmes ce que nous avions apporté à côté du grabat où dormait la pauvre mère. Nul effort n'avait été fait pour nettoyer la chambre, qui était sale par nature. Mais le pauvre ange endormi, dont la présence répandait tant de solennité dans cette triste demeure, avait été lavé soigneusement, enveloppé de quelques lambeaux de linge blanc, et, sur mon mouchoir, qui le recouvrait toujours, un bouquet d'herbes aromatiques avait été posé délicatement par ces mains calleuses et couvertes de cicatrices.

« Que le ciel vous récompense ! dis-je à la pauvre femme. Vous êtes une bonne créature.

— Moi ? répondit-elle avec surprise. Mais chut.... Jenny ! Jenny ! »

La malheureuse mère avait fait entendre une plainte et s'était agitée ; le son de la voix qui lui était familière la calma tout à coup, et son sommeil redevint paisible.

Je soulevai le mouchoir qui couvrait le petit enfant pour regarder une dernière fois ce pauvre ange, auquel les cheveux d'Eva, qui s'était penchée vers lui, semblaient faire une auréole. Je me doutais bien peu qu'après avoir abrité ce chérubin si calme dans les bras de la mort, mon mouchoir reposerait un jour sur un cœur dévoré d'inquiétudes ; et je m'en allai en pensant que l'ange du pauvre petit reconnaîtrait celle qui replaçait d'une main pieuse la batiste que je venais d'écarter, et qu'il se souviendrait de cette femme que nous laissions tremblante sur le seuil de cette pauvre masure, écoutant avec effroi les pas qu'elle entendait au loin, et maîtrisant sa frayeur pour répéter de sa voix douce et affectueuse : « Jenny ! Jenny ! »

CHAPITRE IX.

Signes et présages.

Je ne sais pas comment cela se fait, mais il me semble que je parle toujours de moi. Je ne prends jamais la plume qu'avec l'intention de m'oublier autant que possible et de m'occuper exclusivement des autres, et chaque fois que j'en reviens à mon histoire j'éprouve une contrariété réelle ; je voudrais rester dans l'ombre et ne puis y parvenir. J'espère néanmoins que ceux qui liront ces pages comprendront que, si elles contiennent beaucoup de détails sur moi-même, c'est que vraiment c'était indispensable et qu'il était impossible que cela ne s'y trouvât pas.

Nous étions presque toujours ensemble, Eva et moi, occupées à lire, à travailler, à faire de la musique, et notre temps était si bien employé que les journées d'hiver voltigeaient autour de nous comme des oiseaux à l'aile brillante.

Richard nous donnait toutes ses soirées, la plupart de ses après-midi, et se plaisait beaucoup dans notre société, bien qu'il fût l'un des êtres les plus remuants qu'on pût trouver au monde.

Il aimait beaucoup Eva ; mais beaucoup, beaucoup. J'aurais pu le dire plus tôt, car je devinai tout de suite combien ils s'adoraient. Non pas que je le fisse voir, au contraire ; j'étais si réservée à cet égard, et j'avais si bien l'air de ne me douter de rien, que je me demandais souvent, pendant que je travaillais assise à côté d'eux, si je ne devenais pas profondément dissimulée.

Et pourtant, chaque jour, la dissimulation devenait plus difficile. Leur réserve, du moins en paroles, égalait bien la mienne ; mais l'innocente façon avec laquelle ils s'attachaient à moi de plus en plus, à mesure qu'ils s'aimaient davantage, avait tant de charme, que j'avais bien de la peine à ne pas montrer l'intérêt que je prenais à leur amour.

« Notre chère amie est si bonne, disait Richard en venant me trouver dès le matin dans les allées du parterre, c'est une si admirable petite femme! et, avant de galoper par monts et par vaux comme un voleur de grands chemins, cela me fait tant de bien de me promener gravement avec elle, que me voilà encore ici, comme j'y étais hier.

« Vous savez, dame Durden, me disait Eva lorsque, remontées dans notre chambre, elle posait sa tête sur mon épaule, reflétant dans ses yeux la flamme de notre foyer, vous savez bien que je n'ai pas besoin de causer ; mais de rester là auprès de vous, à rêver en compagnie de votre cher visage, écoutant souffler le vent, et songeant à ceux qui sont maintenant sur mer. »

C'est que Richard parlait d'être marin ; nous en avions dit quelques mots, et il était question de satisfaire le penchant que, dans son enfance, il montrait pour les voyages. M. Jarndyce avait écrit à l'un des membres de la famille, au baron sir Leicester Dedlock, pour qu'il s'intéressât en faveur de Richard, et sir Leicester avait répondu gracieusement : « Qu'il serait heureux de faire quelque chose pour M. Carstone, si toutefois c'était en son pouvoir, ce dont malheureusement il n'entrevoyait pas la probabilité; que milady envoyait ses compliments à ce jeune homme (à qui elle se souvenait parfaitement d'être unie par des liens de famille éloignés) et avait la ferme confiance qu'il ferait son devoir dans quelque profession honorable qu'il lui plût d'embrasser. »

« Il est très-clair, me dit Richard après la réception de ce billet, que je ne dois compter sur personne et faire mon chemin moi-même. Peu importe, après tout; bien des gens avant moi n'ont pas eu d'autre appui. Je voudrais seulement, pour commencer, être bien armé en course, afin de pouvoir m'emparer du grand chancelier, que je mettrais à la portion congrue jusqu'à ce qu'il eût terminé notre affaire; il en deviendrait toujours moins épais, s'il n'en devenait pas plus lucide. »

Richard joignait aux plus heureuses dispositions qu'un jeune homme puisse avoir une gaieté inaltérable, mais malheureusement aussi une légèreté qui m'inquiétait d'autant plus qu'il appelait sagesse ce qui n'était qu'insouciance. Je ne puis mieux faire comprendre sa manière de calculer que d'en citer un exemple, à propos de l'argent que nous avions prêté à M. Skimpole. M. Jarndyce avait fini par en savoir le chiffre, soit qu'il l'eût demandé à ce dernier, soit qu'il se fût adressé à Coavinses, et avait remis la somme entre mes mains en me priant de retenir ce que j'avais avancé, et de rendre le reste à Richard; toutes les dépenses inutiles que celui-ci justifia par le recouvrement de ses dix livres et le nombre de fois dont il me parla de cet argent, comme s'il venait de le réaliser, ou qu'il l'eût toujours là de côté sous sa main, formerait, en les additionnant, une somme considérable.

« Ma prudente petite mère, pourquoi pas ?... me disait-il quand, sans la moindre réflexion, il éprouva le besoin de donner cinq livres au briquetier; puisque j'ai retiré dix livres de l'affaire Coavinses.

— Et comment cela, Richard?

— Vous savez bien que j'avais donné ces dix livres avec plaisir et ne comptais plus les ravoir; vous ne pouvez pas nier cela?

— Je ne le nie pas non plus.

— Eh bien! donc, puisque j'ai gagné dix livres....

— Mais ce sont les mêmes, insinuai-je.

— Pas du tout, ce sont dix livres auxquelles je ne m'attendais nullement; dix livres de plus dans ma bourse, et que, par conséquent, je puis employer à n'importe quel usage. »

Et lorsqu'il eut renoncé au don qu'il voulait faire, après avoir fini par comprendre que ce sacrifice n'eût produit aucun bien :

« Voyons, disait-il, j'ai économisé cinq livres sur l'affaire du briquetier. Si donc je puis faire un voyage à Londres, prendre la poste pour aller et revenir sans qu'il m'en coûte plus de quatre livres, j'en aurai une d'économisée, et l'économie est toujours une bonne chose; un penny qu'on épargne est un penny gagné. »

Je ne crois pas qu'on pût voir une nature plus généreuse et plus ouverte que celle de Richard; au bout de quelques semaines, je le connaissais aussi bien que s'il eût été mon frère, ardent et brave, et d'une activité dévorante, il n'en était pas moins d'une excessive douceur qui, sous l'influence d'Eva, en faisait le plus agréable de tous les compagnons, s'intéressant à toute chose, et si heureux, si confiant, si gai!

Et moi qui les voyais s'adorer de plus en plus, sans en rien dire, chacun d'eux supposant que son amour était le plus grand des secrets, que ne soupçonnait pas même la personne adorée; moi qui ne les quittais jamais, causant et me promenant avec eux, je n'étais guère moins enchantée, guère moins ravie qu'eux-mêmes de leur délicieux rêve.

Nous vivions ainsi, lorsqu'un matin à déjeuner M. Jarndyce reçut une lettre qu'il ouvrit, en s'écriant :

« C'est de Boythorn. »

Il la parcourut avec une joie évidente, et s'arrêta au milieu de sa lecture pour nous dire que M. Boythorn venait à Bleak-House.

« Nous étions ensemble au collége, il y a de cela quarante-cinq ans au moins, continua-t-il en frappant sur sa lettre, qu'il posa sur la table. Lawrence Boythorn était le garçon le plus impétueux qui fût au monde, et il est resté le plus vif de tous les hommes que je connaisse. C'était l'enfant le plus robuste, le plus audacieux qu'on pût voir, et il est aujourd'hui tout ce qu'il était alors, plein de cœur, mais terriblement effrayant.

— Au physique, monsieur? demanda Richard.

— Mais un peu sous ce rapport, répondit M. Jarndyce; il porte la tête en arrière comme un vieux soldat; j'ai dix ans de moins que lui, mais il a deux pouces de plus que moi, des mains de forgeron, une vaste poitrine et des poumons!... je n'en connais pas de semblables. Il suffit qu'il parle, qu'il vienne à rire ou à tousser pour que les poutres de la maison s'ébranlent. »

Toutefois M. Jarndyce ne fit pas la plus légère allusion à la girouette, et nous pensâmes que c'était de bon augure.

« Mais ce n'est pas de l'extérieur que je parle, poursuivit mon tuteur, c'est du moral de l'homme, de son caractère emporté que je vous signale, Rick, Eva, et vous aussi, petite femme, car vous y êtes tous intéressés. Le langage de Boythorn est aussi violent que sa parole est sonore ; toujours dans les extrêmes et au superlatif, on le prendrait pour un ogre, et je crois qu'il passe pour tel dans l'esprit de certaines gens. Vous ne serez pas étonnés de le voir me prendre sous sa protection, car il n'a pas oublié qu'en pension, où j'étais tout enfant, il cassa deux dents (il vous en dira six) à l'un de mes oppresseurs, et que c'est ainsi que notre amitié commença. Dame Durden, Boythorn et son domestique arriveront cette après-midi à Bleak-House. »

Je veillai aux préparatifs nécessaires pour que rien ne manquât à la réception de notre hôte, et nous attendîmes M. Boythorn avec curiosité. L'après-midi était passée, la journée s'avançait, il n'avait pas paru ; le dîner avait été retardé d'une heure, et nous attendions toujours, assis autour de la cheminée, sans autre lumière que la lueur du foyer, quand ces paroles, prononcées d'une voix de stentor, retentirent dans l'antichambre :

« Nous avons été trompés, Jarndyce, par un damné coquin, un misérable, qui nous a fait tourner à droite au lieu de nous dire de prendre à gauche, le triple scélérat ; il faut que son père ait été un bien affreux vaurien pour avoir un tel fils ; je te le déclare, Jarndyce, je serais heureux de lui fracasser la tête.

— Penses-tu qu'il l'ait fait exprès? lui demanda mon tuteur.

— Je n'en ai pas le moindre doute ; c'est un coquin qui doit passer sa vie à égarer les voyageurs ; sur mon âme, je n'ai jamais vu de plus mauvais air que le sien quand il m'a dit de tourner à droite ; et penser que je me suis trouvé face à face avec un tel scélérat sans lui faire sauter la cervelle !

— Passe encore pour les dents, » reprit M. Jarndyce.

M. Boythorn éclata de rire et tout vibra dans la maison.

« Tu n'as pas oublié ça! poursuivit-il ; ah! ah! ah! quand j'y pense ; encore un fameux coquin. La physionomie de ce garçon-là, quand il était enfant, exprimait assez de cruauté, de noire perfidie et de bassesse pour servir d'épouvantail dans un régiment de scélérats. Si je rencontrais demain dans la rue cet abominable despote, je l'abattrais sans façon comme un arbre pourri.

— Je n'en doute pas, répondit M. Jarndyce; mais veux-tu monter un instant dans ta chambre?

— Sur mon âme, Jarndyce, reprit notre hôte en consultant sa montre, si tu avais été marié, j'aurais tourné bride à la porte du jardin et me serais enfui jusqu'au sommet de l'Himalaya plutôt que de me présenter à une heure aussi indue.

— Pas tout à fait aussi loin, dit mon tuteur en souriant.

— Sur ma vie, je l'aurais fait, s'écria M. Boythorn; je ne voudrais pas pour rien au monde avoir eu la coupable insolence de faire attendre une maîtresse de maison jusqu'à l'heure où nous sommes; j'aimerais mieux me tuer, mais infiniment mieux. »

Il monta l'escalier avec M. Jarndyce, et nous l'entendîmes faire retentir sa chambre de sa voix et de ses rires, dont l'écho le plus éloigné répétait le son joyeux, ainsi que bientôt nous le fîmes nous-mêmes, entraînés par cette gaieté contagieuse.

Il y avait quelque chose de si franc et de si loyal dans sa voix forte et vibrante, dans sa verve furieuse, et ses superlatifs qui éclataient comme des canons chargés à poudre sans jamais blesser personne, que nous fûmes tout d'abord prévenus en sa faveur, impression dans laquelle son aspect nous confirma bientôt lorsque M. Jarndyce vint à nous le présenter. Non-seulement c'était un beau vieillard, droit et vigoureux, avec une tête massive, couronnée de cheveux gris, la physionomie intelligente et noble quand il gardait le silence, une grande taille, une stature qui eût semblé trop forte s'il n'eût pas toujours été en mouvement, et un menton qui se serait peut-être doublé s'il ne s'était sans cesse agité avec ardeur; mais encore M. Boythorn avait les manières d'un si parfait gentleman; sa politesse avait quelque chose de si chevaleresque; son visage s'éclairait parfois d'un sourire si affectueux et si doux; on voyait si bien qu'il se montrait tout entier, n'ayant rien à cacher, incapable, comme disait Richard, de se restreindre en quoi que ce soit, et déchargeant ses gros canons inoffensifs, parce qu'il n'avait pas d'autres armes, que je le regardais à table avec un égal plaisir, soit qu'il causât en souriant avec Eva et moi, soit qu'il fût poussé par M. Jarndyce à quelque volée de superlatifs, ou bien que, relevant la tête comme un limier, il fît trembler les vitres de ses éclats de rire.

« J'espère que tu as apporté ton oiseau? lui demanda mon tuteur.

— Ma foi, répondit-il, c'est bien le plus étonnant de tous les oiseaux d'Europe, la plus merveilleuse de toutes les créatures; je ne le donnerais pas, même pour dix mille guinées. J'ai constitué une rente à son profit au cas où il me survivrait ; c'est un vrai phénomène pour l'intelligence et l'affection ; d'ailleurs son père avait été, avant lui, l'un des oiseaux les plus surprenants qui aient jamais vécu. »

Le sujet de cet éloge était un petit serin, si bien apprivoisé, que le domestique de M. Boythorn l'ayant apporté sur son doigt, il vint se poser sur la tête de son maître, après avoir fait le tour de la pièce en voltigeant. Rien ne me sembla mieux peindre le caractère de M. Boythorn que de lui entendre exprimer les sentiments les plus implacables avec cette petite créature si fragile, perchée tranquillement sur son front.

« Sur mon âme, disait-il en tendant avec délicatesse une miette de pain au canari, si j'étais à ta place, Jarndyce, demain matin je saisirais à la gorge tous les maîtres de la chancellerie et je vous les secouerais jusqu'à ce que leur argent eût roulé hors de leur poche, et qu'on entendît sous leur peau les os claquer comme des castagnettes. Je voudrais obtenir un jugement de n'importe qui, par voie légale ou non ; et, si tu veux me donner tes pleins pouvoirs, je me charge de cette affaire avec une extrême satisfaction. »

Le petit canari, sans paraître inquiet de la violence de ces paroles, mangeait toujours ce que lui donnait son maître

« Je te remercie, Lawrence, répondit M. Jarndyce en riant ; mais le procès n'en est pas arrivé à ce point qu'on puisse en avancer la conclusion par le moyen que tu m'indiques, alors même qu'on prendrait à la gorge toute la magistrature et le barreau tout entier.

— Il n'y a jamais eu ici-bas un chaudron de sorcière comparable à cette affreuse chancellerie, continua M. Boythorn ; je ne vois pas d'autre réforme à tenter à son égard, que de miner cette infernale boutique et de faire tout sauter un beau jour, paperasses et fonctionnaires de haut et bas degré, depuis le diable, qui engendra cette pétaudière, jusqu'au trésorier général qu'elle engendra à son tour. »

Il était impossible de ne pas rire du sérieux énergique avec lequel il recommandait cette mesure efficace ; et, partageant bientôt l'hilarité qu'il avait fait naître, M. Boythorn éclata de rire à son tour ; la vallée tout entière sembla lui faire écho, sans que cette gaieté, ni cette parole bruyante inquiétât le canari, qui sautillait tranquillement sur la table, lançant la tête à droite, à gauche, et tournant tout à coup son œil brillant vers son maître, comme s'il n'avait vu dans M. Boythorn qu'un oiseau comme lui.

« Et où en es-tu avec ton voisin pour ce droit de passage que vous vous disputez? demanda M. Jarndyce; car tu n'es pas non plus à l'abri des tracas de la procédure.

— Le particulier a porté plainte contre moi, comme étant coupable de délit à son égard. C'est bien le plus orgueilleux de tous les êtres qui aient jamais existé; il est moralement impossible qu'il s'appelle Leicester, son nom est Lucifer.

— Très-flatteur pour votre parent éloigné, dit en riant M. Jarndyce à Richard et à Eva.

— Je demanderais pardon à miss Clare et à M. Carstone, reprit notre hôte, si je ne voyais, sur le charmant visage de cette jeune miss et dans le sourire de ce gentleman, qu'ils tiennent leur parent éloigné à distance respectueuse.

— Dites plutôt que c'est lui qui nous tient éloignés, répondit Richard.

— Sur mon âme, s'écria M. Boythorn, lançant tout à coup une volée de son artillerie, ce triste personnage est bien, comme l'étaient avant lui son père et son grand-père, le plus sot animal, le plus franc imbécile, le plus roide et le plus arrogant de tous les êtres, qui, par une méprise inexplicable de la nature, occupe sur la terre une autre position que celle de canne de parade, la seule qui réponde à la roideur de son caractère et de son maintien. Cette famille n'a jamais compté que des bornes, solennellement entichées de leur mérite; mais peu importe; il ne me fermera pas mon sentier, eût-il cinquante baronnets en lui-même, et possédât-il jusqu'à cent Chesney-Wold, les uns dans les autres, comme ces boules d'ivoire tournées par les Chinois. Ne me fait-il pas écrire par son agent, son secrétaire, ou je ne sais qui : « Sir Leicester Dedlock, baronnet, présente ses compliments à M. Lawrence Boythorn, et appelle son attention sur ce fait : que le droit de passage par le sentier conduisant à l'ancien presbytère, demeure actuelle de M. Boythorn, appartient exclusivement à sir Leicester; ledit sentier faisant partie effective du parc de Chesney-Wold; par suite duquel droit, sir Leicester juge convenable de fermer ledit sentier. »

Je réponds dans le même style :

« M. Lawrence Boythorn présente ses compliments au baronnet sir Leicester Dedlock, et appelle son attention sur ce fait : qu'il nie toutes les prétentions de sir Leicester Dedlock sur tout le reste, et ajoute, relativement à la clôture du sentier, qu'il serait enchanté de connaître l'homme qui oserait l'entreprendre. »

Le baronnet m'envoie un exécrable borgne pour construire une barrière à l'entrée du sentier. Je joue de mon arme à feu sur l'ignoble coquin jusqu'à le laisser pour mort. Notre entêté persiste, et la barrière est élevée dans la nuit. J'en fais le lendemain matin des copeaux et je les brûle, notre baronnet s'irrite, envoie ses mirmidons franchir mes palissades, traverser mon jardin, je leur tends des pièges, leur fais éclater des fusées dans les jambes, et leur tire des coups de fusil, bien résolu de délivrer le genre humain de l'insupportable engeance de ces bandits nocturnes. Il porte plainte contre moi, j'en fais autant contre lui; il m'attaque en sévices et voies de fait; je plaide mon droit de légitime défense et continue ce qu'il appelle mes sévices et voies de fait. Ah! ah! ah! ah! ah!»

A l'entendre s'exprimer avec cette incroyable énergie, on l'aurait supposé le plus violent de tous les hommes; à le voir en même temps regarder son oiseau qui était perché sur son pouce, et dont il satinait délicatement les plumes, on l'aurait pris pour l'être le plus doux, le plus inoffensif; et chacun eût pensé, en regardant son visage ou en l'écoutant rire, qu'il n'avait pas de souci, qu'il ignorait toute dispute, et que sa vie tout entière s'écoulait comme un beau jour d'été.

« Non, non, ajouta-t-il; aucun Dedlock ne m'interdira le passage; bien que je reconnaisse volontiers, dit-il en changeant de ton immédiatement, que milady Dedlock est la femme la plus accomplie qu'il soit possible de voir, et à laquelle un vrai gentleman puisse jamais rendre hommage; mais ce n'est pas un baronnet de sept cents ans d'épaisseur qui clora mon sentier. Un homme qui est entré au régiment à vingt ans, et qui, au bout de huit jours, avait défié le plus sot, le plus présomptueux, le plus impérieux de tous les officiers dont jamais l'uniforme ait étranglé la taille, et qui est sorti vainqueur de ce défi audacieux, ne se laissera pas arrêter par tous les sirs Lucifers morts ou vifs, avec ou sans barrières.

— Pas plus qu'il n'a souffert qu'on opprimât son jeune ami sans défense, ajouta mon tuteur.

— Assurément, reprit M. Boythorn en frappant sur l'épaule de M. Jarndyce avec un air de protection où quelque chose de sérieux se mêlait au sourire. Cet homme est toujours là, prêt défendre son petit camarade. Jarndyce, tu peux compter sur lui. Quant à la sotte affaire dont je parlais tout à l'heure, que miss Clare et miss Summerson veuillent bien me pardonner d'avoir développé si longuement un sujet si aride. Il n'est rien arrivé à mon adresse de la part de Kenge et Carboy?

— Je ne le pense pas, Esther? me dit M. Jarndyce.

— Non, tuteur, répondis-je.

— Merci, répliqua M. Boythorn ; je n'avais pas même besoin de le demander, ayant vu tout de suite combien miss Summerson est attentive pour tous ceux qui l'entourent. Si j'en ai parlé, continua-t-il, c'est qu'arrivant du Lincolnshire, je ne suis pas allé à Londres ; et je pensais que quelques lettres avaient pu m'être envoyées ici ; j'espère que demain matin elles m'annonceront que mon affaire va marcher. »

Je le vis si souvent, pendant le cours de la soirée, contempler Eva et Richard avec un plaisir qui donnait à son visage une expression des plus aimables, tandis qu'assis à quelque distance du piano, il écoutait la musique avec délices, que je demandai à mon tuteur, lorsque nous commençâmes la partie de trictrac, si M. Boythorn était marié.

« Non, me répondit M. Jarndyce.

— Mais il en a eu l'intention ?

— Comment l'avez-vous deviné ? reprit mon tuteur en souriant.

— C'est que, répondis-je, non sans quelque embarras, il y a quelque chose de si affectueux dans ses manières ; il est si aimable, si attentif envers nous, que....

— Vous avez raison, petite femme, répondit mon tuteur, il a été sur le point de se marier, une seule fois ; il y a déjà longtemps.

— La jeune fille est-elle morte ? demandai-je.

— Non... ; mais elle est morte pour lui. Cette circonstance a énormément influé sur sa vie et sur son caractère. Croiriez-vous jamais qu'il a encore le cœur et la tête d'un héros de roman ?

— Cher tuteur, j'étais toute disposée à le deviner, avant même que vous me l'eussiez dit.

— Il n'a jamais été, depuis lors, tout ce qu'il aurait pu être, dit M. Jarndyce ; et le voilà maintenant arrivé à la vieillesse, sans personne auprès de lui qu'un domestique et un oiseau.... C'est à vous de jouer, mon enfant. »

Je compris que nous en étions au point où le vent allait changer si la conversation continuait, et je n'en dis pas davantage.

Il y avait quelques instants que je repensais dans mon lit à cette vieille histoire d'amour, lorsque je fus réveillée par le ronflement sonore de notre hôte ; et je tentai cette chose difficile, de me figurer un vieillard comme il était autrefois, et de le revêtir de toutes les grâces de la jeunesse ; je me rendormis avant d'y être parvenue, et je rêvai du temps où j'étais chez ma marraine. La science des songes m'est trop peu familière pour que je puisse savoir s'il y a dans ce fait quelque chose de remarquable ; mais il m'arrivait bien souvent de me retrouver, dans mes rêves, à cette époque de ma vie.

Le lendemain matin, une lettre de MM. Kenge et Carboy informa M. Boythorn qu'un de leurs clercs viendrait dans la journée pour s'entendre avec lui. Comme c'était précisément le jour de la semaine où j'expédiais mes payements, mes comptes, mes affaires de ménage, que j'accumulais à dessein pour les traiter en bloc, je restai à la maison pendant que M. Jarndyce, Eva et Richard profitaient d'un temps magnifique pour faire une longue promenade. Quant à M. Boythorn, il devait attendre le clerc de M. Kenge et aller au-devant de nos promeneurs dès que sa conférence avec lui serait terminée.

J'étais donc enfoncée dans mes comptes, examinant les livres des fournisseurs, additionnant des mémoires, enfilant des quittances, et faisant à ce sujet pas mal de bruit et d'embarras, lorsque M. Guppy me fut annoncé. J'avais eu l'idée tout d'abord que l'envoyé de M. Kenge pourrait bien être le jeune homme qui m'avait reçue à Londres, et je fus contente d'avoir deviné juste et de revoir ce gentleman, parce que son nom était lié dans mon souvenir à mon bonheur actuel.

Je l'aurais à peine reconnu, tant sa toilette était pimpante ; habillé de neuf et tout flambant des pieds jusqu'à la tête, chapeau luisant, gants de chevreau lilas, cravate aux vives nuances, gros bouquet de fleurs à la boutonnière, bague en or au petit doigt ; et, de plus, répandant autour de lui un relent de graisse d'ours et de mille essences dont la salle à manger fut aussitôt parfumée. Je le priai de s'asseoir en lui indiquant un siége, et lui demandai des nouvelles de M. Kenge, sans oser lever les yeux, car il fixait sur moi un regard si pénétrant que j'en étais toute confuse.

Quand on vint l'avertir que M. Boythorn l'attendait et qu'il eût à monter dans la chambre de ce gentleman, je le prévins qu'il trouverait, en descendant, une collation à laquelle M. Jarndyce espérait bien qu'il prendrait part.

« Aurai-je l'honneur de vous retrouver ici, mademoiselle ? demanda-t-il.

— Oui, monsieur, » répondis-je, et il sortit en me lançant un nouveau regard et en me faisant un salut.

Je supposai qu'il était naturellement gauche et timide, car évidemment il avait l'air embarrassé, et j'attendis son retour avec l'intention de veiller à ce que rien ne lui manquât et de m'en aller ensuite, le laissant à lui-même. On apporta la collation.

mais l'entrevue qu'avait M. Guppy avec M. Boythorn était longue et, j'imagine, fort orageuse; car, bien que la chambre de celui-ci fût assez éloignée, j'entendais s'élever de temps en temps la voix de notre hôte qui mugissait comme le vent dans la tempête et lançait probablement une bordée complète de récriminations et d'injures superlatives.

Enfin M. Guppy rentra, ayant l'air plus déconcerté que jamais par suite de ce bruyant entretien.

« C'est un vrai Tartare, me dit-il à voix basse.

— Veuillez, monsieur, prendre quelques rafraîchissements, » répondis-je en lui montrant la collation.

Il se mit à table et se prit à aiguiser convulsivement le grand couteau sur la fourchette à découper, en me regardant toujours (ce dont j'étais bien sûre, quoique j'eusse les yeux baissés). L'aiguisement du couteau sur la fourchette durait depuis si longtemps, que je me crus obligée de lever les yeux pour rompre le charme par lequel M. Guppy semblait enchaîné; immédiatement, en effet, il regarda le plat qui se trouvait en face de lui et se mit à découper.

« Que vous offrirai-je, mademoiselle? Ne prendrez-vous pas quelque chose? me demanda-t-il.

— Merci, monsieur, je ne prendrai rien.

— Comment, je ne puis rien vous offrir? reprit M. Guppy en avalant précipitamment un verre de vin.

— Rien du tout, monsieur; je vous ai seulement attendu pour savoir si vous aviez besoin de quelque chose.

— Je vous suis bien reconnaissant, mademoiselle; j'ai tout ce que je puis désirer.... au moins.... c'est-à-dire que.... bien au contraire.... Il but deux verres de vin l'un après l'autre, et je pensai que je ferais mieux de m'en aller.

— Mille pardons, mademoiselle, me dit-il en se levant à son tour; mais faites-moi la grâce de m'accorder une minute d'entretien? »

Ne sachant pas ce qu'il avait à me dire, je consentis à me rasseoir.

« Sous toutes réserves, n'est-ce pas, mademoiselle? me demanda M. Guppy avec anxiété, en se rapprochant de ma table.

— Je ne vous comprends pas, monsieur, répliquai-je toute surprise.

— C'est un de nos termes de procédure, mademoiselle; j'entends par là que soit chez Kenge et Carboy, soit ailleurs, vous ne ferez pas usage, à mon détriment, des paroles que je vais prononcer; que, dans le cas où cet entretien n'aboutirait à aucun

I. — 8

résultat, je resterai dans la position où je me trouve actuellement, et qu'il ne me causera nul préjudice ni dans le présent ni dans l'avenir; en un mot, qu'il s'agit d'une communication entièrement confidentielle.

— Je ne devine pas du tout ce que vous pouvez avoir à me confier; mais, croyez-le, monsieur, je serais désolée de vous porter un préjudice quelconque.

— Merci, mademoiselle; j'en suis intimement convaincu et cela me suffit complétement. »

M. Guppy n'avait pas cessé, pendant toutes ces paroles, de frotter la paume de sa main droite contre celle de sa main gauche, si ce n'est pour se polir le front avec son mouchoir de poche.

« Si vous voulez me permettre de prendre un autre verre de vin, je crois, mademoiselle, que j'en surmonterai mieux le hoquet qui m'oppresse, et qui serait également désagréable et pour vous et pour moi. »

Il but de nouveau et revint auprès de ma table, derrière laquelle je m'étais retranchée.

« Vous ne voulez pas que je vous en offre un verre, mademoiselle ? me dit M. Guppy quelque peu restauré par cette nouvelle libation.

— Non, monsieur.

— Pas un demi-verre ? pas même un quart ?... Eh bien ! alors, procédons : Mes appointements s'élèvent aujourd'hui, chez Kenge et Carboy, à deux livres par semaine. Quand j'eus le bonheur de vous voir pour la première fois, miss Summerson, ils n'étaient que d'une livre quinze schellings, chiffre auquel depuis longtemps ils se trouvaient fixés. Ils se sont donc élevés de cinq schellings depuis cette époque, et pareille augmentation m'est garantie dans un an, à dater d'aujourd'hui. Ma mère possède une petite propriété, dont l'usufruit la fait vivre d'une manière indépendante, quoique modeste, dans Old-Street-Road. Elle est éminemment qualifiée pour être une belle-mère accomplie; ne se mêle jamais de rien, est pour la paix quand même et du caractère le plus facile à vivre; elle a ses défauts; qui n'en a pas? mais je ne l'ai jamais vue manquer aux convenances en présence de personne; et vous pourrez lui confier en toute sûreté le vin, les liqueurs et la bière. Quant à moi, je loge Penton-Place-Pentonville; c'est un peu bas, mais aéré, ouvert par derrière et considéré comme l'un des quartiers les plus sains. Miss Summerson, je vous adore; soyez assez bonne pour prendre acte de ma déclaration et pour me permettre de l'appuyer (si je puis parler ainsi) d'une offre de mariage. »

M. Guppy s'agenouilla devant moi. J'étais fort à l'aise derrière ma table et point du tout effrayée. « Quittez, lui dis-je, cette position ridicule, ou je me verrais forcée de manquer à ma parole et de tirer la sonnette.

— Écoutez-moi, mademoiselle, dit M. Guppy en joignant les mains.

— Je n'écouterai pas un mot avant que vous ayez repris la place que vous n'auriez pas quittée, si vous aviez eu le sens commun. »

Il se leva d'un air piteux et alla se rasseoir comme je le lui disais.

« Quelle dérision, mademoiselle, reprit-il en posant la main sur son cœur, et en secouant la tête avec mélancolie ; quelle dérision que de se trouver en face d'aliments quelconques dans un pareil moment ! l'âme recule devant toute nourriture, mademoiselle, quand elle est si profondément émue.

— Monsieur, lui dis-je, vous m'avez priée de vous écouter, et je vous demande à mon tour de vouloir bien en rester là.

— Oui, mademoiselle, répondit-il, car mon obéissance égale mon amour et mon respect. Plût à Dieu que je puisse un jour te le jurer devant l'autel !

— C'est impossible, répliquai-je, il ne faut pas parler de cela.

— Je ne suis pas sans savoir, continua M. Guppy en se penchant au-dessus du plateau, et en fixant sur moi ce regard ardent que je devinais sans le voir, car mes yeux étaient détournés des siens ; je ne suis pas sans savoir que sous le rapport des biens de ce monde, la proposition que je vous ai faite paraît offrir peu d'avantages ; mais écoutez, miss Summerson, ange du ciel !... ne sonnez pas. J'ai été élevé à une rude école, je suis accoutumé au travail et à tout ce qui concerne la pratique judiciaire. Quoique bien jeune encore, j'ai découvert des preuves, gagné des causes, et acquis une profonde expérience ; que ne ferais-je pas si j'avais le bonheur de posséder votre main ; que ne ferais-je pas pour servir vos intérêts ; et pour avancer votre fortune ; quels moyens n'aurais-je pas d'apprendre tout ce qui vous concerne ? je ne sais rien aujourd'hui, mais que ne pourrais-je pas découvrir si j'avais votre confiance et que vous voulussiez encourager mes efforts ? »

Je lui répondis qu'il ne réussirait pas plus en invoquant mes intérêts qu'en s'adressant à mes sentiments, et que je le priais de comprendre que tout ce que je lui demandais, c'était de partir immédiatement.

« Cruelle! s'écria-t-il, un seul mot encore ; vous avez dû voir combien j'étais frappé de votre beauté, le jour où je vous aperçus pour la première fois dans la cour du *Cheval-blanc* ; vous avez remarqué, je n'en doute pas, qu'il me fut impossible de ne point payer tribut à vos charmes, quand j'ai relevé le marchepied du fiacre où vous étiez montée ; faible tribut, j'en conviens, mais partant d'un cœur sincère ; et depuis lors ton image est gravée dans mon cœur. J'ai passé toute ma soirée à me promener devant la maison de mistress Jellyby rien que pour regarder les murailles qui te renfermaient, céleste créature! Cette course d'aujourd'hui, complétement inutile, ainsi que le message qui lui sert de prétexte, a été projetée par moi dans le seul but de te revoir ; et, si j'ai parlé d'intérêts, c'était pour me recommander et me servir d'appui dans mon triste sort ; mais l'amour était avant tout dans mon cœur où il domine toute chose.

— Monsieur Guppy, je serais désolée, répondis-je en mettant la main sur la sonnette, de me montrer injuste envers quelqu'un de sincère ; je ne mépriserai jamais l'expression d'un sentiment honnête, quelque désagréable que m'en soit l'aveu ; et, s'il est vrai que vous ayez voulu me prouver l'estime que je vous inspire, je sens que je dois vous en remercier. Maintenant, j'espère que vous allez partir, oublier vos folies et ne vous occuper que des affaires de MM. Kenge et Carboy.

— Une seconde, mademoiselle, s'écria M. Guppy en arrêtant mon bras au moment où j'allais sonner, il est convenu que cet entretien ne me portera nul préjudice ?

— Je n'en parlerai jamais, répliquai-je, à moins qu'un jour vous ne me forciez à le faire.

— Une demi-seconde, mademoiselle : dans le cas où vous viendriez à prendre en considération les paroles que je vous ai dites, fût-ce dans un temps éloigné, peu importe, car mes sentiments resteront inaltérables, dans le cas où vous regarderiez mes offres d'un œil plus favorable, particulièrement au sujet des voies et moyens relatifs à votre fortune..., il suffira d'adresser un billet à William Guppy, 87, Penton-Place ; et, en cas d'absence ou de mort (par suite de mes espérances brisées ou autres causes), à mistress Guppy, 302, Old-Street-Road. »

Je sonnai enfin ; le domestique entra. M. Guppy posa sa carte sur la table, salua et partit d'un air abattu. Comme il sortait de la maison, je levai les yeux et je vis qu'il s'arrêtait pour me regarder encore.

Je repris mes livres pour terminer mes comptes ; et lorsque j'eus fini tout ce que j'avais à faire, que j'eus rangé mon pupitre et mis tout à sa place, je me trouvai si calme et si heureuse que je crus avoir oublié cet incident imprévu. Mais quand je fus remontée dans ma chambre, je fus tout étonnée de commencer par en rire et plus surprise encore de finir par en pleurer; bref, j'étais vivement émue, et je sentis que l'ancienne corde qui vibrait autrefois dans mon cœur n'avait jamais été plus violemment ébranlée depuis l'époque où je n'avais pour confidente que ma pauvre poupée.

CHAPITRE X.

L'expéditionnaire.

Sur la frontière orientale de Chancery-Lane, ou, pour parler d'une manière plus précise, dans Cook's-Court, Cursitor-Street, M. Snagsby exerce la profession de papetier du palais et vend, dans cet endroit ténébreux, têtes de lettres et formules judiciaires; parchemin et papier de tout format, brun, blanc, gris et brouillard; billets et timbres de toutes les valeurs; plumes de bureau, plumes de fer; encre noire et de couleur; gomme élastique, pierre ponce, épingles et crayons; pains et cire à cacheter; fil rouge et signets verts; almanachs, portefeuilles et agendas; boîtes à ficelle, registres, règles, encriers de verre et de plomb, canifs, ciseaux, grattoirs et mille autres articles trop longs à détailler; commerce qu'il fait depuis l'époque où, ayant fini son apprentissage, il devint l'associé de son patron et substitua l'inscription *Peffer et Snagsby* à celle de Peffer seul, consacrée par le temps et devenue illisible; car la fumée, qui est le lierre de Londres, s'était tellement attachée au nom et à la demeure du vieux papetier, qu'elle en avait fait disparaître l'enseigne.

Depuis vingt-cinq ans, l'associé de M. Snagsby a quitté sa maison pour le cimetière de Saint-André de Holborn, où il repose au bruit des fiacres et des locomotives, dragons infatigables qui passent nuit et jour auprès de lui en vomissant des flammes. Si jamais il sort de son tombeau, à l'heure où tout sommeille, pour revenir se promener dans Cook's-Court jusqu'au moment où il est rappelé au cimetière par le coq de la laiterie de Cursitor-Street, dont il serait curieux d'étudier le procédé divinatoire pour connaître la venue du jour, puisqu'il n'en peut rien savoir par ses observations personnelles.... si jamais, disons-nous, Peffer revient visiter le sombre quartier qu'il habita jadis, il y revient incognito et, par conséquent, cela ne fait ni chaud ni froid.

À l'époque où il tenait boutique et pendant que Snagsby faisait son apprentissage, qui dura sept années, vivait chez lui, dans la maison où se trouvait le magasin, une de ses nièces petite et rusée; trop étroite de corsage, au regard froid comme un vent de bise, au nez pointu et tendre à la gelée. Le bruit courait dans Cook's-Court que la mère de cette nièce, poussée par une trop vive sollicitude pour la taille de sa fille, ne laçait jamais l'intéressante enfant sans mettre le pied contre le mur, afin d'avoir plus de puissance pour la serrer, la malheureuse! qu'elle lui donnait en outre force vinaigre et jus de citron à boire, dont l'acide avait fini par monter au nez et au caractère de la pauvre victime. Fondée ou non, cette rumeur n'arriva pas à l'oreille de Snagsby, ou du moins n'eut aucune influence sur les sentiments de ce jeune homme, qui, ayant fait la cour à la nièce et réussi à lui plaire, prit avec la boutique deux associés au lieu d'un. Ainsi donc, Snagsby et la nièce de Peffer ne font plus qu'un seul être; et l'intéressante créature soigne toujours sa jolie taille, d'autant plus précieuse qu'elle n'en a pas plus gros que rien.

Non-seulement M. et Mme Snagsby ne font qu'une seule et même chair, mais encore une seule et même voix, à ce que disent les voisins; et cette voix, qui semble provenir exclusivement de mistress Snagsby, retentit fréquemment dans Cook's-Court; quant au mari de la nièce, il est fort rare qu'il s'exprime autrement que par l'organe de sa femme. Il est doux, timide et chauve, et porte seulement à l'arrière de sa tête luisante un maigre bouquet de cheveux noirs. Modeste et légèrement obèse, quand, vêtu de sa houppelande grise et de ses manches de lustrine, il regarde les nuages sur le pas de sa porte, ou qu'assis à son pupitre et dans l'ombre, il coupe du parchemin en compagnie de ses deux apprentis, il a tout à fait l'air d'un brave homme sans prétention. Mais, par exemple, il n'est pas rare que des plaintes et des lamentations s'élèvent d'une espèce de cave située sous les pieds de M. Snagsby; et quand elles deviennent plus aiguës qu'à l'ordinaire, le papetier dit à ses apprentis : « Je pense que ma petite femme donne une bourrade à Guster. »

La bourrade en effet est tout ce que reçoit, avec un gage de cinquante schellings par an, une jeune fille pâle et maigre, baptisée sous le nom d'Augusta, élevée dans un dépôt de mendicité et qui, bien qu'elle ait été mise à la *ferme* pendant tout le temps de sa croissance par un bienfaiteur de l'humanité qui réside à Tooting, et qu'elle ait dû se développer dans les plus heureuses conditions, a des attaques d'épilepsie dont la paroisse ne saurait être responsable.

Guster a vingt-trois ou vingt-quatre ans; mais elle paraît en avoir dix de plus, et ne peut gagner que de faibles gages avec l'affreuse maladie dont elle est affligée. Elle a tellement peur d'être renvoyée à la paroisse, qu'à l'exception du moment où on la ramasse la tête dans le seau, dans le poêlon, sur l'évier, dans les casseroles, dans n'importe quel objet près duquel elle se trouve au moment où son accès la saisit, elle travaille sans cesse et ne se repose jamais. Elle fait la satisfaction des parents et des tuteurs des apprentis, qui n'éprouvent nulle crainte de lui voir inspirer de tendres sentiments à leurs fils ou à leurs pupilles; la satisfaction de Mme Snagsby, qui ne la prend jamais en faute, et celle de M. Snagsby, qui se figure lui faire une charité en la gardant chez lui. Aux yeux de Guster, l'établissement du papetier du palais passe pour le temple de la splendeur et de l'abondance; le petit salon du premier, toujours tiré à quatre épingles, lui paraît être la pièce la plus élégante de toute la chrétienté; la vue qu'on a de la fenêtre qui donne sur Cook's-Court lui semble une perspective d'une beauté sans pareille, et les deux portraits à l'huile de M. et Mme Snagsby, placés de chaque côté de la porte, pour faire pendants, sont pour elle des chefs-d'œuvre d'une valeur égale à ceux de Raphaël et du Titien. La position de Guster a, comme on voit, ses dédommagements.

M. Snagsby s'en réfère à sa femme de tout ce qui est en dehors des détails pratiques de son commerce mystérieux; c'est elle qui dispose de la bourse, se dispute avec le percepteur, règle les dévotions du dimanche, les plaisirs de M. Snagsby, et le menu du dîner, sans reconnaître à personne le droit de discuter ses actes. Aussi mistress Snagsby sert-elle de point de comparaison à toutes les femmes de Chancery-Lane, voire d'Holborn, qui, dans toutes leurs querelles de ménage, appellent l'attention de leurs maris sur la différence qui existe entre la position de mistress Snagsby et la leur, entre la conduite de l'excellent papetier et celle qu'on tient à leur égard. On dit tout bas dans Cook's-Court, où les cancans voltigent dans l'ombre, et, semblables aux chauves-souris, vont se heurter aux fenêtres de tous ceux qui l'habitent, on dit que mistress Snagsby est curieuse et jalouse, et qu'elle tourmente son mari au point de le chasser parfois de la maison, ce qu'il ne supporterait pas si ce n'était pas une poule mouillée. On a observé que les femmes qui le citent à leurs maris égoïstes comme le modèle de toutes les vertus conjugales le méprisent au fond, et que personne ne le regarde avec plus de dédain qu'une certaine épouse dont le seigneur et maître est fortement soupçonné d'user de son parapluie comme instrument de correction et de lui en frotter les épaules. Mais ces bruits vagues peuvent n'avoir d'autre origine que l'humeur tant soit peu méditative et poétique de M. Snagsby, qui aime à se promener en été dans Staple-Inn, et à retrouver chez les moineaux et dans les feuilles des arbres de la Cité quelque chose d'agreste dont il est charmé; il se plaît aussi à flâner le dimanche après l'office dans la cour du greffe, et à parler, quand il est en verve, du bon vieux temps où l'on enterrait là quelques grands personnages de la magistrature, dont on retrouverait encore, si l'on voulait donner un coup de pioche dans la chapelle, les pierres tumulaires. Ou bien encore, laissant errer son imagination, il rêve à cette longue suite de chanceliers, de vice-chanceliers et de greffiers décédés tour à tour; et lorsqu'il raconte à ses deux apprentis, « qu'autrefois, à ce qu'il a entendu dire, une onde pure comme le cristal descendait la colline d'Holborn, d'où l'on arrivait par une pente insensible à de vertes prairies, » rien que d'en parler il respire à plein nez un si doux parfum de campagne, qu'il n'a plus besoin d'y aller.

Le jour va finir, et le gaz est allumé; toutefois il ne jette qu'une lueur douteuse, car la nuit n'est pas encore venue. M. Snagsby est sur le pas de sa porte, d'où il regarde les nuages, et aperçoit une corneille attardée qui se dirige vers l'ouest en rasant la petite bande de ciel plombé qui dépend de Cook's-Court. La corneille traverse Chancery-Lane et s'arrête dans le territoire de Lincoln's-Inn.

C'est là que M. Tulkinghorn habite une grande maison jadis un château, aujourd'hui divisée en plusieurs appartements qu'on loue à différents locataires; et dans les fragments de sa grandeur déchue, elle abrite maintenant des procureurs et des avoués qui s'y logent comme des vers dans une noix. Mais elle a conservé ses vastes escaliers, ses larges vestibules, ses spacieuses antichambres et ses plafonds où l'Allégorie, revêtue d'un casque romain et d'une draperie flottante, se détache au milieu des fleurs, des balustrades et des nuages, entourée d'enfants joufflus, et donne la migraine à tous ceux qui la regardent, le résultat le plus clair de toutes les allégories. C'est là qu'au milieu de boîtes nombreuses, étiquetées de noms illustres, vit M. Tulkinghorn, quand il n'est pas silencieusement installé dans ces châteaux où les grands de la terre périssent d'ennui. Il est chez lui ce soir, tranquillement assis à sa table; solitaire comme une huître de la vieille école que personne ne peut ouvrir.

Son cabinet a dans l'ombre un aspect analogue à celui qu'il offre lui-même : terne et d'un autre âge, il n'attire pas l'attention qu'il mériterait de fixer. De lourds fauteuils, au large dossier, en acajou massif et recouverts en crin; de vieilles tables garnies de serge poudreuse, et les portraits gravés des plus hauts personnages du siècle précédent environnent le procureur. Un vieux tapis de Turquie, de couleur sombre, s'étend sous ses pieds; et près de lui sont deux chandeliers d'argent, passés de mode, où brûlent deux bougies dont la lumière ne suffit pas à dissiper les ténèbres de cette vaste pièce. Les titres de ses livres se sont retirés et ont disparu dans l'épaisseur de la reliure; tout ce qui peut avoir une serrure en a une; mais pas une clef n'est visible. Quelques rares papiers sont épars sur sa table. Il a devant lui un manuscrit dont il ne s'occupe pas. Il aide à fixer l'indécision de sa pensée en changeant de place alternativement deux morceaux de cire à cacheter et un couvercle d'encrier; tantôt c'est le couvercle qui se trouve au milieu, tantôt la cire rouge, et maintenant c'est la noire; mais cet arrangement ne lui convient pas, et il en cherche un autre.

M. Tulkinghorn vit seul et n'a pas d'autre état-major qu'un homme entre deux âges, qu'on trouve toujours à son banc dans la grande salle, et qui est rarement accablé de besogne. Le genre d'affaires que traite M. Tulkinghorn est un genre tout à part, et il ne lui faut pas de clercs. Réservoir de nobles confidences, il n'est pas homme à se les laisser soutirer; c'est de *lui-même* que ses clients ont besoin, et c'est lui seul qui s'occupe de tout ce qui les concerne. Il fait tirer les actes qui lui sont nécessaires par des avocats spéciaux du Temple, et d'après des instructions mystérieuses; il charge le papetier de faire faire toutes ses copies, la dépense ne l'embarrassant jamais. Quant à l'homme entre deux âges qui est toujours à son banc, il n'en sait pas plus long sur les affaires du peerage qu'un balayeur d'Holborn.

La cire noire, la cire rouge, le couvercle de l'encrier, celui d'une autre écritoire et la petite poudrière sont enfin arrivés à une combinaison qui paraît définitive.

« Vous au milieu, vous à gauche, vous à droite.... »

Toute indécision a cessé ou bien ne cessera jamais. M. Tulkinghorn se lève, assujettit ses lunettes, prend son chapeau, met le manuscrit dans sa poche, sort de son cabinet et dit à l'homme entre deux âges qu'il sera rentré dans un instant; il est très-rare qu'il lui en dise davantage.

M. Tulkinghorn fait comme la corneille, il prend son vol et se rend en droite ligne chez M. Snagsby, papetier du palais, faisant copies et grosses, et tout ce qui constitue les écritures judiciaires.

Il est environ cinq ou six heures du soir; un parfum de thé bouillant plane sur la maison de M. Snagsby, qui, au moment de descendre dans les régions souterraines où il va prendre le thé, a jeté un coup d'œil à la porte, regardé les nuages, et aperçu la corneille attardée qui volait du côté de l'ouest.

« Votre maître y est-il? »

Guster garde la boutique pendant que les deux apprentis sont dans la cuisine et prennent le thé avec M. et Mme Snagsby; par conséquent, les deux filles de la couturière, qui frisent leurs cheveux aux miroirs suspendus aux deux fenêtres du second étage de la maison d'en face, n'attirent pas l'attention des apprentis, ainsi qu'elles aiment à le croire, et n'éveillent que la stérile admiration de Guster, qui voudrait bien aussi avoir des cheveux; mais il n'y a pas de danger que les siens repoussent jamais, à ce que disent les mauvaises langues.

« Votre maître y est-il? » demande M. Tulkinghorn.

Son maître y est, et Guster va le chercher, fort contente de quitter la boutique, qu'elle regarde avec terreur, comme un arsenal d'instruments effroyables de torture légale, et où il ne faut pas entrer, lorsque le gaz est éteint.

M. Snagsby arrive tout essoufflé, les mains grasses et la bouche pleine, avale un morceau de pain et de beurre et s'écrie:

« Bonté divine, c'est M. Tulkinghorn!

— J'aurais besoin de vous dire un mot, Snagsby.

— Certainement, monsieur; mais pourquoi ne m'avoir pas envoyé votre jeune homme? j'y serais allé tout de suite. Passez, s'il vous plaît, dans mon arrière-boutique. »

Snagsby est rayonnant; la petite pièce où il entre, et qui sent le parchemin, sert à la fois d'entrepôt, de comptoir et de bureau. M. Tulkinghorn s'assied devant le pupitre, en face du papetier.

« L'affaire Jarndyce, Snagsby, dit-il.

— Oui, monsieur. »

Le papetier monte le gaz et tousse modestement derrière sa main, anticipant un bénéfice quelconque. M. Snagsby, en homme timide, a l'habitude de tousser avec une variété d'expressions qui le dispense de parler.

« Dernièrement, vous avez copié pour moi quelques *affidavit* qui se rattachaient à cette cause

— Oui, monsieur.

— Il est une de ces pièces, continue l'impénétrable M. Tulkinghorn en fouillant avec indifférence dans la poche où la copie ne se trouve pas, dont l'écriture a quelque chose de particulier qui me conviendrait assez. Comme je passais par ici et que je croyais avoir cette pièce sur moi, je suis entré pour vous demander.... mais je l'aurai laissée sur ma table. Ce sera pour une autre fois ; peu importe.... Ah! cependant la voilà. Je suis donc entré pour vous demander qu'est-ce qui l'avait copiée.

— Qui a fait cette copie, monsieur? répond Snagsby en prenant le manuscrit, dont il fait voltiger les feuillets avec un tour de main particulier aux papetiers du palais ; ce n'est pas ici qu'elle a été faite : nous avons, à cette époque, donné beaucoup de besogne au dehors. Mais je puis vous dire qui l'a copiée en consultant mon livre. »

M. Snagsby prend son livre dans la caisse, fait un effort pour avaler le morceau de pain et de beurre qui semble s'être arrêté dans son gosier, jette un coup d'œil à la pièce dont il s'agit, et porte l'index de sa main droite à l'une des pages ouvertes devant lui.

« Jewby.... Packer.... Jarndyce! voilà! Certainement.... j'aurais dû me le rappeler ; cette copie a été faite par un écrivain qui demeure précisément en face. »

M. Tulkinghorn avait vu l'article bien avant M. Snagsby, et l'avait lu pendant que l'index du papetier descendait encore la colonne.

« Comment l'appelez-vous? Nemo? dit M. Tulkinghorn.

— Oui, monsieur, comme vous voyez, folio quarante-deux envoyé le mercredi à huit heures du soir, et rapporté le jeudi matin à neuf heures et demie.

— Nemo! répète M. Tulkinghorn signifie personne en latin.

— Cela veut dire quelqu'un en anglais ; du moins je le suppose, insinue M. Snagsby avec sa toux de déférence, puisque c'est le nom du copiste. Vous voyez, monsieur? folio quarante-deux : envoyé le mercredi à huit heures du soir, rapporté le jeudi matin à neuf heures et demie. »

Le coin de l'œil du papetier aperçoit la tête de mistress Snagsby, qui vient à la porte de la boutique savoir pour quel motif son mari est sorti de table ; M. Snagsby adresse une toux explicative à sa femme ; comme s'il lui répondait : « C'est une pratique, ma chère. »

« Oui, monsieur ; et rendu à neuf heures et demie. Nos expéditionnaires, qui travaillent à la tâche, reprend M. Snagsby, sont souvent de drôles de corps, et il est possible que ce ne soit pas son nom ; mais c'est celui qu'il porte. Il s'est désigné sous cette appellation dans un avertissement qu'il afficha au bureau des ordonnances, au parquet, à la cour, à la chambre des juges ; vous connaissez, monsieur, ce genre d'affiches : « .... dé« sire trouver de l'emploi..., etc., etc. »

M. Tulkinghorn regarde par la petite croisée qui donne sur Coavinse's, dont les fenêtres sont éclairées. Le café de Coavinse est derrière la maison, et l'ombre de plusieurs gentlemen se dessine vaguement sur les rideaux. M. Snagsby saisit cette occasion de tourner légèrement la tête, et de lancer par-dessus son épaule un coup d'œil à sa petite femme, en articulant des lèvres ces mots qu'il ne fait pas entendre :

« Tul-king-horn, riche et in-flu-ent.

— Aviez-vous déjà donné de l'ouvrage à cet homme ? demande le procureur.

— Certainement, monsieur, et pour vous encore.

— J'ai oublié l'endroit où vous m'avez dit qu'il demeure.

— De l'autre côté de la rue, dans la maison où.... M. Snagsby fait un nouvel effort pour avaler le morceau de pain et de beurre, qui ne veut pas absolument descendre.... la maison où il y a un magasin de chiffons et de vieilles bouteilles.

— Pourriez-vous me la faire voir en m'en allant ?

— Avec le plus grand plaisir, monsieur. »

Le papetier ôte ses manches de lustrine, remplace son habit gris par un habit noir, et prend son chapeau.

« Ah ! voici ma petite femme, s'écrie-t-il. Chère amie, aie la bonté de dire à l'un des garçons de veiller à la boutique pendant que je traverse la rue avec M. Tulkinghorn. Je ne serai que deux minutes, cher trésor ! »

Mistress Snagsby fait un salut au procureur, se retire derrière le comptoir, regarde à travers la jalousie de quel côté se dirigent M. Tulkinghorn et son mari, se glisse dans l'arrière-boutique, jette un coup d'œil sur la page du livre qui est resté ouvert.... évidemment, elle est curieuse.

« Vous trouverez cette maison bien misérable, monsieur, dit Snagsby en marchant respectueusement au milieu de la rue, pour laisser au procureur l'étroite bande de bitume qui simule un trottoir. Il est vrai que notre copiste n'est pas moins pauvre que sa demeure : ces gens-là ont, en général, une vie assez étrange; l'avantage de celui dont nous parlons est de n'avoir jamais besoin de sommeil ; il copiera tout ce que vous lui donnerez et aussi longtemps que vous voudrez sans penser à dormir.

Il fait nuit ; le gaz brille de tout son éclat, et se heurtant contre les clercs qui vont jeter à la poste les lettres du jour ; contre les avocats et les avoués qui vont dîner chez eux ; contre les demandeurs, les défendeurs, les plaideurs de toute espèce, contre la foule en général dont la sagesse des lois entrave les affaires ; et se plongeant au centre de la procédure et dans la boue, composé mystérieux de la même famille, dont on ignore les éléments et qui s'attache à nous sans qu'on puisse savoir ni pourquoi ni comment, dont on ne sait rien au monde, si ce n'est que quand il y en a trop, nous jugeons nécessaire de la balayer au loin, M. Tulkinghorn et le papetier arrivent au magasin du vieux Krook.

« C'est ici qu'il demeure, monsieur, dit le papetier.

— Ici ? répond l'avoué avec indifférence.

— Y entrez-vous, monsieur ?

— Non ; je retourne chez moi ; bonsoir ; je vous remercie. »

M. Snagsby salue profondément, et va retrouver sa petite femme et son thé. M. Tulkinghorn se retourne après avoir fait quelques pas, et entre dans la boutique de M. Krook. Une chandelle fumeuse forme tout l'éclairage de la devanture ; un vieillard et un chat sont assis au coin du feu dans le fond du magasin ; le vieillard se lève et se dirige vers l'étranger en tenant à la main une chandelle coulante et noircie, dont la mèche a besoin d'être mouchée.

— Votre locataire y est-il ? demande le procureur.

— L'homme ou la femme ? dit M. Krook.

— L'expéditionnaire, » répond M. Tulkinghorn.

Le vieillard jette sur l'avoué un regard observateur ; il le connaît de vue ; il a même une idée vague de sa réputation aristocratique.

« Voudriez-vous le voir, monsieur ?

— Oui, répond l'avoué.

— C'est un plaisir que je n'ai pas souvent moi-même, dit M. Krook en faisant une grimace ; faut-il lui dire de descendre ? Il est probable qu'il ne viendra pas, je vous en préviens.

— Dans ce cas-là je vais monter, dit M. Tulkinghorn.

— Au second étage, monsieur ; prenez la chandelle et passez par ici. »

M. Krook, son chat sur ses talons, reste au bas de l'escalier, d'où il suit des yeux M. Tulkinghorn.

« Hi ! hi ! hi ! » fait-il en ricanant dès que l'avoué a franchi le premier palier. Celui-ci regarde par-dessus la rampe ; le chat retrousse ses lèvres et lui montre les dents.

— Chut ! lady Jane ; il faut être polie ; vous savez ce qu'on dit de mon locataire ? demande M. Krook à l'avoué en montant deux ou trois marches.

— Non ; et qu'en dit-on ?

— Qu'il s'est vendu au diable ; mais, vous et moi, nous savons ce qui en est, et que le diable n'achète guère. Cependant je vous dirai qu'il est tellement sombre et d'une humeur si noire, que si jamais pareil marché s'est fait, ce doit être avec lui, ne le fâchez pas, monsieur ; c'est tout ce que je puis vous dire. »

M. Tulkinghorn fait un signe affirmatif et continue de monter ; il arrive au second étage, frappe chez l'expéditionnaire, ne reçoit aucune réponse, ouvre la porte, et en l'ouvrant il éteint sa chandelle.

La pièce où il entre est petite, noire de suie, de graisse et de boue ; l'air y est tellement épais que la chandelle de l'avoué s'y serait éteinte d'elle-même. Un charbon rouge brûle tout bas dans la grille, tordue au milieu, comme si la pauvreté l'eût empoignée dans un jour de colère. Près de la cheminée est une table de sapin inondée d'une pluie d'encre, et sur laquelle se trouve un pupitre brisé ; dans l'autre coin, sur l'une des deux chaises, un portemanteau déchiré sert de garde-robe et d'armoire, et n'est pas même nécessaire, car ses deux côtés sont affaissés et se rejoignent comme les bajoues d'un pauvre homme qui a longtemps jeûné. Un vieux paillasson, usé jusqu'à la corde, pourrit devant le foyer ; pas de rideaux pour voiler l'ombre de la nuit ; mais les contrevents sont fermés, et par les deux trous qu'on y a faits pour laisser passer le jour, il est probable que la faim fixe son œil hagard sur le spectre qui est couché sur le lit. Car sur un grabat, dont la maigre paillasse est recouverte des lambeaux d'un couvre-pied crasseux, le procureur, hésitant sur le seuil de cette chambre, aperçoit un homme vêtu d'une chemise et d'un pantalon de toile, d'où sortent ses pieds nus. A la lueur mourante d'une chandelle qui a coulé tout entière, et dont le lumignon obscurci brûle encore au-dessus d'un amas de suif qui flotte autour de lui, on distingue l'affreuse pâleur de cet homme, dont les cheveux épars se mêlent à une barbe en désordre ; on ne saurait dire quelle vapeur emplit cette chambre et vous oppresse ; mais, au milieu de cette odeur nauséabonde de moisissure et de vieux tabac, la subtile amertume de l'opium s'attache aux lèvres de M. Tulkinghorn.

« Eh ! l'ami, » s'écrie l'avoué en frappant à la porte avec son chandelier de fer.

Il croit avoir éveillé l'ami, dont les yeux sont tout grands ouverts.

« Eh ! l'ami, » répète M. Tulkinghorn avec force ; mais, tandis qu'il frappe de nouveau, la chandelle, qui a coulé jusqu'au bout, s'éteint subitement et le laisse dans les ténèbres, où les yeux affamés attachés aux trous des volets n'ont sans doute pas cessé de regarder fixement le grabat.

CHAPITRE XI.

Notre cher frère.

Quelque chose qui, dans l'ombre, touche sa main ridée, fait tressaillir l'avoué :

« Qui est là ? dit-il.

— C'est moi, murmure à son oreille le vieux marchand de guenilles ; pouvez-vous le réveiller ?

— Non.

— Qu'avez-vous fait de votre lumière ?

— Elle s'est éteinte. »

Le vieillard prend le chandelier des mains de l'avoué, s'approche du foyer, se baisse vers la grille, et cherche à rallumer la chandelle ; les cendres y sont froides, ses efforts sont inutiles ; et après avoir appelé vainement l'écrivain, il dit à l'avoué qu'il descend pour chercher de la lumière.

M. Tulkinghorn, par un motif quelconque, va l'attendre sur le carré ; la lumière brille bientôt sur la muraille, et le vieillard remonte lentement, suivi de son chat aux yeux verts.

« A-t-il en général le sommeil aussi dur ? demande le procureur.

— Je ne sais pas, dit Krook en hochant la tête et en relevant les sourcils ; je ne connais rien de ses habitudes, si ce n'est qu'on le voit rarement et qu'il ne parle jamais. »

A la lueur de sa chandelle, les grands yeux des volets s'assombrissent et paraissent se fermer ; ceux de l'homme qui est couché sur le lit restent toujours ouverts.

« Miséricorde ! s'écrie l'avoué, il est mort ! »

Krook lâche subitement la main de l'expéditionnaire, qu'il avait prise.

« Vite un médecin ! appelez miss Flite ; elle demeure au troisième ; voilà le poison ! appelez miss Flite, monsieur, » dit Krook en étendant ses mains décharnées au-dessus du cadavre comme un vautour qui déploie ses ailes.

M. Tulkinghorn se précipite vers l'étage supérieur, et s'écrie :

« Miss Flite ! miss Flite ! dépêchez-vous de descendre, dépêchez-vous, miss Flite ! »

Krook le suit du regard, et, pendant que l'avoué appelle la vieille fille, trouve le moyen de se glisser vers le portemanteau et de revenir auprès du lit.

« Courez, Flite, courez chez le docteur le plus proche, » dit-il en s'adressant à une petite femme qui disparaît en un clin d'œil et revient bientôt accompagnée d'un médecin qu'elle a trouvé à table, et qui joint à un accent écossais fortement prononcé une grosse lèvre supérieure couverte de tabac.

— Parbleu, dit-il après un court examen, il est mort, et bien mort. »

M. Tulkinghorn, qui se tient debout à côté du vieux portemanteau, demande s'il y a longtemps qu'il a rendu le dernier soupir.

« Probablement trois heures, lui répond l'homme de l'art.

— A peu près, dit un jeune homme brun qui est de l'autre côté du lit.

— Appartenez-vous au corps médical ? demande le premier docteur.

— Oui, monsieur, dit le jeune homme.

— Dans ce cas-là je puis partir, car ma présence ici est complétement inutile. » Et terminant sa visite il va finir son dîner.

Le jeune homme brun passe et repasse la chandelle sur le visage de l'expéditionnaire, qui justifie complétement le nom qu'il s'était donné, car maintenant il n'est rien.

« Je le connaissais beaucoup de vue, dit le jeune médecin ; depuis dix-huit mois je lui ai vendu souvent de l'opium. Y a-t-il ici quelqu'un de sa famille ?

— J'étais son propriétaire, répond le vieillard en faisant une grimace ; et il m'a dit une fois que j'étais le plus proche parent qui lui restât au monde.

— Il est mort par l'opium, dit le médecin ; la chambre est fortement imprégnée d'une odeur qui l'annonce ; et il y a là de quoi empoisonner dix personnes, ajoute-t-il en montrant une vieille théière qui est à côté du lit.

— Pensez-vous qu'il l'ait fait à dessein ? demande le vieillard.

— D'exagérer la dose ?

— Oui, répond le regrattier, qui savoure ces détails auxquels il apporte un horrible intérêt.

— Je ne sais pas ; il avait l'habitude de prendre énormément d'opium ; personne ne peut dire si cette fois il a outré la dose avec l'intention d'en finir. Il était, je crois, dans la misère ?

— Sa chambre n'annonce pas qu'il fût riche, dit le vieux marchand de guenilles, en promenant autour de lui un regard perçant qu'il paraît emprunter aux yeux verts de son chat. Mais je n'y suis jamais venu depuis qu'il l'habitait, et il n'était pas homme à conter ses affaires.

— Vous devait-il quelque chose ?

— Six semaines de loyer.

— Qu'il ne payera jamais, car il est mort et bien mort. A en juger d'après les apparences, c'est fort heureux pour lui. Toutefois il a dû avoir une belle tête dans sa jeunesse, et je ne serais pas surpris qu'à cette époque il occupât dans le monde une position élevée, poursuit le jeune médecin d'une voix émue en s'asseyant sur le bord du grabat, et en posant la main sur la poitrine du malheureux Nemo. Je me rappelle avoir été frappé de ses manières : elles avaient quelque chose qui dénotait l'homme distingué tombé dans la misère par un malheur quelconque. N'en avez-vous pas été frappé aussi ?

— Autant vaudrait me demander ce qu'ont été les femmes dont j'ai la chevelure dans mes sacs, répond le vieillard ; tout ce que je puis dire, c'est qu'il a été mon locataire un an et demi ; et que, pendant ces dix-huit mois, il vivait.... ou ne vivait pas.... des copies qu'il faisait ; je n'en sais pas davantage. »

Pendant cet entretien, M. Tulkinghorn resté à l'écart, près du portemanteau, est complétement étranger, en apparence, aux divers genres d'intérêt que manifestent les trois personnes qui entourent le cadavre : intérêt scientifique de la part du jeune homme ; curiosité chez le vieux Krook ; profond respect mêlé de terreur chez la pauvre miss Flite ; mais le visage impassible de l'avoué n'exprime rien, ne reflète rien, pas plus que son habit d'un noir mat qui n'a jamais eu de lustre ; M. Tulkinghorn ne se montre ni attentif ni distrait, il est rentré dans sa coquille ; il serait aussi difficile de soupçonner ce qui se passe en lui que de juger du son d'un instrument par l'étui qui le renferme.

« Je suis entré dans cette chambre un instant avant vous, dit-il au jeune médecin, de la voix calme et froide dont il parle d'affaires; j'avais l'intention de donner au défunt, que je n'ai jamais vu pendant sa vie, plusieurs copies à expédier. C'est par M. Snagsby, mon papetier, que j'ai entendu parler de lui; puisque personne ne peut rien dire relativement à cet homme, il pourrait être bon d'envoyer chercher Snagsby, qui paraît l'avoir connu. Ah! » dit-il en s'adressant à la petite femme qu'il a vue souvent à la cour, et qui s'offre en silence pour courir chez Snagsby; « volontiers, s'il vous plaît. »

Le jeune docteur termine son examen désormais inutile, et couvre le défunt des lambeaux qu'il trouve sur le grabat; M. Krook et lui échangent quelques paroles; M. Tulkinghorn ne dit rien; mais il reste toujours près du portemanteau.

M. Snagsby arrive en toute hâte; il a gardé sa houppelande et ses manches de lustrine.

« Mon Dieu! mon Dieu! s'écrie-t-il, est-ce bien possible? en est-il venu à cette extrémité?

— Snagsby, pouvez-vous donner au propriétaire de cette maison quelques renseignements sur cet infortuné? demande M. Tulkinghorn; il paraît que le défunt lui doit six semaines de loyer; il faut, en outre, faire enterrer ce malheureux.

— Monsieur, répond Snagsby en toussant derrière sa main avec humilité, je ne sais vraiment pas quel avis je pourrais donner, si ce n'est toutefois d'avertir le bedeau.

— Je ne demande pas d'avis, reprend M. Tulkinghorn, je sais fort bien ce qui est à faire.

— Personne ne le sait mieux que vous, répond M. Snagsby, accompagnant ces paroles de sa toux de déférence.

— Je vous demande si vous pouvez fournir quelques renseignements sur la famille de cet homme, son pays ou ses affaires.

— Mais, monsieur, répond Snagsby, je ne sais pas plus d'où il est venu que je ne sais....

— Où il est allé, insinue le jeune médecin, venant au secours du papetier.

— Quant à sa famille, reprend M. Snagsby, alors même qu'on me dirait : « Snagsby, vingt mille livres sont déposées pour toi « à la banque d'Angleterre si tu peux nommer seulement un des « parents de cet homme, » il me serait impossible d'en rien faire. Non, monsieur. Il y a environ dix-huit mois, si je me le rappelle bien, à l'époque où il vint loger dans cette maison....

— Dix-huit mois, c'est bien ça, interrompt M. Krook avec un signe d'assentiment.

— Il y a environ dix-huit mois, reprend M. Snagsby, encouragé par cette approbation, l'homme dont nous nous occupons vint chez nous un matin; nous sortions de déjeuner. Il trouva ma petite femme (c'est Mme Snagsby que je veux dire), il la trouva dans la boutique, lui présenta un spécimen de son écriture, en lui donnant à comprendre qu'il désirerait trouver des copies à faire, étant, pour dire le mot et parler sans détour (phrase favorite de M. Snagsby, qu'il emploie pour excuser sa franchise),... étant pressé par le besoin. Ma petite femme est généralement peu portée en faveur des étrangers, surtout quand ils demandent quelque chose; mais celui-ci avait un certain je ne sais quoi dans sa personne auquel ma petite femme se laissa prendre Était-ce parce qu'il avait une grande barbe ou de longs cheveux négligemment arrangés, ou par quelque motif connu seulement des dames, c'est ce que je ne pourrais dire; toujours est-il qu'elle accepta le spécimen et les adresses que lui présentait l'étranger; et, comme elle estropie souvent les noms et qu'elle avait cru entendre Nemrod pour Nemo, elle me disait à chaque repas : « Monsieur Snagsby, vous n'avez pas encore « donné d'ouvrage à Nemrod! » ou bien : « Pourquoi ne donneriez-« vous pas à Nemrod ces trente-huit folios du procès de Jarndyce « en Chancellerie? » Et c'est ainsi que peu à peu nous l'avons employé. Je ne sais pas autre chose en ce qui le concerne, sinon qu'il écrivait très-vite et ne s'inquiétait pas de travailler toute la nuit. Vous lui donniez, par exemple, quarante-cinq folios le mercredi soir, et vous les aviez le jeudi matin; ce qu'il vous confirmerait sans aucun doute, s'il lui était possible de le faire, ajoute M. Snagsby en approchant poliment son chapeau du grabat.

— Vous feriez bien, dit M. Tulkinghorn au vieux Krook, de voir s'il n'a pas quelque papier qui puisse vous éclairer; il y aura une enquête, et vous serez interrogé. Savez-vous lire?

— Non, répond le vieillard avec une grimace.

— Snagsby, reprend M. Tulkinghorn, examinez pour lui tous les objets qui sont dans cette chambre; vous lui épargnerez ainsi beaucoup de difficultés; et, puisque je me trouve là, j'attendrai que vous ayez terminé; seulement, dépêchez-vous. Si, plus tard, la chose était nécessaire, je pourrais servir de témoin et affirmer que tout s'est passé dans l'ordre. Prenez la chandelle, mon brave ami, dit-il à M. Krook, et M. Snagsby va chercher s'il existe le moindre papier qui puisse vous servir et vous faire rentrer dans vos fond-

— Voici d'abord un vieux portemanteau, dit Snagsby.

— Tiens, c'est vrai, » répond M. Tulkinghorn qui n'a pas l'air de l'avoir aperçu.

Le marchand de guenilles tient la chandelle; Snagsby fait la perquisition; le jeune médecin est appuyé au coin de la cheminée; miss Flite, retirée près de la porte, jette un regard effrayé dans la chambre, et l'habile avoué de la vieille école se tient toujours à la même place et dans la même attitude.

Le portemanteau ne contient que quelques vêtements sans valeur; un paquet de reconnaissances du prêteur sur gages, tristes laisser-passer sur la route de la misère; un chiffon de papier sentant l'opium, où quelques notes ont été prises : « Tant de grains tel jour; tel autre, une dose beaucoup plus forte, » et ainsi de suite, mémorandum commencé avec l'intention d'être continué régulièrement, mais bientôt abandonné; enfin quelques fragments de journaux crasseux, tous relatifs à des suicides. On cherche dans le placard, dans le tiroir de la table; mais pas la moindre lettre, pas un lambeau de papier. Le jeune médecin regarde dans la poche de l'habit du copiste : un canif et quelques sous, voilà tout ce qu'il y trouve. L'avis du papetier est le seul qu'on ait à suivre : il faut appeler le bedeau; miss Flite va le chercher, et tout le monde quitte la chambre.

« Emmenez votre chat, dit le jeune médecin à M. Krook; il ne doit pas rester ici. »

Le marchand de guenilles appelle lady Jane, qui descend furtivement l'escalier en faisant ondoyer sa queue flexible et en se léchant les lèvres.

« Bonsoir, » dit M. Tulkinghorn, qui rentre chez lui pour se livrer à ses méditations.

La nouvelle est déjà répandue dans le quartier; des groupes se forment pour discuter ce fait étrange. L'avant-garde de l'armée d'observation, composée de gamins, envahit les fenêtres de M. Krook. Un policeman est remonté dans la chambre, puis il est redescendu à la porte de la boutique, où il s'établit, ferme comme une tour, laissant tomber de temps en temps sur les gamins qui environnent sa base, un regard dont l'effet immédiat est de provoquer un mouvement de recul précipité. Mistress Perkins et mistress Piper, qui ne se parlent pas depuis trois semaines, et dont la brouille est venue à la suite d'une bataille entre le jeune Perkins et le jeune Piper, saisissent avec empressement cette occasion favorable de renouer leur ancienne amitié. Le garçon du café du coin, amateur privilégié, qui doit à sa position l'avantage d'avoir souvent affaire à des gens ivres et d'être ainsi versé dans l'art des pratiques policières, échange avec le policeman quelques paroles confidentielles. Les croisées sont ouvertes; on se parle d'une fenêtre à l'autre; des courriers sont expédiés de Chancery-Lane, pour savoir ce qui se passe dans le quartier; et c'est au milieu de ces émotions diverses que le bedeau arrive à la maison du défunt.

Le bedeau, bien qu'il soit généralement considéré comme une institution ridicule, n'en jouit pas moins en ce moment d'une certaine considération, ne fût-ce qu'en vertu de son privilége d'être admis seul à visiter le cadavre. Le policeman le tient pour un pékin imbécile, un reste des temps barbares où il existait des watchmen [1]. Cependant il le laisse passer comme une chose qui doit être acceptée jusqu'à ce qu'il ait plu au gouvernement d'en décréter l'abolition.

La nouvelle de l'arrivée du bedeau excite au plus haut point l'intérêt de la foule, intérêt qui augmente encore lorsqu'on apprend que l'homme d'église a pénétré dans la maison mortuaire.

Il en sort quelques instants après, et l'émotion, qui a langui dans l'intervalle, redevient plus vive qu'elle n'a jamais été.

Il court le bruit qu'on ne trouve pas de témoin qui puisse fournir le plus petit renseignement sur la personne du défunt. Le bedeau demande à tout le monde qui pourra lui donner quelques détails à ce sujet, et reçoit de tous côtés cette information, qui le rend de plus en plus stupide, à savoir que le fils de mistress Green, expéditionnaire comme le défunt, est le seul qui l'ait connu. Malheureusement, le fils de mistress Green est, depuis trois mois, à bord d'un vaisseau qui est en route pour la Chine; mais on pense que, par l'entremise des lords de l'amirauté, il n'en est pas moins accessible au télégraphe électrique. Le bedeau entre dans plusieurs maisons, dont il interroge les habitants à huis clos, et irrite le public par cette exclusion, sa lenteur et sa bêtise. Le policeman échange un sourire avec le garçon de café, l'intérêt public se refroidit et la réaction commence. De jeunes voix criardes accusent le bedeau d'avoir fait bouillir un enfant; des fragments d'une chanson populaire sont chantés en chœur et affirment qu'on a fait de cet enfant du bouillon pour les dépôts de mendicité. Le policeman juge enfin nécessaire de soutenir l'autorité; il saisit l'un des virtuoses, qu'il relâche dès que cet acte de vigueur a fait fuir tous les autres, mettant pour condition que le gamin videra les lieux, ce qu'il fait immédiatement. L'émotion s'apaise, l'intérêt s'évanouit, et le policeman, à qui un peu plus ou un peu moins d'opium est tout à fait indifférent, continue sa ronde d'un pas lourd et re-

---

1. Hommes de guet.

tentissant, frotte ses mains dans leurs gants blancs, et s'arrête au coin de la rue pour regarder si par hasard il n'apercevra pas un cas de procès-verbal, depuis un enfant perdu jusqu'à un assassinat.

Protégé par la nuit qui le couvre de son ombre, le bedeau parcourt Chancery-Lane, et porte, à ceux qu'elles concernent, des assignations où son nom est le seul mot dont l'orthographe soit correcte. Cette besogne terminée, il revient chez le défunt, où il a donné rendez-vous à certains individus qui montent avec lui dans la chambre mortuaire; et les yeux caves qui regardent par le trou des volets, peuvent contempler la dernière forme qu'on donne dans son linceul à Nemo, en attendant qu'on la donne à chacun de nous à son tour.

Toute la nuit, le cercueil reste à côté du vieux portemanteau. Et le mort solitaire, après avoir marché dans la vie pendant quarante-cinq ans, est étendu sur ce grabat, sans laisser plus de trace derrière lui qu'un enfant abandonné.

Le lendemain la cour est pleine d'animation; « une véritable foire, » comme mistress Perkins, réconciliée avec mistress Piper, le fait remarquer à cette excellente femme. Le coroner doit siéger dans la salle du premier étage des Armes d'Apollon, où deux fois par semaine ont lieu des réunions musicales dont l'orchestre est dirigé par un habile artiste, et où l'on entend le jeune Swills, chanteur comique de la plus haute valeur, qui espère (suivant l'affiche apposée à la fenêtre) que ses amis voudront bien encourager de leur présence un talent de premier ordre.

Les Armes d'Apollon font de très-brillantes affaires; les enfants même ont, sous l'influence de l'animation générale, éprouvé un tel besoin de réparer leurs forces, qu'un pâtissier, qui s'est établi pour la circonstance au coin de la rue, avoue que ses pains d'épice n'ont fait que paraître et disparaître, tandis que le bedeau, qui va et vient de la maison de M. Krook aux Armes d'Apollon, montre à quelques gens discrets la curiosité dont il est dépositaire, et accepte, en échange de cet aimable procédé, la politesse d'un verre d'ale ou de tout autre liquide.

A l'heure convenue arrive le coroner que les jurés attendent et que saluent à son passage les joueurs de quilles des Armes d'Apollon. Le coroner fréquente plus de cafés et de cabarets que qui que ce soit au monde; l'odeur de la bière, de la sciure de bois, du tabac et des liqueurs, est pour lui inséparable de la mort dans ce qu'elle a de plus imposant. Il est introduit par le bedeau et le maître du café dans la salle des concerts, où il pose son chapeau sur le piano et s'assied dans un fauteuil, à l'extrémité supérieure d'une grande table, composée de plusieurs autres placées bout à bout, et sur lesquelles des ronds gluants forment des entre-lacs déposés par les verres. Il y a autour de cette table autant de jurés qu'il peut en tenir ; les autres se tiennent au milieu des crachoirs et des pipes ; une guirlande de fer, qui sert de poignée à la sonnette, est suspendue précisément au-dessus de la tête du coroner, ce qui pourrait faire croire mal à propos au public ignorant que ce majestueux personnage doit être pendu séance tenante.

Les membres du jury sont appelés et prêtent serment les uns après les autres. Tandis que la cérémonie suit son cours, un petit homme à grosse tête, portant un col rabattu, l'œil humide, et le nez rouge, entre dans la salle où il produit une certaine sensation, et va modestement prendre place auprès de la porte, comme un simple curieux, bien qu'il paraisse connaître à merveille l'endroit où il se trouve. On dit tout bas que c'est le petit Swills, et l'on suppose qu'il vient étudier la voix du coroner, dont l'imitation formera le morceau principal de la réunion harmonique du soir.

« Gentlemen.... commence le coroner.

— Silence! dit le bedeau ; non pas au coroner, bien qu'on puisse croire que c'est à lui que s'adresse cette injonction.

— Gentlemen, répète le magistrat, vous avez été convoqués pour procéder à une enquête sur la mort d'un certain individu. Des dépositions vont avoir lieu devant vous, qui établiront les circonstances dans lesquelles cette mort a été découverte ; et vous aurez à prononcer votre verdict d'après les.... Diables de quilles! Bedeau, faites suspendre la partie ;... d'après les preuves qui vous seront données et seulement d'après ces preuves ; la première chose à faire est d'examiner le corps.

— Faites place! » crie le bedeau.

Et comme des gens qui vont aux funérailles, ils se dirigent vers le second étage de la maison de M. Krook, d'où s'échappent bientôt quelques-uns des jurés d'une excessive pâleur. Deux gentlemen, dont les boutons et les parements laissent beaucoup à désirer, sont l'objet des soins particuliers du bedeau qui a fait mettre pour eux, dans la grande salle, une petite table à côté de celle du coroner, et qui, dans la chambre du défunt, les place de manière qu'ils puissent voir tout ce qui doit être vu ; car ces deux gentlemen sont les chroniqueurs attitrés de ce genre d'enquête, et notre bedeau, qui n'est pas exempt plus que nous des faiblesses humaines, espère bien lire, imprimé dans le compte rendu de l'affaire, que « Mooney,

l'actif et intelligent bedeau du district, a dit et fait, etc., etc. »
Il aspire même à voir le nom de Mooney mentionné avec autant
de faveur que celui du bourreau l'a été dans quelques articles
récents.

Le petit Swills attend dans la salle le retour du jury et du
coroner, ainsi que M. Tulkinghorn. L'avoué est accueilli avec
distinction par le magistrat, qui le fait asseoir à côté de lui,
entre le seau à charbon et un billard harmonique. On procède à
l'enquête ; le jury apprend comment est mort celui dont il s'occupe, mais rien de plus sur le compte du défunt.

« Gentlemen, dit le coroner, un juriste éminent, qui se
trouve dans l'assemblée, a assisté par hasard à la découverte du
fait qui est le sujet de cette enquête; mais sa déposition serait
exactement la même que celles du médecin, du propriétaire, du
colocataire du défunt, précédemment entendus, et il est inutile
de donner à ce juriste éminent la peine de déposer. Y a-t-il quelqu'un dans l'auditoire qui ait d'autres renseignements à nous
communiquer ? »

Mistress Perkins pousse en avant mistress Piper, qui décline
ses nom, prénoms et qualité, et prête le serment qu'on lui
demande.

« Anastasie Piper, qu'avez-vous à nous dire ? »

Anastasie a toujours beaucoup à dire, particulièrement entre
parenthèses et sans ponctuation, mais fort peu de faits à raconter. Elle demeure dans Cook's-Court (où son mari est menui-
sier), et depuis longtemps on disait entre voisins (à partir de l'avant-
veille du matin où Alexandre-James Piper a été ondoyé à l'âge de
dix-hu** mois et quatre jours, vu qu'on ne croyait pas qu'il vivrait,
gentlemen, tant le pauvre petit souffrait des dents) que le plaignant (mistress Piper appelle ainsi le défunt, et insiste pour lui
garder ce nom) avait vendu son âme. Elle pense que l'air du
plaignant avait donné lieu à cette croyance. Elle le voyait souvent et lui trouvait un air barbaratif qui ne permettait pas d'en
laisser approcher les enfants (et si l'on en doutait elle demande que mistress Perkins, qui est à l'audience, et qui fait
honneur à son mari, à sa famille et à elle-même, soit appelée
pour le dire). Elle a vu le plaignant bien des fois poursuivi par
les enfants qui criaillaient après lui (car on ne peut pas attendre
des enfants qu'ils se montrent meilleurs pour ces mécréants que
vous ne le seriez vous-mêmes), et il avait le regard si noir
qu'elle a rêvé souvent qu'il tirait une pioche de sa poche et fen-
dait la tête à Johnny (car c'est un enfant qui ne connaît pas la
peur et qu'elle a plus d'une fois été forcée de le rappeler, le

trouvant toujours sur les talons du plaignant). Mais jamais, tout de même, elle n'a vu le plaignant prendre une pioche ou une autre arme de n'importe quelle façon. Elle l'a vu se sauver quand on courait après lui ou qu'on l'appelait, montrant assez qu'il n'aimait pas les enfants et ne l'a jamais vu parler à personne (excepté au garçon qui balaye la traversée de la rue au détour du coin; mais, quant à lui, c'est vrai qu'il lui parlait souvent).

Le coroner demande si ce garçon est à l'audience.

« Non, monsieur, répond le bedeau.

— Allez le chercher et ramenez-le, » dit le magistrat qui, pendant l'absence de l'actif et intelligent Mooney, fait la conversation avec M. Tulkinghorn.

« Le voici, gentlemen. »

Et en effet le voici enroué, sale et couvert de guenilles.

« Vous connaissez, dit-on.... »

Mais attendez, prenez garde; ce va-nu-pieds doit être soumis à un examen préliminaire. Votre nom? — Jo; il n'en connaît pas d'autre et ne sait pas même que chacun a deux noms; il ne sait pas non plus que Jo est un diminutif et le trouve bien assez long pour lui. Savez-vous l'écrire? — Non; il n'a jamais été à l'école. Il n'a ni père, ni mère, ni amis, ni feu, ni lieux; il sait qu'un balai est un balai, et qu'il est mal de mentir; ne se rappelle pas qu'est-ce qui le lui a dit, mais enfin il le sait; « n' peut pas dire quoi qui l'y s'ra fait quand y s'ra mort, si y dit une menterie aux mossieux qui sont là; mais y croit qui l'y s'ra fait queuqu' chose pour le punir, c' qui s'rait ben fait, et pour lors y n' dira qu' la vérité. »

— Il était complétement inutile de l'envoyer chercher, dit le coroner en secouant la tête avec mélancolie.

— Vous ne pensez pas que la cour puisse recevoir son témoignage? demande l'un des jurés.

— Ça ne fait pas le moindre doute; vous l'avez entendu; je ne dis pas que cela ne servirait à rien; mais on ne peut point admettre ça dans une cour de justice. C'est une affreuse dépravation. Bedeau! faites-le retirer. »

L'ordre s'exécute immédiatement, à la grande édification de l'assemblée, particulièrement du petit Swills, le grand chanteur comique.

« Y a-t-il d'autres témoins?

— Non, coroner.

— Très-bien, gentlemen! Un inconnu, ayant l'habitude de boire de l'opium en grande quantité, depuis dix-huit mois au moins, ce dont on a la preuve, est trouvé mort à la suite d'une dose exagérée de ce poison. Y a-t-il eu suicide ou mort accidentelle? Vous avez entendu les dépositions des témoins, et vous rendrez votre verdict suivant la conviction qu'elles ont fait naître dans votre esprit. »

Le jury se prononce pour la mort accidentelle; aucun doute ne subsiste.

« Gentlemen, vous êtes libres, et je vous souhaite le bonjour. »

Pendant que le coroner boutonne son pardessus, il interroge, conjointement avec M. Tulkinghorn, le témoin qui a été repoussé.

Le malheureux ne sait rien; il raconte seulement que le défunt dont il vient de reconnaître le visage pâle et les cheveux noirs était quelquefois poursuivi par les enfants qui le huaient dans les rues; qu'un soir d'hiver où il faisait bien froid, lui, pauvre garçon, tremblait au seuil d'une porte, à côté de la traversée qu'il balaye; que cet homme pâle et brun se retourna, l'aperçut, revint sur ses pas, le questionna et apprenant qu'il était sans ami sur la terre, lui avait dit : « Moi non plus, je n'en ai pas, » et lui avait donné de quoi payer son souper et son coucher de la nuit; que, depuis lors, il lui parlait souvent; lui demandait s'il dormait toujours bien; comment il supportait le froid et la faim, si jamais il avait souhaité de mourir, et d'autres choses pareilles; que, lorsqu'il était sans argent, il lui disait : « Aujourd'hui, je suis aussi pauvre que toi; » mais que, quand il en avait, il lui en donnait toujours, et de grand cœur. « Il était si bon pour moi, continue le pauvre Jo en essuyant ses yeux avec sa manche en guenilles; je voudrais qu'il aurait pu m'entendre, quand je l'ai vu couché là, tout à l'heure et qu' j'ai dit comm' ça qu'il était bon pour moi, car c'est vrai qu'il l'était. »

Il rencontre dans l'escalier M. Snagsby, qui s'y est arrêté pour l'attendre, et qui lui met une demi-couronne dans la main.

« Surtout n'en parlez pas, si jamais vous me voyez avec ma petite femme, » insinue le papetier, en portant son index au bout de son nez, pour ajouter plus de force à la recommandation.

Les jurés flânent pendant quelque temps à la porte des Armes d'Apollon, et se dispersent peu à peu; une demi-douzaine restent encore au milieu de la fumée de tabac qui s'échappe de l'intérieur du café. Deux d'entre eux se dirigent enfin vers Hampstead; les quatre autres arrangent pour le soir une partie de spectacle à moitié prix, avec souper aux huîtres pour couronner la fête. Le petit Swills est fêté par différentes personnes et répond à ceux qui lui demandent son avis sur l'enquête du coroner, que c'est une « vraie blague, » Swills n'est pas, en général, un modèle de style académique. Le patron des Armes d'Apollon, voyant la popularité du petit Swills, fait un pompeux éloge du comique; et ajoute que, pour le chant à caractère, il ne connaît pas son égal, sans compter que cet habile artiste aurait de quoi remplir une charrette de tous ses déguisements.

Le jour s'en va; l'ombre voile de plus en plus les Armes d'Apollon qui s'effacent pour briller l'instant d'après sous des flots de gaz. L'heure du concert est arrivée; le chef d'orchestre est à son poste; le petit Swills est en face de lui, entouré d'amis nombreux, qui sont venus soutenir de leur concours ce talent de premier ordre.

La soirée s'avance, la salle est comble. « Gentlemen, dit le petit Swills, je vais essayer, avec votre permission, de vous représenter une scène de la vie réelle qui a eu lieu dans cette salle aujourd'hui même. » Applaudissements prolongés. Swills disparaît et rentre bientôt avec le costume du coroner dont il a pris les traits; il raconte l'enquête et entremêle son récit de refrains joyeux, avec accompagnement de piano : « Vive la bouteille, lari don daine, vive la bouteille, lari don don. »

Le piano est enfin silencieux et les amis du petit Swills sont allés retrouver leur oreiller; tout est calme autour du corps solitaire qui repose maintenant dans sa dernière demeure et que regardent seuls les orbites mystérieux percés dans les volets.

Si, par une vision prophétique, la mère de cet homme abandonné avait pu le voir ainsi, alors que, petit enfant, elle le pressait contre son cœur, et que le cher ange, essayant de s'attacher à son cou, levait des yeux souriants vers son visage plein d'amour, combien l'horrible vision lui eût semblé menteuse. Oh! si, à une autre époque, la flamme qui était en lui brûla jamais pour une femme qui l'ait aimé, où est-elle, pendant que ces restes sont encore sur la terre !

La nuit est loin d'être calme chez le papetier de Cook's-Court. Guster en a chassé le sommeil par vingt crises successives, si M. Snagsby ne s'est pas trompé dans son compte. La pauvre fille a le cœur sensible et quelque chose en elle qui aurait pu devenir de l'imagination, n'étaient le bienfaiteur qui afferma sa jeunesse et la paroisse qui l'a recueillie dès sa naissance. Toujours est-il qu'elle a été si vivement impressionnée en entendant M. Snagsby raconter les détails de l'enquête du coroner, qu'au beau moment du souper elle s'est étalée sur le pavé de la cuisine, précédée d'un fromage de Hollande, et n'est sortie d'un accès que pour retomber dans un autre, profitant des courts intervalles qui lui étaient laissés, pour conjurer sa maîtresse de ne pas la renvoyer dès qu'elle serait rétablie, et pour prier tout le monde de la laisser par terre et d'aller se coucher.

Le coq de la laiterie voisine entonne son chant matinal sans trop savoir pourquoi.

M. Snagsby, pourtant le plus patient de tous les hommes, respire longuement et ne peut s'empêcher de s'écrier : « Enfin ! je croyais que tu étais mort. » Quel problème cette volaille enthousiaste s'imagine-t-elle résoudre en s'égosillant ainsi ? pourquoi embouche-t-elle la trompette à propos de quelque chose qui ne l'intéresse nullement ? Il est vrai que l'homme agit de même en certaines occasions triomphales. Après tout, cela la regarde; il nous suffit que le jour paraisse, que le matin vienne et que midi arrive.

Mooney, que les journaux qualifient de bedeau actif et intelligent, se présente alors chez M. Krook avec sa compagnie des pauvres et enlève le corps de notre cher frère, qu'il fait porter dans un cimetière pestilentiel, ignoble, resserré entre des rues étroites, d'où les fièvres malignes se répandent sur nos chers frères et nos chères sœurs qui sont encore de ce monde, pendant que d'autres chers frères et chères sœurs qui hantent les escaliers dérobés des ministères et obsèdent les puissants (plût à Dieu que ceux-là ne fussent plus de ce monde !) font les aimables et les complaisants. Et dans ce petit coin de terre, abomination qui révolterait les Turcs et dont la vue ferait tressaillir un Caffre, ils portent le corps du trépassé pour qu'il y reçoive une sépulture chrétienne.

Les maisons les regardent passer le long du chemin, jusqu'à ce qu'ils arrivent à un tunnel qui conduit à la grille du cimetière infâme où se pressent toutes les iniquités de la vie sur le seuil de la mort; tous les poisons de la mort au centre de la vie ! c'est là qu'ils déposent notre cher frère à un ou deux pieds de profondeur; là, qu'ils le sèment dans la corruption pour y ressusciter un jour dans la pourriture, et témoigner devant les siècles futurs de la barbarie qui se mêlait à la civilisation dans cette île orgueilleuse[1].

Viens, ô nuit ! viens ! tu n'arriveras jamais assez vite pour voiler cet horrible endroit que tu ne couvriras jamais assez longtemps.

Lumières errantes, apparaissez aux fenêtres de ces maisons hideuses; et vous, qui, au fond de ces bouges, pratiquez l'infamie, retirez-vous au moins de cette effroyable scène. Flamme

---

1. Allusion à la manière infamante dont on enterre à Londres les suicidés, par forme de punition.

qui brûles si tristement au-dessus de la grille où l'air empoisonné dépose une bave gluante, appelle ceux qui passent et dis-leur : « Regardez ! »

Avec la nuit s'avance un malheureux qui, la tête baissée, traverse le tunnel et s'approche du cimetière ; il pose les mains sur les barreaux de la grille et regarde pendant quelques instants ; il prend ensuite le vieux balai qu'il apporta, nettoie la marche et le passage de la porte ; puis il regarde encore à travers les barreaux et s'en va tristement.

Est-ce toi, pauvre témoin repoussé ? toi qui ne sais rien, pas même le nom de Dieu ; au milieu de ton ignorance, un rayon de la lumière lointaine est descendue jusqu'à toi et se retrouve dans le motif de cette action touchante, que tu as exprimé en disant : « Il était bon pour moi ! il était bon pour moi ! »

CHAPITRE XII.

Au guet.

La pluie a enfin cessé dans le Lincolnshire, et Chesney-Wold a retrouvé le mouvement et la vie. Mistress Rouncewell est dans le coup de feu, car sir Dedlock et milady vont bientôt arriver. Le courrier fashionable vient de l'apprendre et s'empresse de communiquer cette heureuse nouvelle à l'Angleterre, que cette absence a plongée dans la nuit ; il annonce, en même temps, que sir Dedlock et milady recevront *l'élite du beau monde* dans leur vieux château patrimonial du Lincolnshire.

L'arche du pont de Chesney-Wold a été réparée en cet honneur ; et les eaux, qui ont repris leur cours ordinaire, serpentent gracieusement dans leur lit habituel et forment l'un des traits les plus remarquables du paysage qu'on aperçoit du château. Un beau soleil d'hiver jette sa froide clarté au milieu des branches nues et regarde le vent de bise qui fait tourbillonner les feuilles et la mousse desséchée ; il rase la cime des arbres et, poursuivant l'ombre mobile des nuages qui fuient devant lui il s'arrête aux fenêtres du grand salon, rehausse les tableaux de touches étincelantes et traversant d'un éclair sinistre le portrait de milady, qui orne la grande cheminée va se briser sur le marbre du foyer.

Par ce même soleil clair et froid, et par ce même vent de bise, lady Dedlock et le baronnet montent dans leur calèche de voyage pour revenir en Angleterre (la femme de chambre de milady et le domestique favori de sir Dedlock sont tous les deux sur le siége). Au bruit des grelots et des coups de fouet, la voiture attelée de deux chevaux impatients et de deux centaures à grandes bottes, à chapeaux vernis et à queues flottantes, sort de la place Vendôme, passe au galop entre la colonnade bigarrée d'ombre et de soleil de la rue de Rivoli et le jardin du palais fatal qu'ont habité Louis XVI et Marie-Antoinette, franchit la place de la Concorde, les Champs-Élysées, la barrière de l'Étoile : adieu Paris.

Les quatre chevaux qui l'entraînent ne fuiront jamais assez vite ; car, même ici, milady Dedlock s'est ennuyée à périr : soirées, concerts, théâtres, promenades au bois, rien n'offre plus pour elle d'intérêt sous les cieux. Pas plus tard que dimanche dernier, tandis que les pauvres gens s'amusaient dans la ville, jouant avec les enfants au milieu des arbres taillés et des statues des Tuileries ; ou se promenaient, vingt de front, aux Champs-Élysées, rendus plus élyséens par les chevaux de bois et les marionnettes ; pendant, qu'au dehors, entourant Paris d'un cercle joyeux, les autres faisaient l'amour, dansaient, buvaient, fumaient, jouaient aux cartes, au billard, aux dominos, visitaient les cimetières ou écoutaient les charlatans, milady, en proie à un ennui qui la désespère, eut presque un mouvement de haine contre sa femme de chambre dont l'entrain et la vivacité révoltaient sa langueur ; et jamais elle ne quittera Paris assez vite.

Il est vrai que cette fatigue de l'âme, dont milady est accablée, sera partout sur sa route ; mais le seul remède qu'on puisse y apporter, si imparfait qu'il soit, est de fuir sans cesse et de quitter à la hâte le dernier endroit où cette fatigue vous a saisi. Laissons donc Paris derrière nous, échangeons-le pour la route sans fin, croisée par d'autres routes dont l'hiver a dépouillé les arbres ; et ne nous retournons pas avant que l'Arc de triomphe n'apparaisse plus que comme un point brillant au soleil, et la ville comme une simple citadelle, avec deux tours carrées sur lesquelles l'ombre et la lumière descendent obliquement ainsi que les anges dans la vision de Jacob.

Sir Leicester est généralement satisfait de l'existence et ne connaît pas l'ennui ; il peut toujours contempler sa propre grandeur quand il n'a rien de mieux à faire. C'est un immense avantage pour un homme que de posséder un sujet de méditation inépuisable et d'un intérêt aussi puissant. Il vient de terminer la lecture de ses lettres et s'appuie dans le coin de la calèche, où il réfléchit à la place importante qu'un homme comme lui tient dans la société.

« Vous avez ce matin un courrier plus considérable qu'à l'ordinaire, remarque milady, qui est fatiguée d'avoir lu presque une page en deux heures.

— Et pourtant, pas la moindre nouvelle.

— Cette longue épître est, j'imagine, de M. Tulkinghorn?

— Rien ne vous échappe, dit sir Leicester avec admiration.

— Ah! soupire milady, c'est le plus assommant de tous les hommes.

— Il joint à....; je vous demande mille fois pardon, il joint à sa lettre quelque chose pour vous, dit sir Leicester en cherchant l'épître et en la dépliant; nous avons changé de chevaux comme j'arrivais à ce post-scriptum, et je n'y ai plus pensé; je vous supplie de m'excuser. » Sir Leicester est si longtemps à trouver ses lunettes et à les ajuster sur son nez, que milady paraît un peu crispée. « Il dit : « Relativement au droit de passage.... » Mille pardons, ce n'est pas cela. Il dit.... hum.... hum.... J'y suis maintenant; m'y voilà : « Je présente, dit-il, mes respectueux compliments à milady qui, j'espère, se trouve bien de son voyage, et vous prie de me faire la faveur de lui dire (si toutefois cela peut l'intéresser) que j'ai quelques renseignements à lui donner sur la personne qui a copié l'affidavit joint aux pièces du procès en chancellerie, affidavit qui a si puissamment éveillé la curiosité de Sa Seigneurie; j'ai vu le copiste. »

Milady met la tête à la portière.

« C'est là ce que M. Tulkinghorn me charge de vous transmettre, fait observer le baronnet.

— Je voudrais marcher un peu, répond milady toujours à la portière.

— Marcher! répète sir Leicester avec surprise.

— Je voudrais marcher un peu, reprend milady en articulant de manière qu'on ne puisse pas s'y méprendre; faites, je vous prie, arrêter la voiture. »

La voiture s'arrête, le domestique favori quitte le siége et s'empresse d'abaisser le marchepied pour obéir à un geste impatient de milady, qui est si vite descendue et qui marche si rapidement, que sir Leicester, malgré son excessive politesse, n'a pu lui offrir la main pour sortir de voiture, et ne parvient à la rejoindre qu'au bout de quelques minutes. Elle est plus belle que jamais, le regarde en souriant, prend son bras, fait en flânant trois ou quatre cents pas, est affreusement ennuyée de marcher, et reprend sa place dans la voiture.

Le bruit des roues et des chevaux continue pendant la plus grande partie des deux journées suivantes, accompagné de plus ou moins de grelots, de coups de fouet et de mouvements des centaures; l'excessive politesse du baronnet pour milady, et réciproquement, fait le sujet de l'admiration générale dans tous les hôtels où ils s'arrêtent.

« Quoique milord soit un peu âgé pour milady, et qu'il pût être son père, fait observer l'hôtesse du *Singe doré*, on n'a besoin que d'un coup d'œil pour voir combien ils s'aiment. »

Milord, découvrant ses cheveux blancs et le chapeau à la main, aide avec tant de respect milady à descendre de voiture; et milady répond à la politesse de milord en inclinant si gracieusement sa jolie tête et en abandonnant avec un si doux sourire ses doigts effilés à la main qui lui est offerte, que c'est vraiment ravissant.

La mer n'a pas du tout d'égard pour les grands hommes et les traite absolument comme le fretin; elle est en général fort mauvaise pour sir Leicester, qu'elle parsème de taches vertes comme un fromage de Roquefort, et dont elle ébranle le système aristocratique d'une manière effrayante. Néanmoins sir Dedlock triomphe de cette opposition radicale et recouvre sa dignité dès qu'il met pied à terre; il part immédiatement pour Londres avec milady, ne s'y arrête qu'une seule nuit, et se dirige vers Chesney-Wold.

Par ce même soleil clair et froid, plus froid encore à mesure que le jour décline, et par ce même vent de bise plus aigu et plus âpre à mesure que l'ombre s'épaissit dans les bois, milady et milord traversent leur parc du Lincolnshire. Les corneilles, regagnant leur retraite au sommet des vieux arbres, semblent se demander quelle est cette voiture qui arrive, et discuter vivement cette question importante. Les unes prétendent que sir Leicester et milady sont de retour; les autres se joignent aux mécontents, contredisent le fait et soutiennent leur opinion mordicus; la question paraît enfin jugée, mais l'instant d'après le débat recommence avec une nouvelle aigreur, ranimé par un vieil entêté, qui persiste à émettre un croassement contradictoire. Et laissant les corneilles croasser à leur aise, la calèche roule vers le château, où de grands feux éclairent quelques-unes des fenêtres, sans toutefois que leur nombre soit assez considérable pour animer la sombre masse qui se découpe sur le ciel et pour lui donner l'air d'une maison habitée, ce que fera bientôt l'élite brillante qui peuplera ces lieux.

La fidèle femme de charge se trouve à l'arrivée de la voiture, et reçoit avec une profonde révérence la poignée de main que lui donne sir Leicester.

« Comment vous portez-vous, mistress Rouncewell? je suis fort content de vous voir.

— J'ai l'honneur de vous souhaiter la bienvenue, et j'espère que je vous revois en bonne santé, sir Leicester?

— En parfaite santé, mistress Rouncewell.

— Milady a une mine charmante et l'air de se porter à merveille, » dit la femme de charge avec une autre révérence.

Milady répond brièvement qu'elle est très-fatiguée.

Rosa se tient à distance derrière mistress Rouncewell ; et milady, qui a conservé la rapidité d'observation qui la caractérise, demande aussitôt :

« Quelle est cette jeune fille ?

— Une jeune personne que j'ai prise avec moi, milady, et qui s'appelle Rosa. »

Milady fait signe à la jeune fille d'approcher et la regarde avec un intérêt évident.

« Savez-vous, lui dit-elle, que vous êtes très-jolie, mon enfant ?

— Non, milady, répond Rosa toute confuse et d'autant plus charmante.

— Quel âge avez-vous ?

— Dix-neuf ans et quelques jours.

— Dix-neuf ans.... répète milady qui devient pensive. Prenez garde qu'ils ne vous gâtent avec toutes leurs flatteries.

— Oui, milady. »

Milady touche de ses doigts délicats et gantés la joue à fossettes de la jeune fille et se dirige vers l'escalier où l'attend sir Leicester pour lui donner la main. Un vieux Dedlock, aussi grand et aussi stupide que nature, est incrusté dans la boiserie et a l'air de ne savoir à quoi penser; sans doute pour plus de ressemblance avec l'état qui lui était habituel sous le règne d'Élisabeth.

Une fois rentrée dans la chambre de mistress Rouncewell, Rosa ne tarit pas en éloges sur le compte de milady : « Elle est si affable, si élégante, si belle et si gracieuse ; elle a une voix si douce et un toucher si délicat ! » La femme de charge confirme toutes ces louanges, non sans éprouver un certain orgueil personnel; toutefois elle fait quelque réserve à propos de l'affabilité sur laquelle insiste Rosa; elle n'est pas bien sûre que milady soit affable. Dieu la préserve de dire un seul mot défavorable sur l'un des membres de cette noble famille, surtout contre milady, que chacun admire; et cependant, si milady voulait avoir un peu plus d'abandon, être moins réservée, moins froide, mistress Rouncewell pense qu'elle en serait plus parfaite.

« Il est presque dommage, continue la femme de charge, seulement presque, notez bien, car cela frise l'impiété de supposer que quelque chose pourrait être mieux que ce qui est, relativement aux Dedlock, presque dommage que milady n'ait pas d'enfants; si elle avait eu une fille, qui pourrait être déjà grande, et qui serait pour elle un profond intérêt dans la vie, je crois qu'elle possèderait la seule perfection qui lui manque.

— N'en aurait-elle pas eu au contraire plus d'orgueil encore? demande Watt, qui revient souvent à Chesney-Wold; c'est un si bon petit-fils!

— Il ne m'appartient pas, mon cher enfant, reprend avec dignité la femme de charge, de me servir du mot *plus*, ni même de l'écouter, quand il implique une critique de milady.

— Je vous demande pardon, grand'mère, répond Watt; mais est-elle fière, oui ou non?

— Si elle est fière, ce n'est pas sans motif; les Dedlock ont mille fois raison de l'être.

— Très-bien; j'espère alors qu'ils suppriment de leur livre d'heures un certain chapitre à l'usage de nous autres, sur l'orgueil et les vanités de ce monde; pardonnez-moi, grand'mère, c'était pure plaisanterie de ma part.

— Sir Leicester et milady Dedlock, mon cher enfant, ne sont pas un sujet de plaisanterie.

— Assurément, dit Watt, sir Leicester n'a rien de plaisant; et je lui fais mes humbles excuses. Je suppose, grand'mère, que l'arrivée de la famille, voire celle de tous les hôtes qu'on attend, n'empêchera pas que je reste encore aux *Armes de Dedlock* un jour ou deux, ainsi que peut le faire tout autre voyageur?

— Pas le moins du monde, cher enfant.

— Tant mieux, dit Watt, parce que je.... parce que j'ai le plus vif désir de connaître les environs, qui me paraissent magnifiques. »

Il lance un coup d'œil à Rosa, dont les yeux sont baissés et qui est toute confuse; d'ailleurs, si le proverbe dit vrai, les oreilles de la jeune fille doivent lui tinter, car la femme de chambre de milady parle d'elle en ce moment avec toute la violence dont elle est susceptible. Cette dernière a trente-deux ans; c'est une Française, née dans le midi, entre Avignon et Marseille; brune, avec de grands yeux noirs et de beaux cheveux;

elle serait vraiment belle sans une bouche féline qui dépare son visage, et un resserrement général de la face qui rend la mâchoire trop aiguë et fait paraître le crâne trop saillant; elle a quelque chose d'acéré dans toute sa personne, et une certaine manière de regarder du coin de l'œil, sans avoir besoin de tourner la tête, dont on la dispenserait volontiers, surtout quand elle est de mauvaise humeur et qu'elle a près d'elle un couteau.

Cette expression indéfinissable perce tellement en elle, que, malgré sa toilette élégante et de bon goût, elle ressemble à une louve imparfaitement apprivoisée. D'ailleurs accomplie dans tout ce qui concerne les fonctions qu'elle occupe, elle s'exprime en anglais presque aussi bien que dans sa propre langue, et les paroles ne lui manquent pas pour accabler la pauvre Rosa, coupable d'avoir fixé l'attention de milady.

« Ah! ah! ah! vraiment! Elle, qui est depuis cinq ans au service de milady et qu'on a toujours tenue à distance, voir cette nouvelle venue, cette poupée, caressée dès que milady l'aperçoit. « Savez-vous que vous êtes très-jolie, mon enfant? — Non, « milady. » (En cela vous avez bien raison, ma petite.) « Et quel « âge avez-vous, mon enfant?... Prenez garde qu'ils ne vous « gâtent avec toutes leurs flatteries! » Oh! la bonne chose! l'excellente chose! » s'écrie Mlle Hortense, qui a contrefait la voix de milady en y ajoutant maintes grimaces, et il faut qu'elle trouve en effet la chose bien amusante car elle ne peut l'oublier; à chaque repas, dans la société même de ses compatriotes attachées aux visiteurs de Chesney-Wold, elle jouit en silence de cette bonne plaisanterie; on s'en aperçoit à sa moue plus allongée, à un resserrement plus prononcé du visage et à un regard plus perfide que réfléchit souvent le miroir de milady, quand milady n'est pas là pour s'y mirer elle-même.

Du reste, toutes les glaces du château sont maintenant occupées. Après n'avoir, pendant longtemps, reflété que le vide, elles réfléchissent aujourd'hui les traits divers de tous les hôtes qui sont venus passer à Chesney-Wold une semaine ou deux de janvier : traits charmants, figures souriantes et visages de soixante-dix ans qui ne consentent pas à vieillir; élite brillante que le courrier fashionable, un grand chasseur devant Dieu, suit à la piste depuis le lancer à la cour de Saint-James, jusqu'à ce que la mort ait sonné l'hallali.

Tout n'est que vie et mouvement dans le trou du Lincolnshire. Pendant le jour, les cavaliers et les voitures animent les grandes allées du parc, où retentissent le son des voix et le bruit des armes à feu. Valets et serviteurs de tout genre circulent dans le village, où ils encombrent l'auberge des *Armes de Dedlock*; et, vue la nuit à une certaine distance, la rangée de fenêtres du grand salon apparaît comme un collier de pierres précieuses montées sur émail noir. Le dimanche, la petite église humide et froide est presque réchauffée par cette foule élégante, et la vague odeur que répandent les restes des vieux Dedlock disparaît sous des parfums d'une exquise délicatesse.

Cette réunion brillante renferme en elle-même une somme considérable d'esprit, d'éducation, de courage, de beauté, d'honneur et de vertu; et cependant elle a quelque chose de faux en dépit de ses immenses avantages : c'est le dandysme. Nous n'avons plus George IV, aujourd'hui, pour imposer la mode aux fashionables, et c'est dommage. Nous avons perdu les essuie-mains empesés qu'on portait en cravates, les habits à taille courte, les faux mollets et les corsets; nous n'avons plus d'efféminés qui s'évanouissaient à l'opéra par excès de ravissement, et que d'autres efféminés ramenaient à la vie en leur mettant sous les narines des flacons emmanchés d'un long cou; plus de ces caricatures, de ces incroyables qui avaient besoin de quatre hommes pour entrer dans leur culotte de peau de daim; qui allaient voir en partie de plaisir toutes les exécutions, mais dont la conscience était troublée pour avoir « consommé un pois[1]. » Mais le dandysme existe encore parmi les fashionables; dandysme plus dangereux que les essuie-mains en cravates, ou même que les ceintures qui entravaient la digestion; car celui-là du moins ne pouvait pas se déguiser, et nul être raisonnable ne s'y laissait prendre. Il y a, dans le cercle brillant réuni à Chesney-Wold, quelques ladies et quelques gentlemen, qui, par exemple, ont établi un dandysme religieux, et qui, d'un commun accord, s'entretiennent, d'une certaine façon et à la dernière mode, du manque de foi chez le vulgaire; qui ne peuvent trop s'étonner qu'un homme ait perdu la foi qu'il avait dans la valeur d'un schelling, après avoir découvert que ce schelling était de la fausse monnaie; ladies et gentlemen, qui arrêteraient volontiers l'horloge du temps et effaceraient quelques siècles de l'histoire pour que le vulgaire demeurât pittoresque et fidèle aux vieux usages: ou bien encore des ladies et des gentlemen, d'un autre genre fort élégant aussi, bien qu'un peu moins nouveau, qui sont convenus de passer un vernis sur

---

[1]. Allusion à Brunel, qui craignit un jour d'avoir mangé un pois.
(*Note du traducteur.*)

toutes les choses de ce monde, qui font abstraction de toutes ses réalités, qui ne se réjouissent et ne se désolent de rien; qui ont trouvé non pas le mouvement, mais le repos perpétuel, et sont incapables d'être émus par une idée quelconque; des gens pour qui même les beaux-arts, poudrés et marchant à reculons comme le lord chambellan, doivent revêtir le costume des générations éteintes et surtout rester calmes et immobiles, sans recevoir aucune impression de ce siècle remuant.

Il y a aussi milord Boodle, qui connaît les affaires, qui jouit dans son parti d'une immense réputation, et qui, en causant avec sir Leicester, lui dit gravement qu'il ne sait vraiment pas où ce siècle veut en venir. Un débat n'est plus ce qu'était jadis un débat; la chambre n'est plus ce qu'elle a toujours été; un cabinet même ne se forme plus aujourd'hui comme on le formait autrefois. Supposez que le ministère actuel vienne à être renversé, la couronne ne pourrait choisir, pour la formation du nouveau cabinet, qu'entre lord Coodle et sir Thomas Doodle; et, comme il est probable que le duc de Foodle refuserait d'entrer dans une combinaison où l'on admettrait Goodle, par suite de la rupture qui a eu lieu après l'affaire Hoodle, il faudrait donner le ministère de l'intérieur à Joodle, qui prendrait en même temps la direction de la chambre des communes; les finances à Koodle, les colonies à Loodle, les affaires étrangères à Moodle; et que feriez-vous de Noodle? vous ne pourriez pas lui offrir la présidence du conseil, qui est réservée à Poodle; ni lui donner les eaux et forêts, qui sont à peine dignes de Quoodle. Il en résulte que le pays marche à sa ruine, et qu'il est perdu parce qu'il n'a pas où placer Noodle, ce qui est parfaitement démontré au patriotisme de sir Leicester.

Toutefois, l'honorable William Buffy conteste, à l'autre bout de la table, non pas la ruine complète du pays, qui ne fait pas le moindre doute; mais la cause de cet affreux désastre, qu'on ne saurait attribuer à Noodle, mais bien à Cuffy. Si vous aviez agi avec Cuffy, ainsi que vous deviez le faire quand il est entré au parlement, vous l'auriez empêché de passer à Duffy; et, de plus, l'ayant rallié à Fuffy, vous auriez entraîné Guffy, qui non-seulement vous eût donné tout le poids de son éloquence; mais vous eût permis de jeter dans les élections l'immense fortune de Huffy, qui vous aurait fait enlever la nomination de Juffy, de Kuffy et de Luffy, et fait acquérir Muffy, dont la science pratique et l'habitude des affaires auraient donné une force immense à votre administration; tout cela, au lieu de dépendre, comme aujourd'hui, du simple caprice de Puffy.

Quant à ce dernier point, les opinions sont différentes, ainsi qu'à propos d'autres sujets d'une minime importance ; mais il est parfaitement clair, pour tous ceux qui composent le cercle brillant et distingué qui entoure le baronnet, qu'il n'y a dans le pays d'autre intérêt en question que celui de Boodle et de sa suite, de Buffy et des siens. Il existe assurément une légion de surnuméraires à qui on peut s'adresser à l'occasion et sur lesquels on peut compter pour les interruptions et les applaudissements, comme au théâtre ; mais Boodle et Buffy, leurs héritiers, leurs administrateurs et leurs agents, sont les acteurs nés, les directeurs et les meneurs qui seuls doivent paraître sur la scène, interdite à jamais à tout ce qui n'est pas de leur famille.

Peut-être y a-t-il dans tout ceci plus de dandysme que l'élite fashionable rassemblée à Chesney-Wold n'aura un jour lieu de s'en féliciter ; car il en est des cercles les plus brillants et les plus distingués comme de celui que le nécromancien trace autour de lui : des êtres bizarres, dont on aperçoit de l'intérieur l'activité menaçante, se meuvent au dehors avec cette différence qu'appartenant au monde réel et n'étant pas de vains fantômes, leur invasion dans le cercle offrira plus de danger.

Il y a tant de maîtres à Chesney-Wold, qu'un ressentiment profond s'amasse au cœur des femmes de chambre, mécontentes de l'endroit où on les a reléguées, et dont on ne peut calmer l'irritation croissante ; car il n'y a, dans tout le château, qu'une seule chambre qui soit libre, une petite pièce de troisième ordre située dans une tourelle, et dont l'ameublement simple, mais confortable et passé de mode, lui donne un certain air de gravité qui sent l'étude et le cabinet d'affaires ; c'est la chambre de M. Tulkinghorn. Jamais on ne la donne à personne, vu que, d'un moment à l'autre, l'homme de loi peut venir sans qu'on l'attende. En effet il a pour habitude de traverser le parc en se promenant, d'entrer chez lui comme s'il n'avait pas quitté Chesney-Wold, de faire avertir le baronnet de son arrivée, pour le cas où on aurait besoin de lui, et d'apparaître dix minutes avant le dîner, près de la porte de la bibliothèque. Il rentre le soir dans sa tourelle, et s'endort ayant au-dessus de lui un drapeau que le vent fait gémir ; et, devant sa fenêtre, un balcon en terrasse où le matin, quand il fait beau, son noir personnage, qui se promène avant le déjeuner, fait l'effet d'une corneille de grande espèce.

Tous les jours, au moment du dîner, milady le cherche du regard dans l'ombre de la bibliothèque, et ne l'y aperçoit pas tous les jours, elle jette un coup d'œil au bas bout de la table, où son couvert l'attendrait s'il était au château, mais où sa place n'est pas vacante ; tous les soirs, elle demande négligemment à sa femme de chambre si M. Tulkinghorn est arrivé, et chaque fois il lui est répondu : « Non, milady, pas encore. »

Un soir, tandis que ses cheveux déployés lui couvrent les épaules, milady, après avoir entendu cette réponse, demeure absorbée dans ses pensées, jusqu'au moment où elle aperçoit dans la glace qui est devant elle deux yeux noirs qui l'observent avec curiosité.

« Ayez la bonté de continuer votre service, dit milady en s'adressant à l'image de Mlle Hortense, vous contemplerez votre beauté une autre fois.

— C'est la beauté de milady et non la mienne que j'admire.

— Quant à celle-là, répond milady, vous n'avez pas besoin de la contempler du tout. »

Enfin, un jour, un peu avant le coucher du soleil, au moment où les groupes qui, pendant une heure ou deux, ont animé le promenoir du revenant, viennent de laisser milady et sir Leicester en tête-à-tête sur la terrasse, M. Tulkinghorn apparaît ; il se dirige vers le baronnet, de ce pas méthodique qui lui est ordinaire, et que rien ne précipite ou ralentit. Il a toujours son masque impassible, si toutefois c'est un masque, et porte des secrets de famille dans chaque trait de son visage et dans chaque pli de ses vêtements. Du reste, qu'il soit dévoué corps et âme aux grands de ce monde, ou qu'il ne leur accorde rien de plus que les services qu'il leur vend, c'est un secret qu'il se garde à lui-même, comme il garde tous ceux qu'on lui confie, et ne se trahira pas.

« Comment vous portez-vous, monsieur Tulkinghorn ? » dit sir Leicester en lui tendant la main.

M. Tulkinghorn va très-bien, sir Leicester et milady vont à merveille ; c'est on ne peut plus satisfaisant. L'avoué, les mains derrière le dos, marche à côté du baronnet ; milady se promène à l'autre bout de la terrasse.

« Nous vous attendions plus tôt que cela, monsieur Tulkinghorn, » reprend sir Leicester. Gracieuse observation qui équivaut à ceci : « Monsieur Tulkinghorn, nous nous souvenons de votre existence alors même que vous n'êtes pas sous nos yeux ; vous occupez, comme vous voyez, un fragment de notre pensée. »

L'avoué le comprend, incline la tête, et répond qu'il est fort touché de cette remarque.

« Je serais venu plus tôt, ajoute-t-il, si je n'avais pas eu à traiter diverses matières relativement au procès qui existe entre vous et M. Boythorn.

— Un homme d'un esprit bien indiscipliné, répond sir Dedlock d'un ton sévère; excessivement dangereux pour la société; un véritable manant.

— Il est entêté, dit M. Tulkinghorn.

— C'est un défaut naturel à tous les gens de son espèce, réplique sir Leicester, dont la physionomie annonce un extrême entêtement.

— Toute la question est de savoir, poursuit l'avoué, si vous voulez céder quelque chose?

— Rien du tout, répond sir Leicester; *moi*, céder!

— Je n'entends pas dire quelque chose d'important; je sais que vous ne pourriez y consentir; je parle de quelque point minime.

— Monsieur Tulkinghorn, répond sir Leicester, il ne saurait y avoir de point minime entre moi et M. Boythorn; je vais plus loin et j'ajoute que je ne peux pas comprendre comment un de mes droits quelconques pourrait être quelque chose de minime; et c'est moins par rapport à moi comme individu que je parle ainsi, que relativement à la position de la famille que je suis chargé de maintenir. »

M. Tulkinghorn incline la tête : « J'ai maintenant mes instructions, dit-il, et je m'y conformerai. M. Boythorn nous causera beaucoup d'embarras....

— C'est le propre d'un tel esprit d'être une cause d'embarras; un égalitaire, un individu de basse extraction, qu'on aurait jugé, il a cinquante ans, à Old-Bailey, comme coupable de démagogie, et qu'on aurait puni sévèrement, si toutefois, ajoute le baronnet, on ne l'avait pas pendu, roué ou écartelé. »

Sir Leicester paraît décharger sa noble poitrine d'un pesant fardeau en prononçant cette sentence.

« Mais la nuit approche, dit-il, et milady s'enrhumerait; ne voulez-vous pas rentrer, chère belle? »

Arrivée près de la porte, milady adresse pour la première fois la parole à M. Tulkinghorn.

« Vous m'avez fait dire quelque chose relativement à la personne dont l'écriture avait paru attirer mon attention, dit-elle; cela vous ressemble bien de vous être souvenu de cette circonstance; moi, je l'avais complétement oubliée; ce sont vos quelques lignes qui me l'ont rappelée. Je ne peux pas m'imaginer quelle association d'idées a fait naître en moi cette écriture; mais certainement elle a réveillé l'une ou l'autre de mes pensées.

— L'une ou l'autre? répète M. Tulkinghorn.

— Oui, bien que je ne sache plus laquelle, répond milady avec insouciance. Avez-vous réellement pris la peine de découvrir le copiste de ce.... Qu'est-ce que c'était?... un affidavit?

— Oui, milady.

— Quel nom bizarre! »

Ils entrent dans une salle à manger sombre, où on déjeune le matin, éclairée dans le jour par deux fenêtres profondes donnant sur la terrasse. On est à l'heure du crépuscule; la flamme du foyer se reflète sur les boiseries et sur les vitres où, à travers cette lueur pâle et froide, tremble au souffle du vent, le paysage où glisse en rampant un brouillard grisâtre, seul voyageur qu'on aperçoive au-dessous des nuages amoncelés.

Milady s'étend dans un fauteuil au coin de la cheminée, sir Leicester prend celui qui est au coin opposé; M. Tulkinghorn s'assied devant le feu, étend le bras et se sert de sa main comme d'un écran; il tourne la tête du côté de milady, qu'il regarde....

« Oui, dit-il, je me suis informé de cet homme et je l'ai trouvé; mais ce qui est étrange, c'est qu'il était....

— Dans une position peu favorable, j'en ai peur, interrompit milady négligemment.

— Il était mort, dit M. Tulkinghorn.

— Ah! que dites-vous là? reprend sir Leicester, moins ému du fait en lui-même, que de l'entendre énoncer devant lui.

— On m'indiqua sa demeure, un bouge affreux, où la misère avait laissé d'ignobles traces, continue l'avoué; et c'est là que je l'ai trouvé; mais, je le répète, il était mort.

— Excusez-moi, monsieur Tulkinghorn, reprend le baronnet; je crois que moins on parlera de....

— Je vous en prie, sir Leicester, laissez finir cette histoire. Elle est vraiment faite pour être contée dans l'ombre. Quel horreur! mort, disiez-vous? »

M. Tulkinghorn le confirme par un signe de tête et continue:

« Mort de sa propre main....

— Sur mon honneur, s'écrie sir Leicester, je ne....

— Laissez-moi entendre la fin, dit milady.

— Tout ce que vous voudrez, chère belle: mais je dois dire....

— Non, vous n'avez rien à dire; continuez, monsieur Tulkinghorn. »

La galanterie de sir Leicester concède à milady tout ce qu'elle demande ; néanmoins il pense que parler de ces saletés dégoûtantes devant les classes supérieures de la société, c'est vraiment.... vraiment....

« Je disais donc, reprend l'avoué avec un flegme imperturbable, que sa mort peut être le résultat d'un suicide comme celui d'un accident, mais que personne n'a pu rien dire à cet égard. Je dois ajouter néanmoins que c'est bien de sa propre main qu'il est mort, même en supposant qu'il l'ait fait sans préméditation. Le jury du coroner a déclaré qu'il s'était empoisonné par accident ; toujours est-il que c'est lui qui s'est empoisonné.

— Et quel genre d'homme était-ce ? demande lady Dedlock.

— Très-difficile à dire, répond l'avoué en secouant la tête ; il était si pauvre et si sale, avec son teint de bohémien, ses longs cheveux noirs et sa barbe en désordre, que je l'aurais pris pour le plus infime de tous les êtres. Le docteur pense au contraire qu'il avait été bien dans sa jeunesse et qu'il a dû occuper dans le monde une certaine position.

— Comment appelait-on ce misérable ?

— Il portait un pseudonyme et personne n'a pu dire son véritable nom.

— Pas même son domestique ?

— Il n'en avait pas. On l'a trouvé, ou plutôt c'est moi qui l'ai trouvé sans vie....

— Et l'on n'en sait pas davantage ? On n'a aucun soupçon qui puisse...?

— Aucun. Il y avait dans sa chambre, dit l'avoué d'un air pensif, un vieux portemanteau ; mais ne contenant pas un seul papier, une seule lettre. »

Pendant tout le temps qu'a duré ce dialogue, milady et M. Tulkinghorn, dont les manières habituelles n'ont pas subi la plus légère altération, se sont regardés fixement, comme il était sans doute naturel de le faire en parlant d'un sujet aussi étrange. Sir Leicester a constamment tourné les yeux vers la cheminée ; c'est étonnant comme il ressemble au vieux Dedlock dont on voit le portrait dans l'escalier. Dès que l'histoire est achevée, il proteste de nouveau contre l'inconvenance d'un semblable récit, et ajoute qu'il est évident que milady n'a jamais eu aucune association d'idées qui puisse se rattacher à un pareil misérable (à moins que cet homme n'ait, dans son métier d'écrivain, fait quelque lettre pour un mendiant) ; il espère bien ne plus entendre parler d'un sujet aussi étranger à milady, et surtout aussi éloigné de la position qu'elle occupe.

« Un tas d'horreurs, c'est vrai; mais cela intéresse toujours un instant, dit celle-ci en fermant son mantelet et en reprenant ses fourrures; monsieur Tulkinghorn, ayez la bonté de m'ouvrir la porte. »

M. Tulkinghorn défère immédiatement à cet ordre et reste auprès de la porte qu'il tient ouverte; milady passe à côté de lui, avec son air de fatigue habituel et sa grâce insolente. Ils se revoient à dîner, le jour même, le lendemain, le surlendemain et les jours suivants. Lady Dedlock est toujours cette divinité, accablée de fatigue, entourée d'adorateurs, qui s'ennuie à mourir, alors même qu'elle préside au culte dont elle est l'objet. M. Tulkinghorn est toujours le même dépositaire silencieux de nobles confidences, étrangement déplacé au milieu de cette foule brillante où néanmoins il semble parfaitement à l'aise. Ils s'accordent l'un à l'autre aussi peu d'attention qu'il est possible de le faire entre individus qui habitent sous le même toit; et si l'avoué guette et soupçonne d'autant plus milady qu'elle affiche plus de réserve; si, d'un autre côté, milady est d'autant plus sur ses gardes que l'homme de loi paraît moins l'observer, tout ce qu'ils pensent est enseveli, quant à présent, au plus profond de leur âme.

CHAPITRE XIII.

Narration d'Esther.

Nous eûmes de nombreux entretiens relativement à la carrière que Richard devait suivre; d'abord sans mon tuteur, ainsi qu'il l'avait désiré, et plus tard avec lui; mais la question resta longtemps au même point. Richard était prêt à faire, disait-il, tout ce qu'on voudrait. Quand on lui demandait s'il n'était pas encore d'âge à entrer dans la marine : « Cela pourrait bien être, répondait-il, j'y ai déjà pensé. » Lui parlait-on de l'armée, « L'idée n'est pas mauvaise, » disait-il. Quand M. Jarndyce lui conseillait de s'interroger sérieusement et de décider enfin si la préférence qu'il avait annoncée pour la marine était un goût d'enfant ou le résultat d'une vocation réelle : « Je me le suis demandé bien souvent, répliquait-il, et je n'en sais vraiment rien. »

« Je ne prétends pas attribuer complétement cette irrésolution de caractère à l'incertitude où ce procès l'a jeté depuis le jour de sa naissance, me disait mon tuteur; mais il est certain que parmi tous ses torts, la chancellerie a bien quelque chose à se reprocher là dedans ; elle a développé, sinon fait naître en lui, cette habitude de toujours remettre le parti qu'il faut prendre à une époque indéterminée que l'on attend tous les jours ; de se fier à une chance quelconque et de s'en rapporter au hasard pour tout ce qui doit régler ses affaires. On a vu des hommes plus âgés et plus fermes que lui, dont la nature avait été modifiée par les faits extérieurs; comment vouloir qu'un enfant ait pu se soustraire à de pareilles influences ? »

Je sentais la vérité de cette remarque, et, si je puis me permettre de donner mon avis, je regrettais que ceux qui avaient élevé Richard n'eussent pas combattu cette malheureuse tendance à l'irrésolution, en dirigeant sa pensée vers une carrière quelconque. Il avait été pendant huit ans au collége, où il avait appris à composer des vers latins de toute espèce, et avec tant d'habileté qu'il ne lui restait plus rien à acquérir en ce genre à présent, que d'oublier la manière de les faire; mais je n'ai pas entendu dire qu'on se fût jamais occupé de découvrir ses aptitudes et de savoir à quelle espèce de connaissances on devait particulièrement appliquer son esprit. Je ne doute pas que les vers latins ne soient une chose admirable, excellente à connaître et fort utile pour atteindre le but qu'on se propose dans la vie; mais je me demande si Richard n'aurait pas gagné davantage à les étudier un peu moins et à ce qu'on étudiât un peu plus ses facultés et ses penchants. Il est vrai qu'en pareille matière je ne suis pas compétente et que j'ignore si les collégiens de l'ancienne Rome et de l'ancienne Grèce, ou de toute autre nation, firent jamais autant de vers qu'en avait fait Richard, surtout dans une langue qui n'était pas la leur.

« Je ne me doute pas de ce que je dois faire, disait-il d'un air rêveur; si ce n'est que je ne veux pas entrer dans l'Église, tout le reste m'est parfaitement égal, et peut se jouer à pile ou face. »

« Vous n'avez pas de goût pour le droit ? lui dit un jour M. Jarndyce.

— Je ne sais pas, répondit-il. J'aime beaucoup aller en bateau, et les jeunes avocats sont de fameux canotiers ; c'est une fort belle carrière.

— Médecin ? demanda mon tuteur.

— Précisément ! s'écria Richard. (Je doute qu'il y eût jamais songé.) C'est là ma vocation, ajouta-t-il, je n'en ai jamais eu d'autre. Nous l'avons donc trouvée! D. M.[1] »

Il se mit à rire de tout son cœur, et nous affirma que plus il y pensait, plus il voyait que c'était à cela qu'il était destiné; que l'art de guérir était le plus beau de tous à ses yeux; et, se méprenant lui-même sur la joie que lui causait cette découverte, il s'attachait à cette idée, bien moins par suite d'un goût sérieux et réel que pour se débarrasser d'une préoccupation importune. Je voudrais bien savoir si les vers latins ont toujours ce résultat, ou bien si Richard fait exception à la règle.

M. Jarndyce prit la peine de lui en reparler plusieurs fois et d'attirer son attention sur tout ce qu'il y avait d'important dans un choix d'où devait dépendre son existence entière; Richard avait l'air un peu plus grave après ces entrevues, mais finissait toujours par dire que c'était un parti arrêté, et se mettait aussitôt à parler d'autre chose.

« Parbleu ! s'écriait M. Boythorn, qui s'intéressait vivement à la solution de cette affaire, ce que je n'ai pas besoin de dire, puisqu'il ne faisait rien avec indifférence, je suis heureux de voir un jeune homme ardent et courageux se vouer à cette noble profession ; le genre humain tout entier profitera de cette ardeur généreuse, à la honte de ces vils entrepreneurs, qui n'ont pas craint de dégrader cet art illustre par la manière dont ils le récompensent. En vérité, les appointements des chirurgiens de marine sont tels, que je voudrais soumettre les bras et les jambes de ces messieurs de l'amirauté à une fracture compliquée, et défendre, sous peine de la déportation, à un médecin quelconque de les leur remettre, si tout le système n'était pas changé dans les quarante-huit heures.

— Tu n'accorderais pas une semaine? demanda M. Jarndyce.

— Du tout; quarante-huit heures, pas une minute de plus. Quant aux sacristains, aux fabriciens et autres collections d'imbéciles de toute espèce, qui se rassemblent pour débiter, Dieu sait quels discours, on devrait envoyer tous ces butors dans les mines y terminer leur misérable existence, ne serait-ce que pour les empêcher de souiller par leur baragouinage une langue qui se parle honnêtement, à la face du soleil. Mais, quant à ceux-là, dis-je, qui exploitent l'ardeur avec laquelle d'honorables gentlemen se livrent à la pratique de la plus belle des sciences, et qui osent payer d'inestimables services, de longues et dispendieuses études par un traitement que n'accepterait pas le der-

---

1. Docteur-médecin.

nier clerc d'huissier, je voudrais qu'ils eussent le cou tordu, afin que leurs têtes, rangées dans l'une des galeries du collège médical, apprissent aux jeunes membres de cette honorable profession le degré d'épaisseur stupide auquel peut atteindre le crâne de certaines gens. »

Il termina cette déclaration véhémente en nous jetant un regard plein de bonté, auquel succéda tout à coup un éclat de rire si formidable qu'une autre personne en eût été brisée.

Comme Richard persistait dans son choix, et que le délai fixé par M. Jarndyce pour lui laisser le temps de la réflexion était expiré depuis plusieurs jours, il fut résolu qu'on demanderait conseil à M. Kenge, qui, à cette occasion, vint dîner avec nous, s'étendit dans son fauteuil, caressa l'étui de ses lunettes qu'il tourna entre ses doigts, parla d'une voix harmonieuse, et fit exactement tout ce que je lui avais vu faire lorsque j'étais enfant.

« Fort bien, dit-il ; une très-bonne profession, très-bonne, en vérité.

— Qui exige de sérieuses études poursuivies avec ardeur, fit observer M. Jarndyce en regardant Richard.

— Sans aucun doute, répliqua M. Kenge.

— Mais il en est ainsi de toutes les professions savantes, reprit M. Jarndyce, et il en eût été de même dans toute autre carrière.

— Assurément, dit M. Kenge ; et M. Carstone, qui s'est acquitté d'une manière si brillante de ses études classiques, portera, je n'en doute pas, dans la carrière éminente à laquelle désormais il consacre sa vie, l'application contractée dans l'étude de cette langue dont un auteur a dit, si je ne me trompe, qu'on naissait poëte et qu'on devenait..... médecin. *Nascuntur poetæ, fiunt oratores.*

— Comptez, monsieur, répliqua Richard avec l'élan qui lui était ordinaire, que je ferai tous mes efforts pour parvenir au but que je me propose d'atteindre.

— Fort bien, répondit M. Kenge avec un signe de tête approbatif ; et dès que nous sommes assurés que M. Carstone, poursuivit-il en s'adressant à mon tuteur, fera tous ses efforts pour parvenir au but, il ne nous reste plus qu'à nous enquérir du meilleur moyen qu'il y ait à prendre pour y arriver. Avez-vous en vue quelque praticien chez qui M. Carstone doive être placé tout d'abord ?

— Personne, quant à moi ; et vous, Rick ? demanda mon tuteur.

— Personne, répondit Richard.

— Fort bien, reprit M. Kenge. Et au sujet de la résidence? avez-vous, sur ce chef, quelque sentiment particulier?

— N.... non, dit Richard.

— Fort bien, répéta M. Kenge.

— J'aimerais assez la variété, insinua Richard; c'est-à-dire un champ d'observation un peu vaste.

— Parfaitement juste, et d'ailleurs très-facile à obtenir, dit M. Kenge. La première chose que nous ayons à faire, monsieur Jarndyce, est donc de chercher un excellent praticien, et j'ose dire que nous n'aurons que l'embarras du choix, dès qu'on saura ce que nous voulons, et le prix que nous pouvons y mettre. En second lieu, nous devons remplir quelques formalités auxquelles nous sommes assujetti comme pupille de la cour, ce qui est aussi simple que facile. Étrange coïncidence! poursuivit M. Kenge avec un sourire empreint de mélancolie; étrange coïncidence! dont l'explication dépasse peut-être les limites de nos facultés présentes. N'est-il pas singulier que j'aie précisément un cousin qui occupe un rang distingué dans le corps médical; vous pourriez, monsieur Jarndyce, vous adresser à lui, si vous le jugez convenable; je le disposerais, d'autre part, à écouter vos offres, et je peux répondre de lui presque autant que de vous-même. »

Il fut convenu que M. Kenge verrait son cousin, lui parlerait de cette affaire; et, comme M. Jarndyce nous avait proposé, quelque temps auparavant, de passer à Londres un mois ou deux, nous résolûmes d'avancer notre voyage pour le faire concorder avec celui de Richard.

M. Boythorn nous ayant quittés huit jours après, nous nous installâmes dans un logement très-gai, près de la rue d'Oxford et situé au-dessus de la boutique d'un tapissier. Londres nous paraissait une merveille; nous restions dehors une grande partie du temps, sans jamais nous lasser de regarder tout ce qu'il y avait à voir, et nous allâmes voir représenter toutes les pièces qui avaient quelque mérite; c'est au théâtre que je retrouvai M. Guppy, dont la présence me causa un véritable malaise.

Un soir, j'étais assise sur le devant de la loge avec Eva, et Richard occupait derrière elle la place qu'il préférait, lorsque, tournant mes yeux vers le parterre, j'aperçus M. Guppy, les cheveux aplatis sur le front et qui, d'un air lamentable, fixait sur moi des regards étrangement désolés. Cette découverte m'enleva tout le plaisir que je pouvais avoir, tant la persistance que mettait ce gentleman à me poursuivre de son œil abattu devenait à la fois ridicule et embarrassante. Pour comble de malheur, il me fut impossible de retourner au théâtre sans le retrouver au parterre avec ses cheveux plats, son col rabattu et son air accablé. Si, par hasard, je ne le découvrais pas tout d'abord, et, qu'espérant ne pas le voir arriver, je prisse intérêt au spectacle, je ne manquais pas, au moment où je m'y attendais le moins, de rencontrer ses yeux languissants qui ne me quittaient plus de la soirée.

Je ne puis pas dire l'ennui que j'en éprouvais. S'il avait seulement relevé ses cheveux d'un coup de brosse et remonté son col de chemise! mais, de savoir que ce ridicule personnage avait sans cesse les yeux sur moi et me regardait avec ce désespoir démonstratif, cela m'imposait une contrainte si pénible que je ne pouvais ni pleurer ni rire de la pièce, ni remuer, ni parler naturellement ; quant à me réfugier au fond de la loge pour échapper à cette obsession, il n'y avait pas à y songer; Richard et Eva comptaient sur moi pour rester auprès d'eux, et n'auraient pas pu causer avec autant d'abandon si un étranger se fût assis à ma place.

J'y restais donc, fort embarrassée de moi-même, car je sentais le regard de M. Guppy toujours attaché sur ma personne, et je pensais en outre à l'effroyable dépense que ce malheureux jeune homme faisait pour l'amour de moi. Quelquefois je songeais à en parler à M. Jarndyce, mais la crainte de nuire à M. Guppy et de lui faire perdre sa position chez M. Kenge m'en détournait aussitôt ; ou bien je pensais à confier cet ennui à Richard, et la peur de voir M. Guppy sortir de là les yeux pochés m'empêchait d'en rien faire. Je voulus essayer de faire comprendre à l'importun tout mon mécontentement et je ne pus y parvenir. Je me demandai si je ne pourrais pas écrire à sa mère ; puis, j'abandonnai ce projet, qui eût aggravé la chose, et j'en arrivai à conclure qu'il n'y avait rien à faire. Pendant ce temps-là, M. Guppy nous suivait non-seulement au théâtre, mais encore dans tous les lieux publics où nous pouvions nous trouver, et il en vint jusqu'à monter derrière notre calèche où je suis certaine de l'avoir vu deux ou trois fois au milieu des horribles piquants dont elle était armée ; étions-nous rentrés, il se promenait en face de la maison ; et je n'osais plus m'approcher de la fenêtre de ma chambre, depuis qu'un soir, au clair de lune, je l'avais vu appuyé, d'un air sentimental, contre le poteau d'en face, au risque de s'enrhumer.

Heureusement qu'il était occupé toute la journée, sans quoi je n'aurais pas eu un seul instant de repos.

Tout en prônant ces plaisirs que partageait M. Guppy, l'affaire qui nous avait amenés à Londres n'était pas négligée. Le cousin de M. Kenge était un M. Bayham Badger, médecin d'un établissement public assez important, avec une clientèle fort étendue à Chelsea.

Il consentit volontiers à prendre Richard en qualité de pensionnaire et à surveiller ses études; et, comme Richard semblait devoir en faire d'excellentes avec M. Badger, qui paraissait beaucoup l'aimer, un arrangement fut proposé entre eux, approuvé par le lord chancelier, et ce fut pour l'instant une affaire terminée.

Le jour où l'on signait le contrat, nous dînâmes tous chez le docteur; « simple dîner de famille, » avait dit l'invitation, et où effectivement il n'y avait d'autres femmes que la maîtresse de la maison, Eva et moi. Nous trouvâmes mistress Badger entourée d'objets de différente nature, annonçant qu'elle peignait un peu, jouait un peu du piano, un peu de la guitare, un peu de la harpe, chantait un peu, travaillait, lisait, versifiait, herborisait un peu. C'était une femme d'environ cinquante ans, ayant encore assez d'éclat et dont la toilette était infiniment trop jeune. Si j'ajoute à tous ces avantages qu'elle rougissait un peu, je n'entends pas l'en blâmer.

M. Badger était lui-même un gentleman blanc et rose; ayant la voix douce, les dents blanches, les cheveux blonds et frisés, les yeux à fleur de tête et quelques années de moins que mistress Badger, qu'il admirait excessivement, et dont il admirait surtout (ce qui nous parut étrange) les deux maris qu'elle avait eus avant lui; à peine avions-nous pris un siége, que, s'adressant à mon tuteur :

« Croiriez-vous, lui dit-il d'un air de triomphe, que je suis le troisième mari de mistress Bayham Badger?

— Vraiment! s'écria M. Jarndyce.

— Mon Dieu, oui; son troisième! A voir mistress Badger, on ne se douterait pas de cela, n'est-ce pas, miss Summerson?

— Pas le moins du monde, répondis-je.

— Et des hommes fort remarquables, poursuivit-il d'un ton confidentiel; le capitaine Swosser, de la marine royale, le premier de mistress Badger, était un officier du plus haut mérite; et le professeur Dingo, mon prédécesseur immédiat, a laissé une réputation européenne. »

Mistress Badger entendit ces derniers mots qu'elle approuva d'un sourire.

« Oui, chère amie, continua le docteur, répondant au sourire de sa femme, je faisais remarquer à M. Jarndyce et à miss Summerson que vous aviez eu deux maris avant moi, deux hommes fort distingués; ce qu'ils trouvent, comme tout le monde, très-difficile à croire.

— J'avais à peine vingt ans, dit alors mistress Badger, quand j'épousai le capitaine Swosser de la marine royale; je l'ai accompagné dans la Méditerranée et suis devenue moi-même un véritable marin. Le jour du douzième anniversaire de mon premier mariage, je devins la femme du professeur Dingo.

— D'une réputation européenne, ajouta le docteur.

— Et lorsque M. Badger et moi nous nous mariâmes, ce fut encore le même jour de l'année, poursuivit-elle; car je m'étais attachée à cet anniversaire.

— Ainsi, mistress Badger, reprit le docteur pour résumer les faits, a épousé trois maris, parmi lesquels deux hommes éminemment distingués, et tous les trois le 21 mars à onze heures du matin. »

Nous exprimâmes toute notre admiration.

« Si je ne craignais de blesser la modestie de M. Badger, ajouta mon tuteur, je corrigerais sa phrase et je dirais : trois hommes fort distingués.

— C'est ce que je lui dis toujours, répliqua mistress Badger.

— Et moi, chère amie, qu'est-ce que je réponds à cela? reprit le troisième mari; je réponds que sans vouloir, par une affectation de mauvais goût, déprécier la distinction que j'ai acquise dans mon art (et dont notre ami M. Carstone aura bientôt l'occasion de juger), je ne suis pas assez faible d'esprit, assez déraisonnable, ajouta-t-il en s'adressant à nous, pour mettre ma réputation au niveau de celle qu'ont acquise des hommes d'un premier mérite, comme l'ont été le capitaine Swosser et le professeur Dingo. Peut-être ne sera-t-il pas sans intérêt pour vous, monsieur Jarndyce, poursuivit le docteur en ouvrant la porte du salon voisin, de jeter un coup d'œil sur le portrait du capitaine Swosser, qui se fit peindre au retour d'une station prolongée sur la côte africaine, pendant laquelle il avait eu la fièvre; ce qui fait que mistress Badger trouve cette peinture un peu jaune; mais c'est néanmoins une fort belle tête.

— Une très-belle tête, répondîmes-nous, faisant à écho à ces paroles.

— Quand je regarde ce noble visage, reprit le docteur Badger, je sens que j'aurais voulu connaître l'homme auquel il appartenait. Il révèle d'une manière évidente le mérite remarquable du capitaine Swosser. De l'autre côté, c'est le professeur Dingo;

je l'ai connu très-intimement; c'est moi qui l'ai soigné dans sa dernière maladie; une ressemblance frappante. Au-dessus du piano, c'est mistress Bayham Badger, lorsqu'elle était mistress Swosser; au-dessus du canapé, la même, à l'époque où elle était mistress Dingo; quant à mistress Badger proprement dite, je possède l'original en nature et n'ai pas besoin de copie. »

On annonça que le dîner nous attendait et nous descendîmes dans la salle à manger; le repas était bien ordonné, élégamment servi, la cuisine excellente; mais le capitaine et le professeur trottaient toujours dans l'esprit de M. Bayham Badger; et, comme Eva et moi, nous avions l'honneur d'être confiées à ses soins, nous eûmes tout le bénéfice de cette préoccupation.

« De l'eau, miss Summerson? Permettez.... pas dans ce verre; James, apportez le gobelet du professeur. »

Quelques fleurs artificielles avaient provoqué l'admiration d'Eva.

« Étonnamment bien conservées, en effet, s'empressa de dire le docteur; elles furent présentées à mistress Badger, lors du voyage qu'elle fit dans la Méditerranée avec le capitaine.

« Monsieur Jarndyce, pas de ce bordeaux-là; excusez-moi. C'est une véritable occasion, et je ne manque jamais, dans ce cas-là, de produire un certain bordeaux que j'ai l'avantage de posséder.... James, le vin du capitaine. C'est un vin, monsieur Jarndyce, que le capitaine Swosser rapporta.... il y a je ne sais plus combien d'années; vous le trouverez excellent, je n'en doute pas. Chère amie, j'aurai un véritable plaisir à vous voir prendre un peu de bordeaux.... James, servez à votre maîtresse du vin du capitaine.... À votre santé, mon trésor. »

Le dîner fini, lorsque nous rentrâmes dans le salon, tandis que ces messieurs restaient dans la salle à manger, les deux premiers maris de mistress Badger nous poursuivirent encore, car elle commença par une esquisse biographique du capitaine Swosser, où elle nous fit le récit détaillé de la manière dont cet homme remarquable devint éperdument amoureux d'elle à un bal que donnaient à leur bord les officiers du *Crippler*, dans la rade de Plymouth.

« Ce vieux *Crippler!* nous dit-elle en hochant la tête d'un air pensif; c'était un noble vaisseau; bien assis, bien gréé, belle mâture.... Veuillez me pardonner si je me sers à l'occasion de quelques termes nautiques; j'étais à cette époque un véritable marin. Le capitaine Swosser aimait ce beau vaisseau à cause de moi; il répétait souvent, quand ce pauvre *Crippler* ne fut plus en commission, que, s'il était assez riche pour acheter sa vieille coque, il ferait graver une inscription sur le gaillard d'arrière, à l'endroit où nous avions dansé ensemble, pour marquer la place où il était tombé (suivant son expression) foudroyé sous le feu de mes fanaux de hune (c'est ainsi qu'il désignait mes yeux). »

Mistress Badger hocha la tête, soupira, et se regarda dans la glace.

« Ce fut un grand changement que de passer du capitaine au professeur Dingo, reprit-elle avec un sourire mélancolique ; je le sentis vivement tout d'abord ; quelle révolution dans ma manière de vivre ! Mais l'habitude, combinée avec la science, me plia peu à peu à ce nouveau genre de vie. Seul disciple du professeur Dingo qui l'accompagnât dans ses herborisations, j'oubliai presque entièrement que j'avais été sur mer, et j'acquis bientôt une science profonde. Il est à remarquer, chose étrange, que le professeur Dingo était l'antipode du capitaine Swosser, et que le docteur Badger ne ressemble en rien ni à l'un ni à l'autre. »

Vint ensuite le récit de la mort de ces hommes distingués, qui tous deux avaient emporté de vifs regrets. Mistress Badger nous déclara néanmoins qu'elle n'avait aimé passionnément qu'une seule fois dans sa vie, et que l'objet de cet amour violent, dont rien n'avait pu depuis renouveler la fraîcheur et l'enthousiasme, avait été le capitaine Swosser. Le professeur Dingo était mort d'une affreuse maladie, qui avait prolongé ses souffrances d'une manière effroyable ; et mistress Badger nous donnait une imitation exacte de la difficulté avec laquelle il articulait ces mots : « Où est Laura ? — Dites à Laura de m'apporter mon eau panée.... » lorsque l'arrivée de ces messieurs fit rentrer le professeur dans la tombe.

J'avais remarqué pendant toute la soirée qu'Eva et Richard se recherchaient avec plus d'empressement que jamais ; et cette observation, que j'avais faite depuis plusieurs jours, n'avait rien qui pût m'étonner, au moment d'une séparation qui devait être assez longue ; aussi ne fus-je pas surprise, lorsque nous fûmes dans notre chambre, de trouver Eva plus pensive qu'à l'ordinaire ; mais je ne m'attendais pas à la voir se jeter dans mes bras et à l'entendre me dire, en se cachant la figure :

« Chère Esther, j'ai un grand secret à vous confier.
— Bien grand, mignonne aimée ?
— Oh ! vous ne devineriez jamais.
— Faut-il que j'essaye ?
— Non, non ! je vous en prie, s'écria-t-elle toute tremblante.
— Je ne devine pas, repris-je.
— C'est.... murmura-t-elle, à propos de mon cousin Richard

— Et qu'y a-t-il à ce propos-là, cher ange?
— Oh! vous ne devineriez jamais. »

Il m'était si doux de la sentir se presser contre moi, et de savoir que ce n'était pas le chagrin qui la faisait pleurer, mais la joie et l'espoir, que je ne voulus pas l'aider à découvrir son secret.

« Il dit que.... (je sais bien que c'est une folie; nous sommes si jeunes tous les deux....) mais il dit.... qu'il m'aime.... beaucoup, Esther.

— Vraiment! répondis-je; ah! mignonne aimée, a-t-on jamais vu chose pareille!... allez! il y a bien longtemps que j'aurais pu vous l'apprendre. »

Elle releva son doux visage où le bonheur se mêlait à la surprise, me regarda en rougissant, et se mit à rire et à pleurer tour à tour.

« Votre cousin Richard vous aime de toutes ses forces, depuis qu'il vous connaît, poursuivis-je.

— Et vous ne me le disiez pas? s'écria-t-elle en m'embrassant.

— Non, mignonne; j'attendais que vous m'en fissiez la confidence.

— Vous n'y voyez pas de mal, n'est-ce pas? »

Elle m'eût arraché un non, alors même que j'eusse été la plus sévère de toutes les duègnes.

« C'est que vous ne savez pas tout, reprit-elle en se cachant de nouveau dans mes bras.

— Voudriez-vous dire par hasard que...? »

Elle me regarda en souriant à travers ses larmes.

« Oui, Esther! de tout mon cœur et de toute mon âme; si vous saviez comme je l'aime! » ajouta-t-elle en sanglotant.

Je répondis en riant que je le savais depuis l'époque où j'avais découvert l'amour de Richard; et, nous asseyant devant le feu, je continuai la conversation, à laquelle Eva, tout absorbée par son bonheur, fut quelque temps sans prendre part.

« Croyez-vous que mon cousin John le sache? demanda-t-elle.

— A moins qu'il ne soit aveugle, ma bichette, le cousin John doit le savoir, tout aussi bien que nous-mêmes.

— Il faut pourtant lui en parler avant que Richard s'en aille, reprit-elle en rougissant; si vous vouliez vous en charger, petite mère Durden.... Si cela vous était égal de le laisser entrer?

— Qui cela? Richard? il est donc là à la porte?

— Oh! je n'en suis pas sûre, » répondit-elle avec un embarras charmant qui lui aurait gagné mon cœur, si elle ne l'avait eu depuis longtemps.

Il y était bien en effet. Il prit une chaise, vint s'asseoir à côté de moi et tous les deux me comblèrent de tant de marques d'affection, me donnèrent tant de preuves de confiance, qu'on eût dit qu'ils m'aimaient plus qu'eux-mêmes et s'oubliaient pour moi. Ce fut d'abord un flux de paroles que je me gardai bien d'arrêter; les riens qu'on s'était dits cent fois ; puis les questions plus graves eurent leur tour. Combien il leur faudrait d'années avant qu'ils pussent s'unir, mais aussi quel bonheur de nourrir cet amour constant et durable, pour la félicité l'un de l'autre! Aussi Richard allait travailler pour Eva jusqu'à s'user les ongles. Eva, de son côté, ne ferait pas moins pour Richard. Enfin, m'appelant des noms les plus tendres, ils devisèrent de la sorte une grande partie de la nuit et ne se séparèrent qu'après m'avoir fait promettre de parler au cousin John.

Le lendemain matin, j'allai donc trouver mon tuteur dès qu'il eut déjeuné, et lui dis que j'avais à lui communiquer certaine chose dont on m'avait chargée.

« Très-bien, petite femme, dit-il en fermant son livre ; c'est une preuve que votre mission est excellente, puisque vous l'avez acceptée.

— Je l'espère bien, tuteur ; je puis, du reste, vous garantir qu'il ne m'a pas été possible de m'en acquitter plus tôt ; car c'est d'hier seulement qu'elle m'a été confiée.

— Et de quoi s'agit-il ?

— Vous n'avez pas oublié l'heureux soir où nous sommes arrivés à Bleak-House, et le moment où Eva chantait dans l'ombre, tuteur ?

— Je me le rappelle à merveille, chère enfant.

— C'est que.... Eva et Richard se sont dit qu'ils s'aimaient.

— Déjà ! s'écria-t-il avec surprise.

— Oui, tuteur ; et à vrai dire je m'y attendais depuis longtemps. »

Après un moment de réflexion, pendant lequel son visage s'éclaira d'un bienveillant sourire, il me pria de faire connaître aux deux amants qu'il désirait les voir. Quand ils entrèrent, il attira Eva auprès de lui, l'entoura paternellement de son bras gauche, et s'adressant à Richard avec une douce gravité :

« Rick, lui dit-il, je suis heureux d'avoir gagné votre confiance, et j'espère bien la conserver. Lorsque la pensée m'est venue d'établir entre nous quatre ces relations qui répandent sur ma vie tant de bonheur en me créant de nouveaux plaisirs et de nouveaux intérêts, j'ai certainement envisagé, dans l'avenir, la possibilité, pour vous et votre charmante cousine, d'une liaison plus étroite que celle qui existe aujourd'hui. Je voyais, et je vois encore plusieurs motifs qui rendraient cette union désirable, mais dans un avenir éloigné, bien éloigné, Richard.

— C'est aussi à l'avenir que nous avons pensé, monsieur.

— Très-bien, reprit mon tuteur; on ne peut pas être plus raisonnable. Écoutez-moi, chers enfants : je pourrais vous dire que vous ne savez pas trop encore ce que vous faites : que mille choses, mille événements peuvent arriver qui vous séparent et vous détournent l'un de l'autre ; qu'il est heureux que cette chaîne de fleurs que vous portez aujourd'hui puisse être facilement rompue, car sans cela elle deviendrait une chaîne de fer ; mais je n'en ferai rien ; vous le saurez assez tôt, si vous devez jamais l'apprendre ; et je veux penser, au contraire que vous éprouverez toujours l'un pour l'autre ce que vous ressentez maintenant. Mais, si vous reconnaissiez plus tard que vous vous êtes trompés, et qu'il n'existât plus entre vous que le lien de famille banal qui vous unit aujourd'hui, ne craignez pas de me l'avouer ; car il n'y aurait dans ce fait rien d'extraordinaire et qui pût m'étonner (quand vous serez plus âgé, Rick, vous me pardonnerez ces paroles). Je ne suis, à votre égard, qu'un parent éloigné, qu'un ami ; je n'ai aucun droit sur vous ; mais je désire et j'espère conserver votre confiance, tant que je n'aurai rien fait qui puisse me la faire perdre.

— Monsieur, répondit Richard, vous avez sur nous le plus puissant de tous les droits : celui que vous donnent la reconnaissance et l'affection que nous éprouvons pour vous et qui grandissent chaque jour.

— Cousin John, dit Eva en se penchant sur l'épaule de mon tuteur, vous occupez la place que mon père laissait vide auprès de moi ; tout le respect, toute la tendresse que j'aurais eus pour lui, c'est vous qui les avez.

— Maintenant, reprit M. Jarndyce, relevons la tête et envisageons l'avenir avec espoir ; le monde s'ouvre devant vous, Richard ; et de la manière dont vous y entrerez dépendra probablement celle dont vous y serez reçu ; ne comptez que sur vos propres efforts et sur la Providence ; n'oubliez jamais Dieu ; ne séparez sa pensée d'aucune de vos actions ; rappelez-vous que la constance dans votre amour ne serait rien par elle-même, sans la persévérance que vous devez apporter au travail ; et qu'eussiez-vous le génie de tous les grands hommes de la terre, vous n'obtiendriez aucun résultat, sans une volonté ferme et une application constante. Si vous pensiez qu'on peut saisir la fortune au passage et d'un bond lui arracher le succès, il faudrait abandonner cette idée fausse ou renoncer pour toujours à la main de votre cousine.

— Monsieur, répondit Richard en souriant, si j'avais le malheur d'avoir cette idée-là, j'y renoncerais bien vite, pour me frayer, par mon travail, le chemin qui me ramènerait à Eva.

— C'est juste, dit M. Jarndyce; pourquoi chercheriez-vous à l'obtenir, si c'était pour la rendre malheureuse?

— La rendre malheureuse! oh! je ne le voudrais pas, au prix même de son amour, s'écria Richard avec fierté.

— Bien dit! répliqua M. Jarndyce; maintenant, Rick, elle va rester près de nous; pensez à elle, au milieu de cette vie active que vous allez avoir; aimez-la toujours; revenez ici quelquefois; et tout ira parfaitement; mon sermon est fini; je crois qu'un tour de promenade est, quant à présent, ce que vous avez de mieux à faire. »

Eva embrassa M. Jarndyce de tout son cœur; Richard lui serra la main, et tous les deux quittèrent la chambre en me faisant comprendre qu'ils m'attendraient pour sortir.

La porte resta ouverte; nous les suivîmes des yeux tandis qu'ils traversaient la pièce voisine toute brillante de lumière. Richard lui donnait le bras, et la tête inclinée, lui parlait avec ardeur; elle le regardait en l'écoutant et ne semblait plus voir que lui au monde. Charmants, pleins d'espérance, ils traversaient d'un pas léger l'étroit espace qu'un rayon de soleil inondait de sa clarté; ainsi leur pensée joyeuse franchissait les années qu'elle faisait resplendir. Ils passèrent; le rayon qui avait brillé un instant s'évanouit comme ils fermaient la porte; de gros nuages voilèrent le soleil; et la pièce redevint sombre.

« N'ai-je pas eu raison, Esther? me demanda mon tuteur lorsqu'ils se furent éloignés; Rick pourra peut-être y gagner ce qui lui manque : la force, la puissance de faire valoir ses qualités précieuses, ajouta-t-il d'un air pensif. Je n'ai rien dit à Eva; elle a près d'elle son conseil et son amie; » et il posa sa main sur ma tête avec tant d'affection que je ne pus m'empêcher d'être émue; il le vit, malgré tous mes efforts pour le dissimuler.

« Tut! tut! dit-il; nous veillerons de notre côté à ce que la vie de notre petite femme ne soit pas absorbée tout entière par la peine qu'elle se donne pour assurer le bonheur des autres.

— De la peine, cher tuteur! moi qui suis la plus heureuse de toutes les créatures.

— Je l'espère, dit-il; mais ce n'est pas une raison pour négliger notre petite femme, à qui l'on doit penser avant tout; car c'est ce que dame Durden ne ferait pas si personne ne s'en mêlait. »

J'ai oublié de dire plus haut, qu'il y avait avec nous quelqu'un à dîner chez mistress Badger. Ce n'était pas une femme, mais un gentleman aux cheveux noirs, à la peau brune, un jeune médecin, qui, malgré la réserve qu'il montra, me parut aimable et sensé; du moins Eva m'ayant demandé si je ne l'avais pas trouvé tel, je fus tout à fait de son avis.

CHAPITRE XIV.

Le dernier gentleman.

Richard nous quitta le lendemain matin pour entrer chez le docteur Badger, et me témoigna tant de confiance à l'égard d'Eva, qu'il remettait à mes soins, que j'en fus profondément touchée. Même aujourd'hui, je ne me rappelle pas sans émotion la part qu'ils me donnaient dans leurs projets d'avenir, aussi bien que dans leurs affaires présentes. Je devais envoyer toutes les semaines un rapport détaillé à Richard sur Eva, qui de son côté lui écrirait tous les deux jours; et il devait m'informer régulièrement de ses travaux et du résultat de ses efforts; je verrais, disait-il, quelle résolution et quelle persévérance il y apporterait; c'est moi qui, le jour de leur mariage, serais la demoiselle d'honneur; puis j'irais vivre chez eux; je tiendrais leur maison; je serais heureuse à tout jamais.

« Et si, pour couronner tout cela, s'écria Richard, nous venions à gagner notre procès, ce qui est possible, après tout! »

Les yeux d'Eva s'assombrirent.

« Et pourquoi pas, chère ange? lui demanda-t-il en s'arrêtant.

— Il vaudrait mieux que la chancellerie eût décrété tout de suite que nous resterons pauvres.

— Je n'en sais rien, reprit Richard; d'abord la chancellerie ne se prononce jamais tout de suite, et il y a des années qu'elle n'a rien décrété.

— Ce n'est que trop vrai, dit Eva.

— Oui, mais plus il y a de temps que ce procès est commencé, plus il touche à sa fin; n'est-ce pas une chose évidente?

— Vous savez cela mieux que moi, Richard; seulement j'ai peur que ce procès ne nous rende bien malheureux, si nous comptons sur lui.

— Ne craignez rien, chère Eva, je sais trop à quoi m'en tenir; je dis seulement que, si par hasard ce procès venait à nous enrichir, nous n'aurions pas à nous en plaindre. D'après un jugement solennel, la cour est notre tutrice, et nous devons supposer que tout ce qu'elle nous donnera (si jamais elle nous donne quelque chose) sera justement acquis; je ne crois pas nécessaire de discuter là-dessus.

— Non, répondit Eva; mais il vaut peut-être mieux n'y pas penser du tout.

— Eh bien! n'y pensons plus; déclarons une fois pour toutes que la chose est condamnée à l'oubli, et que l'affaire est terminée. Approuvé et scellé par-devant dame Durden.

— Dame Durden, répondis-je en sortant la tête d'une caisse où j'emballais des livres, n'était pas très-visible au moment où vous l'avez invoquée; mais elle approuve complétement la déclaration précédente comme le meilleur parti que vous puissiez jamais suivre. »

Et Richard, ayant répété qu'on n'en parlerait plus, commença immédiatement à faire à ce sujet mille châteaux en Espagne. Il nous quitta là-dessus plein de courage et d'espoir, tandis qu'Eva et moi nous nous préparions, de notre côté, à mener une vie plus calme, où son absence devait laisser un grand vide.

Lors de notre arrivée à Londres, nous étions allés, avec M. Jarndyce, faire une visite à mistress Jellyby, que nous n'avions pas rencontrée; elle était allée prendre le thé dans une maison où l'on devait s'entretenir de la culture du café sur les bords du Niger; et, comme il était probable qu'il y aurait à ce sujet quelque chose à écrire, elle avait emmené sa fille aînée, à qui cette réunion promettait plus d'ennui que de plaisir. Notre seconde démarche ne fut pas plus heureuse; mistress Jellyby s'était rendue à Mile-End immédiatement après son déjeuner, pour quelque affaire borrioboulaganaise dont s'occupait la société de ramification des secours de la partie Est de Londres. Je n'avais pas pu voir Pepy, qu'on avait cherché vainement lors de notre première visite, et qu'on supposait avoir suivi la charrette du boueur; je redemandai cette fois si nous ne pourrions pas l'embrasser; la maison qu'il avait faite avec des coquilles d'huître était bien dans le corridor, mais lui n'était nulle part; et la cuisinière pensa qu'il « était allé courir après les moutons. »

Comme nous exprimâmes notre surprise : « Oh ! oui, dit-elle, bien souvent il lui arrive, quand c'est le jour du marché, de s'en aller avec eux jusque hors de la ville, et de revenir ensuite, faut voir dans quel état ! »

Le lendemain, j'étais assise auprès de la fenêtre avec mon tuteur, pendant qu'Eva écrivait à Richard, lorsqu'on annonça miss Jellyby ; elle était accompagnée du vagabond Pepy, qu'elle s'était efforcée de rendre présentable en lui lavant les mains et la figure et en lui mouillant les cheveux, qu'elle avait ensuite roulés sur ses doigts, et qui frisaient comme les poils d'un caniche. Tout ce que portait le pauvre enfant était trop large ou trop court : il avait un chapeau d'évêque anglican et des gants de poupon ; ses brodequins étaient de la forme de ceux des laboureurs ; et ses pauvres jambes, couturées de cicatrices et nuancées de diverses couleurs, sortaient nues d'un pantalon écossais beaucoup trop petit, dont chaque jambière était ornée d'une frange différente ; certains boutons de son paletot avaient été pris évidemment à quelque vieil habit de son père ; et je reconnus l'aiguille inexpérimentée de sa sœur à maints raccommodages faits à la hâte et d'un aspect bizarre que l'on remarquait dans plusieurs parties de sa toilette. Quant à miss Jellyby, dont l'extérieur avait beaucoup gagné, elle était vraiment fort jolie et paraissait avoir conscience du peu de succès qu'avaient eu ses efforts de couture en faveur de son frère, ce qu'elle exprima par le regard qu'elle jeta en entrant, sur lui d'abord, et sur nous trois ensuite.

« Miséricorde ! s'écria mon tuteur ; quel vent d'est ! »

Eva et moi, nous fîmes à miss Jellyby l'accueil le plus cordial, et nous la présentâmes à M. Jarndyce, à qui elle dit en s'asseyant :

« Maman vous fait ses compliments et vous prie de l'excuser. Elle n'a pas pu venir avec nous parce qu'elle corrige les épreuves de son projet. Elle va répandre cinq mille circulaires nouvelles, et m'a dit de vous le dire, à cause de l'intérêt que vous prenez à son œuvre ; en voici une que j'ai apportée pour vous.

— Merci, mademoiselle, répondit mon tuteur. Vous direz à madame votre mère que je lui suis fort obligé.. Mon Dieu, quel maudit vent ! »

Pendant ce temps-là, nous avions ôté à Pepy son chapeau clérical, et nous lui demandions s'il ne nous avait pas oubliées. Il se cacha d'abord la figure derrière son coude ; mais s'apprivoisant peu à peu à la vue d'un gâteau, il consentit à s'asseoir sur mes genoux, et y resta tranquillement à grignoter sans rien dire.

M. Jarndyce nous quitta pour aller dans le grognoir, et miss Jellyby entama la conversation du ton brusque et maussade qui lui était ordinaire.

« Chez nous, tout va plus mal que jamais, commença-t-elle. Je n'ai pas de repos ; toujours l'Afrique ! Autant vaudrait être déportée. C'est affreux.... Quand je serais une n'importe qui.... »

J'essayai de la calmer.

« C'est inutile, miss Summerson. Je vous remercie de votre intention ; mais je sais comment on me traite, et ne peux pas souffrir qu'on me dise qu'il faut supporter ça. Vous seriez à ma place que vous feriez comme moi. Pepy, va te mettre sous le piano, tu t'amuseras à y faire l'ours en cage.

— Je ne veux pas, dit l'enfant.

— Oh ! le vilain méchant, l'ingrat, le sans cœur, répliqua miss Jellyby les larmes aux yeux. Une autre fois, je ne vous habillerai plus.

— J'y vais, Caddy, tout de suite, cria Pepy qui était vraiment très-bon et que le chagrin de sa sœur touchait profondément.

— Vous trouvez que c'est bien peu de chose pour que ça me fasse pleurer, dit la pauvre fille en s'excusant ; mais je suis si fatiguée !... J'ai mis des adresses aux nouvelles circulaires jusqu'à deux heures du matin, et la tête me fait mal au point que je n'y vois plus ; et regardez ce pauvre enfant, vit-on jamais une pareille caricature ? »

Pepy, qui heureusement ne se doutait pas du ridicule de sa toilette, alla s'asseoir sous le piano et continua de manger son biscuit en nous regardant tranquillement.

« Je l'ai envoyé là-bas, continua miss Jellyby en rapprochant sa chaise et en baissant la voix, parce que je ne veux pas qu'il entende ce qui me reste à vous dire. Les enfants ont tant de finesse, et tout va si mal à la maison ! Papa va faire banqueroute : alors maman sera contente ; c'est bien elle qu'il en faudra remercier.

— J'espère, lui répondis-je, que l'état des affaires de M. Jellyby n'est pas aussi mauvais que vous avez l'air de le craindre.

— Vous dites cela par bonté, miss Summerson, et je vous en remercie bien ; mais c'est une affaire finie. Si vous saviez comme papa en est malheureux ! Il m'a dit hier qu'il ne pouvait plus tenir, et je n'en suis pas surprise : les fournisseurs envoient à la maison tout ce qu'ils veulent ; les domestiques en font ce que bon leur semble ; et quand je saurais comment m'y prendre pour mettre ordre à tout cela, je n'aurais pas le temps de le faire.

Maman ne s'occupe de rien et se moque pas mal de ce qui arrive ! A la place de papa, je m'en irais et je ne reviendrais plus.

— On ne quitte pas comme cela son intérieur et sa famille, répondis-je en souriant.

— Ah ! oui, elle est jolie, la famille de papa, et il a bien raison d'aimer son intérieur ! Des mémoires à payer, du bruit, de la saleté, du gaspillage et de la misère ; des enfants crasseux tombant, criant, dégringolant ; une maison à l'envers comme un jour de lavage, avec cette différence qu'elle n'est jamais lavée. »

Miss Jellyby frappa du pied en s'essuyant les yeux.

« J'ai tant de chagrin pour papa et de colère contre maman, poursuivit-elle, que je ne trouve pas de mots pour le dire ; je ne le supporterai pas plus longtemps ; j'y suis bien résolue ; je ne veux pas être esclave toute ma vie, et devenir la femme de M. Quale. Une belle chose, en vérité, que d'épouser un philanthrope ; j'en ai assez comme cela, de toute leur philanthropie. »

Je dois avouer que j'éprouvais moi-même une certaine colère contre mistress Jellyby en écoutant sa pauvre fille, dont je savais trop bien que les plaintes étaient fondées.

« Si vous n'aviez pas été si bonne pour moi quand vous avez couché à la maison, reprit miss Jellyby, je ne serais pas venue vous voir ; je ne l'aurais pas osé. Je dois vous paraître si ridicule ! cependant je me suis décidée à venir, d'autant plus qu'il est probable que je ne vous reverrai pas quand vous reviendrez à Londres. »

Elle accompagna ces paroles d'un coup d'œil significatif.

« J'ai confiance en vous, poursuivit Caroline ; je puis bien vous conter cela ; vous ne me trahirez pas. Je me suis promise à quelqu'un.

— Sans le dire à vos parents ? demandai-je.

— Certainement, répondit-elle avec vivacité. Vous connaissez ma mère, vous savez comme elle est ; et en parler à papa, c'eût été le rendre plus malheureux encore.

— Mais ne croyez-vous pas, au contraire, que ce serait ajouter à ses chagrins, que de vous marier sans son consentement ?

— Non, répliqua-t-elle avec douceur. Il viendra me voir, et je ferai tous mes efforts pour le consoler et pour le rendre heureux. Pepy et les autres viendront aussi et resteront avec moi chacun à leur tour ; ils auront alors quelqu'un pour les soigner. »

La pauvre Caroline avait un grand fonds de tendresse et de sensibilité ; l'image qu'elle se créait d'un intérieur où elle pourrait être utile à son père et à ses frères l'émut tellement, que

Pepy, touché des larmes qu'il lui voyait répandre, se mit à sangloter au point que je fus obligée d'aller le chercher dans sa caverne, de l'asseoir sur mes genoux, et que je ne parvins à le calmer qu'en lui faisant embrasser sa sœur, qui se mit à rire pour tâcher de le consoler. Toutefois, comme il avait encore le cœur gros, nous le fîmes monter sur une chaise pour regarder dans la rue, et miss Jellyby, le retenant par une jambe, reprit sa confidence.

« C'est votre séjour à la maison qui en est cause, nous dit-elle. Je compris, en vous voyant, que j'étais si disgracieuse, que je voulus apprendre à danser. Je parlai de ce projet à ma mère, en lui disant que j'avais honte de moi-même. Elle me regarda sans me voir et ne me répondit pas; mais j'étais bien décidée à faire ce que j'avais résolu, et je me rendis au cours de M. Turveydrop.

— Et c'est là.... commençai-je.

— Mon Dieu, oui, poursuivit-elle, c'est M. Turveydrop qui doit être mon mari; le jeune, bien entendu, car ils sont deux, le père et le fils. Je regrette bien de n'être pas mieux élevée, et de ne pas pouvoir faire une meilleure femme pour lui. Si vous saviez comme je l'aime!

— Tout cela me fait beaucoup de peine, lui dis-je.

— Pourquoi? demanda-t-elle d'un air inquiet. M. Turveydrop m'aime beaucoup. Et puisque je dois l'épouser; mais c'est un secret, même de son côté, parce que son père, qui demeure avec lui, pourrait en ressentir une impression trop vive si on lui apprenait brusquement cette nouvelle. C'est un homme si bien élevé, si distingué!

— Sa femme le sait-elle? demanda Eva.

— Elle est morte depuis longtemps, répondit Caroline. Voilà où nous en sommes; et, si j'ai eu tort, c'est la faute de ma mère; nous nous marierons dès que nous le pourrons; quand ce sera fini, j'irai le dire à papa et je l'écrirai à maman; elle ne s'en tourmentera pas; je ne suis pour elle qu'une machine à écrire. C'est un grand bonheur, ajouta-t-elle en étouffant ses sanglots, de penser qu'une fois mariée je n'entendrai plus parler de l'Afrique; M. Turveydrop la déteste par amour pour moi; et son père en ferait autant, s'il savait que ce pays-là existe.

— N'est-ce pas lui qui est si bien élevé? demandai-je.

— Admirablement! On vante partout sa tournure.

— Est-il aussi professeur de danse?

— Non, pas précisément, répliqua miss Jellyby; mais il a une tournure magnifique. »

Elle ajouta, en rougissant et avec beaucoup d'hésitation, qu'elle voulait nous dire quelque chose, mais qu'elle avait peur de nous déplaire et que, cependant, elle espérait que nous ne la blâmerions pas; elle avait cultivé la connaissance de miss Flite, la vieille petite folle, et allait souvent la voir le matin, pour rencontrer chez elle son amant qui venait y passer quelques minutes, seulement quelques minutes, avant son déjeuner. « J'y vais aussi dans la journée, continua-t-elle; mais Prince n'y vient jamais que le matin; c'est le petit nom de M. Turveydrop; j'aurais préféré qu'il en eût un autre, il y a tant de chiens qu'on appelle ainsi; mais ce n'est pas lui qui l'a choisi; son père le lui a donné en mémoire du prince régent qu'il adorait à cause de sa tournure. J'espère que vous n'aurez pas mauvaise opinion de moi, pour avoir eu avec Prince des rendez-vous chez miss Flite, où nous sommes allées ensemble; j'aime cette pauvre créature et je crois qu'elle me le rend bien. Si vous connaissiez Prince, je suis sûre qu'il vous plairait. Je vais aller prendre ma leçon; je n'ose pas vous demander de m'accompagner; mais, pourtant, si vous le pouviez, je serais si contente, miss Summerson. »

Le hasard voulait que précisément nous eussions fait le projet avec mon tuteur d'aller voir miss Flite; il avait été vivement intéressé par tout ce que nous lui avions dit de cette pauvre créature, et nous aurait accompagnées chez elle depuis longtemps, si une chose ou l'autre ne l'en avait empêché. Il fut donc convenu que j'irais d'abord au cours de danse avec Caroline et Pepy, et que nous rejoindrions Eva et mon tuteur chez miss Flite, à condition que miss Jellyby et son frère reviendraient dîner avec nous. Cet arrangement accepté avec joie de part et d'autre, je m'occupai de la toilette de Pepy qu'un peu d'eau et de savon, quelques épingles et un coup de peigne rendirent infiniment plus présentable; et nous sortîmes en dirigeant nos pas vers Newman-street, qui était dans le voisinage; c'était là que demeurait M. Turveydrop.

Nous entrâmes dans une maison passablement obscure, située au coin d'un passage voûté, et dont chaque fenêtre de l'escalier était décorée d'un buste en plâtre; un maître de dessin, un marchand de charbon et un lithographe habitaient cette maison, comme me l'avaient appris les plaques de cuivre fixées à la porte d'entrée, parmi lesquelles s'en trouvait une plus grande que les autres et portant le nom de M. TURVEYDROP. La porte était ouverte et laissait voir un piano à queue, une harpe, plusieurs instruments dans leurs étuis, d'assez mauvaise mine au grand jour, et qu'on était en train d'emporter; miss Jellyby m'informa que, la veille, l'*académie* de M. Turveydrop avait été louée pour un concert.

Nous montâmes l'escalier; cette maison avait été belle autrefois, à une époque où probablement quelqu'un s'occupait de la nettoyer et où personne ne l'enfumait de tabac du matin jusqu'au soir. La salle de danse était située au-dessus des écuries et prenait jour par le haut.

C'était une grande pièce, nue et sonore, tant le cheval, avec des bancs de canne tout autour, et décorée sur la muraille de lyres peintes et de girandoles à pendeloques de cristal, qui semblaient se dépouiller chaque jour de quelqu'un de leurs antiques ornements, comme la ramée, en automne, se dépouille de ses feuilles; un certain nombre de jeunes filles de treize à vingt-deux ans s'y trouvaient rassemblées; je cherchais parmi elles où pouvait être leur professeur, lorsque miss Jellyby, me pinçant le bras, me dit en s'acquittant de la présentation d'usage : « Miss Summerson, M. Prince Turveydrop. » Je fis ma révérence à un petit homme, ayant l'air très-jeune, des yeux bleus, des cheveux blonds séparés au milieu et revenant boucler tout autour de la tête; il tenait une pochette sous le bras gauche; ses souliers étaient imperceptibles et il avait dans les manières quelque chose d'innocent et de féminin qui, non-seulement m'attira vers lui, mais produisit sur moi un singulier effet : je sentis qu'il devait ressembler à sa mère, douce créature, qui n'avait été sans doute ni appréciée, ni traitée comme elle le méritait.

« Je suis très-heureux de connaître l'amie de Mlle Jellyby, dit-il en me faisant un profond salut; comme il est un peu tard, ajouta-t-il avec un tendre embarras, je commençais à craindre que mademoiselle ne vînt pas aujourd'hui.

— C'est à moi, répondis-je, qu'il faut attribuer ce retard; j'espère, monsieur, que vous voudrez bien me le pardonner

— Mademoiselle!...

— Je vous en prie, monsieur, que je ne sois pas la cause d'un retard plus grand encore. »

Et j'allai m'asseoir entre Pepy qui, en habitué de la maison, avait déjà grimpé sur un banc, et une vieille dame à l'air caustique, dont les deux nièces faisaient partie de la classe et qui se montra fort indignée des brodequins rustiques du pauvre enfant. Prince fit résonner sa pochette, et ses élèves se mirent en place; c'est alors que, par une porte latérale, apparut M. Turveydrop, dans toute la noblesse et l'élégance de sa tournure.

C'était un gentleman vieux et gras, ayant de fausses dents, un faux teint, de faux cheveux et des favoris d'emprunt. Il portait un col de fourrure et avait un habit rembourré sur la poitrine, auquel manquait seulement une étoile ou un large ruban bleu, pour se donner un air aristocratique. Il était aussi pincé, gonflé, sanglé, brossé qu'il est possible de l'être; sa cravate, où son menton et ses oreilles avaient complétement disparu et qui lui faisait sortir les yeux de la tête, l'étranglait au point que son cou aurait doublé de volume si on l'avait desserrée. Il portait sous le bras un immense chapeau, dont la forme s'évasait comme un tromblon; il tenait à la main une paire de gants blancs dont il frappait négligemment le susdit chapeau, en s'appuyant sur une jambe, le coude arrondi, l'épaule haute, avec une élégance qui ne saurait être surpassée; il avait une canne, un lorgnon, une tabatière, des manchettes, des bagues, tout ce qu'on peut imaginer, excepté du naturel; il n'avait rien d'un jeune homme, encore moins d'un vieillard, et ne ressemblait qu'à lui-même, c'est-à-dire à un modèle de tournure.

« Mon père, une visite: Mlle Summerson, l'amie de Mlle Jellyby.

— Très-honoré de la présence de Mlle Summerson, répondit le vieux gentleman, dont le blanc des yeux me parut se plisser sous l'effort qu'il fit en se courbant pour me saluer avec grâce.

— Mon père, me dit Prince d'un air à la fois affectueux et convaincu, est une célébrité; on l'admire extrêmement.

— Allez, Prince, allez; continuez votre leçon, dit M. Turveydrop en agitant ses gants avec un geste plein de condescendance; allez, mon fils. »

Et la leçon continua; Prince jouait de la pochette en dansant, du piano en restant debout, chantait de sa faible voix en prenant la main d'une élève dont il rectifiait les pas; s'occupant en conscience de celles dont les progrès étaient les moins rapides et ne se reposant jamais, tandis que son admirable père, debout devant la cheminée, déployait toute la grâce de sa tournure.

« Jamais il ne fait autre chose, me dit la vieille dame à l'air caustique; et, vous ne le croiriez pas, c'est son nom qui est gravé sur la porte.

— C'est en même temps celui de son fils, répondis-je.

— C'est bien heureux qu'il ne puisse pas le lui prendre; sans quoi, le pauvre garçon ne l'aurait plus depuis longtemps; regardez l'habit du fils. »

Il montrait la corde, et peu s'en fallait qu'il ne fût déchiré.

« Mais il faut, continua la vieille dame, que le père soit mis élégamment, par respect pour sa tournure; vieux fat ! il m'agace tellement que je voudrais le voir enfermer.

— Est-ce qu'il donne des leçons de maintien? demandai-je à ma voisine.

— Lui ? répliqua la vieille dame, il n'a jamais rien donné. »

J'insinuai que l'escrime avait peut-être....

« Non, répondit-elle encore; je ne crois pas même qu'il ait su faire des armes. »

Je témoignai ma surprise et ma curiosité; la vieille dame, s'animant de plus en plus contre M. Turveydrop, me raconta qu'il avait épousé une petite maîtresse de danse, faible et douce créature, ayant pas mal d'élèves; et, comme il n'avait jamais fait autre chose que d'étaler ses grâces, il fit travailler la pauvre femme, ou du moins souffrit qu'elle travaillât jusqu'à extinction de chaleur vitale, pour subvenir aux dépenses que nécessitait sa position dans le monde. Ne fallait-il pas, pour exhiber sa tournure devant les meilleurs juges, et en même temps pour avoir toujours sous les yeux les meilleurs modèles du genre, ne fallait-il pas qu'il fréquentât les endroits les plus recherchés du public fashionable; qu'il allât à Brighton et ailleurs, et qu'il vécût sans rien faire dans de magnifiques habits! C'était pour lui permettre de mener cette vie fastueuse que la petite maîtresse de danse avait travaillé sans relâche, et travaillerait encore si ses forces avaient duré jusqu'à ce jour ; car le plus curieux de l'histoire, c'est qu'en dépit de l'égoïsme de cet homme, sa pauvre femme, subjuguée par tant de grâces, l'avait pris au sérieux jusqu'au dernier soupir, et avait trouvé à son lit de mort les expressions les plus touchantes, pour le confier à son fils comme un être dont il ne serait jamais assez fier, et qui avait des droits imprescriptibles à son dévouement et à sa reconnaissance. Le fils avait hérité des sentiments de sa mère, avait grandi dans la foi où il vivait encore, et travaillait douze heures par jour au bénéfice de son père, que ses humbles regards contemplaient avec amour sur le piédestal où trônait le vieux gentleman.

« Se donne-t-il des airs ! continua ma voisine en regardant de travers M. Turveydrop, qui mettait ses gants trop étroits. Il est persuadé qu'il appartient à l'aristocratie, et vous croiriez, à l'entendre, qu'il est le meilleur de tous les pères. Oh! si je pouvais le mordre ! » ajouta-t-elle avec une véhémence dont je ne pus m'empêcher de sourire malgré la tristesse que m'avait causée le récit qu'elle venait de me faire. Il était impossible de n'être pas convaincu de la vérité de ses paroles en voyant le père et le fils; et mes yeux allaient du pauvre Prince, qui se donnait tant de peine, au vieux gentleman qui se pavanait à l'aise, quand celui-ci vint à moi en se dandinant, et me demanda « si Londres avait le bonheur d'être mon séjour habituel, ou si le charme de ma présence était purement provisoire. » Je ne crus pas nécessaire de lui dire ce que je pensais du charme de ma présence, et me bornai à lui répondre que j'habitais la campagne.

« Une personne aussi accomplie, dit-il en baisant son gant droit, qu'ensuite il étendit du côté des élèves, voudra-t-elle bien se montrer indulgente pour les grâces qui nous manquent? nous faisons tous nos efforts pour polir, polir, polir. »

Il s'assit à côté de moi, en ayant soin de se poser sur le banc, comme son illustre maître, dans la gravure où ce dernier est assis sur un sofa, et l'imita vraiment à s'y méprendre.

« Pour polir, polir, polir, répéta-t-il en prenant une prise de tabac et en agitant les doigts avec délicatesse; mais, poursuivit-il en saluant des épaules, en relevant les sourcils et en fermant les yeux, nous ne sommes plus, si toutefois je puis m'exprimer ainsi devant une personne comblée de toutes les grâces que l'art et la nature aient jamais pu donner, nous ne sommes plus ce que nous avons été, sous le rapport des manières et de la tournure.

— Vraiment, monsieur?

— Nous avons dégénéré, reprit-il en hochant la tête dans sa cravate; un siècle d'égalité comme le nôtre n'est pas favorable au bon ton et à la suprême élégance; il développe nécessairement tous les instincts vulgaires. Peut-être ne suis-je pas complètement désintéressé dans la question; il ne m'appartient pas de vous dire qu'on m'a surnommé le *Gentleman*; et que S. A. R. le prince régent ayant remarqué le salut que je lui adressai au moment où il sortait du pavillon de Brigton (cet élégant édifice), me fit l'honneur de demander : « Qui est-il ? Qui diable est-il? Pourquoi m'est-il inconnu ? Pourquoi n'a-t-il pas trente mille livres par an ?... » Simple anecdote.... mais qui est tombée dans le domaine public, ma'ame, et qu'on répète encore dans les plus hautes régions de la société.

— Vraiment ! monsieur. »

Il salua des épaules.

« Dans ces régions, ajouta-t-il, où s'est réfugié ce qui nous reste de grâce et d'élégance. L'Angleterre, ma patrie, hélas! a bien dégénéré, et dégénère chaque jour; les gentlemen s'en vont; nous sommes bien peu maintenant, et je ne vois pour nous succéder qu'une race d'industriels.

— On peut espérer, monsieur, que la race des gentlemen se perpétuera dans cette maison.

— Vous êtes mille fois bonne, me répondit-il avec un sourire et en saluant toujours des épaules ; vous me flattez ; mais non.... non ! Je n'ai jamais pu inculquer à mon pauvre fils cette partie importante de son art ; le ciel me préserve de me montrer injuste pour ce cher enfant dont je reconnais le mérite ! mais il n'a.... pas de tournure.

— Il paraît être un excellent professeur, répondis-je.

— Entendons-nous, chère ma'ame ; c'est un excellent maître ; il possède tout ce qui peut s'acquérir, démontre et donne à ses élèves tout ce qui peut s'enseigner ; mais il y a de ces choses !.... il aspira sa prise de tabac en arrondissant le coude et en relevant les épaules comme pour me dire : « Ceci, par exemple. »

Je jetai un coup d'œil au centre de la pièce où l'amant de Caroline se donnait plus de peine que jamais.

« Aimable enfant ! murmura M. Turveydrop en rajustant sa cravate.

— Monsieur votre fils est infatigable, lui dis-je.

— C'est ma récompense de vous entendre parler ainsi. Cher Prince ! il marche, à quelques égards, sur les pas de sa sainte mère ; une créature d'un dévouement.... une femme, c'est tout dire ; un être aimable et doux. Quel sexe que le vôtre ! » ajouta M. Turveydrop de la façon la plus galante et la plus détestable.

Je me levai pour aller rejoindre Caroline qui mettait son chapeau ; la leçon était finie, et c'était un trémoussement général de toutes les élèves se préparant au départ. Je ne sais pas comment la pauvre Caroline et l'infortuné Prince avaient trouvé le moment d'échanger leurs serments ; ce qu'il y a de certain, c'est qu'ils n'avaient pas eu l'occasion de se parler deux minutes depuis notre arrivée.

« Prince, dit M. Turveydrop en s'adressant à son fils d'une voix bénigne, savez-vous l'heure qu'il est ?

— Non, mon père. » Le fils n'avait pas de montre : Le père tira la sienne avec une majesté qui se proposait pour modèle au genre humain tout entier.

« Mon fils, il est deux heures, répondit-il ; n'oubliez pas qu'à trois heures précises vous avez un cours à Kensington.

— J'y serai, mon père ; je vais manger seulement un morceau et partir.

— Cher enfant ! il faut vous dépêcher ; vous trouverez le mouton froid sur la table.

— Merci, mon père ; sortez-vous bientôt ?

— Oui, cher enfant ; je crois, répondit M. Turveydrop en fermant les yeux et en haussant les épaules avec modestie, je crois devoir, comme à l'ordinaire, me montrer par la ville.

— Vous feriez bien de dîner quelque part d'une manière confortable, dit Prince.

— J'en ai l'intention, cher enfant ; je prendrai mon léger repas au restaurant français, sous la colonnade de l'Opéra.

— Vous avez raison ; n'y manquez point ; adieu, mon père, dit Prince en lui prenant la main.

— Adieu, mon fils ; Dieu vous garde ! »

Ces paroles, que le vieux gentleman prononça d'une voix pieuse, firent un bien évident au jeune homme, qui se montrait si fier et si enchanté de son glorieux père, que je me reprochais presque, à cause de lui, de ne pas assez partager son admiration pour M. Turveydrop. L'instant qu'il nous donna pour prendre congé de nous, surtout de miss Jellyby, augmenta l'impression favorable qu'il avait faite sur moi ; et je ressentis pour lui un intérêt si réel, que lorsque, malgré son désir de rester plus longtemps auprès de Caroline, je le vis mettre son petit violon dans sa poche et partir de bonne humeur pour aller manger son mouton froid et courir à Kensington, j'éprouvai contre son père une indignation presque aussi vive que celle de la vieille dame.

Le gentleman ouvrit la porte, nous reconduisit en nous faisant un salut digne en tout point de son illustre modèle, et passa de l'autre côté de la rue, toujours avec la même élégance, pour aller se montrer dans la partie la plus aristocratique de la ville au milieu des rares gentlemen qui nous restent encore. Je fus tellement absorbée pendant quelques instants par tout ce que je venais de voir et d'entendre, qu'il m'était impossible d'écouter Caroline. Je me demandais s'il n'existait pas, en dehors des maîtres de danse, d'autres personnes encore, ayant pour seule affaire de déployer leurs grâces, et vivant uniquement de la réputation de leur tournure. Cette pensée qu'il pouvait exister dans le monde une quantité de gentlemen Turveydrop finit par m'obséder, au point que je fus obligée de faire un violent effort sur moi-même pour la chasser de mon esprit et pour renouer la conversation, qui ne s'arrêta plus jusqu'à notre arrivée à Lincoln's-Inn.

Miss Jellyby me raconta que l'éducation du pauvre Prince avait été si négligée qu'il n'était pas toujours facile de déchiffrer son écriture. « S'il se préoccupait moins de son orthographe, disait-elle, je suis persuadée qu'il réussirait mieux ; il met tant de lettres dans les mots les plus simples, que bien souvent on ne sait plus ce que ça veut dire; mais comment pourrait-on espérer qu'il en sût davantage, n'ayant fait toute sa vie qu'apprendre ou montrer à danser, du matin jusqu'au soir? » Et puis, après tout, la chose importait peu; elle se chargerait des écritures; il lui en avait coûté assez cher pour qu'elle sût l'orthographe, et mieux valait que Prince fût aimable que savant. « D'ailleurs, ce n'est pas, dit-elle, comme si j'étais une fille instruite, qui pût se donner des airs; grâce à maman, je ne sais presque rien non plus.

« Il y a encore autre chose que je voudrais bien vous dire, à présent que nous sommes seules, continua miss Jellyby; vous savez quelle maison est la nôtre, miss Summerson, et que je ne pouvais rien y apprendre qui pût m'être utile pour tenir celle de Prince. Nous vivons au milieu d'un tel désordre, que c'eût été perdre mon temps et me décourager tout à fait que d'essayer de m'occuper du ménage; et devinez avec qui je me suis mise à l'apprendre: avec pauvre miss Flite! Je vais de bonne heure chez elle; je l'aide à nettoyer sa chambre, à soigner ses oiseaux; je lui fais son café (elle m'a montré la manière); je réussis tellement bien, que Prince m'a dit n'en avoir jamais goûté de meilleur, et que cela fera les délices du vieux M. Turveydrop, qui est très-connaisseur et très-difficile en fait de café. Je sais faire aussi des puddings, acheter le mouton, le sucre, le thé, le beurre et une foule d'autres choses. Par exemple, je ne suis pas très-habile à travailler de l'aiguille, dit-elle en jetant un coup d'œil sur les raccommodages qu'elle avait faits aux vêtements du pauvre Pepy; mais plus tard, peut-être que je saurai mieux. Depuis que mon mariage est convenu avec Prince, et que je me suis mise à travailler avec miss Flite, je sens que mon caractère est meilleur. Ce matin, si je me suis emportée chez vous contre maman, c'est qu'en vous voyant toutes les deux si bien mises et si jolies, je me suis trouvée honteuse de moi-même, et surtout de Pepy; mais j'espère avoir gagné sous ce rapport et finir par ne plus en vouloir tant à maman. »

La pauvre enfant disait cela dans la simplicité de son cœur, et je me sentis émue.

« J'éprouve une grande affection pour vous, chère Caroline, répliquai-je, et j'espère que nous deviendrons amies.

— Vraiment! s'écria-t-elle; oh! comme je serai heureuse!

— Soyons-le tout de suite, chère Caroline, et parlons souvent de tout ce qui vous occupe et vous embarrasse, ce sera le meilleur moyen de triompher de toutes les difficultés. »

Je continuai à l'encourager en lui disant, à ma manière, tout ce que je pus trouver dans ma tête et dans mon cœur, et nous arrivâmes à la maison de M. Krook, dont la porte était ouverte et où une affiche annonçait qu'au second étage une chambre était à louer. Caddy m'apprit alors, en montant l'escalier, qu'il y avait eu dans cette chambre une mort subite; qu'on avait fait une enquête à ce sujet, et que notre vieille petite amie en avait été malade de frayeur. La porte était ouverte, c'était celle que m'avait désignée la pauvre folle la première fois que j'étais venue dans la maison. Je n'ai rien vu de plus sombre et de plus désolé que cette chambre, qui me fit éprouver une sensation de terreur dont je ne fus pas maîtresse. « Comme vous êtes pâle! on dirait que vous avez froid! » s'écria miss Jellyby. Effectivement, cette chambre m'avait glacée.

Nous trouvâmes miss Flite dans sa mansarde. Eva et mon tuteur étaient arrivés déjà depuis quelque temps. Ils regardaient les oiseaux, pendant qu'un jeune médecin, qui avait la bonté de donner ses soins à miss Flite, causait avec elle auprès du feu.

« Notre malade est beaucoup mieux, dit-il en s'avançant vers nous, et peut reparaître demain à la cour, où son absence a été vivement regrettée, à ce que j'ai pu savoir. »

Miss Flite reçut le compliment sans en être surprise, et nous fit la révérence.

« Très-honorée, dit-elle, de cette seconde visite des pupilles de la cour. Très-heureuse de recevoir sous mon humble toit Jarndyce de Bleak-House, ajouta-t-elle en faisant une révérence particulière à mon tuteur; Fitz-Jarndyce, mon enfant (c'est ainsi qu'elle appelait toujours miss Jellyby), bonjour encore et bienvenue!

— A-t-elle été sérieusement malade? demanda M. Jarndyce au docteur; mais bien que la question eût été faite à voix basse, ce fut miss Flite qui répondit.

— Oh! très-malade, dit-elle d'un ton confidentiel; pas de corps, mais d'esprit. Oh! les nerfs, les nerfs! Voyez-vous, continua-t-elle en tremblant et en baissant la voix, nous avons eu la mort dans cette maison, un empoisonnement. Je suis très-impressionnable, et j'ai été fort effrayée; M. Woodcourt est le seul qui ait connu toute ma frayeur. Je vous présente M. Woodcourt, mon médecin, nous dit-elle avec beaucoup de dignité; M. Woodcourt, les pupilles dans l'affaire Jarndyce, Jarndyce de Bleak-House, et Fitz Jarndyce.

— Miss Flite, répondit M. Woodcourt d'une voix grave, en mettant la main sur le bras de la pauvre folle, miss Flite décrit sa maladie avec sa pénétration ordinaire. Elle a été alarmée d'un événement qui aurait effrayé quelqu'un de plus robuste; l'émotion l'a rendue très-souffrante; elle m'avait appelé au moment où l'on découvrit la mort de cet infortuné. Malheureusement il était trop tard; mais j'ai compensé le regret que j'avais éprouvé dans cette triste circonstance, en revenant ici donner mes soins à miss Flite, et en ayant cette fois l'avantage de pouvoir lui être utile.

— Le plus généreux de tous les membres du corps médical, me dit tout bas miss Flite. J'attends le prononcé du jugement, pour lui donner de vastes domaines.

— D'ici à un jour ou deux, reprit M. Woodcourt en la regardant avec un sourire, miss Flite sera tout à fait guérie et se portera mieux que jamais. Vous avez appris sa bonne fortune?

— La chose la plus extraordinaire! On n'a rien vu de pareil! nous dit miss Flite, dont le visage rayonnait. Tous les samedis, Kenge le beau diseur, ou Guppy, l'un de ses clercs, me met un papier dans la main, avec un billet de quelques schellings. Toujours le même nombre; autant de schellings qu'il y a de jours dans la semaine. Et vous savez si cela vient à propos! D'où m'arrive cet argent? c'est la question. Vous dirai-je ce que je pense? Eh bien! continua miss Flite, en se reculant d'un air fin et en agitant l'index de la main droite d'une manière significative, je pense que c'est le lord chancelier qui me l'envoie, prenant en considération la longueur du temps qui s'est écoulé depuis l'apposition du grand sceau; car il y a bien des années que le commencement en est, et il continuera sans doute jusqu'au jour du jugement. C'est fort honnête, comme vous voyez, plein de délicatesse d'avouer ainsi qu'il met un peu de lenteur dans sa manière d'agir. Dernièrement, à la cour, où je ne manque jamais l'audience, avec mes documents, je l'accusai d'être l'auteur de cet envoi; il le confessa presque; du moins il répondit par un sourire à celui que je lui adressai de mon banc. »

Nous lui exprimâmes nos félicitations bien sincères, et je lui témoignai le désir de voir continuer cette rente, qui venait si à propos augmenter ses revenus. Quant à deviner d'où elle pouvait provenir, mon tuteur était devant moi, absorbé par l'attention qu'il prêtait à la volière de miss Flite, et je n'avais pas besoin de chercher plus longtemps quelle était la personne qui se montrait aussi discrète que généreuse à l'égard de notre amie.

« Comment appelez-vous ces oiseaux, madame? demanda-t-il d'un air gracieux; ont-ils chacun leur nom?

— Oui, répondis-je, et même miss Flite nous a promis de nous les dire.

— Vous ai-je fait cette promesse? Je vais alors.... Mais qui est là? Krook, pourquoi écoutez-vous à ma porte?

— Je n'écoutais pas, miss Flite, dit le vieux marchand, qui entra, son bonnet fourré à la main et son chat derrière lui ; j'allais frapper.... mais vous êtes si vive!

— Renvoyez votre chat, renvoyez-le! s'écria la petite vieille avec colère.

— Bah! bah! répondit M. Krook en tournant lentement vers chacun de nous son regard perçant et rusé. Ne craignez rien ; elle ne touchera pas aux oiseaux tant que je serai là, à moins que je ne le lui dise.

— Ne faites pas attention ; excusez-le, nous dit miss Flite d'un air grave, il est fou, complétement fou. Que venez-vous faire ici, quand j'ai du monde, Krook?

— Hi! hi! Vous savez que je suis le lord chancelier, répondit le vieillard.

— Qu'est-ce que cela fait? répliqua miss Flite.

— Il est assez drôle que le lord chancelier ne connaisse pas tous les Jarndyce. Votre serviteur, monsieur. J'en sais aussi long que vous sur votre affaire en chancellerie. J'ai connu le vieux squire Tom ; mais je ne vous ai jamais vu, monsieur, pas même à la cour. J'y passe pourtant bien des heures dans le courant d'une année.

— Je n'y vais jamais, répondit mon tuteur; j'aimerais mieux....

— Vous vous montrez sévère pour mon noble collègue, monsieur. Après tout, c'est naturel chez un Jarndyce : chat échaudé craint l'eau froide. Que dites-vous de ma locataire? poursuivit le regrattier, qui peu à peu s'était approché de mon tuteur et le regardait à travers ses lunettes. C'est une des bizarreries de miss Flite de ne pas vouloir dire le nom de ses oiseaux. Flite, voulez-vous que je m'en charge? demanda-t-il en se tournant vers la petite vieille.

— Comme vous voudrez, » répondit-elle vivement.

M. Krook leva les yeux vers la cage et commença la liste suivante :

« Jeunesse, Joie, Espérance, Paix, Repos; Vie, Cendres, Poussière, Désordre, Besoin, Ruine, Désespoir, Fureur, Trépas; Ruse, Sottise, Paroles, Perruques, Haillons, Parchemin, Dépouilles, Arrêt, Jargon, Épinards et Jambon. Les voilà tous, dit le vieux marchand, tous emprisonnés là, de par mon noble confrère.

— Un vent affreux ! murmura mon tuteur.

— Ils seront mis en liberté le jour où mon savant collègue prononcera son jugement, continua M. Krook en faisant une grimace ; et alors, ajouta-t-il plus bas, si jamais cela arrive, ils tomberont sous la griffe de quelque autre oiseau qu'on n'a pas mis en cage.

— Si le vent fut jamais de l'est, dit mon tuteur en cherchant du regard une girouette, c'est assurément aujourd'hui. »

Il nous fut très-difficile de quitter la maison ; non pas parce que miss Flite insista pour nous retenir : elle était aussi raisonnable que possible toutes les fois qu'il s'agissait de respecter la volonté des autres, mais M. Krook ne pouvait se détacher de mon tuteur. On eût dit qu'une chaîne invisible l'unissait étroitement à M. Jarndyce, qu'il suivait pas à pas, et qui, bon gré, mal gré, dut traverser la chancellerie du vieux marchand et subir l'exhibition du singulier mélange qui s'y trouvait contenu. M. Krook prolongeait évidemment cette entrevue avec l'intention d'entamer un sujet qu'il n'osait aborder ; jamais la crainte et le désir, jamais l'indécision n'a été plus clairement exprimée que par la physionomie et les manières du vieillard. M. Krook ne quittait pas mon tuteur, et l'observait de l'air inquiet et rusé d'un vieux renard blanc ; se mettant en face de lui dès que nous nous arrêtions, et passant et repassant sa main noueuse sur ses lèvres ouvertes avec le sentiment de l'importance de ce qu'il avait à dire, relevant les yeux en fronçant les sourcils, et cherchant à lire dans tous les traits du visage de son visiteur, sans parvenir à surmonter l'embarras ou la défiance qui l'empêchait de parler.

Après avoir parcouru toute la maison, toujours suivis par le chat, et regardé l'étrange assemblage qui formait le commerce de M. Krook, nous entrâmes dans une arrière-boutique, où plusieurs alphabets imprimés en différents caractères étaient collés à la muraille, et où nous vîmes, sur un tonneau dressé, une bouteille d'encre, quelques vieux trognons de plumes et quelques affiches de théâtre déchirées et crasseuses.

« Que faites-vous dans cette pièce ? lui demanda mon tuteur.

— J'y essaye d'apprendre à lire et à écrire tout seul, répondit M. Krook.

— Et réussissez-vous ?

— Assez mal, répliqua le vieillard d'un air mécontent. C'est difficile, à mon âge.

— Vous auriez bien moins de peine si quelqu'un vous montrait ? reprit M. Jarndyce.

— Oui, sans doute si j'étais sûr d'être bien montré, répliqua M. Krook, dont le regard soupçonneux étincela. J'ai beaucoup perdu à ne pas avoir su lire, mais je ne voudrais pas qu'on me fît perdre encore plus en me l'apprenant de travers.

— Et qui donc vous montrerait à lire de travers? demanda mon tuteur en souriant.

— Je ne sais pas, monsieur Jarndyce, répliqua le vieillard en relevant ses lunettes et en se frottant les mains. Je ne suppose pas que personne voudrait.... mais il vaut toujours mieux s'en rapporter à soi que de compter sur les autres. »

Tout cela était assez bizarre pour qu'en revenant avec M. Woodcourt, mon tuteur demandât à ce dernier si M. Krook n'était pas un peu comme le disait sa locataire. Le jeune médecin répondit qu'il n'avait aucun motif de le croire; que M. Krook était d'une défiance excessive, comme tous les gens ignorants; et, d'ailleurs, presque toujours sous l'influence du gin, dont il faisait une énorme consommation, ainsi que nous avions pu le remarquer à l'odeur qu'exhalait sa boutique et surtout sa personne; mais il ne voyait rien chez lui, jusqu'à présent, qui dénotât de la folie.

Chemin faisant, je me conciliai tellement l'affection de Pepy, en lui achetant un petit moulin à vent avec deux sacs de farine, qu'à table il fallut absolument le placer à côté de moi. Sa sœur se mit auprès d'Eva. La pauvre Caroline était rayonnante; sa joie nous rendait heureuses, et mon tuteur n'était pas moins gai que nous. Le soir, Caroline retourna chez elle en fiacre avec Pepy, qu'on avait porté dans la voiture, profondément endormi, mais tenant toujours son petit moulin à vent.

J'oubliais de dire, ou, si je ne l'ai pas oublié, je suis toujours bien sûr de ne pas l'avoir dit, que M. Woodcourt, le médecin de miss Flite, était ce jeune homme brun que nous avions rencontré chez le docteur Bayham Badger; et puis encore que M. Jarndyce l'invita à dîner avec nous; et puis aussi qu'il accepta, et qu'après son départ, ayant dit à Eva : « Mignonne aimée, si nous parlions de Richard? » elle se mit à rire et me dit... Mais à quoi bon répéter ce que me dit mignonne aimée? »

Cette chère Eva! elle aimait tant à rire!

CHAPITRE XV.

Bell Yard.

Pendant tout le temps de notre séjour à Londres, M. Jarndyce fut constamment assiégé par cette foule de ladies et de gentlemen dont les actions et les manières nous avaient toujours si vivement étonnées. Quelque temps après notre arrivée, M. Quale était venu le voir ; jamais l'exaltation de ce monsieur n'avait été plus grande ; on eût dit qu'il voulait projeter les bosses luisantes de son front et de ses tempes dans tout ce qu'il rencontrait sur sa route ; et que ses cheveux, violemment rejetés en arrière, n'aspiraient qu'à s'envoler de son crâne dans l'ardeur inextinguible d'une philanthropie que rien ne pouvait calmer.

Toutes les missions lui convenaient également et son esprit universel le rendait propre à tout ; néanmoins il se sentait particulièrement destiné à l'organisation des témoignages de la reconnaissance publique envers n'importe qui. Ses facultés admiratives semblaient avoir absorbé la plus grande partie de la puissance de son âme, et il passait de longues heures à baigner ses tempes avec délices dans les flots de lumière que répandait autour de lui n'importe quel flambeau. Je l'avais vu plongé dans une telle admiration pour mistress Jellyby, que j'avais supposé que cette dame était l'objet exclusif de son culte ; je reconnus bientôt mon erreur, en voyant qu'il était le souffleur d'orgues et le porte-queue d'une légion d'autres individus.

Il accompagna un jour mistress Pardiggle, qui venait voir mon tuteur à propos de je ne sais quel monument, et nous vanta les perfections de cette vaillante femme avec le même enthousiasme qu'il avait mis à nous détailler celles de mistress Jellyby. Quelques jours après, mistress Pardiggle écrivit à mon tuteur pour lui recommander M. Gusher, son éloquent ami, qui apparut bientôt en compagnie de M. Quale. C'était un gentleman au corps flasque, à la peau moite, dont les yeux, beaucoup trop petits pour son visage de pleine lune, semblaient avoir été faits pour un autre. Et cependant il n'était pas assis, qu'en dépit de cet extérieur qui n'avait rien de séduisant, M. Quale nous demandait à Eva et à moi, si nous n'admirions pas la beauté morale qui rayonnait dans toute la personne de M. Gusher; si nous n'étions pas frappés de la forme de sa tête, du développement de son front, etc., etc.; il nous parla ensuite des missions de toute espèce accomplies par ses amis et connaissances. Ce qu'il y eut dans tout cela de plus évident pour nous, c'est que la mission spéciale de M. Quale était de tomber en extase devant la mission des autres, mission la plus populaire d'entre toutes les missions.

Mon tuteur, dans son extrême bonté et dans son désir de faire tout le bien qui était en son pouvoir, s'était lié avec ces philanthropes, et n'avait pas tardé à reconnaître qu'ils formaient une corporation fort déplaisante, où la charité, devenue spasmodique, servait d'uniforme à des spéculateurs avides de renommée, fougueux dans leurs discours, turbulents dans leurs actes, prodigues de paroles sonores et d'agitation vaine; serviles jusqu'à la bassesse envers les grands, adulateurs les uns des autres, et insupportables à tous ceux qui auraient mieux aimé prévenir le mal sans bruit, que de faire tout ce fracas inutile pour y apporter un palliatif dérisoire quand il n'était plus temps. C'était du moins l'opinion de mon tuteur, qui nous l'avoua sans détour; et, lorsqu'un témoignage de gratitude publique fut provoqué par M. Gusher pour honorer M. Quale, qui en avait organisé un, non moins honorable pour M. Gusher, et qu'à cette occasion M. Gusher parla une heure et demie sur les services rendus par M. Quale, dans un meeting auquel assistaient deux écoles d'enfants pauvres, à qui l'orateur ne manqua pas de rappeler le denier de la veuve, les adjurant d'apporter leurs demi-pence à la quête qu'on allait faire, je crois que le vent d'est souffla pendant quinze jours.

Cela me ramène à M. Skimpole, dont la naïve insouciance plaisait d'autant plus à mon tuteur qu'elle contrastait davantage avec tout ce jargon philanthropique. Je serais fâchée d'insinuer que M. Skimpole devinât tout le plaisir que sa naïveté faisait à mon tuteur, et qu'il y mît une certaine diplomatie; je n'ai jamais assez bien compris son caractère pour le savoir; tout ce que je puis dire, c'est qu'il était pour tout le monde le même homme que pour M. Jarndyce.

Il avait été fort souffrant depuis que nous étions à Londres; et nous ne l'avions pas encore vu, lorsqu'un matin il entra plus gracieux et plus aimable que jamais.

Il avait eu une maladie de la bile, et il avait profité de l'occasion pour s'imaginer qu'il possédait une grande fortune, les gens très-riches étant sujets aux indispositions de ce genre; il avait en conséquence agi grandement avec son médecin, dont il avait triplé les honoraires, mais voici comment :

« Docteur, lui avait-il dit, votre fortune serait faite si j'avais en réalité ce que mon intention vous donne. » Et, vraiment, s'il eût possédé quelques lingots d'or ou quelques liasses de ce papier mince et soyeux, auxquels les hommes attachent tant d'importance, il les aurait donnés au docteur.

Mais n'en ayant pas, il se contenta de prendre l'intention pour le fait ; et, croyant que cette monnaie pouvait remplacer l'autre, il se trouva libéré de tout ce qu'il eût payé s'il avait été riche.

« Peut-être cela tient-il à ce que je ne connais pas la valeur de l'argent, » disait-il ; mais rien ne me paraît plus juste que le raisonnement que voici : Mon boucher vient me prier d'acquitter sa petite note (c'est l'un des traits charmants de la poésie instinctive de cet homme d'appeler toujours son mémoire une « petite note, » afin que le payement en paraisse plus facile). Mon ami, je ne demande pas mieux, lui dis-je, que de vous donner l'argent qui vous est dû ; vous en êtes bien persuadé ; il était donc inutile de prendre la peine d'apporter la petite note. J'ai la plus ferme intention de vous payer ; supposez que vous l'êtes, c'est comme si vous l'étiez.

Mon tuteur se mit à rire.

« Et si le boucher, dit-il, avait supposé la viande dont il apportait le mémoire, au lieu de vous la fournir ?

— Vous me surprenez, mon cher Jarndyce, » reprit M. Skimpole. Vous me répondez précisément comme un certain boucher, qui me dit un jour : « Pourquoi, monsieur, avez-vous mangé de l'agneau à trente-six sous la livre ? — Parce que je l'aime, » répliquai-je fort étonné de cette question ; n'était-ce pas convaincant ? « Très-bien, poursuivit-il ; je regrette seulement de ne pas m'être borné à l'intention de vous le fournir, comme vous avez aujourd'hui l'intention de me payer. — Mon brave camarade, lui répondis-je, c'était complétement impossible. Raisonnons, s'il vous plaît ; vous aviez l'agneau, donc vous ne pouviez pas avoir l'intention de me le fournir sans me l'envoyer immédiatement ; tandis que moi, qui n'ai pas votre argent, comment voulez-vous que je puisse faire autre chose que d'avoir l'intention de vous le donner ? » Il n'y avait pas un seul mot à répondre, et il me quitta sans rien dire.

— Et il n'eut pas recours à la justice ? demanda mon tuteur.

— Mon Dieu si, répondit M. Skimpole. Le malheureux, au

lieu de suivre les conseils de la raison, n'écouta que la passion, et.... cela me rappelle M. Boythorn ; il m'écrit que vous lui aviez promis d'aller, avec ces dames, lui faire une petite visite à la campagne.

— C'est vrai, reprit M. Jarndyce ; mes deux filles l'aiment beaucoup, et j'ai accepté pour elles l'invitation qu'il m'a faite.

— La nature a oublié chez lui d'adoucir les teintes et les contours, reprit M. Skimpole en s'adressant à Eva et à moi. Il est un peu comme la mer, trop enclin aux orages ; et trop souvent en fureur, comme un taureau qui se serait mis dans la tête de voir tout écarlate ; mais je lui accorde en revanche les facultés étourdissantes d'un bon marteau d'enclume. »

J'aurais été fort surprise que ces deux hommes, d'une nature complétement opposée, pussent avoir grande opinion l'un de l'autre, et je me contentai de répondre, avec Eva, que nous étions enchantées de connaître M. Boythorn.

« Il m'a invité à l'aller voir, continua M. Skimpole ; et si toutefois un enfant peut se confier à un tel homme, je me rendrai à son invitation, d'autant plus volontiers qu'en allant avec vous, l'enfant sera sous la protection de deux anges gardiens. Il m'a proposé de me recevoir franco, aller et retour. J'imagine que cela coûte de l'argent ; quelques schellings, quelques livres ou quelque chose de ce genre. A propos, notre ami Coavinses, vous le rappelez-vous, miss Summerson ?

— Certainement, lui répondis-je.

— Eh bien ! chère demoiselle, le grand bailli vient de l'arrêter à son tour ; et il ne mettra plus personne en prison, à la face du soleil. »

La légèreté de ces paroles me fit une vive impression, car le souvenir du recors s'associait dans mon esprit à des pensées qui n'avaient rien de plaisant.

« C'est le successeur de Coavinses qui m'a appris cette nouvelle, poursuivit M. Skimpole. Ce brave homme est actuellement chez moi, en prise de possession, comme j'ai coutume de dire ; figurez-vous qu'il vint hier ; c'était le jour de naissance de ma fille aux yeux bleus ; je lui fis remarquer l'inconvenance d'un pareil procédé. « Si vous aviez une fille charmante, seriez-vous content, lui demandai-je, de me voir venir le jour de sa fête sans y être invité ? » Il n'en resta pas moins, en dépit de cette observation judicieuse. »

M. Skimpole ne put s'empêcher de rire d'un fait aussi déraisonnable, et fit courir ses doigts sur le piano près duquel il se trouvait assis, faisant un arpége ou quelque trait rapide à l'octave suraiguë, à chaque membre de phrase où vous verrez un point.

« Voilà donc ce qu'il m'a appris : Coavinses a laissé trois enfants. Pas de mère. Le métier de recors. Était fort peu estimé. Les petits Coavinses se trouvent dans une position excessivement fâcheuse. »

Mon tuteur se leva, se frotta la tête et se mit à marcher de long en large pendant que M. Skimpole jouait l'un des airs favoris d'Éva.

Quand M. Jarndyce eut parcouru le salon plusieurs fois avec agitation, il s'approcha du piano, et, interrompant le musicien :

« Tout cela me fait beaucoup de peine, lui dit-il d'un air pensif. »

M. Skimpole, qui avait complétement oublié de quoi il était question, le regarda tout surpris.

« Cet homme était nécessaire, poursuivit mon tuteur en faisant quelques pas et en ébouriffant ses cheveux comme aurait pu le faire le vent d'est, s'il s'en était mêlé ; « si nos folies ou nos fautes, notre malheur ou notre ignorance des lois de ce monde ont rendu cet homme indispensable, nous ne devons pas nous venger sur lui de nos torts ou de nos misères. Il ne faisait aucun mal et soutenait sa famille ; je voudrais savoir ce que vont devenir ses enfants.

— Coavinses ? demanda M. Skimpole, comprenant enfin ce que mon tuteur voulait dire, mais, rien n'est plus aisé ; il suffit d'aller chez lui, et vous y apprendrez ce que vous voulez savoir.

— Chères filles, nous dit M. Jarndyce en nous faisant un signe que nous attendions toutes les deux, cette promenade en vaudra bien une autre ; allons chez Coavinses. »

Nous fûmes prêtes en un clin d'œil et nous sortîmes aussitôt.

M. Skimpole vint avec nous, enchanté de faire partie d'une semblable expédition. Il était si piquant pour lui, disait-il, d'aller à la recherche de Coavinses, au lieu d'éviter la sienne, comme il avait fait tant de fois !

Il nous conduisit, d'abord, dans Cursitor-street, et s'arrêta devant une maison dont les fenêtres étaient grillées et qu'il appelait du nom de château fort de Coavinses. Nous entrâmes sous le porche ; il sonna ; un jeune garçon, hideux, sortit d'une espèce de bureau et nous regarda par un guichet hérissé de pointes de fer.

« Que voulez-vous? demanda l'affreux gnome en appuyant son menton sur les pointes qui défendaient le judas.

— Il y avait ici, répondit M. Jarndyce, un recors, ou un agent quelconque attaché aux poursuites et qui est mort depuis peu.

— Oui; après?

— Pourriez-vous me dire son nom?

— Neckett.

— Et son adresse, la savez-vous?

— Bell-Yard, maison du fabricant de chandelles, à main gauche.

— Était-il, — je ne sais pas trop quelle expression employer, murmura mon tuteur, — intelligent et laborieux?

— Neckett? jamais las de faire le guet; il serait resté sur une borne, au coin d'une rue, jusqu'à dix heures, d'une traite, s'il l'avait promis.

— Il aurait pu faire pis : par exemple, il aurait pu le promettre et ne pas le faire, dit mon tuteur en se parlant à lui-même. C'est tout ce que je voulais savoir, ajouta-t-il : je vous remercie. »

Nous partîmes, laissant derrière nous cet affreux personnage qui, appuyé contre la porte et la tête de côté, suçait et caressait les barreaux du judas; et, retrouvant un peu plus loin M. Skimpole, qui ne s'était pas soucié de rester plus longtemps dans le voisinage immédiat de Coavinses, nous nous dirigeâmes vers Bell-Yard, étroite allée, tout près de Cursitor-street, où nous aperçûmes bientôt la boutique du fabricant de chandelles; et, dans cette boutique, une vieille femme hydropique ou asthmatique, peut-être l'un et l'autre, dont le visage annonçait la bonté.

« Les enfants de Neckett? lui demandai-je.

— C'est ici, au troisième, la porte en face de l'escalier, » répondit-elle en me présentant une clef.

Il était évident que c'était la clef de la porte de la chambre des enfants; je la pris donc sans demander autre chose, et sortant de la boutique, je me dirigeai, suivie de tout le monde, vers le vieil escalier.

Au bruit de nos pas qui faisaient craquer les marches vermoulues, un homme entre-bâilla sa porte, et me regardant avec colère :

« Est-ce Gridley que vous cherchez? demanda-t-il brusquement.

— Non, monsieur, répondis-je, nous allons au troisième. »

Il regarda successivement Eva, M. Jarndyce et M. Skimpole de l'air courroucé qu'il avait pris en me voyant et répondit d'une voix bourrue au « bonjour » que mon tuteur lui adressa en passant. C'était un homme de grande taille, d'une pâleur livide, presque entièrement chauve, dont la figure sillonnée de rides profondes, les yeux saillants, les manières agressives, jointes à des formes athlétiques, me causèrent un sentiment de frayeur; il avait une plume à la main, et sa chambre, dans laquelle en montant je pus lancer un coup d'œil, était jonchée de papiers.

Nous continuâmes notre ascension tandis qu'il restait à la même place; et, arrivée où finissait l'escalier, je frappai à la porte qui était en face de moi; une voix enfantine me répondit de l'intérieur : « Nous sommes enfermés; c'est mistress Blinder qui a la clef. »

J'ouvris la porte, et nous vîmes dans un grenier, presque sans meubles, un petit garçon maigre et pâle, n'ayant pas plus de cinq ou six ans, qui tenait dans ses bras un enfant de dix-huit mois, dont il s'efforçait d'apaiser les cris. Il n'y avait pas de feu et le temps était glacial; les deux pauvres petits, enveloppés d'un vieux châle et d'une mauvaise palatine, avaient le nez rouge et le visage contracté par le froid.

« Qui est-ce qui vous a enfermés dans cette chambre? demandai-je au petit garçon.

— Charley, répondit-il en fixant sur nous des yeux tout étonnés.

— Votre frère?

— Non, c'est ma sœur Charlotte; papa l'appelait Charley.

— Combien êtes-vous d'enfants?

— Il y a moi et puis Emma, dit-il en frappant sur le béguin du poupon qui cachait sa figure sur l'épaule de son frère, et puis Charley.

— Où est-elle, Charley?

— Dehors, à laver, » répondit l'enfant, qui se remit à marcher de long en large dans la chambre, et qui, en essayant de nous regarder en même temps, approcha le béguin d'Emma un peu trop du bois de lit.

Nous nous regardions sans rien dire, lorsqu'une petite fille entra; une enfant par la taille, mais dont la jolie figure intelligente et sérieuse paraissait plus âgée que le corps et les membres; elle portait un chapeau beaucoup trop grand pour elle et s'essuyait les bras à un grand tablier; sans la mousse fumante dont ses bras étaient couverts, et sans les rides que l'eau de savon avait faites à ses doigts, on l'aurait prise pour une enfant qui jouait à la blanchisseuse et mettait dans son imitation autant de vérité que de finesse. Elle accourait en toute hâte de quelque maison du voisinage, et avait monté si vite qu'elle était tout essoufflée.

« Voici Charley ! » s'écria le petit garçon.

L'enfant qu'il tenait tendit les bras à sa sœur en criant pour aller avec elle. Charley prit la pauvre petite créature, qu'elle porta comme l'aurait fait sa mère, et nous regarda par-dessus l'épaule d'Emma qui s'attachait à elle avec amour, tandis que le petit garçon prenait le coin du tablier de sa sœur.

« Est-il possible, murmura M. Jarndyce, que cette petite travaille assez pour nourrir ces deux enfants ; est-il possible ? mais voyez donc ! »

Et c'était vraiment une chose à voir que ces trois orphelins, pressés les uns contre les autres ; les deux plus petits n'ayant pour tout soutien que l'aînée des trois, si jeune elle-même, en dépit de l'air sérieux qui contrastait si vivement avec ses traits enfantins.

« Quel âge as-tu, Charley ? dit mon tuteur.

— Je vais sur treize ans, monsieur.

— Oh le grand âge ! reprit mon tuteur, le grand âge ! »

Je ne puis exprimer la tendre compassion avec laquelle M. Jarndyce prononça ces paroles d'une voix où l'enjouement se mêlait à la tristesse.

« Et tu demeures toute seule avec ton frère et ta sœur ? poursuivit-il.

— Oui, monsieur, répondit la petite fille en le regardant avec confiance.

— Et qu'est-ce qui vous fait vivre, Charley ? reprit mon tuteur en détournant la tête.

— Depuis que mon père est mort, je vais en journée, monsieur ; aujourd'hui, j'étais à savonner.

— Mais Dieu me pardonne ! mon enfant, tu n'es pas assez grande pour atteindre le haut du baquet.

— Si, monsieur, avec des patins ; j'en ai de bien hauts qui appartenaient à maman.

— Et quand ta mère est-elle morte ? pauvre femme !

— Tout juste quand Emma est venue au monde, répondit Charley en jetant un regard à l'enfant qu'elle portait. Papa m'a dit alors que je devais être la petite maman d'Emma, et j'ai fait tout ce que j'ai pu ; j'ai nettoyé la chambre, soigné l'enfant, lavé le linge de la maison ; voilà comment j'ai appris, voyez-vous bien, monsieur ?

— Et vas-tu souvent en journée ?

— Autant que je le peux, monsieur, reprit Charley en souriant, parce qu'alors je gagne de l'argent, des pièces de six pence et puis des schellings.

— Est-ce que tu enfermes toujours ton frère et ta sœur quand tu t'en vas?

— C'est pour les mettre en sûreté, voyez-vous; mistress Blinder vient de temps en temps, et puis M. Gridley; j'accours aussi quand je ne suis pas trop loin; et ils s'amusent tous les deux; ils n'ont pas peur d'être enfermés, n'est-ce pas, Tom?

— Non! dit bravement le petit garçon.

— Quand la nuit vient, on allume les réverbères dans la rue et la chambre est éclairée, n'est-ce pas, Tom?

— Oui, Charley, tout éclairée.

— Et Tom est si bon! ajouta la grande sœur d'un air tout maternel. Quand Emma est fatiguée, il la couche; et, quand il est fatigué à son tour, il se couche aussi; et puis, lorsque je rentre, si j'allume la chandelle et que j'apporte de quoi souper, il se relève pour manger avec moi, n'est-ce pas, Tom?

— Oh! oui, Charley, » répondit l'enfant qui, tout ému, soit à la pensée du souper, soit de reconnaissance et d'amour pour sa sœur, cacha sa figure dans la jupe de Charley, se mit à rire d'abord et finit par pleurer.

C'était la première larme que l'un de ces enfants eût versée depuis que nous étions près d'eux. Charley avait parlé de son père sans montrer d'émotion, comme si la nécessité de garder son courage, sa vie active et la satisfaction enfantine qu'elle tirait de son importance, lui avaient fait oublier sa douleur. Mais dès que Tom se fut mis à pleurer, bien qu'elle restât immobile et que son visage tourné vers nous conservât tout son calme, je vis deux grosses larmes rouler sur ses joues.

Nous nous approchâmes de la fenêtre, Eva et moi, sous prétexte d'examiner les tuyaux de cheminées, les plantes chétives et les oiseaux du voisinage; et nous regardions sans voir, quand nous entendîmes la voix de mistress Blinder qui parlait à mon tuteur; peut-être la pauvre femme avait-elle mis à monter l'escalier tout le temps qui s'était écoulé depuis que nous étions dans le grenier.

« Ce n'est pas grand'chose, allez, monsieur, disait-elle, que de leur faire remise du loyer; qui est-ce qui aurait le courage de leur prendre leur argent?

— Bien, bien, nous dit mon tuteur; le jour viendra où cette excellente femme saura du bon Dieu qu'elle a fait une chose d'autant plus grande qu'elle y attachait moins d'importance.

Est-ce que cette enfant, ajouta-t-il, pourra continuer la tâche qu'elle a si vaillamment entreprise ?

— Je le crois, monsieur, répondit mistress Blinder en respirant avec peine. Elle est adroite au possible. La manière dont elle soigna les deux enfants, après la mort de sa mère, a fait parler tout le quartier ; et c'était merveille de la voir auprès de son père quand le pauvre homme fut malade. « Mistress Blinder, qu'il me disait à ses derniers moments ; — il était couché là, ce pauvre Neckett ; — mistress Blinder, qu'il me disait, quel que soit le métier que j'aie pu faire ici-bas, je n'en ai pas moins vu un ange cette nuit, dans cette chambre, qui veillait sur ma fille, et je la confie à notre père qui est aux cieux. »

— Il n'avait pas d'autre profession ? demanda mon tuteur.

— Non, monsieur ; il ne faisait pas autre chose que de poursuivre et d'arrêter ceux qui avaient des dettes. Quand il vint dans la maison, je ne savais pas ce qu'il était ; et j'avoue que quand je l'ai su, je lui ai donné congé. Le métier de recors n'est pas bien vu dans le quartier ; ce n'est pas un état comme il faut, et beaucoup de gens trouvaient à redire là-dessus, M. Gridley notamment, qui s'en plaignait très-fort ; et c'est un bon locataire, bien qu'il soit un peu vif.

— Et vous aviez donné congé à Neckett ? dit mon tuteur.

— Oui, monsieur, reprit mistress Blinder ; mais, quand le terme arriva, je me trouvai indécise. On n'avait rien à lui reprocher ; il était laborieux, actif, exact ; il faisait son métier en conscience, continua la brave femme en regardant M. Skimpole sans savoir à qui elle s'adressait, et c'est quelque chose, dans ce bas monde, ce n'est déjà pas si commun.

— Et vous l'avez conservé ?

— Dame ! je lui dis que s'il pouvait s'arranger avec M. Gridley, je me chargeais des autres locataires, et que je ne m'inquiétais pas de ce qu'on dirait dans le quartier. M. Gridley consentit en grognant, mais enfin consentit. Il a toujours été bourru pour le pauvre Neckett ; mais, depuis la mort du père, il est bon pour les enfants ; c'est à l'œuvre qu'il faut juger les gens.

— Y a-t-il beaucoup de monde qui ait été bon pour eux ? demanda M. Jarndyce.

— On n'a pas été mauvais, répondit mistress Blinder ; mais ce n'est pas à beaucoup près comme si l'état du père avait été différent. M. Coavinses a donné une guinée ; les recors ont fait une petite bourse ; et plusieurs personnes du voisinage, qui se frappaient sur l'épaule en riant sous cape lorsque Neckett passait, ont organisé une petite souscription qui n'a pas mal été. Il en est de même pour Charlotte. Il y a des gens qui ne veulent pas l'employer parce qu'elle est la fille d'un recors; il y en a d'autres qui la prennent malgré ça, mais qui lui jettent au nez l'ancien métier de son père, ou bien qui se font un mérite de lui donner de l'ouvrage, et qui peut-être en profitent pour la faire travailler un peu plus et la payer un peu moins. Mais elle est si patiente et avec ça pas maladroite, et de si bonne volonté, faisant toujours plus qu'elle ne peut, qu'on n'est pas mauvais pour elle; mais on pourrait être meilleur. »

Mistress Blinder, épuisée par un si long discours, alla s'asseoir pour tâcher de reprendre haleine, et M. Jarndyce se tournait vers nous pour nous dire quelque chose, lorsque son attention fut attirée par la brusque entrée de M. Gridley, dont il venait d'être question : c'était le locataire que nous avions vu dans l'escalier.

« Je ne sais pas ce que vous pouvez faire ici, mesdames et monsieur, nous dit-il en entrant, comme s'il eût été blessé de notre présence; quant à moi, ce n'est pas la curiosité qui me fait venir, et vous m'excuserez d'être monté. Bonjour, Charley, bonjour, Tom, bonjour, petite; comment allons-nous aujourd'hui? »

Sa figure et ses manières avaient conservé à notre égard leur rudesse et leur sévérité; mais il se pencha d'une façon affectueuse vers les trois orphelins qui le regardaient comme on regarde un ami. M. Jarndyce en fut touché.

« Personne, répondit-il avec douceur, ne peut être soupçonné de venir ici par partie de plaisir.

— Peut-être, monsieur, peut-être, répliqua M. Gridley en prenant Tom sur ses genoux et en éloignant mon tuteur du geste avec une vive impatience. Au reste je ne me soucie pas de discuter avec les gens du monde; j'ai eu assez de discussions dans ma vie pour en être guéri à tout jamais.

— Vous avez, dans ce cas, reprit mon tuteur, des motifs suffisants....

— Que me voulez-vous encore? s'écria M. Gridley s'emportant tout à coup. Je suis querelleur, irascible; je ne suis pas poli, monsieur!

— Je crois m'en apercevoir, répliqua mon tuteur.

— Connaissez-vous la cour d'équité, monsieur? poursuivit Gridley en se levant et en se dirigeant vers M. Jarndyce, comme avec l'intention de le battre.

— Que trop, pour mon malheur!

— Pour votre malheur? répéta notre homme, dont la colère

s'apaisa. S'il en est ainsi, je vous fais bien mes excuses; je sais que je ne suis pas poli; mais je vous demande très-sincèrement pardon. Il y a vingt-cinq ans, monsieur, reprit-il avec violence, que je suis sur le gril, et j'ai perdu l'habitude de marcher sur le velours. Vous n'avez qu'à entrer à la chancellerie, monsieur, et à demander quels sont les quolibets dont parfois on y égaye les affaires; ils vous répondront que le meilleur sujet de plaisanterie qui ait jamais existé, c'est l'homme du Shrospshire, et c'est moi, monsieur, dit-il en frappant avec colère ses mains l'une contre l'autre, c'est moi qui suis l'homme du Shrospshire.

— Je crois que ma famille a également l'honneur de fournir son contingent aux distractions de la cour, dit mon tuteur avec calme. Vous devez me connaître de nom; je m'appelle Jarndyce.

— Monsieur Jarndyce, reprit l'homme du Shrospshire, vous endurez vos maux plus tranquillement que je ne supporte les miens; mais voyez vous, si je les prenais autrement, je deviendrais fou. C'est en me révoltant contre eux, en faisant des projets de vengeance, en réclamant avec colère la justice qu'on me dénie, que je parviens à garder ma raison. Vous me direz que je me surexcite et que je devrais me calmer; je réponds à cela qu'il est dans ma nature de me soulever contre le mal, et que je ne vois pas de milieu entre ma fureur et les sourires perpétuels d'une pauvre petite femme vieille et folle qui fréquente aussi la cour; si je changeais d'humeur, ce serait pour devenir imbécile. »

Rien n'était plus pénible à voir que sa figure bouleversée par l'indignation, tandis qu'il prononçait avec rage ces paroles véhémentes, qu'il accompagnait de gestes d'une violence excessive.

« Jugez un peu du fait, monsieur, poursuivit-il : nous sommes deux frères; mon père était fermier; par testament, il laisse à ma mère tout ce qu'il possède, sa ferme, son attirail et le reste. A la mort de ma mère, tout cela devait me revenir, à la charge de payer trois cents livres à mon frère. Ma mère vient à mourir; quelque temps après, mon frère réclame ses trois cents livres. Plusieurs de nos parents prétendent qu'il en a touché une partie à différentes époques, soit en argent, soit en nature, logement, pension, etc. Doit-on considérer cela comme avancement d'hoirie? C'est là toute la question. Il ne s'agit point d'autre chose; pas de contestation relative au testament, pas de difficulté d'aucune sorte. Une partie des trois cents livres a-t-elle été payée, oui ou non? C'est tout ce qu'on veut savoir. Mon frère, pour régler ce différend, m'assigne devant la cour. Je suis obligé de me rendre dans cet endroit maudit; la loi m'y forçait, et ne voulait pas me permettre de m'expliquer ailleurs. Dix-sept défendeurs sont créés au procès. Deux années s'écoulent d'abord avant qu'il soit appelé. Son tour arrive. La cause est suspendue pendant deux autres années, pour laisser au juge (que sa tête pourrisse sur ses épaules!) le temps de faire une enquête, à cette fin de savoir si je suis le fils de mon père, ce que personne ne conteste et n'a jamais contesté. Il découvre alors que nous n'étions pas assez de défendeurs (rappelez-vous qu'il y en avait dix-sept), et qu'il s'en trouvait un qu'on avait oublié, et toute l'affaire recommence. Les frais montaient déjà à neuf cents livres, trois fois la somme dont une partie seulement faisait l'objet du procès. Mon frère, pour en éviter d'autres, eût été bien content d'abandonner sa demande. Tout ce que j'avais y a passé; et la cause, toujours pendante, n'a produit que tortures, misère et désespoir, et c'est là que j'en suis aujourd'hui! Vous comptez par mille livres, monsieur Jarndyce, tandis que je compte par centaines; mais ce n'est pas une raison pour que mon sort soit moins à plaindre que le vôtre. Il n'en est que plus dur, au contraire, puisqu'il ne me reste rien, et qu'ils m'ont soutiré jusqu'à mon dernier schelling? »

Mon tuteur lui répondit qu'il le plaignait de toute son âme et qu'il ne prétendait pas avoir le monopole des injustices de ce monstrueux système.

« Encore! s'écria M. Gridley s'exaspérant de plus en plus; mais je ne peux donc m'adresser à personne qu'on ne me parle du *système*. Si je me plains : « C'est le système. » Si je me présente à la cour et que je m'écrie : « Milord, je vous le demande, aurez-vous le front de me dire qu'on m'a rendu justice? » Milord ne connaît pas même mon affaire; il siége pour diriger le système. Si je vais chez M. Tulkinghorn, l'avoué, qui me rend furieux par son calme et son air satisfait, comme ils l'ont tous (satisfait, je le crois bien; ils gagnent à cela tout ce que j'y perds), et que je lui dise que d'une façon ou de l'autre quelqu'un me le payera, il me répond « que c'est le système et qu'il n'en est pas responsable. » Qu'arrivera-t-il? je n'en sais rien; mais ils finiront par me mettre hors de moi et je ferai comparaître les artisans de leur système à la barre éternelle, face à face avec Dieu. »

Sa colère était effrayante; je n'aurais jamais cru qu'on pût arriver à un tel degré de fureur, si je ne l'avais pas vu.

« J'ai déjà commencé, continua-t-il en s'essuyant le visage. Oui, monsieur Jarndyce, on m'a mis en prison pour insulte à la cour, pour menaces à l'avoué; pour ceci, pour cela; on m'y remettra encore. Je suis l'homme du Shrospshire, et je fais quelquefois plus que d'amuser ces messieurs, bien que ça les ait fait rire de me voir mettre en prison. Ils me disent que je ferais bien mieux de me taire. Ah! s'il fallait me contraindre, je deviendrais bientôt fou. J'étais doux et bon autrefois; dans mon pays on se le rappelle encore; mais il faut à présent que je donne cours à ma fureur si je veux conserver ma tête. « Monsieur Gridley, me disait le lord chancelier la semaine dernière, il vaudrait mieux pour vous retourner dans le Shropshire et vous y occuper utilement, que de perdre votre temps ici. — Je le sais, milord, lui ai-je répondu. Je sais aussi qu'il eût été plus heureux pour moi d'ignorer jusqu'au nom de la haute cour. Par malheur, je ne puis détruire le passé, et le passé me contraint à venir ici ! » D'ailleurs, ajouta-t-il en éclatant tout à fait, je veux les faire rougir et me montrer jusqu'à la fin pour qu'ils aient honte d'eux-mêmes; je veux, à l'heure de ma mort, me faire porter devant eux et leur dire, si j'ai encore assez de voix pour parler : « Vous m'avez appelé ici, et me voilà; vous m'en avez renvoyé mainte et mainte fois; chassez-en mon cadavre. »

Sa figure avait si souvent, depuis tant d'années, exprimé la fureur, que sa physionomie ne pouvait plus s'adoucir, alors même que sa colère s'apaisait.

« J'étais venu, reprit-il, pour chercher les bambins et les emmener dans ma chambre où ils s'amusent tous les deux; je n'avais pas l'intention de dire tout cela; mais ça ne fait pas grand'chose. Est-ce que tu as peur de moi, Tom?

— Non ! répondit le marmot; c'est pas contre moi que vous êtes fâché.

— Tu as raison, mon enfant; est-ce que tu t'en vas, Charley? Oui? eh bien! partons tout de suite. » Il prit dans ses bras la petite fille qui se laissa emporter de fort bonne grâce. « Je ne serais pas étonné, lui dit-il, si nous trouvions dans ma chambre un soldat de pain d'épice; descendons vite pour y aller voir. »

Il fit à mon tuteur un salut assez gauche, mais néanmoins respectueux, s'inclina légèrement devant nous, et sortit du grenier avec les deux enfants.

« N'est-il pas fort curieux, nous dit alors M. Skimpole avec son enjouement ordinaire, de voir la manière dont tout s'enchaîne et les résultats qui en découlent? Voilà M. Gridley qui possède une force de volonté, une énergie surprenante, et qui, au moral, est une espèce de forgeron toujours prêt à battre l'enclume. Eh bien! vous n'avez qu'à vous le figurer, à l'époque où il entrait dans la vie, avec cette exubérance de force et de résistance qui ne demandait qu'à se dépenser dans les luttes, lorsqu'il trouve justement sur son chemin la chancellerie qui lui fournit l'aliment dont il avait besoin, et le voilà fixé désormais; sans cela, qui sait s'il n'eût pas fait un grand capitaine, un démolisseur de villes; ou un grand politique, un foudre parlementaire? mais non, lui et la cour se rencontrent, ils s'épousent, et notre homme est pourvu. Quelle étude que celle des causes finales ! Voyez plutôt Coavinses. Que de fois n'ai-je pas murmuré contre l'existence du pauvre homme ! Je l'ai trouvé sur ma route et m'en serais bien dispensé. Il y a de ces jours où, si j'avais été le grand Turc, j'aurais dit à mon vizir, lorsqu'il serait venu me demander ce que Ma Hautesse requérait de son esclave, de m'apporter la tête de Coavinses. Qu'est-il arrivé, pourtant? Que j'ai fourni de la besogne à un excellent homme, dont je me suis trouvé le bienfaiteur; et qui, par ce moyen, a pu élever ces charmants enfants et développer en eux toutes les vertus sociales. »

Il avait une manière si séduisante de toucher ces cordes fantastiques, et faisait, par son joyeux enfantillage, un contraste si frappant avec la gravité de Charley, que mon tuteur, qui avait échangé quelques mots avec mistress Blinder, ne put s'empêcher de sourire quand il revint près de lui. Nous embrassâmes Charley qui descendit avec nous, et nous nous arrêtâmes un instant pour la regarder. Je ne sais pas où elle allait; mais elle prit un passage couvert au fond de Bell-Yard; et la pauvre enfant, si petite, avec son chapeau et son tablier de femme, disparut au milieu du bruit et du tumulte de la grande ville, comme une goutte de rosée qui se mêle à l'Océan.

CHAPITRE XVI.

Tom-all-Alone's.

Lady Dedlock est sans cesse en mouvement; le courrier du grand monde sait à peine où la trouver. Aujourd'hui elle est à Chesney-Wold; hier elle était à Londres; demain elle sera peut-être à Paris; on n'en peut rien savoir; la galanterie de sir Leicester lui-même a quelque peine à la suivre; et elle aurait eu bien plus d'exercice encore, si la goutte n'était venue le prendre par les jambes.

Sir Leicester accueille la goutte comme une chose importune, mais cependant comme un fâcheux d'origine patricienne. De temps immémorial, tous les Dedlock ont eu la goutte en ligne mâle et directe; le fait est prouvé, monsieur, et personne ne le conteste. Les grands-pères des autres hommes ont pu mourir de rhumatismes ou être atteints par la basse contagion d'une maladie vulgaire; mais les Dedlock ont imposé, même à la mort, cette grande niveleuse, quelque chose d'exclusif; ils meurent tous de leur propre goutte, qui s'est transmise à l'illustre lignée, comme la vaisselle d'argent, les tableaux et le manoir du Lincolnshire; elle fait partie de leurs dignités et de leurs droits; sir Leicester, bien qu'il ne l'ait jamais dit à personne, a néanmoins cette arrière-pensée, que l'ange de la mort s'exprime ainsi auprès des ombres de l'aristocratie, quand un des membres de sa famille expire : « Milords et gentlemen, j'ai l'honneur de vous présenter un autre Dedlock, arrivé, suivant certificat, par la goutte de famille. »

Il résulte de là que le baronnet abandonne ses nobles jambes à la maladie de ses ancêtres, comme à titre de redevance féodale pour son nom et sa fortune. Il trouve bien que c'est de la part de la goutte une liberté un peu grande que d'étendre un Dedlock sur le dos, de lui tordre les orteils et de lui larder les membres avec des pointes acérées; mais il se dit à cela : « Tous mes aïeux ont subi cette torture; elle appartient à la famille; il est convenu depuis des siècles que cette noble maladie nous conduira seule au caveau de nos ancêtres; je ne puis donc que ratifier cet ancien compromis. »

Et, le visage pourpre et or, il fait noble contenance, couché au milieu du grand salon, en face du portrait de milady qu'il regarde; autour de lui le soleil brille; de larges raies lumineuses, alternées d'ombre, traversent la longue rangée de fenêtres qui donnent sur la terrasse; au dehors, les chênes majestueux, enracinés depuis des siècles dans un sol que la charrue n'a jamais entr'ouvert, témoignent de sa grandeur; au dedans, les portraits de ses ancêtres qui lui disent pourtant : « Chacun de nous fut dans ces lieux une réalité passagère, puis a laissé derrière lui cette image, et n'est plus maintenant qu'un souvenir aussi vague que le croassement lointain des corneilles, qui vous berce et vous endort, » les portraits de ses aïeux témoignent de sa puissance; jamais il n'a été plus grand qu'aujourd'hui; et malheur à Boythorn, malheur à l'audacieux qui tenterait de lui contester un pouce de la terre qu'il possède.

Milady n'est qu'en peinture auprès de l'illustre baronnet; elle est à la ville pour un jour seulement; demain elle reprendra sa volée vers Chesney-Wold, à la grande confusion du courrier fashionable qui n'en est pas prévenu. L'hôtel n'a pas été préparé pour la recevoir; il est sombre et emmitouflé; un seul Mercure, avec sa tête poudrée, est à bayer tristement à la fenêtre de l'antichambre; il disait, pas plus tard qu'hier au soir, à l'un de ses collègues, habitué comme lui à la bonne société, que si cet état de choses devait se prolonger, il n'aurait, sur son honneur, d'autre parti à prendre que de se couper la gorge.

Quel rapport peut-il y avoir entre ce Mercure, le château du Lincolnshire, l'hôtel de Londres et le pauvre hère sur qui tomba un rayon de lumière céleste le soir où il balaya les marches du cimetière des pauvres? Quel rapport existe-t-il entre tant de gens qui, des points opposés de l'abîme, n'en sont pas moins rapprochés d'une façon étrange, dans les drames sans nombre que renferme la société? Jo balaye toute la journée sans avoir conscience de cette chaîne mystérieuse qui le rattache à certains êtres; quand on lui demande quelque chose, il résume sa condition mentale en répondant « qu'i' n'sait rin. » Il ne sait qu'une chose, c'est qu'il est bien difficile de tenir proprement son passage lorsque le temps est humide; et plus difficile encore de vivre avec ce qu'il y gagne; mais c'est lui qui l'a deviné, personne ne lui en apprit jamais aussi long. Il vit, c'est-à-dire qu'il n'a pas encore fini de mourir, dans un endroit indescriptible, que ses pareils connaissent sous le nom de *Tom-all alone's;* c'est une rue sombre et noire, dont les maisons tombent en ruine. De hardis vagabonds s'emparèrent de ces masures à une époque où leur délabrement était déjà fort avancé; ils s'y installèrent, et, quand ils eurent établi leur droit de possession, ils finirent par louer ces bouges, qui maintenant, chaque soir, renferment un amas de toutes les infamies. Et de même que la vermine pullule sur le corps de l'infortuné que la misère accable, ces ruines ont engendré une multitude immonde qui vient s'y abriter, rampe à travers les murailles béantes, et se replie sur elle-même pour y dormir; essaim monstrueux de larves sans nombre sur lequel tombe la pluie, gronde le vent, et qui se répand ensuite par la Cité, portant la fièvre, et semant plus de mal sur ses traces que tous les gentlemen de la bureaucratie, depuis sir Thomas Boodle jusqu'au duc de Zoodle, ne pourraient en détruire en cinq cents ans..., quoique nés et mis au monde tout exprès pour cela.

Deux fois depuis peu de temps, un violent fracas, suivi d'un nuage de poussière, a retenti dans Tom-all-alone's; c'était, chaque fois, une maison qui s'écroulait. Ces accidents ont rempli un paragraphe dans les journaux et un lit ou deux à l'hôpital voisin. La brèche est restée, les décombres fournissent des logements qui ne sont pas dédaignés ; et, comme plusieurs autres maisons chancellent, on peut s'attendre à ce que le premier écroulement qui aura lieu dans Tom-all-alone's fera un bruit et une poussière effroyables.

Il va sans dire que cette propriété relève de la Cour de chancellerie ; ce serait faire injure au discernement d'un homme ayant la moitié d'un œil, que de supposer qu'il ne le voit pas bien sans qu'il soit besoin de le lui apprendre. Le nom de Tom a-t-il été donné à cette rue parce qu'elle offre une image saisissante du premier plaignant de l'affaire Jarndyce, dont elle rappelle la ruine et la fin désastreuse ? Le pauvre Tom y a-t-il vécu tout seul[1] jusqu'à l'époque où d'autres misérables vinrent s'y établir ; ou bien ce nom traditionnel signifie-t-il que c'est un endroit perdu, isolé de tout ce qui est honnête, et que l'espérance a déserté ? Peu de personnes pourraient le dire ; et certainement Jo l'ignore, « car je n'sais rin, » dit-il.

Ce doit être une condition étrange que celle de Jo ; une singulière chose que de traîner dans une ville, sans rien comprendre à ces caractères mystérieux qui abondent au coin des rues, sur les boutiques, sur les portes, sur les fenêtres ; que de rencontrer partout des gens qui lisent et qui écrivent, des facteurs qui distribuent des lettres, et de n'avoir pas la moindre idée de ce langage en face duquel vous restez sourd et aveugle ; ce doit être une énigme embarrassante que de voir le dimanche tous les gens comme il faut se rendre à l'église avec un livre à la main, que de se demander ce qu'il peut y avoir dans ce livre (car il est possible que Jo ait des heures où il pense) et de se dire : « Comment se fait-il que cela ne signifie rien pour moi, tandis que cela signifie tout pour les autres ? » N'est-ce pas un sujet d'étonnement perpétuel que d'être secoué, poussé continuellement, de ne pouvoir s'arrêter nulle part sans qu'on vous dise de passer votre chemin, et de sentir qu'en effet on n'a aucun motif d'être là plutôt qu'ailleurs ; qu'on n'a d'affaires nulle part, qu'on existe pourtant d'une façon ou d'une autre, et qu'on est arrivé jusqu'à tel âge sans que personne vous ait jamais regardé ? Ce doit être une chose bizarre, non-seulement de s'entendre dire qu'on ne compte pas pour une créature humaine, quand par exemple on offre son témoignage, mais surtout de sentir que c'est vrai, en pensant à la manière dont on vit ; de voir passer

---

1. All alone, tout seul.

les chevaux, les chiens, les bœufs, et de reconnaître que, par son ignorance, ou appartient à leur espèce, et non pas à celle des êtres dont on a la forme et dont on offense la nature délicate. Les idées de Jo sur un procès criminel, un juge, un évêque, un gouvernement quelconque; sur la constitution, cet inestimable joyau, si toutefois il sait qu'elle existe, doivent être bien singulières; tout dans sa vie matérielle et morale est étrange, et sa mort ne sera pas ce qu'il y aura de moins curieux dans sa vie.

Jo sort de Tom-all-alone's, il va au-devant du jour qui n'est pas encore descendu; et tout en marchant, il grignote un morceau de pain dur et sale; rien n'est encore ouvert; il s'assied pour déjeuner, sur le pas de la porte de la société qui s'occupe de « la propagation de l'Évangile dans les contrées lointaines, » et lui donne un coup de balai quand il a fini, par reconnaissance pour le siége qu'il y a trouvé; il se demande à quoi peut servir cet édifice dont il admire la grandeur; et ne se doute pas, l'infortuné, du dénûment spirituel où se trouve un rocher de corail dans l'océan Pacifique; il ignore ce qu'il en coûte pour sortir de leur abjection les âmes précieuses qui languissent au milieu des cocotiers et des arbres à pain !

Il se dirige vers la traversée qu'il balaye, et se met à l'ouvrage dès qu'il y est arrivé; la ville s'éveille, le grand toton s'ébranle, tourbillonne, et de tous côtés on recommence à lire et à écrire. Jo et les autres animaux inférieurs se tirent comme ils peuvent de cet immense tohu-bohu. C'est le jour du marché; les bœufs aveuglés, surmenés, qu'on aiguillonne mais qu'on ne guide pas, se précipitent à tort et à travers dans les lieux où ils ne doivent pas être, en sont chassés à grands coups et s'élancent, tête baissée, contre les murailles, écumants et l'œil en feu; ils déchirent parfois celui qui ne leur avait rien fait, et se blessent souvent eux-mêmes sans savoir ce qu'ils font, absolument comme Jo et ses pareils.

Une bande de musiciens s'arrête et joue une valse. Jo l'écoute, un chien en fait autant, le chien d'un conducteur de bestiaux qui attend son maître à la porte d'un boucher, et qui pense évidemment aux moutons qu'on lui avait confiés le long de la route, et dont le voilà débarrassé; pourtant il semble inquiet sur le compte de quatre d'entre eux; il ne se rappelle pas l'endroit où il les a laissés, et regarde d'un bout à l'autre de la rue s'attendant à les voir; il dresse tout à coup les oreilles et se souvient maintenant de tout ce qui est arrivé. Ah ! le bon chien ! un peu vagabond, accoutumé aux cabarets et à la mauvaise compagnie, c'est vrai ; mais, après tout, c'est un chien qu'on a pris soin d'élever, d'instruire, d'améliorer, qui connaît ses devoirs et sait comment les remplir. Jo et lui écoutent la musique avec la même somme de jouissance animale, et sont probablement tout aussi étrangers l'un que l'autre aux souvenirs, aux aspirations, aux pensées tristes ou joyeuses que la musique éveille chez les hommes ; du reste, sous tous les autres rapports, combien la brute se trouve au-dessus de l'auditeur à face humaine !

Que les descendants du chien, abandonnés à eux-mêmes, retournent, comme Jo, à l'état sauvage, et avant peu ils auront dégénéré au point d'avoir perdu leur faculté d'aboyer, il ne leur restera plus que celle de mordre.

La journée s'avance, le ciel se couvre, il tombe une pluie fine et glacée ; Jo se tire d'affaire comme il peut, au milieu de la boue, des voitures, des parapluies, des chevaux, des coups de fouet, et gagne à peine ce qui lui est nécessaire pour payer le triste abri que lui fournit Tom-all-alone's. Le crépuscule arrive, le gaz apparaît dans les boutiques, l'allumeur court avec son échelle le long des rues ; c'est une triste soirée que celle qui commence.

M. Tulkinghorn est dans son cabinet ; il médite sur une déclaration qu'il veut faire le lendemain au magistrat du quartier ; Gridley, un plaideur désappointé, dont la violence est extrême, est venu chez lui dans la journée et s'est montré menaçant ; il ne faut pas que nous ayons d'inquiétude pour notre corps respectable, et Gridley doit retourner en prison. L'allégorie du plafond, sous la forme raccourcie d'un Romain impossible, la tête en bas, les pieds en l'air, étend son bras luxé vers la fenêtre qu'il désigne opiniâtrément du doigt. Mais M. Tulkinghorn n'est pas si bête, et pourquoi donc regarderait-il dans la rue ? le Romain n'a-t-il pas toujours le bras tourné de ce côté ? Aussi M. Tulkinghorn reste-t-il à sa place.

Quel intérêt, d'ailleurs, s'il se fût dérangé, aurait-il eu à voir une femme qui passait sous ses fenêtres ? Il y a beaucoup de femmes dans le monde ; M. Tulkinghorn pense même qu'il y en a trop ; elles sont au fond de tout ce qui va de travers ici-bas ; de tous les crimes, de tous les torts ; bien qu'en cela elles aient pourtant le mérite de créer de la besogne aux gens de loi. Mais, qu'importerait à M. Tulkinghorn de voir la femme qui passe, alors même qu'elle s'envelopperait de mystère ? elles sont toutes comme ça ; M. Tulkinghorn le sait très-bien.

Mais elles ne ressemblent pas toutes à celle qui vient de

passer devant la maison de l'avoué ; entre la simplicité de ses vêtements et l'élégance de ses manières, il y a complet désaccord ; son costume est celui d'une femme de chambre de bonne maison, sa démarche, celle d'une grande dame ; elle presse le pas, autant que le pavé glissant le lui permet. Elle cherche à prendre la tournure du personnage dont elle a revêtu la robe, et, malgré le voile qui lui couvre le visage, elle se trahit assez pour que plus d'un passant la regarde avec surprise.

Elle va droit à son but ; lady ou servante, elle a un projet dans l'âme et assez d'énergie pour le suivre ; elle se dirige vers l'endroit que Jo balaye ; il lui demande un penny ; elle ne détourne la tête qu'après avoir atteint l'autre côté de la rue et fait alors un signe au balayeur en lui disant de venir.

Jo la suit à deux pas dans une cour retirée.

« Êtes-vous celui dont il a été question dans les journaux ? lui demande-t-elle derrière son voile.

— J'sais rin de rin, répond Jo en regardant la femme voilée d'un air maussade.

— N'avez-vous pas assisté à une enquête ?

— J'sais rin de rin. Ah ! c'est-y où c'que le bedeau m'a mené, qu'vous voulez dire ? c'est-y le Jo qu'était à l'encriète ?

— Oui.

— Eh ben ! c'est moi.

— Avançons, dit-elle.

— C'est-y pour l'homme ? répond Jo en la suivant, pour c'ti-là qu'a mouru ?

— Chut ! parlez plus bas ; avait-il, pendant sa vie, l'air malade et bien pauvre ?

— J'cré ben ! dit Jo.

— Cependant, il n'était pas..... comme vous ? reprend la femme avec horreur.

— Ah ! non ; moi j'suis qu'une bête ; c'est-y qu'vous l'avez connu, lui ?

— Comment osez-vous me demander cela ?

— Pas pour vous offenser, milady, répond humblement Jo qui la soupçonne d'être une grande dame.

— Je ne suis pas une lady, mais une servante.

— Et une jolie encore ! En v'la-t'y un' de gaillarde, s'écrie Jo avec admiration.

— Écoutez-moi en silence et ne vous approchez pas. Pouvez-vous me montrer les différents endroits dont il est fait mention dans le compte rendu de l'enquête ? le magasin du papetier pour lequel il faisait des copies, la maison où il est mort, le café où le bedeau vous a conduit et la place où il est enterré ? Connaissez-vous le lieu où il repose ? »

Jo a répondu par un signe affirmatif à toutes les questions qui lui ont été faites.

« Passez devant et conduisez-moi à tous les endroits que je viens de vous dire ; arrêtez-vous en face de chacun d'eux ; ne parlez que si je vous questionne ; ne vous retournez pas, faites ce que je désire et vous serez bien payé. »

Jo écoute ces paroles avec attention, se les répète tout bas appuyé sur le manche de son balai ; il trouve qu'elles sont un peu difficiles à prononcer, mais leur signification, à laquelle il s'arrête un instant, finit par lui sembler assez satisfaisante ; et, secouant sa tête ébouriffée :

« Convenu, dit-il ; mais on s'esbigne et bonjour, pas de flouerie que j'dis.

— Qu'est-ce qu'il veut dire ? s'écrie la servante en reculant avec dégoût.

— Je dis qu'c'est pas tout d'jaspiner, quoi !

— Je ne vous comprends pas ; marchez devant moi, comme je l'ai dit, et je vous donnerai plus d'argent que vous n'en avez jamais eu. »

Jo siffle en tortillant ses lèvres, se frotte la tête, prend son balai sous son bras, ouvre la marche, et, passant adroitement et nu-pieds sur les cailloux des rues, dans la boue et dans la crotte, il arrive à Cook's-Court, et s'arrête :

« Qui demeure ici ? lui demande-t-elle.

— C'ti-là qui l'y donnait à écrire et qui m'a donné un petit écu, dit Jo tout bas et sans tourner la tête.

— Allez ! »

Jo s'arrête un peu plus loin à la maison du regrattier.

« Qui demeure dans cette maison ?

— C'était lui, répond Jo toujours sans se retourner.

— Dans quelle chambre ? lui demande-t-elle après une pause assez longue.

— Celle qu'est en haut, su'le derrière. Vous pouvez en voir la croisée du coin où vous êtes ; en haut, voyez-vous pas ? C'est là où c'que j'l'ai vu après sa mort. V'là le café où c'qu'on m'avait amené.

— Allons à l'autre endroit. »

Il y a loin de Cook's-Court au cimetière ; mais Jo, délivré de ses premiers soupçons, reste fidèle aux termes de son engagement, et, sans rien dire, sans détourner la tête, il prend maintes et maintes rues tortueuses, d'où s'élève une odeur infecte, traverse un tunnel et arrive à une grille de fer éclairée par la lanterne suspendue à la voûte.

« C'est là qu'i l'ont mis, dit-il en passant un bras entre les barreaux de la grille et en désignant l'intérieur du cimetière.

— Quelle horreur! Où l'ont-ils déposé?

— Là-bas, au mi'ieu d'ces tas d'os empilés, tout près de c'te fenêt' de cuisine, tout à côté du tas; i's on' été obligés de monter su' l' cercueil et de peser dessus pour l' faire entrer; je pourrais le découvri' avec mon balai pour vous le faire voir si la porte était ouverte; c'est pour ça qu'i la ferment, j' suppose. »

Jo secoue la grille inutilement et s'écrie tout à coup : « Un rat, un rat, le voyez-vous?... juste auprès du tas, l'y v'là tout juste, il y entre dans la terre! »

La servante se recule avec effroi et s'appuie à la muraille de cette voûte hideuse, dont l'exsudation fétide s'attache à ses vêtements; elle étend les mains en criant à Jo de ne pas l'approcher, car il la dégoûte, et reste ainsi quelques instants. Jo la regarde tout surpris.

« Ce lieu d'abomination est-il un terrain consacré?

— J'sais pas, lui répond Jo en la regardant toujours.

— Est-il bénit?

— De quoi? demande Jo arrivé au dernier degré d'étonnement.

— Est-il bénit?

— Est-ce que j'sais? réplique Jo dont les yeux s'écarquillent de plus en plus; bénit? répète-t-il l'esprit légèrement troublé; j'cré pas; mais, en tout cas, ça gn'y a pas fait grand bien, s'il a été bénit; j'aurais cru... mais, j'sais rin, moi. »

La femme de chambre ne fait aucune attention aux paroles de Jo et n'a pas l'air de se rappeler ce qu'elle vient de dire; elle ôte son gant pour prendre quelque argent dans sa bourse; Jo remarque en silence combien sa main est petite et blanche et quelle gaillarde il faut qu'elle soit pour avoir des bagues aussi brillantes.

Elle laisse tomber quelque chose dans la main du balayeur et frissonne quand ses doigts se rapprochent de ceux de Jo sans les toucher pourtant.

« Maintenant, dit-elle, montrez-moi l'endroit encore. »

Jo passe le manche de son balai entre les barreaux de la grille et désigne la place qu'il a déjà montrée. Au bout de quelques instants, il se retourne pour voir s'il a été compris; mais la servante a disparu. Son premier mouvement est de s'approcher du gaz pour voir ce qu'elle lui a donné: c'est une pièce jaune ; il reste un instant tout ébloui, essaye de mordre l'un des côtés de la pièce pour s'assurer de sa qualité, la met dans sa bouche pour ne pas la perdre, et balaye avec grand soin la marche du cimetière et le tunnel ; puis, cette besogne terminée, il reprend le chemin de Tom-all-alone's, et s'arrête à toutes les lanternes pour regarder de nouveau sa pièce d'or en la mordillant chaque fois, afin de bien s'assurer qu'elle n'est pas fausse.

Mercure n'a pas à se plaindre, ce soir-là, du manque de société ; car milady assiste à un grand dîner et à trois ou quatre bals ; sir Leicester est seul à Chesney-Wold avec la goutte ; il est agité, agacé ; il se plaint à mistress Rouncewell du bruit monotone que fait la pluie en tombant sur la terrasse, et qui l'empêche de lire son journal, même au coin du feu, dans son propre cabinet, si commode, si confortable.

« Sir Leicester aurait mieux fait de se mettre de l'autre côté du château, dit mistress Rouncewell à Rosa ; son cabinet est sur la même façade que la chambre de milady ; et je n'ai jamais entendu marcher le revenant plus distinctement que ce soir. »

CHAPITRE XVII.

Narration d'Esther.

Richard vint très-souvent nous voir pendant tout le temps que nous restâmes à Londres (bien que plus tard son exactitude à nous écrire ne fût pas de longue durée). Son entrain, sa franchise, sa gaieté, son excellent caractère, la fraîcheur et la vivacité de son esprit, le rendaient toujours d'une société charmante. Mais, bien que je l'aimasse de plus en plus, à mesure que je le connaissais davantage, je sentais en même temps combien il était regrettable qu'on ne lui eût pas donné l'habitude de concentrer ses facultés sur un but. Le système d'éducation qu'on avait suivi à son égard, et qu'on applique exactement de la même manière à des centaines de jeunes gens dont le caractère et les facultés varient pour chacun d'eux, avait certainement développé en lui la capacité nécessaire pour entreprendre certaines études, pour s'y livrer avec fruit et même avec éclat ; mais ces dispositions mêmes étaient dues à des qualités naturelles qu'il aurait fallu diriger avant tout; qualités précieuses sans lesquelles nulle position élevée ne peut être atteinte; et qui sont, comme l'eau et le feu, d'excellents serviteurs, mais de fort mauvais maîtres. Soumises à Richard, elles l'auraient aidé puissamment et ne furent pour lui qu'un malheur, dès qu'elles le dominèrent au lieu de lui obéir.

Je donne cette opinion qui m'appartient, non pas que je prétende affirmer qu'elle soit juste, mais parce qu'elle est chez moi le résultat d'une conviction profonde et que j'éprouve le besoin de dire franchement tout ce que je pense. Tel était donc mon avis relativement à Richard; et non-seulement l'éducation qu'il avait reçue me paraissait vicieuse, mais j'ai eu plus d'une fois l'occasion d'observer combien M. Jarndyce avait eu raison de dire que les incertitudes, et les remises continuelles d'un procès en chancellerie avaient communiqué à sa nature quelque chose de l'insouciance du joueur pour tout ce qui est en dehors de la partie où il se trouve engagé.

Le docteur Badger étant venu nous faire une visite avec sa femme, un jour que nous étions seules, Eva et moi, je profitai de la circonstance pour demander quelques détails sur les travaux de Richard.

« M. Carstone, répondit mistress Badger, est fort aimable, et c'est pour nous, je vous assure, une excellente acquisition. Le capitaine Swosser avait coutume de dire en parlant de moi, que ma présence au repas des contre-maîtres de marine valait mieux que terre en vue et brise à l'arrière, même à l'époque où le bœuf devenait aussi coriace que les rabans d'empointure des huniers; c'était l'expression nautique dont il se servait, pour exprimer qu'on était heureux de m'avoir dans la société où je me trouvais; et je puis en dire autant de M. Richard Carstone; mais.... vous ne m'accuserez pas de porter un jugement téméraire, si je vous dis que?...

— Non, madame.

— Miss Clare, non plus ?

— Nullement, répondit Eva qui prit un air inquiet.

— C'est que, voyez-vous, très-chères..... pardonnez-moi de vous appeler ainsi....

— Au contraire, madame, nous sommes touchées de....

— C'est que, vous êtes vraiment charmantes. Et voyez-vous, très-chères, quoique jeune encore.... du moins suivant le docteur Badger, qui veut bien m'en adresser le compliment....

— Je proteste, répliqua le docteur. Ce n'est point un compliment.

— Allons, reprit en souriant mistress Badger, puisqu'il le faut, je répéterai : quoique jeune encore, chères demoiselles, j'ai eu l'occasion d'observer beaucoup de jeunes gens. Ils étaient très-nombreux à bord de ce cher vieux *Crippler*, d'heureuse mémoire; et, quand j'allai dans la Méditerranée, avec le capitaine, je me fis un plaisir de profiter des moindres circonstances pour accueillir les contre-maîtres et les traiter en amis. Vous n'avez pas connu leur manière de vivre, très-chères, et vous ne comprendriez pas les allusions que l'on pourrait faire à propos du blanchiment de leurs comptes de semaine ; pour moi, c'est différent ; car l'eau salée était ma seconde patrie. J'étais à cette époque un véritable marin. De même avec le professeur Dingo.

— D'une réputation européenne, murmura M. Badger.

— Quand, après avoir perdu mon premier, j'eus épousé mon second, reprit mistress Badger, parlant du capitaine et du professeur, comme si c'étaient les deux premiers termes d'une charade, j'eus encore mainte occasion d'observer la jeunesse. Le cours du professeur Dingo était suivi par un nombre considérable d'étudiants ; et je tins à honneur, comme femme d'un savant illustre, cherchant elle-même dans la science la consolation infinie qu'elle peut donner, d'ouvrir ma maison aux jeunes disciples du professeur. Tous les mardis soir, il y avait chez moi de la limonade, un biscuit pour chacun de ceux qui voulaient venir, et l'on y faisait de la science sur la plus vaste échelle.

— Réunions bien remarquables, miss Summerson, dit M. Badger avec un profond respect. Quels résultats n'a pas dû produire cette émulation, cette espèce de frottement moral sous les auspices d'un tel homme !

— Et à présent que je suis la femme de mon troisième, reprit mistress Badger, je poursuis le cours de mes observations, et voilà pourquoi j'ai pu me former sur M. Carstone un jugement qui n'a rien de prématuré : mon opinion bien arrêtée, mes très-chères, est qu'il n'a pas choisi la profession qui lui convenait. »

Je demandai à mistress Badger sur quoi elle fondait cette opinion.

« Sur le caractère et la conduite de M. Carstone, répondit-elle. Probablement il ne se donne pas la peine d'analyser ce qu'il éprouve ; mais il apporte de la tiédeur dans ses études. Il ne ressent pas cet intérêt puissant qui témoigne d'une vocation réelle ; et, si la science médicale lui inspire quelque chose, je crois pouvoir dire que c'est de la fatigue et de l'ennui. Tout cela ne promet pas de grands succès. Il est possible à certains jeunes gens qui s'attachent à la médecine avec une volonté ferme, une ardeur soutenue, comme M. Woodcourt, par exemple, de trouver un jour la récompense de leur zèle, après avoir eu à supporter bien des désappointements, subi de longues années de privations et beaucoup travaillé pour peu d'argent ; mais je suis convaincue, chère miss, qu'il n'en sera jamais ainsi de M. Carstone, et qu'il n'a rien à espérer de ce côté-là.

— M. Badger est-il du même avis ? demandai-je.

— A vrai dire, miss Summerson, répliqua le docteur, je n'avais pas envisagé la question sous ce point de vue, jusqu'au moment où mistress Badger m'en fit l'observation ; mais, ayant depuis lors considéré attentivement les choses, et sachant que l'intelligence de mistress Badger, en surcroît des facultés naturelles qui lui avaient été départies, a eu le rare avantage d'être développée par deux hommes aussi distingués (je devrais dire illustres) que le capitaine Swosser et le professeur Dingo, la conclusion à laquelle je suis arrivée ne pouvait manquer d'être.... celle que vous venez d'entendre.

— Le capitaine avait pour maxime, reprit mistress Badger, qu'on ne saurait trop faire chauffer la poix quand on veut l'avoir chaude ; et que si l'on a une planche à essarder, il faut y aller de toutes ses forces, comme si l'on avait le diable à ses trousses. Il me semble que ce précepte s'applique aussi bien à la médecine qu'à la marine.

— Ainsi qu'à toutes les professions, ma chère belle, ajouta le docteur.

— Un jour, poursuivit mistress Badger, certaines gens faisaient observer au professeur Dingo, pendant une excursion que nous fîmes quelque temps après notre mariage, dans le nord du Devonshire, qu'il gâtait les édifices en en détachant des fragments avec son marteau. Mais le professeur répondit qu'il ne connaissait d'autre édifice que le temple de la science ; n'est-ce pas le même principe que celui du capitaine ?

— Exactement, répondit M. Badger, et l'expression n'en est pas moins heureuse. Le professeur fit encore la même remarque dans sa dernière maladie, quand, dans son délire, il insista pour garder sous son oreiller son marteau de géologue, dont il frappait tous ceux qui l'approchaient, pour détacher quelques fragments de leur structure. Puissance de la passion dominante ! »

Bien que nous eussions volontiers dispensé M. et Mme Badger de tous les détails dont ils avaient allongé la conversation, il y avait trop de désintéressement dans l'opinion qu'ils venaient d'exprimer pour qu'elle ne nous fît pas réfléchir ; et nous sentions que malheureusement elle devait être fondée. Nous convînmes de n'en rien dire à mon tuteur avant d'en avoir parlé à Richard; et, comme nous l'attendions le lendemain matin, nous résolûmes d'avoir avec lui un sérieux entretien à ce sujet.

« Eh bien ! Richard, comment vont les études? lui demandai-je, après qu'il eut causé quelque temps avec Eva.

— Assez bien, dame Durden !

— Vous le voyez, Esther ; on ne peut pas mieux répondre, » s'écria Mignonne aimée, toute triomphante.

J'essayai de la regarder sévèrement, et je ne pus y parvenir.

« Assez bien ? répétai-je.

— Certainement, reprit-il. C'est un peu monotone; mais autant cela qu'autre chose.

— Richard ? lui dis-je d'un ton de reproche.

— Qu'y a-t-il donc? me demanda-t-il avec surprise.

— Autant cela qu'autre chose !

— Et que voyez-vous de mal dans cette phrase, dame Durden? me dit Eva en se penchant pour me regarder. Si cela va aussi bien qu'autre chose, cela ne veut pas dire que ça ne va pas bien?

— Mais certainement, reprit Richard en secouant la tête avec insouciance pour rejeter ses cheveux en arrière. Et puis, après tout, ce n'est peut-être que provisoire; une fois que.... j'oubliais que le procès est un terrain défendu ; oui, oui, tout ira bien ; et parlons d'autre chose.

— Non pas, Richard. Considérez combien il importe à votre avenir, et à celui d'Eva, que vous travailliez avec ardeur et sans arrière-pensée. Vous l'avez promis; votre parole est engagée; il faut, au contraire, en parler aujourd'hui; avant peu, il serait trop tard.

— Eh bien ! oui, parlons-en, dit Eva ; mais je crois qu'il a raison. »

A quoi servaient tous mes efforts pour me donner l'air grave, quand elle était si belle et si éprise !

« Le docteur et sa femme sont venus hier, continuai-je, et paraissent disposés à croire que vous n'aimez pas beaucoup la médecine.

— Vraiment? répliqua Richard ; voilà qui change les affaires. Je ne croyais pas qu'ils eussent cette idée-là, sans quoi je n'aurais pas voulu les contrarier. Le fait est que je n'ai pas beaucoup de goût pour la médecine ; mais qu'importe?...

— Vous l'entendez, Mignonne?

— A vrai dire, reprit Richard d'un air demi-pensif, demi-enjoué, ce n'est pas tout à fait ma vocation. Je ne travaille pas énormément ; j'en apprends beaucoup trop sur le premier et le second de mistress Badger.

— Cela ne m'étonne pas ! s'écria Eva.

— Et cela devient fastidieux, poursuivit Richard. Aujourd'hui ressemble trop à hier, et demain ressemblera trop à aujourd'hui.

— Je crains bien qu'il n'en soit ainsi dans toutes les professions, répondis-je ; et que la vie elle-même n'offre pas beaucoup plus de variété, si ce n'est dans des circonstances tout à fait exceptionnelles.

— Croyez-vous ? demanda Richard toujours pensif. Peut-être avez-vous raison. Eh bien ! alors, reprit-il avec gaieté, nous voilà revenus à ce que je disais tout à l'heure : autant cela qu'autre chose. Tout est donc pour le mieux, et changeons de conversation. »

— Mais Eva elle-même secoua la tête en entendant ces paroles, et son charmant visage devint sérieux et triste. Je profitai de ce moment, qui me parut favorable, pour dire à Richard que, si parfois il se montrait insouciant pour lui-même, j'étais bien sûre que tout ce qui était relatif à Eva ne le trouvait jamais indifférent ; et qu'il ne pouvait pas, sans manquer à l'affection qu'il témoignait pour elle, envisager aussi légèrement une chose qui devait influer sur leur vie tout entière. Cette observation le rendit presque sérieux.

« Chère petite mère, répondit-il, j'y ai pensé bien des fois, et je m'en suis toujours voulu de ne pas apporter au travail cette ardeur que j'ai l'intention d'y mettre, sans réussir à m'y astreindre. Je ne sais pas comment cela se fait, une chose ou l'autre me détourne toujours. Vous n'avez pas d'idée combien je suis fou d'Eva (je vous aime tant, chère cousine !), eh bien ! je ne puis pas avoir de constance pour autre chose. Aussi c'est une si rude besogne et qui demande tant de temps ! ajouta-t-il d'un air vexé.

— Elle ne vous paraît peut-être si difficile que parce que vous n'aimez pas la carrière que vous avez choisie ?

— Pauvre garçon ! dit Eva ; ce n'est pas bien étonnant. »

J'essayai de nouveau de prendre un visage sévère ; mais comment y parvenir ? et d'ailleurs, à quoi bon, lorsqu'Eva, les mains jointes, s'appuyait sur l'épaule de Richard, et que tous deux se regardaient avec amour ?

« Voyez-vous, chère ange, disait-il en passant les doigts dans les boucles soyeuses d'Eva, je n'ai pas assez réfléchi avant de me décider. Je ne crois pas que je sois né pour la médecine ; je n'en pouvais rien dire avant d'avoir essayé. Reste à savoir maintenant si cela vaut la peine de changer ; ce serait beaucoup d'embarras pour peu de chose.

— Comment, Richard, vous appelez cela peu de chose?

— Ce n'est pas précisément ce que je veux dire, reprit-il ; mais si j'ai l'air d'y attacher moins d'importance, c'est parce qu'il est possible que cela devienne inutile. »

Nous insistâmes vivement, Eva et moi, pour lui faire comprendre non-seulement que cela valait la peine de changer, mais qu'il fallait changer au plus tôt ; et je demandai à Richard s'il avait pensé à une autre carrière plus en rapport avec ses goûts.

« Mon Dieu, oui, répondit-il ; je suis persuadé, petite mère, que le barreau est mon fait.

— Le barreau! dit Eva comme effrayée.

— Si je travaillais chez Kenge, poursuivit-il, et que je fusse attaché à son étude, j'aurais l'œil sur…. hum!… le terrain défendu. Je pourrais l'étudier, le diriger convenablement ; je serais sûr qu'au moins quelqu'un s'en occuperait! j'acquerrais enfin la capacité nécessaire pour veiller aux intérêts d'Eva, qui sont pareils aux miens ; et je m'enfoncerais dans Blackstone avec une ardeur effrayante. »

Je n'étais nullement convaincue de la vérité de ces dernières paroles, et je vis combien son désir de se rattacher au procès et de consacrer sa vie à cette folle poursuite inquiétait la pauvre Eva ; mais je pensai qu'il valait mieux l'encourager dans ses efforts et lui recommandai seulement de bien réfléchir et de bien voir si la décision qu'il voulait prendre était réellement celle qui pouvait lui convenir.

« Ma chère Minerve, me dit-il, je me sens aussi ferme dans ma résolution que vous pourriez l'être vous-même. Je me suis trompé une fois : nous sommes tous sujets à l'erreur ; mais c'est une raison pour que cela ne m'arrive plus ; et je ferai un légiste comme on en voit peu, si réellement, ajouta-t-il en retombant dans son incertitude, vous croyez que cela vaille la peine de changer. »

Nous lui répétâmes, avec autant d'insistance et de gravité que nous pûmes en mettre dans nos paroles, tout ce que nous venions de lui dire ; et nous l'engageâmes si fortement à parler sans retard à mon tuteur, qu'il se rendit avec nous immédiatement auprès de lui, et avoua l'état des choses avec toute la franchise qui lui était naturelle.

« Nous pouvons, lui dit M. Jarndyce, faire une retraite honorable, et nous ne devons pas hésiter ; mais pour l'amour de votre cousine, pour l'amour d'Éva, Rick, prenons bien garde de nous tromper encore. C'est pourquoi je suis d'avis de ne pas y mettre de précipitation et de faire un certain noviciat avant de nous engager dans cette nouvelle carrière. »

Obéissant toujours à l'impulsion du moment avec une énergie d'autant plus vive qu'elle avait moins de persévérance, Richard aurait voulu, au contraire, se rendre immédiatement chez M. Kenge et signer à l'instant même l'engagement qu'il devait prendre. Néanmoins il se soumit de bonne grâce aux observations de mon tuteur, et, s'asseyant auprès de nous, il se mit à parler de sa nouvelle profession comme s'il n'avait jamais eu d'autre désir que d'étudier la procédure. Mon tuteur se montra pour lui bienveillant et cordial, mais conserva toutefois un visage assez grave pour que le soir, au moment où nous allions monter dans notre chambre, Éva lui dit :

« Cousin John, vous n'êtes pas fâché contre Richard?
— Non, mon enfant, répondit M. Jarndyce.
— Il est bien naturel qu'il ait pu se tromper. N'est-ce pas une chose qui arrive à tout le monde?
— Oui, chère fille. Allez! Ne vous tourmentez pas de cela.
— Oh! je ne m'en tourmente pas, cousin John, reprit-elle en souriant et en mettant la main sur l'épaule de mon tuteur; mais je serais bien malheureuse si vous en vouliez à Richard.
— Je ne pourrais lui en vouloir, chère enfant, reprit mon tuteur, que si un jour vous souffriez par sa faute ; encore serait-ce à moi-même que j'en voudrais plus qu'à lui, car c'est moi qui vous ai rapprochés. Mais bah! tout cela n'est rien ; il est jeune, et l'avenir lui reste. Non, chère fille, je ne lui en veux pas; ni vous non plus, j'en suis sûr?
— Assurément, cousin John! lui en vouloir! Mais je ne le pourrais pas alors même que tout le monde le blâmerait; ce serait même une raison pour m'attacher à lui avec plus de force que jamais. »

Elle prononça ces paroles avec une douceur et un calme angéliques, ses deux mains appuyées sur l'épaule de mon tuteur, qu'elle regardait avec des yeux où rayonnait la franchise.

« Il doit être écrit quelque part, répliqua M. Jarndyce en abaissant vers elle un regard pensif, que les vertus des mères compteront à leurs enfants aussi bien que les fautes des pères? Bonsoir, mon bouton de rose; bonsoir, Esther; un doux sommeil et d'heureux songes ! »

Pour la première fois, je vis son regard bienveillant s'assombrir en s'attachant sur Eva; et je me rappelai celui qu'il avait jeté sur elle et sur Richard le soir de notre arrivée, tandis qu'elle chantait à la lueur vacillante du foyer. Peu de temps s'était écoulé depuis le jour où il les avait suivis des yeux traversant la chambre voisine, tout inondée de lumière, et disparaissant dans l'ombre; mais aujourd'hui son regard n'était plus le même, et celui qu'il m'adressa en la voyant s'éloigner n'avait plus ce calme et cette confiance qu'il exprimait autrefois.

Quand nous fûmes dans notre chambre, Eva me fit l'éloge de Richard avec plus d'insistance que jamais. Elle n'ôta pas pour se coucher le petit bracelet qu'il lui avait donné; et je crois qu'elle rêvait de lui quand, une heure après, je l'embrassai tout doucement sur la joue; elle était si tranquille et avait l'air si heureux!

Moi, je n'avais point du tout envie de dormir, et je repris mon ouvrage. Circonstance bien peu importante en elle-même! mais enfin je n'avais point sommeil et j'étais un peu ennuyée. Je ne sais pas pourquoi. Du moins je crois que je ne sais pas pourquoi.... ou si je le sais, ce n'est pas la peine de le dire.

Quoi qu'il en soit, je résolus de travailler avec tant d'ardeur que je n'eusse pas le loisir de m'abandonner à ma tristesse; et il était bien temps, car en levant les yeux sur ma glace, je me vis sur le point de fondre en larmes.

« Eh quoi, Esther! m'écriai-je, vous triste et malheureuse lorsque tout semble concourir à votre bonheur, ingrate que vous êtes! »

Et prenant dans mon panier une tapisserie que je faisais pour Bleak-House, je me promis de travailler jusqu'au moment où, mes yeux se fermant d'eux-mêmes, j'irais enfin me coucher.

Bientôt mon ouvrage m'absorba tout entière; mais j'avais laissé l'une de mes soies dans le cabinet de M. Jarndyce, et ne pouvant plus rien faire sans le peloton qui me manquait, je pris ma bougie et descendis tout doucement pour aller le chercher. A ma grande surprise, je retrouvai mon tuteur auprès de la cheminée, regardant les cendres, et plongé dans une méditation profonde. Son livre, fermé, était à côté de lui; et ses cheveux étaient épars sur son front; son visage était pâle, et je serais partie sans lui rien dire, s'il ne m'eût aperçue.

« Esther! » s'écria-t-il en tressaillant.

Je lui dis ce que j'étais venue chercher.

« Si tard à l'ouvrage, mon enfant?

— Je n'aurais pas pu dormir, et j'ai mieux aimé ne pas me

coucher. Mais vous veillez aussi, cher tuteur, et vous avez l'air fatigué; j'espère que vous n'avez rien qui vous attriste?

— Non, petite femme; rien que vous puissiez comprendre, » me dit-il.

Le ton de regret dont il prononça ces paroles était si nouveau pour moi, que je répétai en moi-même les mots qu'il venait de dire pour m'aider à en pénétrer le sens.

« Restez un instant, reprit-il; je pensais à vous, Esther

— Ce n'est pas moi qui vous inquiète et vous afflige, tuteur? »

Il fit un geste négatif et reprit aussitôt sa manière habituelle.

« Je pensais, dit-il, que je devais enfin vous faire connaître de votre histoire tout ce que j'en sais moi-même; bien peu de chose, il est vrai, presque rien.

— Cher tuteur, répliquai-je, lorsque vous m'avez déjà parlé de cela....

— C'est vrai; depuis lors j'ai réfléchi, dit-il en m'interrompant d'un air grave, et je crois qu'il est de mon devoir de vous apprendre le peu que je sais de votre naissance.

— Vous devez avoir toujours raison, tuteur, et j'écoute.

— Le motif qui me fait agir est celui-ci, continua-t-il avec douceur et en articulant avec soin chacune de ses paroles : si jamais votre position pouvait faire naître dans l'esprit d'un homme ou d'une femme, ayant quelque valeur, une opinion qui vous fût désavantageuse, il faut au moins que l'impression que vous pourriez en ressentir ne s'augmente pas de tout ce que le mystère et l'inconnu pourraient y ajouter de pénible, et que vous n'accordiez à cette opinion que l'importance qu'elle mérite. »

Je pris une chaise, et faisant un effort sur moi-même pour tâcher d'être calme

« Tuteur, lui dis-je, l'un de mes premiers souvenirs est celui que m'ont laissé les paroles de ma marraine : « Votre mère fait votre honte, ainsi que vous faites la sienne; un jour viendra où vous le comprendrez, Esther, comme une femme seule peut le comprendre. »

J'avais couvert mon visage de mes mains en répétant ces mots; je relevai la tête pour regarder mon tuteur et pour lui dire que, depuis la mort de ma marraine, grâce aux bienfaits dont il m'avait comblée, je ne m'étais jamais aperçue du malheur qui pesait sur ma naissance, jamais, jamais. Il m'arrêta d'un geste, et me rappelant qu'il n'aimait pas qu'on le remerciât, je n'en dis pas davantage.

« Neuf ans se sont écoulés, reprit M. Jarndyce après quelques instants de silence, depuis que je reçus d'une femme vivant dans la retraite, plusieurs pages qui ne ressemblaient en rien à tout ce que j'avais lu jusqu'alors.

« Il était question dans cette lettre d'une enfant, d'une orpheline ayant alors douze ans, et dont on me parlait dans les termes cruels que vous venez de rapporter. La personne qui m'écrivait disait avoir élevé secrètement cette orpheline et fait disparaître jusqu'aux moindres traces de son existence; elle ajoutait que, si l'auteur de la lettre venait à mourir, cette enfant resterait sans nom et sans appui sur la terre; et me demandait si, dans ce cas-là, je voudrais bien veiller sur elle et continuer l'œuvre commencée. »

J'écoutais en silence, les yeux fixés sur mon tuteur.

« Vos souvenirs, chère fille, suppléeront à ce que la lettre faisait seulement pressentir, et vous rappelleront ces principes d'une religion faussée, en vertu desquels cette femme put admettre qu'il fût nécessaire pour une enfant d'expier la faute dont elle était innocente. Je ressentis une compassion profonde pour le pauvre ange dont la vie était si malheureuse, et je répondis à la lettre. »

Je pris la main de mon tuteur et je la baisai respectueusement.

« On m'imposait la condition, poursuivit-il, de ne jamais chercher à voir la personne qui m'écrivait, et qui depuis longtemps avait rompu toute relation avec le monde; on me priait de désigner un agent qui s'entendrait avec elle; je choisis M. Kenge, à qui l'auteur de la lettre confia, sans qu'il le lui eût demandé, qu'elle ne portait pas son véritable nom et qu'elle était la tante de l'enfant, si toutefois les liens du sang existaient en pareil cas. Elle ajouta que rien au monde ne lui en ferait avouer davantage; M. Kenge resta convaincu de la fermeté inébranlable de cette résolution; et c'est là, chère Esther, tout ce que j'ai à vous dire. »

Je gardai la main de mon tuteur quelque temps dans les miennes.

« J'allais voir quelquefois ma pupille, reprit M. Jarndyce; la chère enfant ne s'en doutait pas; je reconnus qu'elle était heureuse, qu'elle savait se rendre utile et surtout se faire aimer; enfin je l'ai prise avec moi; elle me rend au centuple et à chaque heure du jour le peu que j'ai fait pour elle.

— Et à chaque instant, répondis-je, l'orpheline bénit le tuteur qui est pour elle un père. »

A ces paroles, un nuage passa rapidement sur le front de M. Jarndyce; il me sembla que le mot « père » lui avait produit une commotion étrange quoiqu'il reprît aussitôt son calme et son sourire. Mais c'est égal, j'étais bien sûr d'avoir vu son émotion, et je me répétais toujours intérieurement avec surprise ces mots tombés auparavant de sa bouche : « Vous ne pourriez pas me comprendre. » Ce n'était toujours pas ce qu'il venait de me dire : cela, j'avais pu le comprendre aisément.... Hélas ! ce n'était que trop vrai : *Je ne comprenais pas*, et je restai longtemps encore sans comprendre.

« Un bonsoir paternel, Esther, me dit-il en m'embrassant sur le front ; allez vous reposer ; ne travaillez pas la nuit, c'est assez de la journée, bonne petite ménagère ! »

Je ne repris pas mon ouvrage et ne pensai plus à rien. J'ouvris mon cœur à Dieu en reconnaissance de toutes les bontés dont il m'avait comblée, et je m'endormis du plus profond sommeil.

Le lendemain, nous eûmes la visite de M. Allan Woodcourt ; il partait pour les Indes comme chirurgien de marine, et venait nous faire ses adieux. Il était sans fortune ; sa mère avait dépensé toutes ses épargnes pour subvenir aux frais de son éducation médicale ; et, bien que nuit et jour il prodiguât ses soins à des malheureux sans nombre et se montrât aussi habile que généreux et bon, il ne recevait pas assez d'argent pour suffire à ses dépenses. Il avait sept ans de plus que moi.... remarque bien inutile, je ne sais pas pourquoi je la fais. Il exerçait la médecine depuis trois ou quatre ans, et n'aurait pas fait ce voyage s'il avait pu se soutenir quelques années encore ; n'en ayant pas le moyen, il se décidait à partir. C'était vraiment fâcheux, car il se faisait remarquer parmi les hommes les plus distingués dans son art, et les princes de la science avaient la plus haute opinion de son mérite.

Il était accompagné de sa mère qui venait nous voir pour la première fois ; c'était une femme d'un certain âge, bien encore, avec de beaux yeux noirs, mais qui semblait très-fière. Née dans le pays de Galles, elle comptait parmi ses ancêtres un personnage éminent, du nom de Morgan-ap-Kerrig, natif de Gimlet, je crois, dont l'illustration et les alliances rivalisaient d'éclat avec celles des souverains. Ce Morgan-ap-Kerrig avait passé toute sa vie dans les montagnes, à combattre sans cesse un ennemi quelconque ; et le barde Crumlinwallinwer avait célébré ses exploits dans une pièce de vers immortelle intitulée *Mewlinnwillinwodd*.

Mistress Woodcourt, après s'être étendue longuement sur la renommée de l'illustre Morgan-ap-Kerrig, ajouta « qu'elle ne doutait pas que son fils Allan ne se souvînt de sa généalogie, en quelque lieu qu'il fût, et ne repoussât toute alliance qui serait indigne de lui. » S'adressant alors à son fils, elle lui dit qu'il ne manquait pas dans les Indes de jeunes Anglaises qui s'y étaient rendues pour spéculer sur leurs charmes ; que, parmi elles, on pouvait en trouver qui joignissent la fortune à la beauté, mais que, pour le descendant d'une aussi noble race, ni la beauté ni la fortune n'étaient rien sans la naissance, qui devait passer en première ligne ; elle parla si longtemps sur ce sujet, que je crus un instant, et cela me fit de la peine, que.... mais quelle folie de supposer qu'elle connaissait mon origine et qu'elle en eût le moindre souci !

M. Woodcourt paraissait un peu contrarié de la prolixité de sa mère ; toutefois il avait pour elle trop de respect pour le lui témoigner, et s'efforça délicatement de rendre la conversation générale en exprimant sa gratitude à M. Jarndyce pour l'accueil qu'il avait reçu chez lui, et pour les heureux moments qu'il y avait passés. « Le souvenir que j'en conserve, dit-il, me suivra partout, croyez-le bien, et restera toujours gravé au fond de mon cœur. » Nous lui serrâmes la main les uns après les autres ; il posa ses lèvres sur la main d'Eva.... puis sur la mienne ; et partit pour ce voyage qui devait durer si longtemps ! si longtemps !

Je fus très-occupée tout le reste de la journée ; j'écrivis à Bleak-House pour y donner des ordres ; mon tuteur me chargea de répondre pour lui à plusieurs lettres ; j'époussetai ses livres, ses papiers, je me donnai beaucoup de mouvement, et jamais mon trousseau de clefs n'avait tinté davantage ; le jour allait finir, et j'étais assise près de la fenêtre où je travaillais avec ardeur en chantant quelque vieux refrain, quand je vis entrer Caroline Jellyby, que j'étais bien loin d'attendre. Elle tenait à la main un délicieux bouquet.

« Oh ! les charmantes fleurs ! m'écriai-je.
— Oui, répondit Caroline, je n'en ai jamais vu d'aussi jolies.
— C'est de Prince ? lui dis-je tout bas.
— Non, répliqua-t-elle en secouant la tête et en me faisant sentir le bouquet.
— Alors, chère Caroline, vous avez un second adorateur.
— Vraiment ? ce bouquet ressemble-t-il à un présent d'amoureux ! »

Je lui pinçai la joue ; elle se prit à rire et me dit qu'elle était venue nous voir en attendant Prince, qui, dans une demi-heure, se trouverait au coin de la rue ; elle s'assit auprès de la fenêtre et se mit à causer avec Eva et moi, me faisant respirer les fleurs de temps en temps, ou les approchant de ma figure pour voir l'effet qu'elles produiraient dans mes cheveux. Enfin, comme elle allait partir, elle m'emmena dans ma chambre et attacha le bouquet à mon corsage.

« Pour moi ! m'écriai-je avec surprise.

— Mais oui, répondit-elle en m'embrassant ; quelqu'un les a laissées pour vous au moment de son départ.

— Quelqu'un.... au moment de son départ?

— Chez la pauvre miss Flite ; quelqu'un qui fut bien bon pour elle, et qui est parti pour rejoindre son vaisseau, il y a une heure à peine ; non, non, ne les ôtez pas ; laissez-les reposer là, dit-elle en les fixant avec soin. J'étais présente quand on les apporta chez miss Flite, et je crois bien que c'est pour qu'elles soient où je les ai mises qu'elles ont été laissées.

— Vraiment ! dit Eva en riant et en me prenant par la taille ce bouquet ressemble-t-il à un présent d'amoureux? Eh bien ! oui, dame Durden, tout à fait ! tout à fait ! »

CHAPITRE XVIII.

Lady Dedlock.

Il ne fut pas si aisé qu'on l'avait cru d'abord de faire entrer Richard dans l'étude de M. Kenge, pour y commencer une espèce de noviciat de la nouvelle carrière qu'il voulait entreprendre ; le principal obstacle était Richard lui-même. Dès qu'il lui fut possible de quitter M. Badger, son incertitude recommença ; il ne savait pas si réellement il faisait bien d'abandonner la médecine ; ce n'était pas une mauvaise profession ; il n'était pas bien sûr qu'il n'eût pas de goût pour elle, ni surtout qu'une autre lui plût davantage ; il fallait encore essayer. Il s'enferma donc pendant un mois avec quelques livres et quelques os, parut faire des progrès excessivement rapides, acquérir en peu de temps un grand fonds de connaissances ; puis son ardeur se refroidit peu à peu, s'éteignit complétement, et reprit plus vive que jamais. Enfin, ses oscillations entre le droit et la médecine durèrent si longtemps, que le milieu de l'été arriva avant qu'il eût quitté définitivement le docteur Badger pour entrer chez M. Kenge, mais, avec tout cela, loin d'être honteux de son inconstance, il s'admirait de s'être enfin décidé *cette fois* pour tout de bon. Il y mettait tant d'ingénuité, et se montrait en même temps si plein de verve et d'entrain, si passionné pour Éva, qu'il eût été difficile de ne pas lui faire bonne mine.

« Quant à M. Jarndyce, qui, par parenthèse, se plaignait pendant tout ce temps-là du vent d'est; quant à M. Jarndyce, disait Richard, c'est bien le meilleur de tous les hommes; et ne fût-ce que pour lui plaire, dame Durden, je travaillerais d'arrache-pied et jusqu'au bout, pour mener à bonne fin mes études nouvelles. »

L'idée seule de le voir s'appliquer sérieusement à une étude quelconque formait un singulier contraste avec sa figure enjouée, et semblait une bizarre anomalie avec l'insouciance de ses manières. Il nous disait pourtant, lorsqu'il venait nous voir, qu'il travaillait au point de ne pas comprendre comment ses cheveux n'en avaient pas blanchi. C'est alors qu'il abandonna M. Badger pour entrer chez Kenge et Carboy vers le milieu de l'été.

Nous le retrouvons à cette époque, en fait d'argent, ce qu'il était autrefois : généreux, prodigue, follement imprévoyant et persuadé néanmoins qu'il mettait dans ses dépenses tout l'ordre imaginable. Un jour, que je disais devant lui à Éva, d'un ton moitié plaisant, moitié sérieux, qu'il lui faudrait au moins la bourse du prince Fortuné :

« Mon bijou de cousine, vous entendez cette vieille femme, s'écria-t-il; savez-vous pourquoi elle vous dit cela? parce que j'ai payé dernièrement un certain habit, avec les boutons, huit livres et quelques schellings; notez bien que si j'étais resté chez le docteur, il m'aurait fallu en donner douze pour suivre un cours nauséabond; j'ai donc gagné à cela quatre livres d'un seul coup. »

Nous agitâmes longtemps, mon tuteur et moi, la question de savoir quels arrangements nous prendrions pour son établissement à Londres pendant les quelques mois qu'il passerait chez Kenge à titre de noviciat; car, depuis lors, nous étions rentrés à Bleak-House, et la distance ne lui permettait pas d'y venir plus d'une fois par semaine.

« Si Richard, me disait M. Jarndyce, avait réglé avec M. Kenge et devait suivre définitivement la nouvelle carrière où il désire entrer, il prendrait un appartement complet où nous pourrions de temps à autre aller passer quelques jours; mais, petite femme, ajoutait mon tuteur en se frottant la tête d'une manière significative, il est bien loin d'être engagé avec Kenge, et d'avoir rien conclu. » Nous finîmes par l'installer dans une vieille maison bien tranquille, située près du square de la Reine et où il occupait au mois deux petites chambres, convenablement garnies. Son premier soin fut de dépenser tout l'argent qu'il possédait en achat de futilités diverses pour orner son logement; et, chaque fois qu'Eva et moi nous parvenions à le détourner d'une emplette inutile et dispendieuse, il prenait note de ce qu'elle aurait coûté, achetait quelque chose d'un peu moins cher et envisageait la différence comme un bénéfice clair et net.

Toutes ces affaires avaient retardé notre visite à M. Boythorn. Enfin, Richard ayant pris possession de son logement, rien ne s'opposa plus à notre départ pour le comté de Lincoln; à l'époque où nous étions, Rick aurait pu venir avec nous sans le moindre inconvénient; mais il était dans tout le feu de ses débuts chez Kenge, et faisait des efforts inouïs pour débrouiller les mystères de Jarndyce contre Jarndyce.

Il resta donc à Londres, ce qui fut pour Eva l'occasion de vanter avec bonheur son zèle et son activité.

Notre voyage se fit très-agréablement, et nous eûmes dans M. Skimpole un compagnon fort aimable. Ses meubles avaient été saisis par le successeur de Coavinses; mais la perte de son mobilier paraissait être pour lui un soulagement réel. « Les chaises et les tables, disait-il, sont des objets fatigants par leur monotonie, et qui finissent à la longue par vous exaspérer. Quel avantage de ne pas être lié à tel ou tel fauteuil, de se poser comme un papillon, sur des sièges que vous pouvez varier sans cesse, en les louant chez le tapissier; de voltiger du bois de rose à l'acajou, du noyer au palissandre et de telle forme à telle autre, suivant l'humeur où l'on se trouve!

« Ce qu'il y a de bizarre dans cette affaire, ajouta-t-il avec un profond sentiment de ce qu'il y avait de comique dans l'aventure, c'est que mes meubles ne sont pas payés et que mon propriétaire les enlève tranquillement comme s'ils étaient à moi; ne trouvez-vous pas qu'il y a là quelque chose de grotesque? Le marchand de tables et de chaises ne s'est pas engagé à payer mon loyer; pourquoi mon propriétaire va-t-il s'en prendre à lui? Si j'avais un bouton sur le nez et que ce bouton blessât les idées spéciales que mon propriétaire a conçues de la beauté, ce ne serait pas un motif pour aller écorcher le nez de mon ébéniste, dépourvu de cet ornement; le raisonnement du propriétaire est complétement défectueux.

— Il résulte de tout cela, répondit mon tuteur d'un air enjoué, que celui qui a répondu pour les meubles devra les payer.

— Certainement, reprit M. Skimpole, et c'est là ce qui achève le ridicule de mon propriétaire ; vous n'ignorez pas, lui ai-je dit, que c'est mon excellent ami Jarndyce qui devra payer tout ce que vous enlevez d'une façon aussi indélicate ; n'avez-vous donc nul respect pour le droit de propriété de cet excellent ami?

— Et il a refusé toutes vos propositions? demanda M. Jarndyce.

— Toutes mes propositions, répondit M. Skimpole. Je l'ai pris à part et lui ai dit : « Vous entendez les affaires? — Oui, monsieur. — Très-bien, ai-je répondu ; eh bien! traitons cette affaire-là entre nous ; voici du papier, des plumes, de l'encre et des pains à cacheter ; que demandez-vous ? J'habite votre maison depuis longtemps, et, je le crois, à notre mutuelle satisfaction, jusqu'au moment où ce malentendu s'est élevé entre nous; arrangeons cela en amis et d'après toutes les règles qu'on suit en affaires : que voulez-vous? que demandez-vous? » Pour toute réponse, il me dit en langage figuré, à la façon des Orientaux : « qu'il n'avait jamais vu la couleur de mon argent. — Mon aimable ami, répondis-je, c'est tout simple ; je n'en ai jamais et ne sais pas même ce que c'est. — Eh bien! reprit-il, que m'offririez-vous si je vous donnais du temps? — Je ne sais pas ce que vous voulez me dire avec votre *temps*, répondis-je encore ; mais je suis prêt à faire tout ce qui pourra se conclure entre nous avec du papier, des plumes, de l'encre et des pains à cacheter. Mais, encore une fois, ne vous payez pas aux dépens d'un autre, ce qui est une folie ; et, puisque vous connaissez les affaires, terminons celle-là entre nous. Il ne voulut pas m'entendre, et la chose en resta là. »

Si le caractère de M. Skimpole avait quelques inconvénients, il avait assurément ses avantages ; par exemple, celui de permettre à cet aimable compagnon de satisfaire un excellent appétit et de manger un panier de pêches de primeur, comme il lui arriva de le faire pendant notre voyage, sans qu'il songeât à payer quoi que ce soit. Il en fut de même, lorsque arrivés où nous quittions la voiture, on lui demanda le prix de sa place.

« Combien faut-il pour que vous soyez largement rétribué? demanda-t-il à son tour.

— Un petit écu, répondit le conducteur.

— Ce n'est pas cher, » reprit-il en laissant M. Jarndyce donner ce qu'on lui demandait.

Quel beau temps! quel délicieux voyage! La brise faisait onduler si gracieusement les blés verts; l'alouette chantait d'une voix si gaie; la feuillée était si fraîche et si épaisse; il y avait tant de fleurs dans les haies, et les champs de fèves emplissaient l'air d'un parfum si pénétrant! La voiture s'arrêta sur la place du marché, dans une petite ville d'un calme plat, où nous vîmes un clocher, une croix sur la place, une rue tout inondée de soleil, une mare où un vieux cheval rafraîchissait ses jambes, et quelques hommes endormis çà et là, dans quelque coin à l'ombre. Après le mouvement de la route, le bruit du vent dans les feuilles et la houle des blés verts, cette petite ville nous paraissait aussi morne, aussi chaude, aussi paralysée que pouvait l'être une ville d'Angleterre.

M. Boythorn nous attendait à l'auberge avec une voiture découverte pour nous emmener chez lui à quelques milles de distance; il était à cheval; en nous voyant il s'empressa de mettre pied à terre.

« Parbleu, s'écria-t-il après nous avoir fait un salut plein de courtoisie, voilà une infâme diligence! le plus abominable véhicule dont jamais la voie publique ait été encombrée; vingt-cinq minutes de retard! le conducteur mériterait d'être pendu.

— En retard? répondit M. Skimpole; mais vous savez, cher monsieur, que je ne connais pas les heures.

— Vingt-cinq minutes! reprit M. Boythorn en consultant sa montre; et deux femmes dans la voiture! Cet affreux coquin l'a fait de propos délibéré, car il est impossible que ce soit accidentel! d'ailleurs, son père et son oncle étaient les plus infâmes débauchés qui aient jamais conduit une diligence. »

Tout en disant ces paroles avec la plus grande indignation, il nous offrait la main avec une extrême politesse, pour nous faire monter en voiture, et son visage n'exprimait que le contentement et le plaisir.

« Je suis désolé, mesdames, reprit-il en restant découvert auprès du phaéton, d'être forcé d'allonger d'environ deux milles le chemin que vous avez à faire; mais la route directe traverse le parc de sir Leicester Dedlock; et j'ai juré de ne pas mettre le pied, ni moi ni mes chevaux, sur les terres du baronnet, tant que les relations qui existent entre nous resteront dans le même état. » Et son regard ayant rencontré celui de M. Jarndyce, il fit entendre un de ses effrayants éclats de rire, qui parut faire sortir un moment de sa torpeur la petite place du marché.

« Les Dedlock sont-ils au château, Laurence? demanda mon

tuteur à M. Boythorn, qui trottait sur le gazon à côté de la voiture.

— Sir Arrogant de Sottenville est ici, répliqua M. Boythorn, ah! ah! ah! et je suis enchanté d'avoir à vous apprendre qu'il y est pris par les pieds; quant à milady.... (M. Boythorn fit un geste plein de grâce comme pour exprimer qu'elle restait complétement en dehors de toute querelle) je crois qu'on l'attend tous les jours, et je ne suis pas surpris le moins du monde de lui voir retarder son arrivée le plus possible. Le motif qui a pu déterminer cette femme supérieure à épouser cette effigie de baronnet est l'un des mystères les plus impénétrables qui aient jamais dérouté la perspicacité humaine; ah! ah! ah!

— Je suppose, répondit en riant M. Jarndyce, que nous pourrons entrer dans le parc et nous y promener quelquefois, à moins que nous ne soyons compris dans l'obligation que tu t'es imposée de n'y pas mettre les pieds.

— Je laisse à mes hôtes une liberté complète, excepté pour fixer leur départ, répondit-il en nous saluant avec une grâce infinie Eva et moi; je regretterai seulement de n'avoir pas le bonheur de vous accompagner dans le parc de Chesney-Wold, qui est un endroit magnifique; mais, j'en jure par la lumière de ce jour d'été, Jarndyce, si vous faites une visite au propriétaire de ces lieux tandis que vous serez chez moi, il est plus que probable qu'on vous recevra froidement. Il est dans tous les temps d'une froideur excessive et roide comme un piquet; mais il y ajoutera certainement un petit supplément de roideur pour les amis de son voisin Boythorn.

— Je ne le soumettrai pas à cette épreuve, répondit mon tuteur; il serait aussi indifférent au plaisir de me recevoir que moi à l'honneur de le connaître. Je me contenterai parfaitement de visiter son parc et peut-être son château comme simple voyageur, sans prétendre davantage.

— A merveille! s'écria M. Boythorn; je suis enchanté de cette détermination qui s'accorde mieux avec ma position. On me regarde ici comme un second Ajax, défiant le maître des dieux, ah! ah! ah! Quand je vais le dimanche à notre petite église, une partie considérable de la paroisse qui n'est guère considérable s'attend à me voir tomber sur les dalles, foudroyé par la colère du Dedlock; et je ne doute pas qu'il ne s'y attende lui-même et ne soit fort surpris que ce ne soit pas fait déjà, car c'est bien l'âne le plus vain et le plus dénué de cervelle qui ait jamais existé. »

Notre arrivée sur le haut d'une colline que nous avions montée à pied, et d'où l'on apercevait Chesney-Wold, détourna la pensée de notre ami, qui reporta sur le château l'attention qu'il avait donnée jusqu'alors à son insipide propriétaire.

C'était une ancienne résidence, d'un extérieur pittoresque, située dans un parc admirable, d'où s'élevait le clocher de la petite église dont avait parlé M. Boythorn. Oh! les beaux arbres! la lumière et l'ombre passaient rapidement au-dessus d'eux, comme si des anges eussent glissé dans les airs, portant de doux messages par ce beau jour d'été. Quel ravissant coup d'œil que ces pentes couvertes d'un gazon si uni et si frais, que ces eaux étincelantes, que ces jardins où les fleurs étaient groupées avec symétrie, et dont les vives nuances s'harmonisaient entre elles! Au milieu du calme et du silence qui l'environnaient de toute part, le château avec ses pignons, ses cheminées, ses tourelles, son portail sombre et sa large terrasse, dont la balustrade était couverte de rosiers, avait quelque chose de fantastique dans sa masse, à la fois imposante et légère. Quelle douce quiétude vous pénétrait en regardant cette belle vue! Le manoir, les jardins, la terrasse, les pièces d'eau, les vieux chênes, les grands bois à l'horizon, la perspective qui s'étendait au loin, nuancés de pourpre et d'azur, tout enfin paraissait plongé dans un repos que rien ne devait troubler.

Quand nous traversâmes le petit village, M. Boythorn, passant devant la porte de l'auberge, où se balançaient pour enseigne les armes de Dedlock, échangea quelques paroles avec un jeune gentleman assis sur un banc, et qui avait auprès de lui divers instruments de pêche.

« C'est le petit-fils de la femme de charge du château, M. Rouncewell, nous dit M. Boythorn. Il aime passionnément une jolie fille qui est au service des Dedlock. Milady a pris à son tour un caprice pour cette charmante enfant, qu'elle veut garder auprès d'elle; honneur auquel mon jeune ami ne se montre pas sensible. Et ne pouvant pas se marier maintenant, alors même que Rosa voudrait y consentir, il en prend son parti comme il peut; et vient souvent ici passer un ou deux jours, afin de.... pêcher.... Ah! ah! ah!

— Sont-ils engagés l'un à l'autre, monsieur? demanda Eva.

— Je crois qu'ils se comprennent fort bien, miss Clare; mais vous les verrez probablement, et c'est vous qui m'apprendrez alors ce que vous me demandez aujourd'hui. »

Eva rougit; M. Boythorn, pressant l'allure de son cheval, mit pied à terre à la porte de sa demeure; et, la tête découverte, il se tint prêt à nous recevoir dès que nous y serions arrivés

Il habitait une jolie maison, qui servait autrefois de presbytère, et devant laquelle s'étendait une grande pelouse; un jardin rempli de fleurs était sur le côté; par derrière se trouvaient le potager et le verger; tout cela entouré d'un vieux mur en briques, et présentant l'aspect d'une abondance plantureuse. La vieille allée de tilleuls ressemblait à un cloître de verdure; les cerisiers et les pommiers étaient chargés de fruits, les groseilliers laissaient tomber jusqu'à terre leurs branches qui pliaient sous les grappes; les fraises, les framboises s'y trouvaient à profusion, et tout le long de l'espalier les pêches mûrissaient par centaines. Au milieu des filets tendus et des châssis qui étincelaient au soleil, se voyait une incroyable quantité de légumes de toute espèce, tandis que l'air était parfumé de la senteur vivifiante des plantes aromatiques, sans parler de celle qu'y ajoutaient les prairies voisines où l'on faisait les foins.

Il régnait tant de sérénité dans l'enceinte du vieux mur de briques qu'à peine si les plumes disposées en guirlandes pour effrayer les oiseaux s'agitaient faiblement; et le vieux mur lui-même avait une si douce influence sur la maturité, que les vieux clous, qui çà et là retenaient quelques lambeaux de lisière, semblaient avoir mûri plutôt avec le reste que s'être usés par la rouille, suivant la loi commune.

La maison, moins bien tenue que le jardin, était une de ces anciennes habitations où l'on trouve des siéges sous la grande cheminée de la cuisine carrelée de briques, et de grandes poutres au plafond. Sur l'un des côtés de cette vieille demeure, s'étendait le chemin en litige où M. Boythorn faisait monter la garde nuit et jour par une sentinelle en blouse, qui, en cas d'agression, devait sonner une grosse cloche, détacher un bouledogue, et faire feu de toutes ses pièces pour repousser l'ennemi. Non content de cela, notre ami avait peint lui-même de larges écriteaux qu'il avait attachés à des pieux, et qui portaient ces avertissements solennels : « Gardez-vous du bouledogue, il est féroce, signé Lawrence Boythorn. — L'espingole est chargée de chevrotines, Lawrence Boythorn. — Il y a ici des piéges à loup et des fusils à ressort tendus à toute heure de la nuit et du jour, Lawrence Boythorn. — Quiconque aurait l'audace de commettre le moindre délit sur cette propriété serait immédiatement puni par tout ce que le châtiment privé peut avoir de plus sévère, et poursuivi selon toute la rigueur des lois, Lawrence Boythorn. »

« Vous vous êtes donné là beaucoup de peine, lui dit M. Skimpole avec sa légèreté ordinaire ; et pour une chose qu'après tout vous ne prenez pas au sérieux.

— Pas au sérieux ! reprit M. Boythorn avec une chaleur indicible ; pas au sérieux ! mais si j'avais pu espérer de le dresser convenablement, j'aurais acheté un lion à la place du bouledogue que voici, et je l'aurais lancé contre le premier scélérat qui se serait permis d'empiéter sur mes droits. Que sir Leicester consente à venir, et à vider la question en combat singulier ; j'irai à sa rencontre avec n'importe quelle arme connue ou à connaître ; c'est ainsi que je prends la chose ; ce n'est pas plus sérieux que cela ! »

Nous étions arrivés le samedi, et le lendemain matin nous nous dirigeâmes vers la petite église du parc, afin d'assister à l'office. Un charmant sentier qui serpentait à côté du terrain en litige nous conduisit, à travers les grands arbres, jusqu'au porche du temple.

L'assemblée, fort peu nombreuse, était composée de gens de campagne, à l'exception toutefois de la collection considérable des domestiques du château, dont la plupart étaient déjà placés lorsque nous arrivâmes : quelques valets de pied majestueux, un vieux cocher, modèle accompli du genre, ayant l'air d'être le représentant officiel de toutes les vanités qu'il avait conduites en carrosse, et de jolies femmes que dominaient la grande taille et la belle figure de la vieille femme de charge. Auprès d'elle se trouvait la jeune fille dont M. Boythorn nous avait parlé la veille en passant devant l'auberge : elle était si jolie, que sa beauté seule me l'aurait fait reconnaître, alors même que je ne l'aurais pas vue rougir sous le regard du jeune pêcheur que j'aperçus non loin d'elle.

Un visage, qui n'était pas non plus sans beauté, mais d'une physionomie peu agréable, et qui appartenait à une Française, épiait cette jeune fille avec malice, et regardait, à vrai dire, tous ceux qui étaient là, d'un air peu bienveillant.

La petite église, ancienne et sombre, avait quelque chose de solennel et sentait cette odeur terreuse qui s'exhale des tombeaux ; les fenêtres, ombragées par les arbres, versaient à l'intérieur une lumière affaiblie et verdâtre, qui pâlissait tous les visages, assombrissait les feuilles d'airain mêlées aux dalles, et faisait ressortir l'éclat inestimable du rayon de soleil, qui brillait sous le portail où le sacristain continuait à sonner la cloche. Un certain mouvement qui eut lieu vers la porte, une expression de crainte respectueuse sur le visage des paysans, et la résolution féroce que témoigna tout à coup M. Boythorn de ne pas avoir l'air de se douter de l'existence de *quelqu'un*, m'annoncèrent que le grand monde arrivait et que le service allait enfin commencer.

« N'entre pas en jugement avec ton serviteur, ô mon Dieu, car à ta vue.... »

Pourrai-je jamais oublier l'émotion dont je fus saisie, en rencontrant ce regard, et la manière dont ces beaux yeux sortirent tout à coup de leur langueur pour s'attacher sur les miens ? Ce regard ne dura qu'un instant, et je baissai la tête sur mon livre ; mais c'était un éclair qui avait suffi pour graver à jamais ce noble visage dans mon souvenir.

Et, chose étrange, au fond de moi-même se réveillait la mémoire des jours solitaires que j'avais passés chez ma marraine ; je me retrouvais à l'époque où, me dressant sur la pointe des pieds pour me voir dans ma petite glace, je m'habillais seule, après avoir habillé ma poupée. Et cependant j'étais bien sûre de n'avoir jamais vu cette lady ; bien sûre, bien sûre.

Il était facile de reconnaître que le gentleman à cheveux gris, cérémonieux et goutteux, qui occupait, seul avec elle, le banc d'honneur, était sir Leicester, et que cette femme était lady Dedlock ; mais pourquoi son visage était-il pour moi comme un miroir brisé, où je retrouvais confusément les débris de mes souvenirs ? Et pourquoi ce regard, saisi à l'aventure, m'avait-il si profondément troublée que j'en tressaillais encore ?

Je voulus surmonter cette faiblesse, et redoublai d'attention pour suivre les paroles du service. Mais, au lieu d'arriver à mon oreille par la voix du lecteur, il me semblait qu'elles étaient prononcées par ma marraine, dont je croyais entendre l'accent bien connu. Lady Dedlock, pensai-je, ressemblerait-elle par hasard à ma marraine ? Peut-être un peu ; mais l'expression des traits était si différente et la sévérité implacable qui avait sillonné de rides le visage de ma marraine, comme les frimas creusent les rocs, manquait trop complétement à la figure que j'avais sous les yeux pour que cette ressemblance ait pu me frapper tout d'abord. Jamais non plus je n'avais rencontré chez une autre cette fierté dédaigneuse empreinte sur le visage de lady Dedlock ; et, cependant, moi, oui moi, la pauvre Esther, cette petite fille qui vivait à part, et dont le jour de naissance ne rappelait que honte et douleur, je me voyais me dresser moi-même devant moi, évoquée du passé, fascinée par cette brillante lady, que je savais pourtant bien ne pas connaître et n'avoir jamais vue. Peu à peu, néanmoins, je finis par vaincre cette étrange émotion, et je pus regarder sans trouble du côté de milady. C'était avant le sermon et pendant qu'on se préparait à chanter; elle ne fit pas attention à moi; et les battements de mon cœur s'arrêtèrent pour redoubler quelques moments après, quand elle me regarda une ou deux fois avec son lorgnon, ainsi qu'Eva.

L'office terminé, sir Leicester, bien qu'obligé de se servir d'une forte canne pour marcher, offrit son bras à milady avec autant de respect que de galanterie, et la conduisit pompeusement jusqu'à la voiture, attelée des poneys qui les avaient amenés. Les domestiques se dispersèrent; et enfin s'écoula le commun des martyrs, que sir Leicester, d'après M. Skimpole, avait contemplé tout le temps comme un homme qui a dans le ciel un domaine considérable dont ils font partie.

« C'est que réellement il le croit, répondit M. Boythorn; il le croit fermement, comme son père, son grand-père et ses arrière-grands-pères l'avaient cru avant lui.

— Savez-vous, reprit M. Skimpole, qu'il m'est agréable de rencontrer un homme de cette espèce?

— Pas possible? dit M. Boythorn.

— Un homme qui éprouve le besoin de vous patronner! poursuivit M. Skimpole; je trouve cela fort bien, et, pour ma part, ne m'y oppose nullement.

— Mais moi je m'y oppose, répliqua M. Boythorn avec violence.

— Vraiment? reprit M. Skimpole; mais c'est se donner de la peine; et je ne vois pas pourquoi vous vous en donneriez. Quant à moi, je prends les choses comme elles sont, et ne m'inquiète pas du reste. Je viens ici, par exemple; j'y trouve un potentat qui exige des hommages. Fort bien. « Puissant potentat, lui dis-je, vous demandez mon hommage, le voici; je trouve plus facile de céder que de contester. Si vous avez quelque chose d'agréable à me montrer, je serai très-heureux de le voir; quelque chose de bon à m'offrir, je serai heureux de l'accepter. » Mon homme répond à cela : « Voici un charmant camarade, qui s'accorde à merveille avec ma digestion et mon système bilieux; qui ne me force pas à me rouler sur moi-même comme un hérisson, tous mes piquants dehors; qui me permet, au contraire, de m'étendre, de m'épancher, de montrer ma doublure d'argent comme le nuage de Milton, ce qui est plus agréable pour tous les deux. » C'est ma manière de prendre les choses; que voulez-vous! je suis un enfant.

— Mais supposez que demain vous vous trouviez ailleurs, dit M. Boythorn, et que vous ayez précisément affaire à l'adversaire de ce potentat, qu'arriverait-il?

— Absolument la même chose, répliqua M. Skimpole de l'air le plus naturel du monde; je dirais alors, mon estimable Boythorn, en supposant que vous soyez la personnification de l'être imaginaire dont il s'agit, mon estimable Boythorn, vous êtes opposé à ce puissant potentat? Fort bien. Moi aussi, je n'ai d'autre affaire en ce monde que de me rendre agréable; c'est mon rôle ici-bas et la grande affaire pour chacun. La société, après tout, n'est qu'un système d'harmonie; si donc vous lui êtes contraire, je le suis. Et maintenant, excellent Boythorn, n'allons-nous pas dîner?

— Mais l'excellent Boythorn pourrait vous dire, répliqua notre hôte dont le visage commençait à s'enflammer, je....

— Assurément, reprit M. Skimpole, il est très-probable qu'il me dirait qu'il ne demande pas mieux.

— D'aller dîner? s'écria M. Boythorn en frappant la terre de sa canne et en s'arrêtant tout à coup; mais les principes, monsieur Skimpole! existent-ils, oui ou non?

— Sur mon âme, répondit celui-ci avec un sourire ingénu et du ton le plus enjoué du monde, je n'en ai pas la moindre idée; je ne sais pas même ce que vous appelez ainsi; je ne sais pas où cela se trouve, et j'ignore qui le possède. Si vous en avez, et que cela soit confortable, j'en suis vraiment enchanté, et je vous en félicite. Quant à moi, je ne connais rien à tout cela, et je m'en passe à merveille; mais j'irai volontiers du côté du dîner. »

Je m'attendais toujours à voir finir ces dialogues, qui se renouvelaient fréquemment, par quelque violente explosion de la part de M. Boythorn, ce qui n'eût pas manqué en toute autre circonstance; mais il avait un sentiment si profond des devoirs que l'hospitalité impose, et M. Jarndyce riait si franchement des théories de M. Skimpole, que les choses ne dépassèrent jamais les bornes de la discussion ordinaire. Quant à ce dernier, qui n'avait jamais l'air de savoir qu'il venait de marcher sur un terrain brûlant, il commençait un dessin qu'il ne finissait pas, s'asseyait au piano, jouait des fragments d'opéras, chantait des couplets détachés de diverses romances, ou bien allait dans le parc, s'étendait sous un arbre et regardait le ciel, « occupation pour laquelle, disait-il, je ne puis m'empêcher de croire que la nature m'ait expressément créé, tant elle est appropriée à mes goûts et à mes facultés.

« Les grandes entreprises, les efforts généreux, nous disait-il (toujours couché sur le dos), me procurent un plaisir infini. Je suis né cosmopolite; j'ai pour les voyageurs une sympathie profonde. Je m'étends à l'ombre comme ici, par exemple, et je pense avec admiration à ces hommes courageux qui s'en vont au pôle nord ou qui pénètrent jusqu'au centre de la zone torride. A quoi peut servir un homme qui s'en va au pôle nord? demanderont les esprits mercantiles. Je n'en sais rien ; à moins qu'il n'ait pour but d'occuper mes pensées tandis que je suis ici. Poussons la chose à l'extrême ; prenons les nègres d'une plantation américaine : j'avoue que leur position est pénible, et je suppose qu'ils ne doivent pas l'aimer ; c'est en général une triste épreuve que celle qu'ils font de la vie ; mais pour moi ils peuplent le paysage, ils lui donnent une certaine poésie dont je suis vivement touché ; et qui sait si ce n'est pas là l'une des causes finales de leur malheureuse existence. »

Je me demandais s'il pensait quelquefois à sa famille, et sous quel point de vue sa femme et ses enfants se présentaient à son esprit cosmopolite ; mais autant que je pus le comprendre, ils ne s'y présentaient jamais sous une forme quelconque.

Une semaine s'était presque entièrement écoulée depuis le dimanche où mon cœur avait battu si vivement à l'église, et chaque jour le ciel avait été si bleu et le soleil si brillant, que nous avions pris un plaisir extrême à nous promener dans les bois, à voir la lumière traverser les feuilles transparentes et rayonner au milieu des ombres entrelacées des grands arbres, tandis que les oiseaux versaient leurs chants autour de nous, et que l'air semblait s'assoupir au bourdonnement des insectes. Nous avions un endroit favori où la mousse était épaisse et où gisaient, parmi les feuilles de l'année précédente, quelques arbres abattus dont l'écorce avait été enlevée. De ces arbres où nous allions nous asseoir, nos regards plongeaient sous une longue voûte de verdure soutenue par des milliers de colonnes ; et le rayon de soleil, frappant au loin celles qui terminaient la perspective, formait, avec l'ombre dont nous étions entourés, un contraste si radieux, qu'on aurait pris cette échappée pour la vision d'un monde meilleur. Le samedi qui suivit notre arrivée, nous y étions assis, M. Jarndyce, Eva et moi, lorsque nous entendîmes gronder le tonnerre dans le lointain. Il avait fait une chaleur étouffante toute la semaine, et l'orage n'avait rien qui dût nous étonner ; mais il se déclara si promptement, qu'avant que nous eussions pu atteindre la lisière du bois, les éclairs se succédaient rapidement, et que la pluie traversait la feuillée comme si chacune de ses gouttes avait été une balle de plomb. Courir vers une échelle double placée en travers d'une palissade, en gravir les échelons couverts de mousse, et nous diriger vers une loge de garde située à peu de distance fut l'affaire d'un instant. Nous avions souvent remarqué la sombre beauté de cette loge, enveloppée de lierre et placée près d'une excavation profonde où nous avions vu le chien du garde plonger au milieu des fougères comme il l'eût fait dans une pièce d'eau. L'intérieur était si obscur que nous n'y aperçûmes que le garde, encore lorsqu'il apporta deux chaises auprès de la porte pour Eva et pour moi. Les persiennes étaient ouvertes, et nous restâmes à l'entrée de la loge pour contempler l'orage. Il était beau d'entendre les grondements du tonnerre, de voir avec quelle puissance le vent courbait les arbres et chassait la pluie au loin comme un nuage de fumée ; et, tout en frémissant à la pensée des forces effrayantes dont notre frêle existence est environnée de toute part, il était doux de reconnaître combien ce pouvoir terrible était aussi bienfaisant et fécond. Sur la plus humble des fleurs, sur la plus petite des feuilles, cette fureur apparente versait une vie nouvelle et semblait ranimer la création tout entière.

« N'est-il pas dangereux de rester à un endroit aussi exposé à l'orage?

— Non, Esther, » me répondit Eva.

Mais ce n'était pas moi qui avais parlé. Mon cœur battit de nouveau comme à l'église. Cette voix, que j'entendais pour la première fois, me causait la même impression que j'avais ressentie le dimanche précédent, et, comme alors, faisait surgir à mes yeux d'innombrables portraits de moi-même.

Lady Dedlock s'était réfugiée dans la loge avant notre arrivée. Nous ne l'avions pas aperçue dans l'ombre, et maintenant elle se tenait debout derrière ma chaise, où je vis sa main à côté de mon épaule lorsque je tournai la tête.

« Je vous ai fait peur? » dit-elle.

Oh! non, ce n'était pas de la peur. Et pourquoi donc aurais-je été effrayée?

« Je crois avoir le plaisir de parler à monsieur Jarndyce? reprit-elle en s'adressant à mon tuteur.

— Votre mémoire me fait plus d'honneur que je ne l'aurais espéré, milady.

— Je vous ai reconnu dimanche à l'église ; et je regrette qu'une discussion tout à fait locale avec votre hôte, discussion que sir Leicester n'a cependant pas provoquée, je crois, rende à peu près inutile toute avance de notre part, pendant le séjour que vous vous proposez de faire ici.

— Je connais les circonstances qui s'y opposent, répondit mon tuteur en souriant, et je suis touché du regret que vous voulez bien me témoigner. »

Lady Dedlock avait donné la main à mon tuteur avec une nonchalance qui paraissait lui être ordinaire, et lui avait parlé d'une voix également indifférente, mais harmonieuse et douce. Elle était aussi gracieuse que belle, parfaitement digne et maîtresse d'elle-même; et je pensai qu'elle aurait pu gagner tous les cœurs si elle avait trouvé qu'ils en valussent la peine. Le garde lui apporta une chaise qu'il plaça au milieu du porche, où elle s'assit entre nous.

« Le jeune homme pour lequel vous avez écrit à sir Leicester, qui regretta vivement de ne pouvoir être utile à ce gentleman, a-t-il choisi une carrière? demanda-t-elle à M. Jarndyce par-dessus son épaule.

— Oui, milady; j'espère du moins qu'il continuera celle qu'il a embrassée. »

Elle paraissait avoir du respect pour mon tuteur, et désirer même de se concilier ses bonnes grâces. Il y avait une séduction puissante dans ses manières hautaines, qui devinrent plus familières, je dirais presque aisées et naturelles, si elle n'avait pas affecté de lui parler par-dessus l'épaule.

« Je présume que cette jeune fille est miss Clare, votre seconde pupille? »

M. Jarndyce présenta Eva dans toutes les formes.

« Vous perdrez la réputation de don Quichotte que vous vous étiez faite, dit-elle en parlant (toujours par-dessus son épaule,) si vous ne redressez les torts que de beautés comme celle-ci; mais présentez-moi également cette jeune lady, poursuivit-elle en se tournant en face de moi.

— Miss Summerson est réellement ma pupille, répliqua mon tuteur; je ne réponds d'elle à aucun chancelier.

— A-t-elle perdu ses parents?

— Oui, milady.

— Elle est fort heureuse au moins d'avoir un pareil tuteur. »

Lady Dedlock me regarda en disant ces paroles; nos yeux se rencontrèrent; tout à coup elle détourna les siens, qui exprimèrent presque le déplaisir ou l'aversion, et s'adressa de nouveau à M. Jarndyce, toujours sans tourner la tête.

« Des siècles se sont écoulés depuis l'époque où nous avions l'habitude de nous rencontrer, monsieur Jarndyce, reprit-elle.

— Il y a bien longtemps en effet, répondit mon tuteur; du moins cela m'avait paru bien long quand je vous ai vue dimanche dernier.

— Et vous aussi, dit-elle avec dédain, vous voilà courtisan? Peut-être pensez-vous qu'il est nécessaire de le devenir avec moi. Il faut que je doive cela à la réputation que j'ai réussi à me faire.

— Vous avez réussi à faire tant de choses, milady, continua mon tuteur, qu'il serait permis de vous imposer quelque pénitence en échange ; mais ce n'est pas moi qui voudrais m'en charger.

— Tant de choses !... répéta-t-elle en riant. Oui, peut-être. »

Elle nous considéra un instant, Eva et moi, comme si nous eussions été pour elle deux enfants ou à peu près ; et se mit à regarder la pluie d'un air calme en s'abandonnant à ses propres pensées avec la même liberté d'esprit que si elle avait été seule.

« Je crois me rappeler qu'à l'époque de notre voyage à l'étranger, dit-elle à M. Jarndyce, vous étiez plus lié avec ma sœur qu'avec moi.

— Nous nous étions vus plus souvent, répondit mon tuteur.

— Et puis il y avait moins de rapport entre nos deux caractères, et nous étions rarement d'accord, même avant notre séparation complète, reprit lady Dedlock. C'est peut être regrettable ; mais comment l'empêcher ? »

L'orage commençait à se dissiper ; la pluie diminuait peu à peu ; le tonnerre ne grondait plus qu'au loin, et le soleil brillait de nouveau sur le feuillage humide, quand nous vîmes un petit phaéton se diriger de notre côté.

« Le messager de milady est de retour, et voici la voiture, » annonça le garde chez qui nous nous trouvions.

Deux personnes descendirent du phaéton, portant des manteaux et des châles ; l'une d'elles était la femme de chambre française que j'avais vue à l'église, et l'autre, la jeune fille que j'avais remarquée auprès de la femme de charge : la première, hardie et provoquante ; l'autre, confuse et timide.

« Comment ! dit lady Dedlock, vous êtes venues toutes deux ?

— C'est moi qui suis votre femme de chambre, milady, répliqua la Française, et le message était sans doute pour moi.

— J'avais peur que ce ne fût moi que vous eussiez voulu désigner, répondit la jolie fille.

— C'était vous que je demandais, mon enfant, reprit milady avec calme ; mettez ce châle sur mes épaules. »

Elle se baissa légèrement pour le recevoir, et la jeune fille le posa sur sa maîtresse ; la Française, à laquelle milady ne faisait nulle attention, avait les lèvres pâles et serrées en regardant sa rivale.

« Je vois avec peine, monsieur Jarndyce, dit milady à mon tuteur, que nous ne puissions pas renouveler notre ancienne connaissance. Permettez-moi de renvoyer le phaéton pour vos deux pupilles ; dans un instant il sera de retour. »

Nous refusâmes cette offre, malgré toute l'insistance qu'elle voulut bien y mettre ; milady prit alors gracieusement congé d'Eva, ne me fit pas même le plus léger salut, posa la main sur le bras qu'avançait mon tuteur, et monta dans le phaéton : c'était une petite voiture de parc très-basse et à capote.

« Montez avec moi, petite, j'aurai besoin de vous, » dit milady à la charmante jeune fille.

Le phaéton s'éloigna, et la femme de chambre resta debout à la place où elle était descendue, ayant sur le bras le manteau qu'elle avait apporté pour couvrir milady.

J'imagine que rien ne déplaît aux orgueilleux comme l'orgueil qu'ils rencontrent chez les autres, et que l'air impérieux de la Française avait été la cause de sa disgrâce. Toutefois, la revanche qu'elle prit de cette mortification me sembla bien singulière ; elle demeura immobile jusqu'au moment où le phaéton eut disparu ; défaisant alors ses souliers avec le plus grand calme, elle les laissa par terre et marcha délibérément sur l'herbe mouillée en suivant la direction que la voiture avait prise.

« Cette jeune femme est-elle folle ? demanda mon tuteur.

— Non, monsieur, répondit le garde, qui, avec sa femme, suivait des yeux la femme de chambre. Hortense a une fameuse tête, au contraire ; mais elle est furieusement fière, et n'est pas fille à se laisser mettre de côté et à voir les autres passer devant elle sans joliment enrager.

— Mais pourquoi a-t-elle défait ses souliers pour marcher dans l'eau ? dit encore mon tuteur.

— Peut-être pour se rafraîchir, répondit le garde.

— Ou bien parce qu'elle prend cette eau-là pour autre chose, ajouta sa femme : du sang peut-être. Elle traverserait aussi bien un flot de sang qu'un ruisseau, quand sa tête est montée. »

Quelques minutes après nous passions à côté du château, qui nous parut encore plus paisible que le jour où nous l'avions aperçu pour la première fois. La brise soufflait doucement autour de ses murs ; le soleil faisait étinceler comme des diamants les gouttes de pluie qui tremblaient sur les pierres et les feuilles ; les oiseaux, silencieux un instant, recommençaient à chanter avec ardeur ; et, devant la porte, brillait, comme un char de fée, le petit phaéton ouvré d'argent qu'avait pris milady. Au milieu de ce paysage rempli de calme et de douceur, Mlle Hortense se dirigeait vers le château d'un pas ferme, le visage impassible et les pieds nus sur l'herbe toute mouillée.

CHAPITRE XIX.

Circulez.

Chancery-Lane est en vacances; la justice et la loi ont désarmé; le vaisseau qu'elles montaient, lourd, doublé de cuivre et bardé de fer, se radoube en ce moment et a licencié l'équipage; le vent emporte à la dérive, Dieu sait où, l'esquif monté par les ombres des plaideurs qui supplient tous ceux qu'ils rencontrent de jeter les yeux sur leurs dossiers; les tribunaux sont fermés; les études, les cabinets des gens de loi dorment d'un sommeil caniculaire; Westminster-Hall n'est plus qu'une solitude ténébreuse où les rossignols peuvent chanter, et les amants, plaideurs à la voix tendre, se promener sans crainte d'y rencontrer ceux qu'ils ont remplacés.

Le Temple, Chancery-Lane, Serjeant's-Inn et Lincoln's-Inn ressemblent à des ports mis à sec par le reflux, où la procédure est échouée sur la vase, et où les clercs désœuvrés bâillent en se balançant sur des tabourets qui ne reprendront leur perpendiculaire que lorsque la session ramènera la marée. Les portes sont closes, les paquets et les lettres s'entassent par boisseaux dans la loge du portier. L'herbe grandirait entre les pavés de Lincoln's-Inn et donnerait une récolte abondante, si les porteurs de contraintes, qui n'ont plus rien à faire que de s'asseoir à l'ombre, leurs tabliers sur la tête, afin de se préserver des mouches, ne l'arrachaient pour la brouter d'un air mélancolique.

Il n'y a plus en ville qu'un seul juge, encore n'y siége-t-il que deux fois par semaine; ah! si les gens de province qui relèvent de son ressort pouvaient le voir aujourd'hui! Pas de perruque, de robe rouge, de fourrures, de baguettes blanches ni d'hommes portant javelines; tout bonnement un gentleman rasé de près, avec un chapeau de paille, un pantalon blanc, un visage bronzé par le grand air, un nez magistral dépouillé de son écorce par les rayons du soleil, et qui entre, en passant, à l'enseigne du *Crustacé* pour y boire un ginger-beer frappé.

Le barreau d'Angleterre est éparpillé sur la surface du globe. Comment la Grande-Bretagne peut-elle vivre quatre grands mois privée de son illustre barreau, son refuge pendant les mauvais jours, sa gloire et son triomphe dans la prospérité? Pour l'instant, néanmoins, ce bouclier précieux ne protége plus l'Angleterre; l'honorable avocat, toujours si effroyablement indigné de l'outrage sans précédent commis envers son client par la partie adverse, et qui semblait ne devoir jamais se remettre de la secousse douloureuse qu'il en avait éprouvée, est actuellement en Suisse, où, Dieu merci! il se porte beaucoup mieux qu'on ne pouvait s'y attendre. Cet autre avocat, dont la spécialité est de flétrir de ses lugubres sarcasmes tout opposant à sa cause, est en ce moment aux eaux des Pyrénées, où il est d'une gaieté folle. Son collègue, que la moindre accusation fait pleurer amèrement, n'a pas versé une larme depuis plus de six semaines. Le très-honorable avocat qui est parvenu à refroidir sa nature ardente en s'abreuvant aux sources de la loi, où il puise ces arguments subtils que, pendant la session, il pose aux magistrats assoupis, fétus légaux, insaisissables à la plupart des initiés aussi bien qu'aux profanes, parcourt avec délices les environs poudreux de Constantinople. D'autres fragments épars de ce grand palladium de la justice sont maintenant sur le bord des lagunes, aux bains d'Allemagne, à la seconde cataracte du Nil ou répandus sur toutes les côtes d'Angleterre, dont ils émaillent le sable; mais à peine en trouverait-on un seul dans la région de Chancery-Lane. Et si, par aventure, ce membre solitaire du barreau, traversant le désert qu'il habite, rencontre un plaideur acharné, qui revient malgré lui hanter les lieux témoins de sa fiévreuse inquiétude, ils ont peur l'un de l'autre et se retirent dans l'ombre, en se tournant le dos.

Ce sont les vacances les plus chaudes qu'on ait vues depuis bien des années; tous les jeunes clercs sont amoureux fous et, suivant le degré qu'ils occupent, soupirent auprès de l'objet aimé à Margate, Ramsgate ou Gravesend. Tous ceux de leurs confrères qui sont entre deux âges passent leur temps au sein de leur famille trop nombreuse dont ils se passeraient bien; tous les chiens perdus qui errent aux environs de la cour, et, cherchent, haletant sur les places, l'eau qui leur manque, font entendre des hurlements plaintifs; tous les chiens d'aveugles traînent leurs maîtres du côté des fontaines; la moindre boutique qui a une tente devant sa porte, un bocal rempli de poissons rouges sur sa fenêtre, et dont le trottoir est arrosé, paraît un véritable sanctuaire. Temple-Bar est devenu si brûlant, qu'il est aux rues voisines ce qu'est un cylindre bouillant dans une bouilloire à thé, et les fait mijoter toute la nuit.

Il y a bien, aux environs de la cour, certaines études d'avoué où l'on trouverait la fraîcheur, si la fraîcheur, même par cette température, valait qu'on l'achetât par l'ennui; mais tout ce qui avoisine ces retraites profondes semble vomir des flammes. Dans Cook's-Court, il fait tellement chaud, que les habitants désertent leurs maisons pour s'installer dans la rue, y compris M. Krook, ayant à ses côtés lady Jane, qui ne s'aperçoit pas de la chaleur. Les soirées musicales ont cessé aux *Armes d'Apollon;* et le petit Swills s'est engagé pour l'été au Jardin pastoral, situé près de la Tamise, où il prend un air innocent pour débiter des chansonnettes comiques d'un genre tout juvénile, expressément composées (ainsi que le dit l'affiche) de manière à ne pas blesser la susceptibilité des esprits les plus délicats.

L'oisiveté et la mélancolie s'étendent comme une toile d'araignée gigantesque sur tout le quartier des gens de robe. M. Snagsby, papetier dans Cursitor-Street, ressent vivement cette influence, dont il souffre, non-seulement dans sa nature contemplative et sympathique, mais aussi dans ses affaires, en sa qualité de papetier du palais. Il a plus de temps pour aller rêver dans Staple-Inn et dans Rolls-Yard, pendant les vacances que dans toute autre saison; « si on croirait jamais, dit-il aux deux apprentis, que par cette chaleur on habite une île; et qu'autour de vous la mer roule ses flots et fait bondir ses vagues ! »

Par une de ces journées étouffantes, Guster est fort occupée dans le petit salon où M. et Mme Snagsby attendent leurs invités; plus distingués que nombreux, les hôtes du papetier se réduisent à deux personnes, M. et Mme Chadband. Soit en paroles, soit par écrit, M. Chadband a l'habitude de se comparer à un vaisseau ballotté par les vagues, d'où il résulte que les étrangers le supposent employé dans la marine; c'est une erreur; il est, suivant sa propre expression, attaché au saint ministère. Toutefois, il n'a pas de titre spécial, n'appartient à aucune église, et ses persécuteurs affirment qu'il pourrait, sans charger sa conscience, renoncer à la mission qu'il s'est donnée de pérorer sur le plus grand de tous les sujets sans avoir rien à en dire; mais il a ses partisans, et Mme Snagsby est du nombre. C'est tout dernièrement qu'elle a pris passage sur le vaisseau Chadband, depuis que la chaleur lui a fait porter le sang à la tête.

« C'est que, voyez-vous, ma petite femme, dit M. Snagsby aux moineaux de Staple-Inn, aime diantrement sa religion. »

Guster, en préparant le petit salon pour recevoir M. Chadband, est toute fière de se croire un moment la servante de cet homme remarquable qu'elle sait doué de l'admirable faculté de parler quatre heures de suite, sans désemparer, et ressent une vive impression de l'importance qu'elle en acquiert à ses yeux. Aussi tous les meubles sont époussetés avec soin ; les portraits de M. et de Mme Snagsby essuyés avec un linge humide ; on a sorti de l'armoire la plus belle porcelaine et couvert la table d'excellent pain tendre, de pâtisserie croustillante, de beurre frais, de tranches de jambon, de filets d'anchois cachés au milieu du persil, de langue fumée et de saucisson d'Allemagne, sans compter les œufs frais qu'on apportera dans une serviette, et les rôties brûlantes et bien beurrées qu'on servira au dernier moment, car Chadband, disent ses persécuteurs, n'est pas un vaisseau ordinaire, il aime à être bien lesté et manie aussi bien la fourchette que pas une de ses ouailles.

Le papetier, dans son plus bel habit, regarde tous ces préparatifs ; et, toussant avec déférence derrière sa main, demande à sa petite femme à quelle heure elle attend M. et Mme Chadband.

« A six heures, » répond Mme Snagsby.

M. Snagsby fait observer d'une voix douce qu'il est six heures passées.

« Vous voudriez peut-être vous mettre à table sans les attendre ? » dit la petite femme d'un ton de reproche.

M. Snagsby paraîtrait fort disposé à commettre cette énormité, toutefois il répond avec sa toux de conciliation :

« Non, chère amie, je voulais dire seulement qu'il est l'heure.

— Qu'est-ce que l'heure auprès de l'éternité ?

— C'est très-vrai, ma petite femme ; seulement, quand on fait des préparatifs pour prendre le thé, c'est peut-être.... en vue de l'heure indiquée, plutôt que...; et lorsqu'une heure a été désignée, n'est-il pas mieux d'être exact ?

— D'être exact ! répète Mme Snagsby d'un air sévère : d'être exact ! Ne croirait-on pas que M. Chadband est à l'heure, comme un fiacre ! »

Ici Guster, qui pendant cette discussion avait regardé dans la rue par la fenêtre de la chambre à coucher, dégringole l'escalier quatre à quatre, et vient toute rouge prévenir ses maîtres que M. et Mme Chadband sont entrés dans Cook's-Court. L'instant d'après, la sonnette s'étant fait entendre à la porte qui est au fond du passage, mistress Snagsby recommande à Guster de ne pas manquer d'annoncer distinctement, sous peine d'être aussitôt renvoyée d'où elle sort ; profondément troublée par cette menace, la pauvre fille annonce : « M. et Mme.... Chose, ah ! mon Dieu, vl'à que je ne sais plus son nom, » et elle se retire excessivement inquiète et bourrelée de remords.

M. Chadband est un gros homme au teint jaune, au gras sourire, et dont l'aspect général a quelque chose d'onctueux, qui semblerait annoncer des rapports intimes entre la personne de son vaisseau et le commerce de l'huile de baleine. Il se remue lentement, lourdement, à peu près comme un ours à qui l'on a appris à marcher debout; il ne sait que faire de ses bras comme s'il voulait quitter cette attitude incommode pour retomber à quatre pattes; il transpire énormément, surtout de la tête, et ne parle jamais sans lever d'abord la main, pour avertir ses auditeurs qu'il va les édifier.

« Mes amis, dit-il en entrant, que la paix soit avec vous, avec le maître et la maîtresse de cette maison; avec les jeunes filles et les jeunes hommes qui habitent cette demeure. Pourquoi, mes amis, vous souhaité-je la paix? Et d'abord, qu'est-ce que la paix? Est-ce la guerre? Non! Est-ce la lutte? Non! la paix est aimable et douce, elle est belle, sereine et joyeuse; oh! oui; et c'est pour cela, mes amis, que je souhaite que la paix soit avec vous et avec les vôtres. »

Mme Snagsby a l'air si profondément touché de ces paroles édifiantes, que M. Snagsby juge à propos de répondre *Amen!* ce qui est parfaitement accueilli.

« Et maintenant, mes amis, continue M. Chadband, puisque j'ai abordé ce sujet.... »

Guster paraît à la porte du salon.

« Allez-vous-en, » dit Mme Snagsby d'une voix lugubre, sans détourner les yeux du révérend.

« Et maintenant, mes amis, reprend M. Chadband, puisque j'ai abordé ce sujet, qu'il m'est donné, dans l'humble voie où je....

— Dix-sept cent quatre-vingt-deux, murmure Guster.

— Allez-vous-en, répète la voix lugubre avec solennité.

— Maintenant, mes amis, poursuit M. Chadband, demandons-nous dans un esprit d'amour....

— Dix-sept cent quatre-vingt-deux, » répète encore Guster.

M. Chadband s'arrête avec la résignation d'un homme accoutumé à la persécution, et sourit languissamment du gras sourire qui fait plisser son menton.

« Laissez-nous l'entendre, dit-il; parlez, jeune fille!

— Dix-sept cent quatre-vingt-deux, s'il vous plaît..., monsieur. Le schelling que vous savez bien, il voudrait savoir pourquoi c'est faire, dit Guster tout essoufflée.

— Mais pour sa peine, répond mistress Chadband qui est une femme silencieuse et d'une figure sévère.

— Il dit que c'est un schelling et huit pence, et qu'il les veut, ou qu'il va vous citer devant le juge, » répond Guster.

Mme Snagsby et Mme Chadband expriment d'une voix aiguë toute leur indignation; M. Chadband lève la main et le tumulte s'apaise.

« Mes amis, dit-il, je me rappelle un devoir qu'hier j'ai oublié de remplir; il est juste que j'en subisse le châtiment, et je ne dois pas murmurer : donnez les huit pence, Rachaël. »

Mme Chadband compte huit pence à Guster; pendant ce temps-là Mme Snasgby respire longuement et regarde M. Snagsby, comme pour lui dire : « Quel apôtre! » Quant à M. Chadband, il a le visage rayonnant d'humilité et d'huile de baleine. C'est l'une de ses habitudes, on pourrait dire l'une de ses prétentions, d'avoir toujours à équilibrer un compte de cette espèce, et de l'afficher volontiers en public à propos des circonstances les plus vulgaires.

« Mes amis, reprend-il, c'est une faible somme que huit pence; on aurait pu, tout aussi bien, me demander un schelling et quatre pence; on aurait pu tout aussi bien me demander une demi-couronne; réjouissons-nous! réjouissons-nous! »

En disant ces paroles, M. Chadband se dirige vers la table, et avant de s'asseoir, lève sa main pour réclamer l'attention :

Que voyons-nous sur cette table? dit-il; des rafraîchissements nombreux. Avons-nous donc besoin de nous rafraîchir, mes amis? Assurément, direz-vous. Et pourquoi ce besoin? vous demanderai-je. Parce que nous sommes mortels; parce que nous sommes conçus dans le péché; parce que nous appartenons à la terre; parce que nous ne sommes pas fils de l'air. Pouvons-nous voler, mes amis? Non, c'est impossible; et pourquoi ne pouvons-nous pas voler? »

M. Snagsby, encouragé par le succès qu'a rencontré son *amen*, risque, d'un air tant soit peu satisfait et connaisseur, « parce que nous n'avons pas d'ailes; » mais le regard de sa petite femme le fait taire immédiatement.

« Je demande, poursuit l'homme du saint ministère sans faire la moindre attention à la remarque de M. Snagsby, je demande pourquoi nous ne pouvons pas voler. C'est parce que nous sommes faits pour marcher. Maintenant, mes amis, pouvons-nous marcher sans être forts? Non, nous ne pouvons rien sans la force. Nos jambes refuseraient de nous porter; nos genoux fléchiraient, nos chevilles se retourneraient, et nous tomberions avant d'avoir fait un seul pas. D'où vient donc cette force qui est nécessaire à nos membres? d'où la tirons nous ici-bas, mes amis? Du pain sous toutes les formes, continue M. Chadband en jetant un coup d'œil sur la table; du beurre, qui se fait avec le lait que nous donne la vache; des œufs que pondent les poules; du jambon, de la langue fumée, du saucisson et d'autres aliments semblables; prenons donc alors notre part des bonnes choses qui sont étalées devant nous ! »

Les persécuteurs de M. Chadband nient obstinément que cette faculté verbeuse qu'a le saint homme d'entasser ainsi phrases sur phrases soit une faveur du ciel; mais c'est une preuve de la détermination qu'ils ont prise de le persécuter quand même, puisqu'il est au vu et su de tout le monde que le style oratoire de M. Chadband est un genre de style très-répandu, et généralement goûté :

Quoi qu'il en soit, ayant terminé son discours, il s'assied à la table de mistress Snagsby et fonctionne vigoureusement; la faculté de changer en huile quelconque les aliments qu'il absorbe est tellement inhérente à la constitution de ce vaisseau exemplaire, que dès l'instant où M. Chadband commence à manger, on peut dire qu'il n'est plus qu'un moulin à huile opérant sur une grande échelle; et précisément le soir où nous sommes, il a si bien fonctionné chez le papetier de Cursitor-Street, qu'il paraît avoir rempli son magasin, c'est pourquoi il arrête la mécanique.

C'est alors que Guster, qui n'est pas encore remise de sa première bévue et qui a continué le cours de ses maladresses, comme par exemple de faire résonner les assiettes sur le crâne du révérend et de le couronner ensuite d'un pain à thé, c'est alors qu'elle s'approche de M. Snagsby et lui dit tout bas qu'on le demande.

« J'espère que l'honorable compagnie voudra bien m'excuser, dit M. Snagsby à ses hôtes; on me demande à la boutique, et je ne serai qu'une minute. »

Le papetier descend et trouve les deux apprentis les yeux fixés sur un constable qui tient par le bras un jeune garçon tout en guenilles.

« Mon Dieu ! de quoi s'agit-il? demande M. Snagsby.

— C'est cet individu là, répond le constable, qui refuse de circuler, bien qu'on le lui ait répété plusieurs fois.

— J'circule toujours, s'écrie le malheureux en essuyant ses yeux avec sa manche; j'ai toujours circulé d'pis que j'sis au monde; où c'qu'il est possib' que j'aille pour circuler pus que j'circule?

— Il s'y refuse complétement, reprit le constable en remettant son col à sa place au moyen d'une secousse particulière qu'il imprime à son cou; il est obstiné comme un païen et s'entête à ne vouloir pas circuler.

— Mais où c'qu'on veut donc qu'j'aille? reprend l'infortuné en se tirant les cheveux avec désespoir et en frappant de son pied nu sur le carreau.

— Allons! allons! pas de ces manières-là, ou j'aurai bientôt fait d'en finir, dit le constable en le secouant d'un air impassible. Ma consigne est de vous faire circuler, je vous l'ai dit cinq cents fois. Ainsi donc, pas de raisons.

— Mais où c'qu'i faut qu'j'aille?

— Vraiment, constable, dit M. Snagsby en faisant entendre derrière sa main sa toux de perplexité; vraiment, c'est une question à faire : où voulez-vous qu'il aille?

— Mes instructions n'en parlent pas, répond le constable, elles disent seulement de faire circuler ce garçon. »

Entendez-vous, Jo? Il ne vous sert à rien, ainsi qu'à vos pareils, d'invoquer en cette occasion l'exemple que vous ont donné les astres du ciel parlementaire qui, depuis quelques années sont restés immobiles; le grand principe du mouvement n'en demeure pas moins à votre usage; allez! marchez! c'est le but de votre existence : vous êtes fait pour ça. Circulez : mais ne vous sauvez pas de ce monde, pourtant, car les grandes lumières du firmament parlementaire dont je vous parlais tout à l'heure sont d'accord que vous n'en avez pas le droit. Allez, trottez, circulez.

M. Snagsby n'a rien à dire à cela et ne dit rien en effet; mais la toux qu'il fait entendre exprime assez qu'il n'aperçoit aucune issue à la situation. M. et Mme Chadband et mistress Snagsby, attirés par le bruit des voix, apparaissent dans l'escalier, et comme Guster n'a pas quitté la place, toute la famille est rassemblée.

« Toute la question est celle-ci, monsieur, dit le constable au papetier : Connaissez-vous cet individu-là, ainsi qu'il le prétend?

— Pas le moins du monde, s'écrie Mme Snagsby avec vivacité du point élevé où elle se trouve.

— Ma petite femme! s'écrie à son tour le papetier en levant les yeux vers mistress Snagsby; permettez, mon amour; un instant de patience, cher trésor; je connais un peu ce garçon, et je puis dire qu'il n'y a pas le moindre mal dans ce que je puis savoir de lui. Au contraire, ajoute-t-il en s'adressant au constable, à qui M. Snagsby raconte ce qu'il sait du pauvre Jo, sans parler toutefois de la demi-couronne qu'il lui avait donnée.

— D'après cela, répond le constable, il y aurait quelque chose de vrai dans ce qu'il avance. Au moment où je l'ai saisi en haut d'Holborn, il m'a dit tout de suite qu'il était connu de vous ; et là-dessus un jeune homme, qui se trouvait dans la foule et qui m'a dit vous connaître, ajouta que vous étiez un homme respectable et que, si je voulais me rendre chez vous et m'enquérir du fait, il s'y rendrait en même temps que moi ; j'ai peur qu'il ne tienne pas sa parole, mais.... ah ! justement le voici. »

Entre M. Guppy qui fait un signe de tête à M. Snagsby, porte la main à son chapeau en regardant les dames qui sont sur l'escalier, et met dans son salut toute la grâce chevaleresque qui appartient à la cléricature.

« Je revenais de l'étude en flânant, dit-il au papetier, quand je rencontrai ce constable aux prises avec ce pauvre diable ; et comme votre nom fut prononcé, je pensai qu'il était juste de regarder au fond de l'affaire.

— C'est une grande bonté de votre part ; je vous en suis bien obligé, monsieur, répond le papetier qui raconte de nouveau tout ce qu'il sait de l'individu, en supprimant toutefois l'incident de la demi-couronne.

— Je sais à présent où vous demeurez, dit le constable au pauvre Jo ; dans Tom-all-alone's ; un endroit bien honnête pour y vivre, n'est-ce pas ?

— J'peux pas aller vivre dans un aut' endroit pus joli, répond Jo ; quoi qu'on m'dirait si j'allais dans un honnête endroit pour y loger ? Qui ça qui voudrait louer un logis honnête à un pauv' malheureux comme moi ?

— Vous êtes très-pauvre, n'est-ce pas ? dit le constable.

— Ah ! oui, j'suis pauv' ! et toujours pauv' encore.

— Vous l'entendez, messieurs ; eh bien, reprend le constable, il m'a suffi de le fouiller pour trouver sur lui ces deux demi-couronnes ; qu'en pensez-vous maintenant ?

— C'est tout c'qui m'reste, monsieur Snagsby, répond Jo, de la pièce d'or qu'la dame m'a donnée ; qu'elle avait un voile et qu'elle disait qu'elle était une servante ; et qu'elle est venue un soir où c'que j'balaye pour me dire comme ça que j'lui montre, c'te maison où qu'vous êtes, et la maison où c'qu'était mort celui qu'vous y donniez à écrire ; et pis l'cimetière où c'qu'on l'a enterré. Et qu'ell'me dit comme ça : « c'est-y vous le garçon de l'inquiète ? » qu'elle dit. J'dis oui que j'dis ; alors qu'elle me dit : « Pouvez-vous t'y m'montrer toutes les places que j'ai dit ? » J'dis oui que j'dis ; et qu'elle me dit : « Faites-le comme j'vous l'dis, » et qu'elle m'a donné un soverain, et pis qu'elle a filé. Et j'en ai pas beaucou' eu du soverain, continue Jo en pleurant ; il a fallu que j'donne cinq schellings dans Tom-all-alone's, pour qu'ils aient voulu m'changer la pièce ; et pis alors y a un homme qui m'en a volé cinq autres comme j'étais endormi ; et un autre garçon qui m'a pris neuf pence ; et le propriétaire qui m'en a soutiré encore pus qu'ça pour sa part.

— Vous n'espérez pas nous faire accroire ce conte-là, je suppose ? reprend le constable en regardant de côté avec un indicible dédain.

— J'sais pas c'que j'espère, répond Jo ; car moi j'sais rin du tout ; seul'ment c'que j'vous ai dit c'est aussi vrai que j'vous le dis.

— Vous voyez quel garnement ça fait ! dit le constable, mais c'est égal : si on ne le met pas en prison, monsieur Snagsby, voulez-vous répondre pour lui et garantir qu'il circulera ?

— Non ! s'écrie Mme Snagsby du haut de l'escalier.

— Ma petite femme ! réplique M. Snagsby d'une voix suppliante. Il circulera, constable ; je n'en doute pas ; vous voyez bien, mon pauvre Jo, qu'il le faut absolument, continue le papetier.

— J'ai jamais dit qu'j'voulais pas, répond l'infortuné.

— Eh ! bien faites-le, dit le constable ; et rappelez-vous qu'une autre fois vous n'en seriez pas quitte à aussi bon marché ; reprenez votre argent ; dépêchez-vous de partir ; soyez à cinq milles d'ici le plus tôt possible, et tout le monde y gagnera. »

Le constable souhaite le bonjour à toute la société, fait retentir Cook's-Court du bruit de ses pas et s'éloigne en marchant à l'ombre et en s'éventant de son chapeau cerclé de fer.

Mais l'histoire que Jo vient de raconter à propos du souverain a fait naître une curiosité plus ou moins vive chez tous les auditeurs de ce récit incroyable. M. Guppy, dont l'esprit pénétrant a des facultés spéciales en matière de découvertes et de preuves judiciaires, et que l'oisiveté des vacances fatigue énormément, s'intéresse tellement à la chose, qu'il procède à un interrogatoire dans toutes les formes et captive l'attention des dames au point que mistress Snagsby l'invite à monter dans le salon pour y prendre une tasse de thé. Le jeune homme accepte et monte l'escalier, suivi de Jo dont il s'empare et qu'il retourne et pétrit dans tous les sens, d'après les meilleurs modèles judiciaires, dont le présent interrogatoire se rapproche surtout par l'absence de résultat, la longueur et les répétitions. Pendant cette enquête minutieuse, le vaisseau Chadband a échoué sur le rivage, où il attend qu'on vienne le remettre à flot et qu'on lui fournisse l'occasion de déployer à grandes voiles son onctueuse éloquence

« Mesdames, s'écrie enfin M. Guppy, ou il faut que ce jeune vagabond ne veuille pas démordre d'un récit de pure invention ; ou, s'il est véridique, il se trouve dans cette affaire quelque chose qui dépasse tout ce que j'ai rencontré chez Kenge et Carboy.

— Vraiment ! répond mistress Snagsby à mistress Chadband qui lui parle tout bas.

— Depuis des années, ajoute mistress Chadband.

— Monsieur Guppy, s'écrie d'une voix triomphante la petite femme du papetier, mistress Chadband, l'épouse de ce gentleman, connaît depuis des années l'étude de MM. Kenge et Carboy.

— En vérité ! répond ce jeune homme.

— C'était avant mon mariage avec M. Chadband, mon second mari.

— Aviez-vous quelque procès, madame ? demande M. Guppy transférant son interrogatoire à la femme du révérend.

— Non, monsieur.

— Pas le moindre intérêt dans un fait en litige, madame ? »

Mistress Chadband fait un signe négatif.

« Peut-être alors connaissiez-vous quelque partie dans une affaire quelconque ? poursuit M. Guppy.

— Non, pas précisément, répond mistress Chadband grimaçant un sourire.

— Pas précisément, répète M. Guppy. Très-bien. N'était-ce pas une dame de votre connaissance qui avait à cette époque une affaire quelconque (nous verrons plus tard de quelle sorte) en l'étude de Kenge et Carboy ? ne vous pressez pas, madame ; prenez le temps de répondre ; était-ce un homme ou une femme ?

— Ni l'un ni l'autre, réplique Mme Chadband.

— Alors c'est un enfant ! s'écrie M. Guppy en lançant à Mme Snagsby, remplie d'admiration, le coup d'œil professionnel et significatif que le jury d'Angleterre reçoit en pareil cas. Maintenant, madame, aurez-vous la bonté de nous dire quel était cet enfant ?

— Vous y êtes enfin ! répond Mme Chadband avec un nouveau sourire ; eh bien, monsieur, il est probable, à en juger d'après votre âge, que c'était avant que vous fussiez à l'étude ; j'étais alors chargée d'une enfant qu'on appelait Esther Summerson et qui fut placée par l'entremise de MM. Kenge et Carboy

— Miss Summerson, madame ! s'écrie M. Guppy vivement surexcité.

— Je l'appelle tout simplement Esther, répond Mme Chadband avec austérité ; de mon temps, il n'y avait pas de miss Esther ; on disait tout bonnement Esther par-ci, Esther par-là ; elle y était habituée.

— Chère madame, reprend M. Guppy en traversant le petit salon d'un pas rapide, l'humble individu qui vous parle en ce moment est celui qui reçut cette jeune lady à son arrivée à Londres quand elle quitta l'établissement auquel vous avez fait allusion ; permettez-moi d'avoir le plaisir de vous toucher la main. »

M. Chadband, trouvant dans la circonstance une occasion favorable pour remettre à la voile, fait le signal qui lui est habituel, se lève, et tamponne sa tête fumante avec son mouchoir de poche, tandis que Mme Snagsby murmure un « Chut ! » respectueux.

« Mes amis, dit-il, nous avons profité avec modération du repas confortable qui était placé devant nous (il aurait aussi bien fait de ne pas parler de modération, en ce qui le touchait personnellement). Puisse la terre, dans sa fécondité, remplir de ses biens cette maison hospitalière ! puissent le pain et le vin abonder dans cette demeure ! puisse-t-elle croître et prospérer, cette maison bénie ! puisse-t-elle avancer toujours dans la voie de la fortune et du bonheur ! Mais n'avons-nous pas, mes amis, partagé d'autres biens que ceux du corps ? Assurément ! et quels sont-ils, ces autres biens dont nous avons bénéficié ? des biens spirituels, mes amis ! et d'où vient que nous avons eu le pouvoir de profiter de ces biens précieux ?... Avancez, mon jeune ami ! »

Ainsi apostrophé, Jo regarde l'éloquent Chadband avec une défiance évidente, et jette autour de lui un coup d'œil qui témoigne de ses craintes.

« Mon jeune ami, continue M. Chadband, vous êtes pour nous une perle, un diamant, une pierre précieuse, un joyau inestimable, et pourquoi cela, mon jeune ami ?

— J'sais pas, répond Jo ; moi j'sais rin.

— C'est précisément parce que vous ne savez rien, mon jeune ami, reprend M. Chadband, que vous êtes pour nous une pierre précieuse, un joyau inestimable. Et qu'êtes-vous donc, mon jeune ami ? Êtes-vous un animal des champs ? non !... Un oiseau de l'air ? non !... Un poisson de mer ou d'eau douce ? non !... vous êtes un être humain, mon jeune ami ! Quel sort glorieux que celui d'un être humain ! Et pourquoi est-ce glorieux, mon jeune ami ? parce que vous êtes capable de recevoir les enseignements de la sagesse; parce que vous n'êtes pas un bâton, une bûche, une pierre, un poteau, un pilier; parce qu'enfin, vous êtes capable de profiter de ces paroles que je vous adresse pour votre bien.

« O source de plaisir, ô sort trois fois heureux
D'être homme et de pouvoir s'élancer vers les cieux! »

Et la sentez-vous couler dans vos veines cette source rafraîchissante, mon jeune ami? Non? pourquoi cela, jeune être humain? parce que vous êtes dans l'ombre, parce que vous êtes dans les ténèbres; parce que vous êtes dans le péché, parce que vous êtes dans l'esclavage; et qu'est-ce que l'esclavage, mon jeune ami? Examinons-le dans un esprit d'amour. »

A cette période menaçante du révérend, Jo, qui semble avoir perdu le peu de raison qui lui fut départi, pousse un bâillement terrible qui indigne mistress Snagsby, et lui fait déclarer que ce païen n'est qu'un suppôt de Satan.

« Mes amis, reprend M. Chadband, d'un air persécuté, en promenant autour de lui son gras sourire qui plisse mollement son menton résigné, mes amis, il est juste que je sois humilié; il est juste que je sois éprouvé; il est juste que je sois mortifié et châtié; car j'ai failli dimanche dernier, en pensant avec orgueil aux trois heures d'exhortation que j'avais adressées à mon pieux auditoire. Ma dette est maintenant acquittée, mon divin créancier accepte en payement l'humiliation qu'il m'inflige, réjouissons-nous, réjouissons-nous! »

Mme Snagsby éprouve une émotion profonde.

« Mes amis, continue M. Chadband, je ne poursuivrai pas plus longtemps aujourd'hui les conseils que j'adresse à ce jeune néophyte; voulez-vous venir demain, jeune homme, demander à cette excellente dame, chez qui nous sommes actuellement, l'endroit où vous me trouverez toujours prêt à vous faire un discours; et, comme l'hirondelle altérée, voulez-vous revenir le lendemain, le surlendemain, et tous les lendemains suivants, entendre de nouveaux discours? »

Jo, qui n'a pas d'autre désir que de s'échapper au plus vite, fait un signe de tête embarrassé, et se lève pour s'en aller. M. Guppy lui jette un penny, et mistress Snagsby appelle Guster pour le reconduire jusqu'à la porte; mais avant qu'il ait descendu l'escalier, M. Snagsby lui glisse quelques restes de pain et de viande qu'il emporte dans ses bras.

Peu de temps après, M. Chadband, dont ses persécuteurs disent que ce qui les étonne dans sa faconde, ce n'est pas qu'il soit en état de débiter des heures entières de si abominables sottises, mais qu'une fois en train, il puisse s'arrêter, se retire dans le sanctuaire de la vie privée jusqu'au moment où il trouvera l'occasion d'introduire, en guise de capital, un nouveau souper dans la fabrication des huiles dont se charge son estomac. Jo traverse les Inns désertés et arrive au pont de Blackfriars, où il trouve une pierre brûlante sur laquelle il s'assied pour faire son repas.

Tout en grignotant son pain et en rongeant sa viande, il regarde la croix qui surmonte le dôme de Saint-Paul, et qui brille au-dessus d'un nuage de fumée. Pour le pauvre garçon, cet emblème sacré n'est que le symbole confus de la grande cité qu'il couronne; il voit bien qu'elle est resplendissante de dorure, élevée dans les airs et loin de son atteinte, mais c'est tout ce qu'il en sait. Il reste encore un moment sur sa pierre; le soleil baisse à l'horizon, la rivière suit rapidement son cours, la foule traverse le pont, tout se meut autour de lui : chacun a son but, et veut arriver quelque part : mais lui, où ira-t-il quand la voix du policeman lui fait lever le siége, en lui criant : « Allons! circulez! circulez! »

CHAPITRE XX.

Un nouveau locataire.

Tout en flânant, les vacances touchent à la rentrée, comme un fleuve qui traverse lentement un pays plat, et qui arrive néanmoins à la mer. M. Guppy a traîné péniblement l'existence pendant ces longs jours de loisir; il a émoussé la lame de son canif, il en a cassé la pointe à la planter sur tous les points de son pupitre; non pas qu'il en veuille au malheureux pupitre, mais il faut bien faire quelque chose et quelque chose d'assez peu intéressant pour ne pas trop fatiguer ses forces physiques ou intellectuelles; or, il trouve qu'à ce double point de vue rien ne lui va mieux que de tourner sur l'un des pieds de son tabouret, de poignarder son pupitre, et de bâiller.

Kenge et Carboy sont en voyage; le premier clerc a pris un permis de chasse, et s'en est allé dans sa famille; les deux autres sont en congé; tout le poids de l'étude retombe sur MM. Guppy et Richard Carstone; mais M. Carstone est établi, pour le moment, dans le cabinet même de M. Kenge, ce qui exaspère à un tel point M. Guppy, qu'il dit à sa mère, d'un ton sarcastique, dans ses instants d'épanchement, lorsqu'il va manger avec elle une salade de homard, chez le traiteur, qu'il a grand'peur que l'étude ne soit pas assez élégante pour recevoir des fashionables; et que, s'il avait su qu'un petit-maître dût y venir, il se serait empressé de la faire repeindre à neuf.

M. Guppy soupçonne quiconque vient occuper un tabouret dans l'étude de Kenge et Carboy, de nourrir contre lui de sinistres desseins. Il est clair, à ses yeux, que le nouvel arrivant n'aspire qu'à le déposséder; si vous lui demandez pourquoi, il ferme un œil et hoche la tête sans répondre; il en résulte qu'il prend une peine infinie pour déjouer un complot qui n'exista jamais, et se livre aux combinaisons les plus savantes pour gagner une partie d'échecs où il n'a pas d'adversaire.

Aussi M. Guppy éprouve-t-il une joie réelle à voir M. Carstone complétement absorbé par l'affaire Jarndyce; sachant bien qu'il ne peut ressortir de ce procès que la confusion et la ruine de celui qui s'en occupe; cette satisfaction est partagée par un troisième individu, également attaché à l'étude de Kenge et Carboy, et qu'on appelle le jeune Smallweed.

On se demande dans Lincoln's-Inn, si le jeune Smallweed a jamais eu d'enfance; il n'a pas encore ses quinze ans révolus, et c'est un vieux légiste. On raconte, en plaisantant, qu'il ressent une vive passion pour une marchande de cigares dont la boutique est auprès de Chancery-Lane, et que, pour lui donner son cœur, il a rompu les liens qui, depuis plusieurs années, l'unissaient à une autre beauté. Smallweed est un produit citadin, aux membres grêles, au visage flétri, à la taille exiguë, mais qui se fait apercevoir à une fort grande distance, au moyen d'un chapeau excessivement élevé. Toute son ambition est de ressembler à M. Guppy qui veut bien le patroner, et dont il copie la toilette, le langage et les manières. Il est, en revanche, honoré de la confiance particulière de ce gentleman, auquel il donne, dans l'occasion, sur les difficultés de la vie, d'excellents conseils que lui dicte sa profonde expérience.

M. Guppy est resté nonchalamment à la fenêtre une grande partie de la journée, après avoir essayé successivement tous les tabourets de l'étude, et mis, à plusieurs reprises, sa tête dans le coffre-fort en fer, avec l'intention de se rafraîchir. Deux fois il a envoyé M. Smallweed chercher tout ce qu'il fallait pour préparer quelque boisson gazeuse; et deux fois M. Smallweed a opéré le mélange dans les deux verres de l'étude, et l'a remué avec la règle. M. Guppy soumet ce paradoxe aux méditations de M. Smallweed : que plus on boit, plus on a soif, et incline sa tête languissante sur l'appui de la croisée.

Tandis qu'il regarde vaguement dans l'ombre d'Old-Square, M. Guppy voit surgir, des sombres arcades, une paire de favoris qui se dirigent de son côté. Au même instant, un léger sifflement se fait entendre dans l'Inn, et une voix étouffée s'écrie : « Hé ! Gup-py ! »

« Le croiriez-vous ? Small, dit en se retournant M. Guppy que cette voix réveille tout à coup, c'est Jobling ! »

Small se précipite vers la croisée, et fait un signe de tête à Jobling.

« Et d'où sortez-vous donc ? demande M. Guppy.

— De Market-Gardens ; là-bas près Deptford. Mais je n'y tiens plus, Guppy ; je suis sur le point de m'engager, prêtez-moi une demi-couronne ; car, sur mon âme ! j'ai grand'faim. »

Jobling a effectivement l'air d'avoir jeûné longtemps, et d'être monté à graine au milieu des légumes de Deptford.

« Si donc vous avez une demi-couronne dont vous puissiez disposer, jetez-la-moi, dit Jobling, car il faut absolument que je dîne.

— Voulez-vous venir et dîner avec moi ? répond Guppy en jetant à Jobling une pièce de monnaie que celui-ci rattrape au vol.

— Combien faudra-t-il que j'attende ?

— Seulement jusqu'au départ de l'ennemi, une demi-heure à peine.

— Quel ennemi ?

— Un nouveau clerc qui vient faire ici ses études ; voulez-vous attendre ?

— Pouvez-vous me donner quelque chose à lire pendant ce temps-là ? »

Smallweed propose le répertoire, que M. Jobling refuse avec horreur.

« Je vais vous envoyer le journal par Smallweed, répond M. Guppy ; mais il vaut mieux qu'on ne vous voie pas ici ; mettez-vous sur notre escalier, c'est un endroit tranquille où vous serez bien pour lire. »

Jobling ne demande pas mieux ; le jeune Smallweed lui porte le journal, et de temps en temps lui jette un regard pour l'empêcher de s'ennuyer et de partir ; l'ennemi se retire enfin, et Smallweed fait monter M. Jobling.

« Eh bien ! comment ça va-t-il ? demande M. Guppy en lui tendant la main.

— Couci-couci, et vous ? »

M. Guppy ayant répondu qu'il n'a pas de quoi se vanter de la manière dont il se porte, M. Jobling se hasarde à lui faire cette question : « Comment va-t-elle ? » audace qui lui attire cette réponse faite d'un ton offensé : « Jobling, il y a dans le cœur humain, de ces cordes.... » M. Jobling fait immédiatement ses excuses.

« Tous les sujets, excepté celui-là ! continue M. Guppy d'un air sombre, car il y a de ces cordes.... »

Jobling demande une seconde fois pardon.

Pendant ce court dialogue, le jeune et actif Smallweed, qui fait partie du dîner, écrit ces mots en ronde sur un morceau de papier : « On revient immédiatement, » fixe à la boîte aux lettres cette notification à l'usage de tous ceux qui pourraient se présenter, met son grand chapeau sur sa tête, à l'angle d'inclinaison sous lequel M. Guppy a posé le sien, et annonce à son jeune patron qu'à présent ils peuvent se donner du bon temps.

Ils se dirigent vers un restaurant voisin où l'on dîne sans façon ; et dont la sémillante fille de service, jeune femme de quarante ans, est soupçonnée d'avoir fait quelque impression sur le sensible Smallweed ; remarquons, à ce propos, que Smallweed est un puissant magicien pour qui le temps n'existe pas, et qui se joue des années ; dans sa précocité, il a toute la sagesse d'un hibou séculaire ; et si jamais il reposa dans un berceau, je parie qu'il y était déjà en frac et tout botté ; Smallweed a l'œil vieux, le regard vieux ; il boit et fume comme un vieux singe ; il a le cou d'une roideur inflexible, connaît la vie à fond, sait tout au monde en fait de ruses, de fraudes, de fourberies, et ne pourrait être dupe de qui que ce soit, à propos de quoi que ce soit. Bref, élevé au sein de la procédure dès son âge le plus tendre, il s'y est transformé en une sorte de diablotin fossile ; quant à son origine, on raconte au palais que sa mère, le seul membre féminin de la famille Roe, de père en fils, lui tailla sa première robe dans un sac à dossiers.

Il ouvre la marche, et entre le premier dans le restaurant, dont il franchit la porte, sans se laisser impressionner par l'étalage appétissant de choux-fleurs et de volailles d'un blanc artificiel ; de paniers de pois verts, de concombres rafraîchissants et de quartiers de viande préparés pour la broche. Il est connu dans l'établissement, où l'on a pour lui une certaine déférence ; il y a sa place favorite, réclame tous les journaux, et se plaint vivement des patriarches à tête chauve qui les conservent plus de dix minutes après la demande qu'il en a faite ; il refuserait le pain entamé si on avait l'impudence de le lui offrir, et n'accepterait pas un rôti qui ne fût dans son entier, à moins que ce ne soit dans le cœur même du filet ; quant au jus, il est impitoyable.

Convaincu de son pouvoir mystérieux, et se soumettant à sa vieille expérience, M. Guppy le consulte, et s'en rapporte à lui pour le menu du festin.

« Que prenez-vous, Small ? lui dit-il quand la fille eut débité le catalogue des viandes qu'elle pouvait leur fournir.

— Apportez-moi du veau au lard et des haricots verts, dit Small avec aplomb ; surtout, Polly, n'oubliez pas la farce, » ajoute-t-il avec un clignement expressif de son œil vénérable.

MM. Guppy et Jobling font exactement la même demande, à laquelle on ajoute trois pintes de half-and-half. La fille revient prestement, chargée d'une espèce de tour de Babel, composée d'une pile d'assiettes, de plats d'étain, de cuillers et de fourchettes ; M. Smallweed, satisfait de ce qu'elle pose devant lui, cligne sa paupière reconnaissante et jette à Polly un regard d'une intelligente bénignité. Enfin, au milieu d'un va-et-vient continuel, du cliquetis des plats et des assiettes, du bruit de la machine qui monte les portions, des cris aigus qui en demandent de nouvelles, des comptes divers de toutes celles qui ont été données, de la vapeur des mets et d'une atmosphère qui semble tourner spontanément les couteaux et les nappes en flots de graisse et en taches de bière, nos trois juristes apaisent leur appétit.

M. Jobling est boutonné avec un soin que ne motivent pas suffisamment les règles du bon goût ; le bord de son chapeau est d'un aspect brillant, de nature particulière, comme s'il avait servi de promenoir favori à un colimaçon ; diverses parties de son habit, notamment les coutures, présentent le même phénomène ; son extérieur est celui d'un gentleman un peu gêné dans ses affaires ; jusqu'à ses favoris clair-semés qui ont un air râpé.

La vigueur de son appétit fait penser qu'il a fait maigre chère depuis longtemps ; il a si vite expédié sa portion de veau et de lard, tandis que ses camarades sont à peine à la moitié de la leur, que M. Guppy lui en propose une autre.

« Merci, répond-il ; je crois vraiment que je vais en prendre une seconde. »

Une autre portion est apportée, Jobling l'attaque avec autant d'ardeur que la première.

M. Guppy l'observe en silence jusqu'au moment où, arrivé à

la moitié de sa seconde portion, il s'arrête un instant pour boire un verre de bière, étend ses jambes et se frotte les mains.

« Vous voilà remis, Tony, lui dit M. Guppy.

— Pas tout à fait encore; mais je commence.

— Voulez-vous encore quelques légumes, des petits pois, des choux, des asperges ?

— Merci, Guppy; je crois vraiment que je vais prendre des choux.

— Un choux, demande aussitôt M. Guppy.

— Sans limaces, Polly, » ajoute le petit Smallweed. Et les choux sont apportés.

« Je sens que je renais, Guppy, dit Jobling en maniant son couteau et sa fourchette d'une main plus ferme.

— J'en suis ravi, Jobling.

— Je me retrouve à quinze ans; » et, poursuivant son œuvre en silence, Jobling arrive au but en même temps que MM. Small et Guppy, les distançant d'un veau au lard, d'un haricot et d'un chou.

« Quelle pâtisserie nous conseillez-vous de prendre, Small ? demande M. Guppy.

— Trois poudings à la moelle, répond immédiatement Smallweed.

— Peste ! s'écrie M. Jobling en ouvrant de grands yeux; des poudings à la moelle ! Je ne sais vraiment pas, Guppy.... si je n'en prendrai pas un volontiers. »

Les trois poudings sont apportés, et M. Jobling dit plaisamment qu'il a pris des forces et se sent maintenant en âge de jeûner. Trois portions de chester leur ont succédé et sont suivies de trois rhum ; à ce couronnement de la fête, M. Jobling étend ses jambes sur la banquette, s'appuie contre le mur en s'écriant :

« J'ai terminé ma croissance et retrouvé toute ma vigueur.

— Que pensez-vous à présent de.... Cela ne vous fait rien que j'en parle devant Smallweed ?

— Pas le moins du monde ; au contraire, je bois à sa santé.

— A la vôtre, monsieur, répond le petit Smallweed.

— Je vous demandais, reprend M. Guppy, si vous avez toujours l'intention de vous engager.

— Mais.... avant dîner et après dîner font deux, et l'opinion peut se ressentir de cette influence diverse; toutefois, mon cher Guppy, je me le demande encore, même après être rassasié; que vais-je faire ? comment vivrai-je ? *Il faut manger*, poursuit M. Jobling qui appuie sur ces trois mots comme s'il avait l'intention de les sceller dans la muraille. *Il faut manger*, disent les Français ; et manger m'est aussi nécessaire qu'à pas un homme en France.

— Beaucoup plus, ajoute M. Smallweed.

— Si quelqu'un m'avait dit, poursuivit Jobling, même à l'époque où nous avons visité ce château du Lincolnshire, qu'on appelle Castle-Wold....

— Chesney-Wold, reprend M. Smallweed.

— Je remercie mon honorable ami : Chesney-Wold ; si quelqu'un m'avait dit alors que je serais un jour dans la débine où je me trouve aujourd'hui, je lui aurais.... certainement flanqué une pile, dit Jobling en avalant une gorgée de rhum d'un air désespéré.

— Cependant, Tony, vous étiez déjà dans une assez mauvaise passe ; vous n'avez fait que parler de cela pendant tout le temps du voyage.

— Je ne le nie pas ; j'étais déjà peu fortuné ; toutefois j'espérais que les choses prendraient meilleure tournure et finiraient par s'arranger ; mais quel désappointement ! les créanciers vinrent par bandes se présenter à l'étude ; les fournisseurs de l'étude se plaignirent et clabaudèrent à propos de méchantes petites sommes que je leur avais empruntées, et je perdis ma position ; sans compter qu'il n'y avait pas à se replacer ailleurs. Que je fasse une démarche, que je demande n'importe quoi, la chose est sue, et me voilà pris pour dettes. Que faire alors, si ce n'est de me tenir à l'écart, en dépensant le moins possible ? Mais à quoi sert de vivre avec économie quand on n'a pas d'argent ? Autant vaudrait faire grand'chère, ce ne serait pas plus difficile.

— Ce serait surtout beaucoup plus agréable, ajoute M. Smallweed.

— Certainement ; c'est ainsi qu'on fait dans le grand monde ; et la fashion et les favoris ont toujours été mes faiblesses ; peu m'importe qu'on le sache, ce sont de nobles faiblesses ; oui, monsieur ; mais je vous le demande, continue M. Jobling en vidant son verre, que peut faire un homme dans la situation où je me trouve, à moins qu'il ne s'engage ? »

M. Guppy prend alors la parole ; ses manières ont la gravité mélancolique d'un homme qui n'est entré dans le monde que pour y être victime d'un violent chagrin de cœur.

« Jobling, dit-il, notre ami commun Smallweed et moi....

— Tous deux, de vrais gentlemen, fait modestement observer M. Smallweed qui boit une gorgée de rhum.

— Nous nous sommes entretenus plus d'une fois de cette matière depuis que....

— J'ai été mis à la porte, s'écrie M. Jobling avec amertume, dites-le, Guppy, car c'est là ce que vous pensez.

— N.... on ; depuis que vous avez quitté l'Inn, suggère délicatement M. Smallweed.

— Depuis que vous avez quitté l'Inn, reprend M. Guppy ; et j'ai communiqué à notre ami commun, Smallweed, un plan auquel j'ai pensé depuis lors et que je voulais vous proposer. Vous connaissez le papetier Snagsby ?

— Je sais qu'il existe un papetier de ce nom-là ; mais, comme ce n'était pas celui de l'étude, je ne le connais pas.

— C'est le nôtre, Jobling, et je le connais, répond M. Guppy, je le connais même beaucoup ; diverses circonstances que le hasard a fait naître m'ont amené dernièrement à lui rendre visite et m'ont fait admettre dans son intérieur. Il est inutile de présenter comme argument les circonstances auxquelles je viens de faire allusion. Elles se rapportent.... ou ne se rapportent pas à un sujet.... qui peut avoir.... oui ou non, assombri mon existence. »

Comme en dépit de ses paroles, éminemment faites pour éveiller la curiosité, M. Guppy arrête immédiatement ses auditeurs dès qu'ils touchent à certaines cordes du cœur humain, M. Jobling et M. Smallweed se gardent bien de donner dans le piége et restent silencieux

« Qu'il existe ou non, poursuit M. Guppy, un rapport quelconque entre ce triste sujet et les circonstances précitées, cela ne fait nullement partie de la question qui nous occupe. Il suffit de vous dire que M. et Mme Snagsby ont le désir de m'obliger ; et que Snagsby a, pendant toute la session, une quantité considérable de copies à faire faire au dehors. Il a toutes celles de Tulkinghorn, et de plus, une excellente clientèle ; notre ami Smallweed, appelé à témoigner du fait, le jurerait sans scrupule en justice. »

M. Smallweed fait un signe affirmatif.

« Vous trouverez peut-être, gentlemen du jury, c'est Jobling que je veux dire, vous trouverez peut-être que c'est là un piètre moyen d'existence ? Je vous l'accorde sans peine ; mais cela vaut mieux que rien, et même que de s'engager. Au bout d'un certain temps, l'impression causée par vos dernières affaires sera complètement effacée ; mais pendant ce temps-là il faut vivre, et vous pourriez en être réduit à faire quelque chose de pis que de copier pour Snagsby. »

M. Jobling est sur le point d'interrompre l'orateur, quand M. Smallweed fait entendre une toux sèche qui l'en empêche.

« Cette affaire se divise en deux points, poursuivit M. Guppy, voilà le premier; passons maintenant au second : vous connaissez Krook le chancelier, Jobling, celui dont la boutique est de l'autre côté de Chancery-Lane?

— Je le connais de vue, répond Jobling.

— Fort bien; vous connaissez miss Flite?

— Qui est-ce qui ne la connaît pas?

— Très-bien. Depuis quelque temps, je suis chargé de remettre à miss Flite une certaine rente hebdomadaire sur laquelle je prélève le montant de son loyer de la semaine, que je paye à Krook lui-même, en présence de miss Flite, suivant les instructions qui m'ont été données. Cette circonstance m'a mis en relations avec Krook et m'a fait connaître ses habitudes et sa maison. Je sais donc qu'il a une chambre à louer ; vous pouvez l'avoir presque pour rien et vous y établir sous le nom qui vous plaira; vous y serez aussi tranquille que si vous étiez à cent milles de Londres; Krook ne vous fera pas la moindre question et vous acceptera pour locataire au moindre mot que je lui dirai; cela vous va-t-il? L'affaire peut être faite avant deux minutes, montre en main. Puis, encore autre chose, continue M. Guppy dont la voix baisse tout à coup et devient plus familière; Krook est un singulier corps, un vieux drôle, toujours farfouillant dans un tas de vieux papiers où il tâche d'apprendre à lire et à écrire, sans faire le moindre progrès; bref, un vieux coquin des plus extraordinaires, et cela m'étonnerait qu'il ne valût pas la peine d'être entrepris.

— Vous ne voulez pas dire.... commence M. Jobling.

— Je veux dire, reprend M. Guppy en levant les épaules d'un air modeste, que je ne peux rien comprendre à ce vieux drôle; j'en appelle à notre ami commun Smallweed. J'ai quelque expérience de notre profession et de la vie, Jobling; et il est rare que je ne devine pas plus ou moins les intentions d'un homme; mais je n'ai jamais rencontré un pareil dessous de cartes; un vieux renard, si profond et si mystérieux, bien qu'il ne soit pas toujours sobre. Toutefois, c'est un vieux diable qui doit avoir son prix; il est tout seul au monde et immensément riche, du moins à ce qu'on prétend. Et qu'il soit contrebandier, recéleur, prêteur sur gages ou usurier, toutes choses qui souvent m'ont paru vraisemblables, vous pouvez avoir un certain bénéfice à le surveiller et à pénétrer ce qu'il peut être. Je ne vois pas pourquoi vous n'entreriez pas chez lui avec cette intention, quand d'ailleurs tout convient d'autre part. »

M. Jobling, M. Guppy et M. Smallweed mettent leurs coudes sur la table, leur menton sur leurs mains et lèvent les yeux au plafond. Quelques instants après, ils boivent tous une gorgée de rhum, s'appuient contre le mur, enfoncent leurs mains dans leurs poches et se regardent mutuellement.

« Si j'avais l'énergie que je possédais autrefois, Tony, dit en soupirant M. Guppy..., mais il y a dans le cœur humain de ces cordes.... »

Après avoir exprimé la fin de sa triste pensée en buvant d'un air sentimental quelques gouttes de son grog, M. Guppy se résume en disant à M. Jobling que c'est à lui maintenant de décider de cette affaire, et lui offre sa bourse « jusqu'à concurrence de trois ou quatre, et même cinq livres; car jamais on ne pourra dire, ajoute-t-il avec emphase, que William Guppy ait tourné le dos à un ami dans le malheur. »

Cette dernière proposition arrive tellement à point, que M. Jobling s'écrie tout ému : « Guppy! mon brave garçon, mon sauveur, votre main, je vous en prie.

— Jobling, mon ami, la voilà et de grand cœur.

— Savez-vous, Guppy, que nous sommes de vieux camarades?

— Oui, Jobling. »

Ils se serrent la main avec effusion, et M. Jobling ajoute avec sentiment :

« Je crois, Guppy, que je prendrais volontiers encore un grog en l'honneur de notre vieille amitié.

— Le dernier locataire de Krook est mort dans la chambre que vous allez occuper, fait observer M. Guppy sous forme d'incident.

— Bah! répond M. Jobling.

— Il y a eu verdict; et l'on a déclaré qu'il était mort par accident; cela vous est bien égal?

— Assurément, réplique M. Jobling; mais il aurait pu tout aussi bien aller mourir ailleurs; qu'avait-il besoin de trépasser dans *ma* chambre? Quelle idée saugrenue. » M. Jobling est profondément choqué de la liberté que s'est permise le défunt, et ne peut s'empêcher de s'écrier à diverses reprises : « Comme s'il n'y avait pas assez d'autres endroits pour mourir! Il n'aurait pas été bien aise, je suppose que j'allasse mourir dans sa chambre? »

Néanmoins, l'affaire étant agréée, M. Guppy propose d'envoyer le fidèle Smallweed chez M. Krook, pour savoir si ce dernier est chez lui, afin qu'on puisse régler immédiatement les conditions du loyer. Jobling approuve; Smallweed se met sous son grand chapeau, traverse la pièce en se dandinant à la façon de M. Guppy, et revient quelques minutes après annoncer que M. Krook n'est pas sorti, qu'il l'a vu par la porte du magasin, ronflant comme une toupie au fond de l'arrière-boutique.

« Je vais payer et nous partirons aussitôt, répond M. Guppy. Small, voulez-vous faire l'addition ? »

M. Smallweed appelle la fille d'un clignement d'œil et fait le compte suivant : « Quatre veau au lard font trois; quatre pommes de terre, cela fait trois et quatre; plus un chou, trois et six, et trois poudings, quatre et six, et six pains font cinq; et trois chester font cinq et trois, et quatre pintes de half-and-half, six et trois, et quatre grogs au rhum, huit et trois et trois pour Polly, font huit et six[1]. Polly, huit et six à prendre sur ce demi-souverain; c'est dix-huit pence à rendre. »

Nullement échauffé par la rapidité avec laquelle il a fait cet étonnant calcul, M. Smallweed congédie froidement ses amis d'un signe de tête; il reste pour admirer Polly, autant que le permettront les circonstances, et pour jeter un coup d'œil sur les journaux qui sont d'une telle dimension, relativement à sa taille, quand il est privé de son chapeau, que, lorsqu'il déploie le *Times* et qu'il en parcourt les colonnes, on croirait qu'il est allé se coucher et qu'il a complétement disparu sous sa couverture.

M. Guppy et M. Jobling se dirigent vers le magasin de chiffons et de vieilles bouteilles, où ils trouvent le regrattier ronflant toujours et complétement insensible à tout bruit extérieur: il ne sent même pas les efforts, légers d'abord, qu'ils font pour l'éveiller, en le remuant doucement. Sur la table qui est auprès de lui, au milieu des vieilleries qui l'encombrent, sont un verre et une bouteille vide où il y a eu du gin; l'air épais est tellement imprégné d'une odeur spiritueuse, que les yeux verts du chat noir qui est sur la planche s'ouvrent, se ferment et papillotent en regardant ceux qui entrent, comme s'il était ivre lui-même.

« Monsieur Krook! dit M. Guppy en secouant le vieillard de nouveau; monsieur Krook! »

Mais autant aurait valu réveiller un paquet de vieux habits au milieu duquel aurait couvé la flamme de quelque spiritueux.

« Avez-vous jamais rien vu de pareil? demande M. Guppy.

— S'il dort toujours ainsi, répond M. Jobling quelque peu effrayé, je crois qu'un de ces jours il finira par dormir tout à fait.

---

1. Huit schellings six pence.

— C'est une léthargie plutôt qu'un somme, répond M. Guppy en imprimant au vieillard une secousse nouvelle. Ohé ! Votre Seigneurie ! On pourrait le voler cent fois ; réveillez-vous, monsieur Krook ! »

Il ouvre enfin les yeux, mais sans rien voir ; et bien qu'il passe une de ses jambes par-dessus l'autre, croise les mains, ouvre et ferme à plusieurs reprises ses lèvres desséchées, il paraît aussi étranger qu'auparavant à tout ce qui se fait autour de lui.

« Il est en vie, par ma foi ! s'écrie M. Guppy ; comment vous portez-vous, milord chancelier ? Je vous amène un de mes amis pour vous parler d'affaires. »

Le vieillard est toujours immobile et continue à faire claquer ses lèvres. Au bout de quelques minutes, il essaye de se lever ; ses deux visiteurs viennent à son aide, il trébuche, s'appuie contre le mur et les regarde fixement.

« Comment vous portez-vous, milord ? reprend M. Guppy légèrement décontenancé ; vous avez une mine charmante, monsieur Krook ; j'espère que vous vous portez bien ? »

M. Krook répond par un coup de poing qu'il adresse, soit à M. Guppy, soit à toute autre chose, n'atteint que le vide, chancelle, fait un demi-tour sur lui-même et tombe la face contre le mur ; il reste ainsi pendant quelques instants, et finit par se traîner jusqu'à la porte. Arrivé sur le seuil du magasin, le grand air, le tapage qu'on fait dans la rue, le temps qui s'écoule le rappellent à lui-même ; il revient dans l'arrière-boutique d'un pas assez ferme, rajuste son bonnet fourré sur sa tête et fixe un regard pénétrant sur MM. Jobling et Guppy.

« Votre serviteur, gentlemen ; je m'étais endormi à ce qu'il paraît ; hi ! hi ! Il y a de ces fois où j'ai le sommeil un peu dur.

— Pour ça, nous venons d'en voir quelque chose, lui dit M. Guppy.

— Est-ce que vous avez eu de la peine à m'éveiller ? demande le soupçonneux vieillard.

— Un peu, » répond Jobling.

M. Krook regarde la bouteille vide, la prend, l'examine et la met sens dessus dessous.

« Quelqu'un, s'écrie-t-il, a pris la liberté de....

— Je vous assure qu'elle était vide quand nous sommes arrivés ; voulez-vous me permettre, dit M. Guppy, de la faire remplir pour vous ?

— Si je le veux ! mais certainement, s'écrie M. Krook avec joie ; allez la faire emplir aux *Armes d'Apollon* ; demandez le quatorie penny du chancelier; allez vite, ils me connaissent et sauront ce que ça veut dire. »

Le jeune homme se précipite dans la rue et revient aussitôt rapportant la bouteille pleine; le vieux marchand la reçoit dans ses bras comme un grand-père son petit-fils bien-aimé, et la caresse tendrement.

« Eh! eh! dit-il à voix basse en clignant des yeux après avoir goûté la liqueur, ce n'est pas du quatorze, mais du dix-huit.

— J'ai pensé que ce serait meilleur, répond M. Guppy.

— Vous êtes un vrai gentilhomme, monsieur! dit le regrattier en avalant une gorgée du précieux liquide et en répandant autour de lui son haleine enflammée; il faut que vous soyez baron de cette noble terre! ni plus ni moins. »

Profitant de cette heureuse disposition, M. Guppy présente son ami au vieux marchand sous le nom de M. Weevle, et lui expose le but de leur visite; Krook, sa bouteille sous le bras, examine attentivement le locataire qu'on lui propose et qui paraît lui convenir. « Vous désirez voir la chambre? lui dit-il; ah! c'est une belle pièce, jeune homme; passée au lait de chaux et lavée à la potasse. Hi! hi! elle vaudrait plus de deux fois le prix que je vous en demande; sans compter ma société quand bon vous semblera, et une chatte sans pareille pour chasser les souris. »

Le vieillard fait monter les deux amis au second étage où ils trouvent effectivement la pièce en question beaucoup plus propre qu'elle n'avait coutume de l'être, et garnie de quelques vieux meubles exhumés, par le regrattier, de son magasin de vieilleries. L'affaire ne présente aucune difficulté, le vieux chancelier ne peut que se montrer fort coulant avec M. Guppy, un gentleman qui a d'étroites relations avec Jarndyce, Kenge et Carboy, et tant d'autres qui ont des titres incontestables à sa protection; il est donc arrêté que M. Weevle entrera le lendemain dans la chambre de M. Krook. Cette affaire terminée, M. Guppy conduit M. Weevle à Cursitor-Street, le présente à M. Snagsby, et, chose plus importante, obtient pour son protégé l'intérêt et le bon vouloir de la petite femme du papetier. Ils reviennent enfin raconter le résultat de leurs démarches à M. Smallweed qui, sous son grand chapeau, les attend à l'étude, et se séparent en échangeant une poignée de main cordiale. M. Guppy explique à ses amis qu'il aurait volontiers couronné la fête en les menant au spectacle; « mais il y a dans le cœur humain de ces cordes qui feraient de ce plaisir une dérision amère! »

Le lendemain, à l'heure douteuse du crépuscule, le nouveau locataire, peu surchargé de bagages, se présente modestement chez M. Krook et s'installe dans l'ancienne chambre de Némo, où les deux yeux percés dans les volets fixent sur lui, pendant son sommeil, leur regard étonné. Le jour suivant, M. Weevle, qui est un vaurien assez habile dans son espèce, emprunte à miss Flite une aiguille et du fil; un marteau à son propriétaire; invente des rideaux de contrebande pour remplacer ceux qu'il n'a pas, enfonce des clous dans la muraille pour remplacer les étagères absentes, y suspend ses deux tasses, son pot au lait, quelques poteries, et s'ingénie comme un marin naufragé à tirer le meilleur parti possible des débris qui lui restent.

Mais après ses favoris, pour lesquels il éprouve une affection que des favoris seuls peuvent éveiller dans le cœur d'un homme, de tous ses biens, ce que M. Weevle estime le plus, c'est une collection choisie de gravures sur cuivre, tirées de cette œuvre éminemment nationale qui a pour titre les *Divinités d'Albion*, galerie des beautés de la Grande-Bretagne, où toutes les ressources de l'art, unies au capital, ont été prodiguées pour représenter les femmes nobles et fashionables d'Angleterre, avec toutes les variétés de sourire qu'on peut imaginer. Ces admirables portraits, qui sont restés indignement enfermés dans une boîte à rabats pendant tout le temps de la réclusion de M. Weevle au fond de Market-Gardens, revoient enfin la lumière et décorent la nouvelle demeure du gentleman; et, comme les beautés de la Grande-Bretagne offrent, avec leurs sourires, une collection complète de toilettes fantastiques; comme elles jouent d'instruments divers, caressent des chiens de toute espèce, lancent des œillades à toutes sortes de paysages, et ont derrière elles toutes les variétés imaginables de vases et de balustrades, le résultat de cette exhibition ne laisse pas de produire un effet imposant.

Mais ce n'est pas là le seul mérite de cette précieuse collection; l'amour du grand monde est le côté faible de M. Weevle, comme il était autrefois celui de Tony Jobling; et emprunter le soir le journal de la veille aux *Armes d'Apollon*, suivre la course des brillants météores qui traversent le ciel fashionable est pour lui une consolation indicible; savoir que tel membre de tel cercle brillant est venu embellir hier cette illustre réunion, ou accomplira l'exploit non moins éclatant de s'en éloigner demain pour quelques jours, le fait palpiter de joie; apprendre ce que font ou vont faire les beautés de la Grande-Bretagne, quels mariages sont en ce moment sur le tapis, quels bruits circulent dans les hautes régions du grand monde, c'est à ses yeux acquérir la connaissance des destinées glorieuses auxquelles le genre humain est appelé; et M. Weevle, au milieu de sa lecture, levant les yeux vers les divinités d'Albion, s'imagine connaître les originaux de ces admirables portraits dont il lui semble qu'à son tour il doit être connu.

Du reste, c'est un garçon tranquille, adroit de ses mains et fertile en inventions, comme on l'a vu plus haut; connaissant un peu de cuisine, sachant laver son linge, raccommoder un meuble au besoin, et développer, le soir, dans son voisinage, les instincts de sociabilité que la nature a mis dans le cœur de l'homme. Quand les ombres du crépuscule se répandent sur Cook's-Court, si M. Weevle ne reçoit pas la visite de M. Guppy ou celle du jeune Smallweed, il sort de sa chambre et va causer avec M. Krook, ou s'entretenir avec quiconque est disposé la conversation; d'où il résulte que mistress Piper, qui est l'oracle du quartier, dit à mistress Perkins : « 1° que si Johnny doit jamais avoir des favoris, elle ne désire qu'une chose, c'est qu'ils soient exactement pareils à ceux que porte M. Weevle; et 2°, notez bien mes paroles, mistress Perkins, notez-les bien, et ne soyez pas étonnée si ce jeune homme hérite un beau jour du magot du vieux Krook. »

CHAPITRE XXI

La famille Smallweed.

Le jeune Smallweed, Barthélemy de son petit nom, mais que sa famille appelle Bart, par forme diminutive, passe le peu de temps que lui laissent les affaires dans un quartier peu favorisé du ciel, bien que l'une des éminences qu'il renferme soit appelée le Mont-Charmant. Barthélemy habite une rue étroite, sombre et triste, toujours déserte, fermée comme une tombe, mais où végète encore le tronc ébranché d'un vieil arbre qui a presque autant de séve que le jeune Smallweed a de jeunesse.

Depuis plusieurs générations, la famille Smallweed n'a eu qu'un descendant; elle s'est toujours composée de petits vieillards; et n'a compté d'enfants parmi ses membres que depuis que la grand'mère de M. Smallweed, qui vit encore, a perdu la mémoire, le jugement, l'intelligence; depuis qu'elle montre une disposition continuelle à s'endormir et à se jeter dans le feu; grâces enfantines qui ont sans aucun doute animé l'intérieur de la famille et l'ont rendu moins triste.

Le grand-père de M. Smallweed est perclus de ses deux jambes, mais il a conservé toute la vigueur de son esprit; il possède ses quatre règles aussi bien qu'autrefois, et n'a rien oublié des hauts faits de certains avares dont il garde le souvenir à titre de renseignements; quant à l'idéalité, à la respectivité, à la merveillosité, à tous les attributs phrénologiques de cette catégorie, il demeure dans l'état où il était jadis, n'ayant à cet égard jamais eu rien à perdre; tous les germes d'ailleurs que la nature déposa dans son esprit y sont restés à l'état de larves, sans qu'il ait de sa vie fait éclore le moindre papillon.

Le père de cet agréable grand-père, qui habitait le même quartier, était une espèce d'araignée à deux pattes de la famille des grippe-sous, qui tendait sa toile aux mouches imprévoyantes, et se retirait dans son trou jusqu'au moment où les pauvres dupes étaient prises. L'idole de ce païen endurci s'appelait Intérêt composé; c'est pour elle qu'il vécut, qu'il se maria, qu'il mourut. Un déficit assez considérable qu'il eut à supporter dans une honnête entreprise calculée pourtant de manière que toutes les chances de perte fussent du côté des autres, lui produisit une impression si vive, qu'il se brisa quelque organe,... un organe nécessaire à son existence, et par conséquent ce ne pouvait être le cœur : c'est ainsi qu'il termina sa carrière. Comme il ne jouissait pas d'une bonne réputation, bien qu'il eût appris à l'école de charité, où il avait été élevé, tout ce qui concerne les Amorites et les Hittites, par demandes et par réponses, on le citait fréquemment comme un exemple de l'inefficacité de l'éducation.

Toutefois son esprit rayonnait dans son fils, qu'il avait placé à l'âge de douze ans chez un notaire habile et rusé, où le jeune homme, naturellement avide et prévoyant, développa ces qualités de famille et fit un chemin rapide dans la profession honorable qui consiste à prendre un escompte plus ou moins légitime; lancé de bonne heure dans la vie et se mariant tard, comme avait fait son père, il engendra un fils avide et prévoyant comme lui, qui, à son tour, entrant de bonne heure dans le monde et se mariant à un âge avancé, fut le père de Barthélemy et de Judith Smallweed, la sœur jumelle de notre ami. Pendant toute la croissance de son arbre généalogique, la maison Smallweed, entrait de bonne heure dans les affaires et se mariant sur le retour, travailla sans cesse à développer ses qualités pratiques; s'éloigna de tout plaisir, repoussa tous les livres, les contes de fées, les fictions, les fables de toute espèce, et bannit d'auprès d'elle tout ce qui portait un caractère de frivolité stérile. De là cet avantage qu'elle avait eu de ne produire, au lieu d'enfants, que de petits hommes et de petites femmes, assez complets, et ressemblant dès leur jeune âge à de vieux singes avec moins d'intelligence.

Le grand-père et la grand'mère Smallweed, chargés d'années, sont, pour le moment, assis de chaque côté de la cheminée, dans un grand fauteuil recouvert en crin, et filent des heures d'or et de soie au fond d'un petit parloir sombre, situé à plus d'un pied au-dessous du niveau de la rue; pièce froide et maussade, ayant pour tout ornement la serge grossière dont la table est couverte, et un plateau, simple feuille de tôle, offrant dans sa nudité, dans ses angles, dans tout son aspect décoratif, une assez bonne allégorie de l'esprit du vieux Smallweed. Sur le fourneau sont deux trépieds destinés à poser les pots et les chaudrons que le grand-père a pour fonction habituelle de surveiller; de la cheminée se projette une espèce de potence qui sert de tournebroche et dont la direction est également confiée à M. Smallweed lorsque, par aventure, on fait un rôti dans la famille. Sous le fauteuil du vieillard, et gardé par les jambes en fuseau de ce vénérable grand-père, est un tiroir qui contient, dit-on, des richesses fabuleuses; à côté de M. Smallweed est un coussin dont il est toujours pourvu, afin d'avoir quelque chose à jeter à la tête de sa femme toutes les fois qu'elle parle d'argent, car c'est un sujet sur lequel M. Smallweed est extrêmement chatouilleux.

« Où donc est Bart? demande-t-il à Judy, sœur jumelle de son petit-fils.

— Il n'est pas encore rentré, répond Judy.

— N'est-il pas l'heure du thé?

— Non.

— De combien s'en manque-t-il?

— De dix minutes.

— Hein?

— De dix minutes, répète Judy en élevant la voix.

— Ah! dix minutes. »

La grand'mère Smallweed, qui, pendant ce temps-là, marmotte des mots sans suite en faisant des signes de tête aux trépieds qui sont sur le fourneau, entendant nommer un chiffre s'imagine qu'il s'agit d'argent et s'écrie, de la voix perçante d'un affreux perroquet dépouillé de toutes ses plumes :

« Dix billets de dix livres !

— Te tairas-tu, vieille sotte ! » lui dit le grand-père Smallweed en lui jetant immédiatement le coussin qui est auprès de lui.

Cette action jaculatoire a un double résultat. Premièrement elle applique la tête de mistress Smallweed sur l'un des côtés de son fauteuil, et lui tourne son bonnet tout de travers ; secondement elle fait faire à M. Smallweed un effort qui le rejette en arrière et le replie sur lui-même comme une marionnette brisée ; l'excellent vieillard n'est plus alors qu'un simple monceau de hardes surmonté d'un bonnet noir, et ne reprend son aspect naturel que lorsque sa petite-fille l'a secoué comme une bouteille et remué, foulé, battu comme un grand traversin. L'emploi de ces moyens énergiques ayant fait reparaître le cou du vieillard, le grand-père Smallweed et la compagne de ses vieux jours se retrouvent de nouveau face à face comme deux sentinelles oubliées en faction par le caporal noir qui devait les relever,... la mort.

Judith est la digne petite-fille de ces deux partenaires, la digne sœur de M. Smallweed. Tous les deux pétris ensemble feraient à peine un individu de proportion ordinaire ; elle présente d'une manière si frappante la ressemblance que la famille Smallweed a toujours eue avec la tribu des singes, que, vêtue d'une robe à paillettes et d'une toque galonnée, elle pourrait se montrer sur la tablette d'un orgue sans exciter plus de surprise que les sapajous qu'on y voit d'ordinaire. Toutefois, elle ne porte ni galons ni paillettes, mais un fourreau d'étoffe brune, dont la jupe est trop étroite. Elle n'a jamais eu de poupée, jamais entendu parler de Cendrillon, ni jamais su aucun jeu. Une ou deux fois, elle avait alors neuf ou dix ans, Judy est tombée dans une société d'enfants ; mais elle semblait être d'une autre espèce que les marmots avec qui elle se trouvait, et une répulsion instinctive s'éleva des deux côtés. Il est probable qu'elle n'a jamais ri ; elle a même eu si rarement l'occasion de voir rire les autres, qu'il y a de fortes présomptions pour qu'elle ignore comment on fait pour rire. Elle n'a certes pas la moindre idée d'un rire frais et joyeux.

Quant à son frère, il n'a jamais de sa vie fait tourner une toupie, et ne connaît pas plus Sinbad le marin que les habitants de la lune ; il lui serait aussi difficile de jouer à la balle ou au cheval fondu que de se changer lui-même en cheval ou en raquette ; mais il a, de plus que sa sœur, cet avantage immense d'entrevoir, du fond de sa petite sphère, les régions infiniment plus vastes ouvertes devant l'intelligence de M. Guppy ; d'où résulte son admiration pour ce brillant gentleman et le vif désir de s'élever jusqu'à lui.

Judy pose sur la table le vieux plateau, qui résonne comme un tam-tam, et prépare les tasses pour le thé ; elle met les morceaux de pain dans une corbeille de fer, et un peu de beurre dans un petit plat d'étain. Le grand-père jette un regard avide sur la table dès que le thé est servi, et demande où est la fille.

« Est-ce de Charley que vous parlez ? répond Judy.

— Hein ?

— Est-ce de Charley que vous parlez ? »

Il semble que ces mots fassent partir un ressort dans la grand'mère Smallweed, qui se met aussitôt à rire en regardant les trépieds et chante avec une énergie croissante :

« Charley, passez l'eau ; Charley, passez l'eau ; faites passer l'eau à Charley ; Charley, passez l'eau ; faites passer l'eau à Charley[1] ! »

Le grand-père regarde son coussin, mais il n'est pas remis suffisamment du dernier effort qu'il a fait pour s'en servir, et se contente de répondre quand le silence est rétabli :

« Ah ! c'est Charley qu'on la nomme ; elle mange beaucoup, il vaudrait mieux convenir avec elle qu'elle se nourrira. »

Judy fait un signe négatif en clignant un œil, et fronce la bouche pour formuler un « non » qu'elle prononce seulement des lèvres.

« Non ? reprend le vieillard ; et pourquoi pas ?

— Il faudrait lui donner six pence par jour ; et elle ne nous coûte pas cela, répond Judy.

— Bien sûr ? »

Judy fait un geste d'une signification profonde, et se met à crier, en étendant le beurre sur le pain, qu'elle râcle soigneusement et qu'elle coupe en tartines :

« Charley, où êtes-vous ? »

A cet appel, une petite fille, qui porte un grand chapeau, un tablier de grosse toile, et qui tient une brosse à la main, apparaît timidement et fait la révérence.

« Qu'est-ce que vous faites ? lui demande Judy d'un ton rogue et d'un air de vieille sorcière.

— Je nettoie les chambres d'en haut, miss, répond Charley.

[1] Vieille chanson contre Charles Ier.

— Faites-les à fond et ne vous amusez pas ; vous savez qu'avec moi il n'y a pas à flâner ; allons, partez ; mais dépêchez-vous donc ! s'écrie Judy en frappant du pied ; ces petites filles-là vous donnent plus d'embarras qu'elles ne valent ! »

L'ombre de son frère regardant par la fenêtre vient tomber sur la sévère matrone, qui s'est remise à gratter ses tartines, et qui, sans lâcher son couteau et son pain, va ouvrir la porte de la rue à Barthélemy Smallweed.

« Ah ! ah ! Bart, dit le grand-père, vous voilà donc enfin !

— Oui, répond le petit-fils.

— Vous avez vu votre ami, Bart ? »

Smallweed fait signe que oui.

« Et dîné à ses frais, Bart ? »

Nouveau signe affirmatif.

« C'est bien ; vivez le plus possible à ses dépens, et que le fol exemple qu'il vous donne vous serve de leçon ; c'est l'usage qu'on doit faire d'un tel ami, Bart, le seul auquel vous puissiez l'employer, » dit le vénérable grand-père.

Le petit-fils, sans accorder à cet avis tout le respect qu'il mérite, l'honore, toutefois, d'autant d'approbation que peut en contenir un clignement d'œil et un léger signe de tête ; il prend une chaise et s'approche de la table ; les quatre vieux visages planent alors au-dessus des tasses comme des spectres de chérubins ; la grand'mère hoche perpétuellement la tête en jasant avec les deux trépieds, et le grand-père a de temps en temps besoin d'être secoué comme une fiole d'apothicaire.

« Oui, reprend le vieux gentleman, c'est là le conseil que votre père vous eût donné, Bart ; vous ne l'avez pas connu, votre père, et c'est dommage ; il était bien mon fils ; tout mon portrait.... » cela ne veut pas dire qu'il fût agréable à voir ;... « mon véritable fils, » continue le vieux ladre en pliant sa tartine de pain et de beurre sur son genou. « C'est celui-là qui savait l'arithmétique ! Voilà quinze ans qu'il est mort ! »

Mistress Smallweed, obéissant à son instinct ordinaire, fait aussitôt retentir ces paroles :

« Quinze cents livres, quinze cents livres dans une boîte noire ; quinze cents livres bien cachées ! »

Son digne époux, mettant de côté sa tartine, lui lance immédiatement son coussin à la tête, l'aplatit contre la joue de son fauteuil et retombe épuisé au fond du sien ; l'aspect qu'il offre après l'une de ces admonestations à mistress Smallweed est plus étrange que flatteur ; l'effort qu'il est obligé de faire tortille son bonnet noir, qui retombe sur l'un de ses yeux et le fait ressembler à un vieux spectre en goguette; tandis que les imprécations qu'il répand dans sa fureur contre sa vieille épouse, contrastant par leur énergie avec son impuissance, font penser à tout le mal que pourrait faire ce vieux coquin s'il en avait la force. Toutefois, les scènes de ce genre se renouvellent si fréquemment dans l'intérieur de la famille Smallweed, qu'elles n'y produisent pas la moindre impression; le vieux gentleman est simplement secoué par Judy, le coussin est remis à sa place, et la grand'mère, dont le bonnet est quelquefois rajusté et quelquefois laissé tel quel, est replantée sur son fauteuil, prête à recevoir de nouveau le projectile de son m   et à se voir renverser comme une quille.

Pour le moment, il se passe quelques minutes avant que le vieux gentleman ait retrouvé assez de force pour reprendre son discours, qu'il entremêle d'épithètes édifiantes à l'adresse de sa femme, dont toute l'attention est absorbée par les deux trépieds, et qui n'entend pas les douces paroles que lui prodigue son mari.

« Si votre père eût vécu plus longtemps, Bart, reprend l'affreux vieillard, il aurait amassé gros d'argent.... Te tairas-tu, vieille sotte !... mais juste au moment où il commençait à élever l'édifice dont il avait mis tant d'années a jeter les fondations.... Vieille coquine de pie borgne ! te tairas-tu, vieille perruche !... il tomba malade et mourut d'une fièvre lente, sans avoir cessé un instant d'être un homme économe, rempli d'activité et de soin pour les affaires.... Ce n'est pas un coussin, c'est un chat que je voudrais te jeter à la figure, vieille folle que le diable confonde !... et votre mère, qui était une femme remplie d'ordre et sèche comme un copeau, passa comme une chandelle, une fois qu'elle vous eut donné le jour à vous et à Judy.... Vieille tête de cochon ! »

Pendant ce temps-là, Judy, qui avait entendu trop souvent cette histoire pour s'y intéresser, recueillait dans un bol, pour la fille de journée, les restes de thé qui se trouvaient au fond des tasses et des soucoupes, et ramassait pour le même usage les menues croûtes de pain que la stricte économie de la famille avait laissées en réserve.

« Mais votre père et moi, nous étions associés, continua le vieux gentleman, et quand je n'y serai plus, tout sera pour vous et pour Judy, Bart. Comme c'est heureux que vous sachiez travailler l'un et l'autre ! Judy à la fabrication des fleurs artificielles, et vous, Bart, dans la procédure. Vous n'aurez pas besoin de toucher, pour vivre, à votre avoir, et vous pourrez l'augmenter. Quand je n'y serai plus, Judy reprendra les fleurs, et vous resterez chez l'avoué. »

Un observateur attentif aurait pu découvrir dans les yeux du frère et de la sœur quelque impatience de savoir quand viendrait l'époque où le grand-père ne serait plus.

« Maintenant, dit la sœur jumelle de Bart, si tout le monde a fini, je vais appeler la fille, pour qu'elle vienne prendre son thé; elle n'en finirait pas si elle le mangeait toute seule dans la cuisine. »

Charley est donc introduite dans le parloir; et, sous le feu croisé des yeux de toute la famille, elle s'assied devant la tasse de thé auprès de laquelle se trouvent les débris de pain et de beurre qui lui sont destinés. Judy Smallweed, tout entière à la surveillance qu'elle exerce sur cette jeune fille, semble remonter à l'âge des formations géologiques et dater des périodes les plus reculées; elle a une certaine manière de se précipiter sur Charley et de la tenir sous sa griffe qui annonce dans l'art de mener les servantes un degré de perfection qu'atteignent rarement les plus vieilles praticiennes.

« Allons, allons, ne regardez pas pendant une heure; dépêchez-vous de manger et de retourner à votre ouvrage, s'écrie-t-elle en branlant la tête et en frappant du pied au moment où elle surprend le coup d'œil que la pauvre Charley jette au fond du grand bol.

— Oui, miss, dit l'enfant avec douceur.

— Ne répondez pas, c'est du temps perdu; est-ce que je ne sais pas ce que vous valez toutes? Faites-le sans rien dire, et je commencerai à vous croire. »

Charley avale en signe d'obéissance la moitié de son bol de thé, et fait disparaître les débris de pain et de beurre avec un tel empressement, que Judy lui reproche de se livrer à la gourmandise : « Ces petites filles-là, dit-elle, sont vraiment dégoûtantes. » Charley aurait bien envie de contredire à cet égard l'opinion de miss Smallweed, mais un coup retentissant se fait entendre à la porte de la rue.

« Voyez qui c'est; et ne mâchez pas en ouvrant la porte, » s'écrie Judy.

Charley se dirige vers le couloir; miss Smallweed profite de la circonstance pour ramasser les restes de pain et de beurre et pour plonger dans le bol où se trouve le thé de Charley deux tasses sales, afin d'insinuer à « la fille » que son repas est terminé.

« Qui est-ce? et qu'est-ce qu'on demande? reprend Judy avec aigreur.

— C'est un M. Georges, à ce qu'il paraît. »

Et M. Georges entre dans le parloir sans plus de cérémonie d'introduction.

« Pouh! quelle chaleur il fait ici; du feu par ce temps-là! Peut-être qu'après tout, ils font bien de s'habituer à rôtir, se dit M. Georges en saluant le vieil avare.

— Ah! c'est vous! s'écrie le vieux gentleman; comment va la santé?

— Tout doucement, répond M. Georges en prenant une chaise; c'est là votre petite-fille? j'ai déjà eu l'honneur de la voir; miss Smallweed, tout prêt à vous servir.

— Et voici mon petit-fils que vous ne connaissez pas, dit le grand-père; il travaille chez l'avoué, et n'est pas souvent à la maison.

— Également à son service; il ressemble beaucoup à sa sœur; il lui ressemble diablement, dit M. Georges en appuyant sur ce dernier adverbe.

— Et les affaires, comment les menez-vous? lui demande le vieux Smallweed en se frottant lentement les jambes.

— Mais,... comme à l'ordinaire, on boulotte. »

M. Georges a cinquante ans; c'est un homme grand, bien fait, qui a la figure ouverte, l'air franc et bon, le teint brun, les cheveux noirs et frisés, les yeux brillants, la poitrine large, et dont les mains nerveuses, bronzées par le soleil, ont évidemment servi à des travaux assez rudes. Il s'assied sur le bord de sa chaise, comme pour laisser derrière lui, par suite d'une longue habitude, un espace suffisant pour contenir quelque sac ou portemanteau dont il s'est déchargé là. Le bruit de son pas cadencé, habitué à faire sonner de lourds éperons, s'unirait à merveille au cliquetis d'un grand sabre; il est maintenant rasé de près, mais, à la manière dont la bouche est fermée, on devine que pendant des années une longue moustache a recouvert sa lèvre supérieure, et la façon dont il y passe de temps en temps la paume de sa large main basanée, confirme dans cette opinion; bref, il est facile de voir que M. Georges a été militaire. Il présente un contraste frappant avec les membres de la famille Smallweed; jamais soldat de passage ne fut logé dans un intérieur qui fût moins en rapport avec lui; c'est la même différence qu'entre un sabre et un canif; sa grande taille, sa poitrine développée, l'aisance et l'ampleur de ses manières, sa voix pleine et vibrante, font, avec le corps rabougri des Smallweed, avec leurs allures pincées, leurs gestes rétrécis, leur voix grêle et pointue, l'opposition la plus étrange et la plus prononcée ; on pense, en le voyant assis au milieu de cet affreux petit parloir, les mains appuyées sur ses cuisses, les coudes déployés carrément et le corps penché légèrement en avant, que, s'il y restait longtemps, il absorberait toute la famille, avec les quatre pièces de la maison par-dessus le marché, y compris la cuisine.

« Est-ce pour rendre un peu de vie à vos jambes que vous les frictionnez ainsi? demande-t-il au grand-père Smallweed après avoir promené son regard tout autour de la chambre.

— Mais.... c'est un peu par habitude, monsieur Georges; et.... oui.... un peu aussi pour aider à la circulation.

— A la cir-cu-la-tion, reprend M. Georges en se croisant les bras sur la poitrine, ce qui le fait paraître deux fois plus large; ça vous serait un peu difficile, je crois, de circuler.

— Il est vrai que je suis vieux, monsieur Georges, dit le grand-père Smallweed; mais je porte bien les années; je suis plus âgé qu'elle, et voyez comme elle est, cette vieille jacasse! ajoute-t-il en désignant sa femme.

— Pauvre créature! dit M. Georges en tournant les yeux vers la grand'mère; ne la grondez pas, monsieur Smallweed; regardez-la, la pauvre femme! avec son bonnet de travers et ses pauvres cheveux tout emmêlés; relevez-vous un peu, madame, vous serez mieux; ne vous tourmentez pas, nous sommes là; pensez à votre mère, monsieur Smallweed si, pour la faire respecter, ce n'est pas assez qu'elle soit votre femme, ajoute l'ancien soldat en revenant à sa place après avoir recoiffé mistress Smallweed.

— Vous avez dû être un excellent fils, monsieur Georges, insinue le vieux ladre en regardant l'ancien troupier d'un air goguenard.

— Vous vous trompez, répond M. Georges dont le visage se rembrunit.

— Cela m'étonne.

— C'est pourtant comme ça; j'aurais dû être un bon fils, et je crois que j'en avais l'intention; mais je ne l'ai pas été; au contraire, je n'ai jamais fait honneur à personne.

— En vérité! s'écrie le vieillard.

— N'en parlons plus; moins on y pense et mieux ça vaut, reprend M. Georges; vous vous rappelez nos conditions, une pipe pour les deux mois d'intérêt? Tout est en règle; n'ayez pas peur de commander la pipe; voici le nouveau billet, plus l'argent des deux mois, et il a fallu diablement gratter et regratter pour compléter la somme. »

M. Georges reste assis les bras croisés, tandis que le grand-père Smallweed, avec l'aide de Judy, ouvre le tiroir d'un bureau fermé à clef, y prend deux portefeuilles de cuir, met dans l'un de ces portefeuilles le billet qu'il vient de recevoir, tire de l'autre un billet tout pareil, et le remet à M. Georges, qui le tortille immédiatement pour en allumer sa pipe. Comme le vieillard examine à travers ses lunettes chaque ligne et chaque mot des deux titres avec un soin minutieux; comme il compte l'argent trois fois tout bas, en recommandant à sa petite-fille de répéter au moins deux fois tout haut de son côté; comme il tremble de tout son corps, et qu'il agit et qu'il parle avec une lenteur excessive, l'affaire des deux billets est assez longue à conclure. Quand elle est terminée, mais pas avant, il détourne ses yeux rapaces du bureau où ses doigts crochus ont replacé les portefeuilles et répond à la dernière remarque de M. Georges, en disant :

« Que je n'aie pas peur de commander la pipe! nous ne sommes pas si juif que ça, mon cher monsieur. Judy, occupez-vous tout de suite de la pipe et du grog de M. Georges. »

Les deux jumeaux, qui, pendant tout ce temps-là, sont restés immobiles, les yeux fixés devant eux, excepté au moment où les deux portefeuilles de cuir noir leur ont été confiés, s'en vont ensemble, sans s'occuper davantage du visiteur, qu'ils laissent à leur grand-père, comme deux oursons qui abandonnent un voyageur à la mère ours qui leur a donné le jour.

« Et vous restez dans cette chambre, assis dans votre fauteuil, du matin jusqu'au soir? dit M. Georges à l'usurier.

— Mais oui, répond le vieillard en faisant un signe de tête.

— Sans rien faire, monsieur Smallweed?

— Je surveille le feu, la marmite, le rôti.

— Quand il y en a, dit M. Georges d'un ton significatif.

— Certainement, répond le vieillard.

— Vous ne lisez jamais? »

Le vieux ladre secoue la tête d'un air malicieux et triomphant.

« Non, non, dit-il; nous n'avons jamais lu dans notre famille; ça ne rapporte rien, la lecture; sottise, folie et paresse! non, non, je m'en garderais bien.

— Entre l'état du mari et celui de la femme, je donnerais bien le choix pour une épingle, dit M. Georges assez bas pour n'être point entendu du vieillard, qui a l'oreille dure, et en regardant alternativement les deux époux.

— Vous dites?... reprend le vieux ladre.

— Que vous m'exproprieriez, si j'étais seulement en retard d'un jour pour vous payer.

— Moi, mon cher ami? s'écrie le vieux Smallweed en étendant

les mains comme pour embrasser l'ancien soldat, oh! croyez-moi jamais, jamais! Mais, par exemple, mon ami de la Cité qui, à ma demande, vous a prêté l'argent,... serait bien capable de le faire.

— Vous ne répondez pas de lui?... vieux coquin! ajoute M. Georges à demi-voix.

— Ce n'est pas un homme sur lequel on puisse compter, mon cher ami; je ne voudrais pas m'y fier; il exigera son dû.

— Que le diable l'étouffe! dit M. Georges. »

La porte s'ouvre, et Charley s'approche tenant un plateau sur lequel sont une pipe, un petit cornet de tabac et un peu d'eau-de-vie dans beaucoup d'eau.

« Tiens! comment vous trouvez-vous ici? lui demande l'ancien soldat; vous n'avez pas un air de famille.

— Je suis en journée, » répond Charley.

M. Georges ôte à la petite fille le grand chapeau qui la couvre et lui caresse les cheveux plus délicatement qu'on aurait pu s'y attendre d'une main aussi vigoureuse:

« A la bonne heure, vous rajeunissez presque cette triste maison, lui dit l'ancien soldat; il y manque un peu de jeunesse et d'air pur, et l'on est soulagé en vous voyant.

M. Georges allume sa pipe et boit à la santé de l'ami que M. Smallweed possède dans la Cité, cet ami imaginaire de l'aimable vieillard.

— Ainsi vous pensez qu'il ferait tout vendre impitoyablement, dit M. Georges.

— A vrai dire.... j'en ai peur; je le lui ai vu faire.... vingt fois, » ajoute imprudemment M. Smallweed.

Je dis imprudemment, parce que sa meilleure moitié, qui sommeillait depuis quelque temps, est réveillée tout à coup par le nombre vingt et bredouille aussitôt : « Vingt mille livres, vingt billets de vingt livres, vingt guinées, vingt millions à vingt pour cent. » Elle est interrompue par le coussin que le visiteur, pour qui ce singulier expédient est complétement nouveau, s'empresse de ramasser, toutefois après que la pauvre femme eut été, comme à l'ordinaire, aplatie contre la joue de son fauteuil.

« Vous n'êtes qu'une idiote, un scorpion, un crapaud grillé, une furie, une sorcière que l'on devrait brûler, s'écrie d'une voix râlante le vieux Smallweed replié sur lui-même. Mon cher ami, voudriez-vous me secouer un peu, » dit-il à M. Georges.

Celui-ci, qui a d'abord regardé la femme, puis le mari, sans rien comprendre à la scène dont il est témoin, prend son vénérable créancier par le cou, suivant les prescriptions indiquées, et le redressant comme il aurait fait d'une poupée, semble partagé entre l'intention d'être utile au vieillard et le désir beaucoup plus violent de faire rendre l'âme au vieux ladre en le secouant de la bonne manière, une fois pour toutes; mais il résiste à cette vive tentation, et se contente d'agiter le père Smallweed assez vigoureusement pour que le chef du bonhomme roule sur ses épaules comme la tête d'Arlequin : puis il l'assied dans son fauteuil, et lui frotte si bien les oreilles en lui rajustant son bonnet noir sur le crâne, que le vieux ladre cligne des yeux quelques minutes encore après l'opération.

« Ah! mon Dieu! balbutie M. Smallweed; assez comme ça; merci, mon cher ami; assez, assez; miséricorde! Je n'en peux plus. Seigneur mon Dieu! »

M. Smallweed n'était pas sans éprouver des craintes assez vives sur les intentions de M. Georges, dont la stature ne lui avait jamais paru plus colossale. Néanmoins l'ancien soldat reprend sa pipe, fait tournoyer la fumée autour de lui, et se console en disant tout bas : « Le nom de votre ami de la Cité commence par un D, camarade, et vous avez cent fois raison de vous défier de lui comme du Diable.

— Parlez-vous, monsieur Georges? » demande M. Smallweed.

Le troupier fait un signe affirmatif et continue à fumer; il regarde M. Smallweed avec attention, et de temps en temps il écarte le nuage dont il est environné, afin de voir plus distinctement la figure du vieux ladre.

« Je parie, dit-il en portant son verre à ses lèvres, que je suis le seul individu, mort ou vif, à qui vous ayez jamais donné une pipe et un verre d'eau?

— Il est vrai, répond le vieillard, que je ne vois pas beaucoup de monde, et que je ne traite jamais personne; mes moyens ne me le permettraient pas; mais comme vous avez fait de votre pipe une condition....

— Ah! ce n'est pas pour la valeur du tabac, mais pour la rareté du fait; une idée qui m'est venue de tirer quelque chose de vous en échange de mon argent.

— Vous êtes un habile homme, monsieur Georges, un habile homme, dit le grand-père Smallweed en se frottant les jambes.

— Oui, je l'ai toujours été;... pouf.... c'en est une preuve d'avoir trouvé le chemin qui m'a conduit ici,... pouf.... et d'en être arrivé là,... pouf.... Je suis vraiment fort habile et connu pour ça, répond M. Georges en fumant avec calme: aussi vous voyez comme cela m'a bien réussi.

— Ne vous laissez pas abattre, monsieur Georges, vous pouvez encore vous relever. »

M. Georges se met à rire, et boit une gorgée d'eau.

« N'avez-vous pas des parents qui consentiraient à payer le principal, ou qui vous cautionneraient, dit le vieux ladre? mon ami de la Cité vous ferait alors quelques avances; deux noms honorables et sûrs, deux bons parents, n'avez-vous pas ça dans votre famille? mon ami s'en contenterait.

— Si je les avais, je ne leur donnerais pas cette peine-là, répond M. Georges en fumant toujours avec indifférence. J'ai causé assez de tourment à ma famille quand j'étais jeune, sans la mettre encore dans l'embarras. Ça peut être une bonne manière de faire pénitence pour un vagabond, que de revenir plus tard s'accrocher à d'honnêtes gens qu'il a déshonorés par sa conduite, pour vivre à leurs dépens; mais ce n'est pas là mon genre: la meilleure chose qu'on ait à faire, une fois qu'on est parti, c'est de ne jamais revenir.

— Mais les affections naturelles, monsieur Georges, insinue le grand-père Smallweed.

— Deux noms honorables et sûrs! répond l'ancien soldat en secouant la tête et en fumant toujours; non, non, ce n'est pas mon genre.

— Ah! s'écrie l'avare, si vous aviez pu découvrir le capitaine, c'était là votre affaire, monsieur Georges. Si la première fois que vous êtes venu ici sur l'avertissement que nous avions fait mettre dans le journal.... Quand je dis nous, c'est mon ami de la Cité que je désigne, et un ou deux autres comme lui, qui engagent leurs capitaux de la même manière, et qui sont assez mes amis pour m'aider de temps en temps à payer ma petite pitance; oui, monsieur Georges, si vous aviez pu, à cette époque, nous mettre sur la trace du capitaine, ça aurait bien fait votre affaire.

— Je n'aurais pas mieux demandé que de faire mon affaire, comme vous dites; mais, en résumé, je suis bien aise aujourd'hui qu'il n'en ait rien été, répond M. Georges, qui fume avec moins d'insouciance qu'auparavant; car depuis l'arrivée de la petite-fille de M. Smallweed qui vient d'entrer, rappelée par son grand-père, il subit une sorte de fascination fort désagréable, qui l'oblige à regarder Judy, et qui le trouble en dépit de lui-même.

— Et pourquoi ça, monsieur Georges? Au nom de.... vieille furie, va, vieille mégère!... dit le vieillard exaspéré en jetant les yeux sur sa ménagère endormie. Pourquoi ça?

— Pour deux raisons, camarade.

— Et ces deux raisons, monsieur Georges?

— La première, répond l'ancien soldat, c'est que vous m'avez mis dedans; vous annoncez que M. Hawdon (capitaine Hawdon, si vous tenez à bien dire), est invité à se rendre à tel endroit, pour y recevoir communication de nouvelles avantageuses pour lui.

— Eh bien? dit aigrement le vieillard.

— Eh bien! je ne vois pas quel avantage c'eût été pour le capitaine, que d'être mis en prison par le tribunal de commerce.

— Et qu'en savez-vous? Peut-être que dans ce cas-là un de ses riches parents aurait payé ses dettes, ou du moins se serait entendu avec ses créanciers; mais c'est lui, au contraire, qui nous a fourrés dedans. Il nous devait une somme énorme, le misérable! Quand je pense à lui, dit le vieillard en grinçant des dents et en levant ses dix doigts impotents, j'éprouve encore le besoin de l'étrangler. »

Et, dans sa fureur, il jette à sa femme endormie le coussin qui est près de lui, et qui va tomber à côté du fauteuil de la grand'mère sans atteindre le but que visait M. Smallweed.

« Vous n'avez pas besoin de me dire que le capitaine était ruiné, répond l'ancien soldat en ôtant sa pipe de ses lèvres et en détournant les yeux du coussin, qu'il a suivi dans son vol; je me suis trouvé plus d'une fois à sa droite, à l'époque où il galopait à sa ruine; j'étais là quand il ne vit plus autour de lui que le désespoir, et c'est ma main qui détourna le pistolet qu'il appuyait sur son front.

— Je regrette que vous l'ayez arrêté, dit l'excellent vieillard, et qu'il n'ait pas fait de son crâne autant de morceaux qu'il devait de livres.

— Il y en aurait eu beaucoup, répond froidement l'ancien troupier; quoi qu'il en soit, je l'ai connu jeune, élégant, plein d'espoir et d'avenir, et je suis bien aise de ne pas vous avoir aidé à lui faire cette communication avantageuse dont vous parliez alors : c'est ma première raison.

— J'espère que la seconde est aussi bonne que la première, dit le vieillard entre ses dents.

— Pourquoi pas? elle est fondée sur l'égoïsme; car il m'aurait fallu, pour le retrouver, aller dans l'autre monde, puisqu'il y était déjà.

— Comment savez-vous ça?

— Ne perdez pas patience comme vous avez perdu votre argent, monsieur Smallweed, répond M. Georges en faisant tomber les cendres de sa pipe; il y avait déjà longtemps que le capitaine était noyé; j'en ai la certitude. Est-ce avec intention ou par accident? je l'ignore; votre ami de la Cité pourrait peut-être le savoir.... Connaissez-vous cet air-là, monsieur Smallweed? ajoute-t-il en s'arrêtant tout à coup au milieu d'une marche qu'il siffle et qu'il accompagne en frappant la table de sa pipe.

— Un air? dit le vieillard; non; jamais on ne chante à la maison.

— C'est la marche des morts, au son de laquelle on enterre les soldats, reprend M. Georges, et c'est la fin de cette histoire. Maintenant, si votre charmante petite-fille veut bien conserver la pipe que voici pendant deux mois, ça vous évitera d'en acheter une autre la première fois que je viendrai; bonsoir, monsieur Smallweed.

— Mon cher ami! (le vieillard lui tend les mains).

— Ainsi, vous pensez que votre ami de la Cité userait de rigueur avec moi, si je ne le payais pas? dit l'ancien soldat en regardant l'usurier du haut de sa grande taille.

— Mon cher ami, j'en ai bien peur, » répond le vieux pygmée en levant les yeux vers le géant.

M. Georges se met à rire, salue Judy, qui le regarde avec mépris, et sort du parloir en faisant retentir le cliquetis d'un sabre imaginaire, et sonner sur le pavé les éperons qu'il n'a plus.

« Damné coquin! s'écrie le vieux ladre en faisant une horrible grimace au moment où le créancier ferme la porte; mais je te limerai les dents, chien que tu es! je te les limerai, chien hargneux, et nous verrons après si tu peux mordre! »

Après avoir dit ces aimables paroles, M. Smallweed s'abandonne à ses rêves; il laisse errer son esprit dans les régions enchantées que lui ont ouvertes son éducation et la pratique des affaires; et les sentinelles oubliées par la mort, le grand-père et la grand'mère Smallweed, assis de chaque côté de la cheminée, recommencent à filer leurs jours d'or et de soie, au fond de leur triste réduit.

Pendant que le vieux couple reste ainsi fidèlement à son poste, M. Georges parcourt les rues à grands pas; sa démarche pesante a une certaine crânerie, mais son visage est sérieux. Il est huit heures du soir, et le jour décline rapidement; l'ancien soldat s'arrête auprès du pont de Waterloo, pour lire les affiches de spectacle, et décide qu'il ira au théâtre d'Astley, où il est enchanté des chevaux et des tours de force qu'on y voit, critique les armes, désapprouve les combats comme donnant l'exemple d'une maladresse insigne dans le maniement du sabre; mais il est profondément touché des sentiments qu'on y exprime, et ses paupières se mouillent quand, à la dernière scène, l'empereur de Tartarie, monté sur un char, condescend à bénir les deux amants, et plane au-dessus d'eux en déployant le drapeau de la Grande-Bretagne.

La représentation terminée, M. Georges repasse de l'autre côté de l'eau, et se dirige vers cette région située entre Haymarket et Leicester-Square; région curieuse qui renferme dans son sein les boxeurs, les maîtres d'escrime, les vagabonds, les gardes à pied, les maisons de jeu, la vieille porcelaine, les exhibitions monstrueuses et le mélange sans nom de toutes les gueuseries qui ont besoin de se cacher. Pénétrant au cœur de cette région, l'ancien soldat traverse une cour, et, après avoir franchi un long passage, arrive à un grand édifice en briques, simplement composé de quatre murailles, d'un plancher et d'une toiture, par où la lumière pénètre à l'intérieur; sur la façade, si toutefois on peut dire que cette bâtisse en ait une, on lit ces mots, peints en gros caractères : *Galerie de tir, dirigé par M. Georges*, etc., etc.

L'ancien soldat entre dans la galerie, où ne veille plus qu'un bec de gaz et où l'on voit deux cibles, tout ce qui concerne le tir au pistolet, au fusil, à la carabine, à l'arbalète, ainsi que tout ce qui a rapport à l'escrime et à l'art national de la boxe. A l'heure où nous sommes, la galerie est déserte et appartient tout entière à un petit homme à grosse tête qui dort sur le plancher; le costume de ce petit homme grotesque se rapproche de celui des armuriers : tablier de serge verte et bonnet de même étoffe. Sa figure et ses mains sont noircies par la poudre à force d'avoir chargé les armes, et le barbouillage du personnage n'en ressort que mieux, couché comme il est sous le bec de gaz et devant l'une des cibles, dont la blancheur est éclatante. A peu de distance est la table grossière et primitive qui lui sert d'établi. Les nombreuses cicatrices dont son visage est couvert et l'aspect bleuâtre et tacheté de l'une de ses joues semblent annoncer qu'il a été plus d'une fois brûlé par la poudre dans l'exercice de ses fonctions.

« Phill ! dit M. Georges d'une voix calme.

— Présent ! répond Phill en se dressant tout à coup.

— A-t-on fait quelque chose?

— Quasiment rien : cinq douzaines de carabine et douze pistolets, répond Phill avec un gémissement.

— Ferme la galerie, » dit M. Georges.

Phill se met en devoir d'exécuter cet ordre; on s'aperçoit alors qu'il est boiteux, ce qui ne l'empêche pas d'aller et de venir avec une extrême vitesse ; il n'a pas de sourcil du côté où sa joue est brûlée ; mais celui qui surmonte son autre œil forme une broussaille épaisse et noire, et ce manque d'uniformité donne quelque chose de sinistre à sa physionomie ; ses mains semblent avoir éprouvé tous les accidents imaginables, tant ses doigts sont couturés, entaillés, recroquevillés ; il paraît très-fort, et remue les bancs, soulève, emporte tout ce qu'il rencontre sur son passage comme si rien ne lui pèse. Au lieu d'aller tout droit aux objets qu'il veut prendre, il fait en boitillant le tour de la galerie, et se frôle à chaque pas l'épaule contre la muraille, où il a laissé une empreinte graisseuse et noirâtre que les habitués de la salle ont surnommée « la trace de Phill. »

Après avoir fermé toutes les portes, l'ouvrier de M. Georges termine ses travaux en tirant d'un cabinet, qui se trouve dans un coin, deux matelas avec leurs accessoires ; il les traîne chacun à un bout opposé de la galerie et fait son lit d'un côté, pendant que M. Georges fait le sien de l'autre.

« Phill, dit l'ancien soldat en allant vers le petit homme, après s'être dépouillé de son habit et de son gilet, n'as-tu pas été trouvé, à ta naissance, sur le pas d'une porte ?

— Dans le ruisseau, répond Phill ; le watchman, en me rencontrant sous son pied, est tombé et a roulé sur moi.

— Alors si tu es un vagabond, c'est ton état naturel ?

— Pardieu, oui.

— Bonsoir, Phill.

— Bonsoir, gouverneur. »

Le petit homme fait le tour de la galerie en frottant le mur de son épaule, et vire enfin du côté de son matelas. M. Georges parcourt deux ou trois fois la distance qui sépare la cible du point d'où l'on tire, regarde un instant la lune qui brille à travers le vitrage, se rend à son lit par un chemin plus direct que celui de Phill, et se couche immédiatement.

CHAPITRE XXII.

M. Bucket.

La soirée est d'une chaleur étouffante ; cependant l'Allégorie du cabinet de M. Tulkinghorn, malgré ses joues qui ressembleut à des pêches, ses genoux, qu'on prendrait pour des touffes de fleurs, et les boursouflures couleur de rose qui lui servent de mollets, ne paraît pas en souffrir. Les deux fenêtres sont largement ouvertes, la pièce est élevée, sombre et pleine de courants d'air, qualités peu désirables quand vient novembre avec le brouillard et le grésil, et janvier, avec la glace et la neige; mais qui ont bien leur mérite pendant les chaleurs accablantes des longs jours de vacances.

Une énorme quantité de poussière entre par les fenêtres du procureur; une quantité plus grande encore est accumulée derrière les meubles, parmi les papiers et les livres, et quand une brise des champs qui s'égare, vient se perdre dans cette pièce obscure et que, dans son effroi, elle se précipite au dehors, elle envoie autant de poudre aux yeux de l'Allégorie que M. Tulkinghorn et tous les hommes de loi en jettent à ceux des malheureux plaideurs.

Au milieu de toute cette poussière, élément originel auquel retourneront ses papiers, ses clients et lui-même, avec toutes les choses d'ici-bas, M. Tulkinghorn, assis près de l'une de ses fenêtres, déguste une bouteille d'excellent vin, qu'il apprécie mieux que personne. Bien qu'il soit austère, il aime le jus de la treille, et il a en réserve, dans quelque cellier mystérieux, un porto d'une valeur inestimable. Quand il dîne tout seul dans son cabinet, comme aujourd'hui, par exemple, et qu'on lui a, du café voisin, apporté son bifteck, ou son poulet, avec sa part de poisson, il descend dans les régions souterraines de sa demeure solitaire, et, précédé par le bruit retentissant des lourdes portes qu'il referme, il revient, entouré d'une atmosphère terreuse, et rapporte une bouteille d'où il verse un radieux nectar, âgé de plus de cinquante ans, qui, par modestie, rougit dans le verre de se trouver si parfait, et qui remplit la pièce de la vivifiante odeur qu'exhale le raisin parfumé des heureuses contrées du midi.

M. Tulkinghorn est donc assis auprès de sa fenêtre, et savoure son excellent porto. Ce vieux vin, comme s'il lui parlait mystérieusement de ses cinquante années de silence et de reclusion, augmente encore la réserve impassible de l'avoué. Plus impénétrable que jamais, M. Tulkinghorn boit le précieux nectar et se renferme en lui-même, où il s'épanouit en secret. Alors, à la clarté douteuse du crépuscule, il songe à tous les mystères qu'il connaît et qui se rattachent, dans la campagne, aux grands bois remplis d'ombre; à la ville, aux hôtels fermés et déserts; peut-être aussi se donne-t-il une ou deux pensées à lui-même, à son origine, à son argent, à ses dernières volontés; peut-être alors se souvient-il d'un de ses amis, vieux garçon de la même école et procureur comme lui, qui mena la même existence que la sienne jusqu'à l'âge de soixante-quinze ans, époque à laquelle, trouvant cette vie trop monotone, il donna, un soir d'été, sa montre d'or à son coiffeur, se dirigea tranquillement vers le Temple, où il demeurait, et se pendit sans rien dire.

Mais aujourd'hui M. Tulkinghorn n'est pas seul et n'est pas libre de se livrer à ses méditations habituelles, comme il le voudrait. Un homme chauve, au front luisant, à l'air timide, est assis en face de lui sur une chaise modestement éloignée de la table, et tousse respectueusement derrière sa main quand l'avoué lui dit de remplir son verre.

« Et maintenant, monsieur Snagsby, revenons un peu à cette étrange aventure, dit le procureur au papetier.

— Comme vous voudrez, monsieur.

— Vous m'avez dit hier au soir, quand vous avez eu la bonté de venir ici....

— Excusez-moi, monsieur, d'avoir pris cette liberté; mais je me suis souvenu que vous aviez paru prendre un certain intérêt à cet individu, et j'ai pensé qu'il se pourrait que.... précisément.... vous ayez.... justement.... »

M. Tulkinghorn n'est pas homme à venir au secours du papetier, encore moins à admettre qu'il prend intérêt à quelque chose; M. Snagsby en est donc réduit à ses propres ressources, et renouvelle ses excuses pour la liberté qu'il a prise.

« Vous n'en avez pas besoin, répond M. Tulkinghorn....; vous m'avez dit hier que vous aviez pris votre chapeau et que vous étiez venu sans en parler à votre femme; c'était prudent, et vous avez bien fait; la chose est trop importante pour la confier à personne.

— C'est que, voyez-vous, reprend M. Snagsby, ma petite femme, pour dire le mot et parler sans détour, est tant soit peu curieuse; pauvre chère âme! elle est sujette à des spasmes, et son esprit a besoin d'aliment: aussi l'occupe-t-elle de tout ce qu'elle peut découvrir, surtout de ce qui ne la regarde pas; ma petite femme, monsieur, a trop d'activité dans l'imagination. »

Le papetier porte son verre à ses lèvres et murmure en toussant derrière sa main avec admiration : « Bonté divine! quel vin!

— C'est pour cela que vous ne lui avez rien dit de votre visite d'hier, ni de celle d'aujourd'hui non plus? dit M. Tulkinghorn.

— Oui, monsieur; ma petite femme donne en ce moment... pour dire le mot et parler sans détour... dans une grande piété;

elle suit régulièrement les exercices du soir d'un révérend, nommé Chadband, qui a sans doute un grand fonds d'éloquence, mais dont je n'aime pas beaucoup le style ;... mais cela ne fait rien à l'affaire. Ma petite femme étant donc occupée de ce côté, j'ai pu venir ici tranquillement sans m'inquiéter de rien. »

M. Tulkinghorn fait un signe d'approbation : « Remplissez votre verre, dit-il.

— Merci, monsieur, répond le papetier avec sa toux de déférence ; c'est un vin merveilleux.

— Oui, il est assez rare, dit M. Tulkinghorn ; il a maintenant plus de cinquante ans

— En vérité, monsieur ! mais, je n'en suis pas surpris ; on lui donnerait bien... n'importe quel âge. » Et dans son humilité, M. Snagsby tousse derrière sa main, pour excuser la liberté qu'il prend de boire quelque chose d'aussi précieux

« Voulez-vous me dire encore une fois ce que vous tenez de ce balayeur, Snagsby ? continue M. Tulkinghorn en mettant les mains dans ses poches et en s'enfonçant tranquillement dans son fauteuil

— Avec plaisir, monsieur. »

Le papetier raconte avec plus de fidélité que de laconisme les faits qui se sont passés chez lui quelques jours avant et répète ce que Jo a dit à ses hôtes, relativement au souverain et à la dame qui le lui a donné. Arrivé à la fin de sa narration, il tressaille vivement et s'écrie : « Bonté du ciel ! je ne savais pas, monsieur, qu'il y eût quelqu'un avec nous ! »

M. Snagsby est consterné de voir entre lui et M. Tulkinghorn un homme au visage attentif, qui n'était pas dans la pièce lorsque lui, Snagsby, est arrivé, et qui, depuis lors, n'est entré ni par la porte ni par la fenêtre. Il y a bien une armoire dans la chambre, mais les gonds n'ont pas crié, et aucun bruit de pas n'a fait craquer le parquet ; néanmoins un troisième personnage est bien là qui écoute d'un air calme et réfléchi les paroles du papetier, qui a une canne et un chapeau dans les mains et les mains derrière le dos ; c'est un homme d'un âge mûr, vigoureusement bâti, vêtu de noir, ayant l'air ferme et l'œil fin, rien d'ailleurs d'extraordinaire en lui-même, si ce n'est la façon mystérieuse dont il est apparu et la manière dont il observe le papetier.

« Ne faites pas attention, Snagsby, dit tranquillement M. Tulkinghorn, c'est tout simplement M. Bucket.

— Vraiment, monsieur ? dit le papetier, dont la toux veut dire qu'il n'en est pas plus avancé.

— J'avais besoin de lui faire connaître cette histoire, répond l'avoué ; j'ai une velléité (pour certain motif à moi connu) d'en savoir davantage à ce sujet ; et il est fort intelligent pour ces sortes de choses. Qu'en dites-vous, monsieur Bucket?

— Rien n'est plus simple que ce qui nous reste à faire, répond ce dernier ; puisque nos hommes ont fait circuler ce balayeur, et qu'on ne le trouverait plus à la place qu'il balayait autrefois, si M. Snagsby consent à venir avec moi dans Tom-all-alone's et à me le montrer, nous pouvons vous l'amener avant deux heures d'ici ; je puis le faire également sans le concours de M. Snagsby ; mais ce serait la voie la plus expéditive.

— M. Bucket est l'un des agents de la police de sûreté, dit M. Tulkinghorn au papetier.

— En vérité! répond M. Snagsby, dont, rien que d'y penser, les cheveux, s'il en avait, se dresseraient sur sa tête.

— Je vous serais fort obligé de vouloir bien l'accompagner dans l'endroit en question, poursuit l'avoué ; si toutefois vous n'avez rien qui vous en empêche. »

M. Snagsby hésite un instant, M. Bucket plonge au fond de la pensée du papetier.

« N'ayez pas peur, lui dit-il, de nuire à ce pauvre diable ; il est en règle pour tout ce qui le concerne ; nous ne l'amènerons ici que pour lui faire une ou deux questions que j'ai besoin de lui adresser ; on lui payera sa peine et on le renverra sans l'inquiéter. C'est au contraire une bonne aubaine pour lui ; je vous donne ma parole que vous le verrez partir sans qu'il ait à regretter d'être venu.

— Très-bien, alors, s'écrie joyeusement M. Snagsby tout à fait rassuré ; puisqu'il en est ainsi, M. Tulkinghorn....

— Et, maintenant, M. Snagsby, continue M. Bucket d'un air confidentiel, en prenant le papetier par le bras et en lui frappant familièrement sur la poitrine, vous connaissez le monde et les affaires, vous êtes un homme de sens....

— Je vous suis fort obligé, monsieur, de la bonne opinion que vous avez de moi, interrompt le papetier, avec une toux modeste, mais...

— Vous êtes un homme de sens, je le maintiens, reprend M. Bucket ; il est donc inutile de dire à un homme comme vous et dont précisément le genre d'affaires exige de la pénétration, de la fermeté, de la présence d'esprit (j'avais autrefois un oncle qui était dans votre partie), il est donc inutile de vous dire que le plus sage est, en pareille matière, de tenir la chose secrète.

1. — 19

étonnement que son compagnon, quelque rapide que soit leur marche, a une manière indéfinissable de regarder ce qui se passe, sans faire semblant de rien ; qu'au beau moment où on croit qu'il va détourner à droite ou à gauche, il fait brusquement une pirouette sur ses talons, pour aller tout droit son chemin. De temps en temps, lorsqu'ils rencontrent un constable faisant sa ronde, M. Bucket et le constable ont l'air de ne pas s'apercevoir et de regarder en l'air, en passant auprès l'un de l'autre. D'autres fois, M. Bucket, arrivant par hasard derrière un certain jeune homme au-dessous de la taille moyenne, qui porte un chapeau luisant et qui a sur les tempes deux boucles de cheveux plates et lisses, le touche du bout de sa canne sans le regarder, sur quoi ledit jeune homme s'évapore à l'instant. Mais le plus souvent M. Bucket observe tout en général, avec un visage impassible, et ne change pas plus de couleur que l'énorme bague qu'il porte au petit doigt, ou que la grosse épingle composée de peu de diamants et de beaucoup de métal qui se fait remarquer à sa chemise

Arrivés enfin auprès de Tom-all-alone's, M. Bucket demande une lanterne allumée au constable de service dans le quartier qui dès lors l'accompagne avec une autre lanterne attachée à sa ceinture. M. Snagsby, placé entre ses deux conducteurs, passe au milieu d'une rue infecte, remplie d'une boue fétide et noire et de flaques d'eau corrompue, bien que partout ailleurs les chemins soient desséchés ; l'odeur qui s'en exhale est tellement repoussante, et l'aspect qu'offre cette rue infâme est si odieux, que M. Snagsby, qui a toujours habité Londres, ne peut en croire ses sens ; d'autres ruelles, non moins infâmes, se ramifient à travers ce monceau de ruines et présentent un ensemble tellement hideux que le papetier se sent défaillir à chaque pas.

« Retirez-vous un peu, monsieur Snagsby, dit l'officier de police en voyant venir à eux une espèce de brancard misérable suivi d'une foule bruyante. C'est un malade qu'on emporte. »

La foule abandonne le brancard pour entourer les trois visiteurs, les regarde un instant et se disperse au milieu des ruines, en sifflant et en jetant par intervalles des cris aigus qui retentissent dans l'air pendant tout le temps que les trois inconnus restent dans cet abominable endroit.

« Est-ce que ce sont là les maisons atteintes du typhus, Darby ? demande froidement M. Bucket en dirigeant la lumière de sa lanterne sur une ligne de bouges infects.

— Elles le sont toutes à présent, répond Darby ; depuis bien des mois, les gens y tombent malades par douzaines, et y crèvent comme les moutons de la clavelée. »

M. Bucket dit à M. Snagsby qu'il a l'air un peu souffrant ; le papetier répond qu'il éprouve un sentiment d'oppression indéfinissable, comme s'il lui était impossible de respirer au milieu de cet air fétide.

« Connaissez-vous par ici un jeune garçon nommé Jo ? » demandent les visiteurs en entrant dans plusieurs maisons. Mais il y a peu de gens qui soient connus par leur nom de baptême dans Tom-all-alone's, et l'on répond à M. Snagsby en lui demandant si c'est Carotte qu'il veut dire, ou le Colonel, ou bien Potence, Jeune-Ciseau, Loup-Cervier, le Brick ou le Maigriot. M. Snagsby répète le signalement qu'il a déjà donné ; les opinions sont partagées sur l'individu qui répond à ce portrait ; quelques-uns pensent que ce doit être Carotte ; d'autres disent que c'est le Brick, on produit le Colonel, mais ce n'est pas lui qu'on demande ; on entoure les trois gentlemen dès qu'ils stationnent quelque part, et du fond de la foule s'élèvent d'obséquieux avis qui s'adressent à M. Bucket ; puis chacun s'enfuit et disparaît dans les allées, derrière les murs, au milieu des ruines, dès que les trois visiteurs se remettent en marche, et que la lanterne sourde recommence à briller.

A la fin, on découvre un ignoble repaire où Dur-à-cuire vient se retirer tous les soirs, et l'on pense que Dur-à-cuire pourrait bien être Jo. Il résulte des paroles que M. Snagsby échange avec la propriétaire de cette masure, face d'ivrognesse enveloppée de chiffons noirs, et qui surgit d'un tas de guenilles amoncelées dans la hutte à chien où elle loge, qu'il est allé chez le docteur chercher une médecine pour une femme malade, et ne tardera pas à revenir.

« Et qui logez-vous cette nuit ? demande M. Bucket en ouvrant une porte et en dirigeant à l'intérieur la lumière de sa lanterne sourde. Deux hommes soûls et deux femmes ; les deux hommes sont assez bien portants, ajoute-t-il en écartant, pour les mieux voir, le bras dont chaque dormeur s'est couvert le visage ; ce sont vos maris, braves femmes ?

— Oui, monsieur, répond l'une d'elles.
— Briquetiers, n'est-ce pas ?
— Oui, monsieur.
— Que faites-vous ici ? Vous n'êtes pas de Londres ?
— Non, monsieur ; nous sommes du Hertfordshire.
— Et de quel endroit ?
— De Saint-Alban.

— Pourquoi l'avez-vous quitté?

— Parce que l'ouvrage ne va plus; c'est d'hier que nous sommes arrivés; mais je n'crois pas qu' tout de même nous ayons bien fait de venir ici, je n'en espère pas grand bien.

— Le bien ne vient pas en dormant, dit M. Bucket en regardant les deux hommes.

— Qu' voulez-vous, répond la femme en soupirant; Jenny et moi nous l' savons de reste. »

La chambre où ils se trouvent est si basse d'étage, que, bien qu'elle ait deux ou trois pieds d'élévation de plus que la porte par laquelle on y entre, le plus grand des trois visiteurs ne pourrait s'y tenir debout sans se heurter la tête au plafond; elle blesse tous les sens, et l'air vicié peut à peine alimenter la flamme maladive de la mauvaise chandelle qui l'éclaire. Elle contient deux bancs et un troisième plus élevé en guise de table. Les deux hommes sont couchés par terre à la place où ils sont tombés; mais les deux femmes sont assises auprès de la lumière; et celle qui a parlé tient dans ses bras un enfant au maillot.

« Quel âge a-t-il? » demande M. Bucket avec douceur, en dirigeant sa lanterne vers l'innocente créature; M. Snagsby est vivement impressionné par ce spectacle qui lui rappelle un autre enfant entouré d'une brillante auréole, qu'il a vu souvent dans les tableaux et les gravures.

« Il n'a pas encore trois semaines, répond la femme.

— Est-ce votre enfant?

— Oui, monsieur. »

L'autre femme, qui était penchée vers le pauvre petit quand l'officier de police est entré, s'incline de nouveau pour embrasser l'enfant.

« Vous semblez l'aimer autant que si vous étiez sa mère, lui dit M. Bucket.

— J'en avais un, monsieur, qui lui ressemblait et qui est mort.

— Ah! Jenny, Jenny! s'écrie l'autre femme, il vaut bien mieux penser aux morts qu'aux vivants; bien mieux, Jenny.

— Je suppose, reprend M. Bucket d'un ton sévère, que vous n'êtes pas assez dénaturée pour souhaiter la mort de votre enfant?

— Oh! Dieu! non, monsieur; je donnerais mon sang pour lui sauver la vie tout aussi bien qu'une belle dame.

— Alors, pourquoi parler ainsi, pourquoi? dit M. Bucket avec bonté.

— C'est une idée qui m'a passé par la tête, répond la femme dont les yeux s'emplissent de larmes; s'il était endormi pour ne plus s'éveiller, j'en aurais tant de chagrin que j'en deviendrais folle; j'étais près d'elle quand Jenny a perdu le sien; n'est-ce pas, Jenny? et je sais combien elle l'a pleuré; mais voyez cette chambre, monsieur, regardez-les! dit elle en tournant les yeux vers les deux hommes couchés sur le carreau; et le garçon que vous attendez ici et tous les enfants qui ont affaire à vous et que vous voyez grandir sous l'œil de la police.

— Bon, bon, dit M. Bucket; vous n'avez qu'à en faire un honnête homme, et plus tard ce sera la consolation et le soutien de votre vieillesse.

— Je ferai bien tout mon possible, dit-elle en s'essuyant les yeux; mais, si fatiguée que je suis, et malade de la fièvre, je ne peux pas m'empêcher de penser à tout le mal qui peut lui arriver. Not' homme peut se mettre à la traverse; et l'enfant sera battu, me verra battre, il craindra la maison et s'en sauvera peut-être pour vagabonder on ne sait où. Si je travaille tant pour lui, et je le ferai, sans qu'il y ait personne qui puisse m'en empêcher, et puis qu'après ça il devienne mauvais sujet, en dépit de tout ce que j'aurai pu faire, et qu'il arrive un jour où je sois assise auprès de lui pendant qu'il dormira comme je suis là, et qu'il ait mal tourné, n'est-il pas certain que je regretterai dans ce temps-là qu'il ne soit pas mort comme le bébé de Jenny?

— Allons! allons! dit sa compagne, tu es malade, ma pauvre Lize, donne-le-moi, il te fatigue. »

En le prenant, elle écarte le châle de la pauvre mère et le referme aussitôt sur le sein meurtri et déchiré où reposait la petite créature.

« C'est celui que j'ai perdu qui me le fait tant aimer, dit Jenny en promenant l'enfant dans la chambre; et c'est aussi mon pauvre petit qui fait que Lize aime si tendrement le sien, parce qu'elle pense qu'il pourrait lui être enlevé, et qu'elle sait bien que je donnerais une fortune, si je l'avais, pour que le mien me fût rendu; au fond de notre cœur nous sentons la même chose, mais nous ne savons pas le dire, pauvres mères que nous sommes. »

Pendant que M. Snagsby se détourne pour tousser et se moucher, un pas se fait entendre au dehors. M. Bucket dirige sa lanterne vers la porte, et dit au papetier:

« Voilà Dur-à-cuire; qu'en pensez-vous? Est-ce bien celui que nous cherchons?

— C'est bien Jo, » répond M. Snagsby.

Jo reste saisi de frayeur dans le cercle lumineux que projette sur lui l'officier de police, et, pareil à l'un de ces gueux dépenaillés que montre la lanterne magique, il tremble de tout son corps et s'imagine qu'il a offensé de nouveau l'autorité en ne circulant pas comme on le lui avait dit; toutefois M. Snagsby le rassure: « Nous venons vous chercher, lui dit-il, pour une chose qui vous sera bien payée. » Jo se remet immédiatement, et, bien que tout essoufflé, répond d'une manière satisfaisante à l'officier de police qui l'emmène au dehors pour lui parler plus à l'aise.

« Tout va bien, dit M. Bucket en rouvrant la porte; et maintenant, monsieur Snagsby, nous sommes prêts à vous suivre. »

Il faut d'abord que Jo termine sa commission et qu'il remette à qui de droit la médecine qu'il a été chercher. Il faut ensuite que M. Snagsby ait posé sur la table une demi-couronne, panacée universelle qu'il applique à tous les maux, et que M. Bucket, ayant pris Dur-à-cuire par le bras, un peu au-dessus du coude, le fasse marcher devant lui, formalité sans laquelle personne ne peut être conduit légalement par la police. Nos trois visiteurs souhaitent enfin le bonsoir aux deux femmes et s'enfoncent de nouveau dans les ténèbres impures de Tom-all-alone's. Ils sortent de cet horrible gouffre par le chemin infect qui les y a conduits; la foule sifflante qui se traîne dans l'ombre et se disperse un instant pour se reformer et grossir autour d'eux, les accompagne jusqu'à la limite de ce repaire effroyable, où, comme une troupe de démons emprisonnés, elle retourne sur ses pas et disparaît en hurlant.

M. Snagsby, Jo et M. Bucket se dirigent vers Lincoln's Inn et se retrouvent à la porte de M. Tulkinghorn; jamais les rues de Londres n'ont semblé plus aérées et plus saines, jamais le gaz n'a paru si brillant à M. Snagsby qu'en revenant de Tom-all-alone's.

En montant l'escalier (l'appartement du procureur est au premier étage), M. Bucket annonce qu'il a la clef dans sa poche et qu'il est inutile de sonner; pour un homme aussi expert que lui dans ces sortes de choses, il est assez longtemps à trouver la serrure, et fait en ouvrant la porte un bruit qui est peut-être une manière de s'annoncer. Quoi qu'il en soit, ils entrent dans la salle et pénètrent dans le cabinet où ils ont laissé l'avoué buvant son vieux porto. M. Tulkinghorn n'y est pas; mais ses deux flambeaux y sont restés et la pièce est assez bien éclairée.

L'officier de police tient toujours le bras de Jo un peu au-dessus du coude; ses yeux semblent se multiplier pour ne rien perdre de ce qu'il peut voir, et il n'a pas fait trois pas dans le cabinet de l'avoué que Jo s'arrête en tressaillant.

« Qu'avez-vous ? lui demande tout bas M. Bucket.
— C'est elle !
— Qui ça ?
— La dame. »

Une femme, soigneusement voilée, se tient debout au milieu de la chambre; immobile et silencieuse, elle a le visage tourné vers la porte, mais ne paraît pas faire attention à ceux qui entrent et ne remue pas plus qu'une statue.

« A quoi reconnaissez-vous cette dame ? dit tout haut M. Bucket.
— Je r'connais le voule, répond Jo, et pis l'chapeau et la robe.
— Prenez garde à ce que vous dites, reprend M. Bucket en observant Jo avec la plus grande attention; regardez bien, ne vous pressez pas.
— Je r'garde de toutes mes forces, dit Jo en écarquillant les yeux, et c'est bon le voule, le chapeau et la robe.
— Et ces bagues dont vous m'avez parlé ?
— C'était tout brillant comme ça, là, » répond Jo en passant les doigts de sa main gauche sur les dernières phalanges de l'autre main sans détourner les yeux de la personne qui est devant lui.

Cette personne ôte son gant et présente la main droite.

« C'est pas du tout ces bagues-là, dit Jo en secouant la tête; ni c'te main-là non pus.
— Qu'est-ce que vous dites ? faites attention, reprend M. Bucket dont la satisfaction, malgré cela, est évidente.
— La main de c'te lady était ben autrement blanche et pus p'tite et pus jolie.
— Vous me ferez bientôt accroire que je suis ma propre mère, dit M. Bucket. Vous rappelez-vous la voix de cette dame ?
— J'cré ben qu'oui.
— Ressemblait-elle à celle-ci, demande la personne voilée; je parlerai aussi longtemps que vous voudrez, si vous n'en êtes pas sûr; est-ce cette voix-là que vous avez entendue ? »

Jo regarde M. Bucket d'un air tout effaré : « Pas un brin, dit-il.
— Comment dites-vous alors que vous la reconnaissez ? reprend l'officier de police en montrant l'inconnue.
— A cause, dit Jo profondément embarrassé, mais dont la con-

viction ne paraît pas ébranlée, à cause que c'est son voile, son chapeau et sa robe; c'est elle et c'est pas elle; c'est pas sa main, pas ses bagues, pas sa voix; mais c'est son chapeau, sa robe et son voile; et arrangés tout comme, et c'est la même grandeur, et qu'elle m'a donné un souverain, et pis qu'elle l'a lé.

— C'est bon, dit M. Bucket d'un air indifférent; vous ne nous avez pas appris grand'chose; mais cependant voilà cinq schellings; faites attention à la manière dont vous les dépenserez et conduisez-vous bien. » M. Bucket fait passer les cinq schellings d'une main dans l'autre sans qu'on s'en aperçoive, possédant l'art d'escamoter les jetons dont il ne fait guère usage que pour ces tours d'adresse, et les met en pile dans la main de Dur-à-cuire qu'il reprend par le bras et qu'il fait sortir du cabinet où M. Snagsby, fort mal à l'aise au milieu de ce mystère, reste seul avec la femme voilée. Mais presque au même instant M. Tulkinghorn rentre chez lui; l'inconnue lève son voile et découvre un assez joli visage, qui pourtant a quelque chose de trop accentué dans l'expression de la physionomie.

« Je vous remercie, mademoiselle Hortense, dit M. Tulkinghorn avec son calme habituel; je ne vous dérangerai plus désormais pour cette gageure.

— Serez-vous assez bon, monsieur, pour vous rappeler que je suis maintenant sans place? dit Mlle Hortense.

— Certainement, mademoiselle.

— Et me ferez-vous la faveur de m'accorder votre précieuse protection?

— Vous pouvez y compter.

— Un mot de M. Tulkinghorn a tant de pouvoir!

— Ma recommandation vous est acquise, soyez-en sûre.

— Recevez, monsieur, l'assurance de toute ma gratitude et de mon sincère dévouement. »

Mlle Hortense s'éloigne avec un air de distinction naturel; et l'officier de police, à qui les fonctions de maître des cérémonies paraissent aussi familières que toutes celles dont il se charge à l'occasion, reconduit Mlle Hortense jusqu'au bas de l'escalier, avec une certaine galanterie.

« Eh bien! Bucket? lui dit M. Tulkinghorn aussitôt qu'il est de retour.

— Eh bien! monsieur, vous le voyez, cela cadre parfaitement avec tout ce que je vous avais dit. Il n'y a pas à en douter, c'était l'autre avec le costume de celle-ci. Jo est parfaitement exact dans tout ce qu'il raconte; monsieur Snagsby, je vous avais donné ma parole qu'il n'avait rien à craindre; êtes-vous maintenant rassuré à cet égard ?

— Complétement, monsieur, dit le papetier; et si je suis inutile à M. Tulkinghorn..., je pense que ma petite femme pourrait bien être inquiète....

— Merci, monsieur Snagsby, je n'ai plus maintenant besoin de vous, répond le vieux procureur, et je vous suis fort obligé de la peine que vous avez bien voulu prendre.

— Oh! pas du tout, monsieur; j'ai bien l'honneur de vous saluer.

— Ce qui me plaît en vous, dit l'officier de police en reconduisant le papetier et en lui donnant force poignées de main, c'est que je sais bien que vous êtes un de ces hommes à qui l'on chercherait vainement à tirer les vers du nez. Quand une fois vous avez la conscience de n'avoir pas fait de mal, vous mettez ça de côté; c'est une chose terminée et vous n'y pensez plus. N'est-ce pas ?

— C'est ce que je m'efforce de faire, répond M. Snagsby.

— Vous y réussissez à merveille, réplique M. Bucket, et c'est précisément ce que j'estime chez un homme de votre profession. »

M. Snagsby prend congé de l'officier de police, et retourne chez lui tellement troublé qu'il se demande s'il est bien éveillé, si les rues qu'il parcourt, la lune qui brille existent réellement, et si tout cela n'est pas un rêve; mais il est bientôt mis hors de doute à cet égard par l'incontestable réalité de sa petite femme qu'il trouve en papillotes et en bonnet de nuit, et qui vient d'envoyer Guster à la police pour y déclarer la disparition de M. Snagsby, après avoir, pendant les deux dernières heures, passé par tous les degrés d'évanouissement qu'on puisse imaginer. « Heureusement, dit-elle d'une voix émue, qu'on m'en a fait revenir! »

CHAPITRE XXIII.

Narration d'Esther.

Nous revînmes à Bleak-House après être restés six semaines chez M. Boythorn. Pendant ces six semaines qui s'étaient écoulées fort agréablement, nous avions été souvent dans le parc, et il nous était arrivé bien rarement de passer devant la loge où nous nous étions abrités le jour de l'orage sans y entrer pour parler à la femme du garde ; mais nous ne vîmes plus lady Dedlock, si ce n'est le dimanche à l'église. Il y avait beaucoup de monde à Chesney-Wold, et, malgré les charmants visages dont milady était entourée, sa vue produisait toujours le même effet sur moi. Je ne pourrais pas dire, même à présent, si cette impression était pénible ou agréable ; si je me sentais attirée vers elle ou si j'éprouvais le besoin de la fuir ; je sais seulement qu'en sa présence mes pensées se reportaient en arrière et que je me revoyais aux premières années de ma vie.

Plusieurs fois il me sembla que j'exerçais sur elle une influence analogue ; c'est-à-dire qu'elle partageait, en me regardant, ce trouble singulier qu'elle faisait naître en moi ; mais, lorsque ensuite je la voyais si calme et si fière, cette idée me paraissait une folie ; je me reprochais ma faiblesse et je faisais tous mes efforts pour surmonter mon émotion.

Je dois noter ici un fait peu important qui arriva pendant notre séjour chez M. Boythorn.

Je me promenais dans le jardin avec Eva, lorsqu'on vint me dire qu'une personne demandait à me parler. Je me rendis immédiatement dans la salle à manger où elle m'attendait, et j'y trouvai la femme de chambre de milady, cette Française qui avait défait ses souliers pour marcher dans l'herbe mouillée le jour du fameux orage.

« Mademoiselle, me dit-elle en fixant sur moi son regard vif et dur, mais du reste avec un extérieur agréable et parlant sans hardiesse comme sans servilité ; j'ai pris une grande liberté en venant ici, mais vous êtes si bonne, mademoiselle, que vous voudrez bien m'excuser.

— Vous n'avez pas besoin d'excuse, répondis-je ; on m'a dit que vous désiriez me parler ?

— Oui, mademoiselle ; je vous remercie mille fois d'avoir bien voulu me recevoir ; vous permettez, n'est-ce pas ?

— Certainement, lui dis-je.

— Mademoiselle est si aimable ! veuillez donc m'écouter, s'il vous plaît. J'ai quitté milady ; nous ne nous accordions pas ; milady est si hautaine !... Pardon, mademoiselle ; vous avez raison, dit-elle vivement en pénétrant ma pensée ; il ne m'appartient pas de me plaindre de milady ; mais pourtant elle est si fière ! Je n'en dirai plus un mot ; du reste, tout le monde le sait.

— Et que vouliez-vous me demander ? lui dis-je.

— Mademoiselle est bien bonne et je suis touchée de sa politesse. Voilà ce qui m'amène : j'ai un désir inexprimable d'entrer au service d'une jeune lady qui soit bonne, aimable et belle comme vous ; ah ! si j'avais l'honneur de vous servir !

— Je regrette vivement…. commençai-je.

— Ne me congédiez pas encore, mademoiselle ! et permettez-moi d'espérer, dit-elle en contractant involontairement ses beaux sourcils ; je sais que le service de mademoiselle sera moins brillant que celui que je quitte, et que la vie que j'aurai près d'elle sera beaucoup plus retirée ; c'est ce que je désire. Je n'aurai pas les mêmes gages ; peu importe, je n'en serai pas moins heureuse.

— Je vous assure, lui répondis-je toute confuse à la simple pensée d'avoir une telle servante, je vous assure que je n'ai pas de femme de chambre.

— Ah ! mademoiselle, pourquoi cela, quand vous pourriez en avoir une si dévouée, qui serait si enchantée de vous servir, qui se montrerait si fidèle, si empressée ! Mademoiselle, ne parlez pas d'argent ; prenez-moi telle que je suis et pour rien. »

Elle s'exprimait avec une ardeur si singulière que je reculai presque effrayée ; elle ne parut pas s'en apercevoir et poursuivit ses instances d'une voix contenue, parlant toujours avec une certaine grâce et une grande facilité d'élocution. « Je suis du midi, mademoiselle, d'un pays où l'on est violent et passionné, où l'on aime et où l'on déteste vivement ; milady avait trop de fierté pour moi ; j'en avais trop pour elle ; c'est fini ! prenez-moi pour domestique et je vous servirai bien ; je ferai pour vous plus que vous ne pouvez l'imaginer, mademoiselle…. Acceptez mes services ; vous ne vous en repentirez point ; je vous servirai si bien ; oh ! vous ne savez pas comme je vous servirai ! »

Elle écouta sans m'interrompre les explications que je lui donnai relativement à l'impossibilité où je me trouvais de la prendre à mon service (je crus inutile de lui avouer combien j'en avais peu le désir), et pendant tout ce temps-là son visage exprima une sombre énergie qui me fit penser à quelques femmes des rues de Paris sous le règne de la Terreur.

« Ainsi, me dit-elle de sa voix la plus douce quand j'eus fini de parler, je n'ai pas d'autre réponse à attendre ? Je le regrette bien vivement ; j'irai chercher ailleurs ce que je n'ai pas trouvé ici. Voulez-vous me permettre de vous baiser la main ? »

Elle me regarda plus attentivement que jamais, et sembla, en me touchant la main, prendre note des moindres veines qui pouvaient s'y trouver. « Je crains de vous avoir surprise le jour de l'orage, » me dit-elle en prenant congé de moi.

Je lui avouai qu'elle nous avait fort étonnés.

« C'est un serment que je me fis alors à moi-même, répondit-elle en souriant ; j'ai voulu le graver dans ma mémoire afin de me le garder fidèlement, et c'est à quoi je ne manquerai pas ! Adieu, mademoiselle. »

Ainsi se termina cet entretien que je fus enchantée de voir finir. Je suppose que Mlle Hortense quitta le village peu de temps après, car je ne la revis plus ; et nul autre incident ne vint troubler nos plaisirs jusqu'au jour où nous rentrâmes à Bleak-House, après six semaines d'absence, comme je l'ai dit plus haut.

Richard, à cette époque, était fort exact à venir nous visiter ; non-seulement il arrivait le samedi soir ou le dimanche matin pour ne repartir que le lundi, mais il venait souvent à cheval sans être attendu, passait la soirée avec nous et repartait le lendemain matin de bonne heure. Vif et enjoué comme toujours, il nous disait qu'il se donnait beaucoup de peine et travaillait énormément, ce qui ne me rassurait pas à son égard ; il me semblait que toute cette ardeur était mal employée, qu'elle ne le conduirait à rien si ce n'est à nourrir des illusions fatales attachées à ce procès, cause pernicieuse de tant de chagrin et de ruine. Il avait pénétré, disait-il, jusqu'au fond de ce mystère et ne doutait pas que le testament, en vertu duquel Eva et lui devaient recevoir je ne sais combien de mille livres, ne fût enfin confirmé, s'il restait encore chez ses juges le moindre bon sens ou la moindre équité. Mais combien ce *si* paraissait gros à mon oreille, et que de temps pouvait s'écouler avant d'atteindre cette heureuse conclusion ! Quant à lui, chaque jour augmentait son espoir et le changeait en certitude ; il commençait à fréquenter la chancellerie et nous racontait qu'il y voyait miss Flite, qu'ils causaient ensemble et qu'elle avait pour lui mille et mille politesses ; qu'il ne pouvait s'empêcher de rire des manies de la pauvre folle, mais qu'en même temps il la plaignait de tout son cœur. Il ne pensait pas alors, pauvre Richard, il ne pensa jamais, lui qui était si confiant dans l'avenir, si bien fait pour le bonheur et si capable de le ressentir, qu'une chaîne fatale rivait sa jeunesse brillante aux jours flétris de la vieille fille, que ses rêves d'espérance et les oiseaux en cage de la plaideuse avaient le même destin : il ne songeait pas assez, pauvre Richard, à la misère, à la folie de miss Flite.

Mais Eva l'aimait trop pour douter de ses paroles ; et mon

tuteur, bien qu'il se plaignît fréquemment du vent d'est et s'enfermât plus souvent qu'autrefois dans le grognoir, gardait à cet égard un silence absolu.

Je profitai donc de l'occasion, un jour où Caroline m'avait priée de venir la voir, pour écrire à Richard de se trouver à la voiture, afin, pensais-je, de causer un peu avec lui. Il était là quand j'arrivai; je pris son bras, et dès qu'il me fut possible de retrouver un peu de gravité :

« Eh bien, lui dis-je, sommes-nous maintenant fixé?

— Oui, petite mère, répondit-il; oh! je travaille....

— Très-bien; mais êtes-vous fixé?

— Comment l'entendez-vous? reprit-il en riant de son rire si franc et si joyeux.

— Je voudrais savoir si vous avez décidé quelque chose relativement à votre carrière.

— Oui, oui; je travaille beaucoup.

— Vous me l'avez déjà dit, Richard.

— Est-ce que ça ne suffit pas? Mais vous avez peut-être raison; vous me demandez si je me sens bien décidé à entrer dans le barreau?

— Oui, Richard.

— Je ne peux pas dire que j'y sois *définitivement* résolu, car je ne peux pas prendre une détermination définitive, tant que cette affaire ne sera pas terminée. Quand je dis cette affaire, vous comprenez, c'est le.... sujet défendu.

— Pensez-vous que jamais elle se termine?

— Cela ne fait pas le moindre doute.

« Ma chère Esther, reprit-il après quelques instants de silence, je vous comprends et je voudrais de toute mon âme être plus constant dans mes désirs; je ne dis pas cela pour Eva, car je l'aime tous les jours davantage; je veux parler des résolutions que je prends et que je ne conserve point; c'est quelque chose que je ne peux pas définir, mais que vous saurez deviner. Si j'étais moins inconstant, je me serais attaché au docteur Badger ou à Kenge et Carboy; je n'aurais pas lâché ma proie pour l'ombre; je serais maintenant un garçon rangé, méthodique, je n'aurais pas de dettes, je....

— Vous avez des dettes, Richard?

— Quelques-unes; j'ai pris trop de goût au billard et à tout le reste. Maintenant que le mot est lâché, vous me méprisez, n'est-ce pas, Esther?

— Vous savez bien que non.

— Vous êtes alors plus indulgente pour moi que je ne le suis moi-même, chère Esther; je suis bien malheureux de n'avoir pas plus de persistance; mais comment en aurais-je? Si vous habitiez une maison qui n'est pas terminée, vous ne pourriez pas vous y fixer; encore moins vous appliquer à une chose si vous étiez condamnée à l'abandonner avant qu'elle fût finie, et c'est là ma position. Je suis né au milieu des alternatives de ce procès qui a commencé à me rendre irrésolu avant que j'aie su la différence qui existe entre une robe de femme et celle d'un avocat; et cette irrésolution n'a fait qu'augmenter avec les hasards de la cause. Parfois je me trouve un grand misérable d'oser aimer cette chère Eva, si confiante et si pure. »

Nous étions dans un endroit solitaire, et il se mit à sangloter en disant ces paroles.

« Ne vous laissez pas abattre ainsi, lui dis-je; vous avez une noble nature, et l'amour d'Eva ne peut que vous rendre meilleur et vous élever davantage.

— Je le sais, chère Esther, répondit-il. Je suis ému parce qu'il y a longtemps que j'avais tout cela sur le cœur; n'y faites pas attention; je voulais toujours vous parler, mais je n'en trouvais pas l'occasion ou parfois je n'en avais pas la force. Je sais tout ce que la pensée d'Eva devrait être pour moi, et je n'en suis pas plus ferme pour cela. J'aime ma cousine avec passion, et je manque à tous mes devoirs envers elle en ne faisant pas ce que je dois faire. Mais cela ne peut pas durer, nous obtiendrons enfin justice; vous verrez alors ce que je suis réellement et ce que je ferai pour Eva. »

J'avais eu le cœur vivement serré en entendant ses sanglots et en voyant ses larmes; je fus encore plus péniblement affectée par l'animation qu'il avait mise dans ces dernières paroles.

« J'ai examiné soigneusement tous les dossiers, continua-t-il en retrouvant tout à coup sa gaieté; pendant plusieurs mois je n'ai pas fait autre chose, et vous pouvez compter que nous triompherons un jour; plus la conclusion s'est fait attendre, plus il est probable que nous touchons au jugement définitif; la cause est appelée de nouveau, on s'en occupe maintenant; tout s'arrangera et vous verrez alors!

— Quand avez-vous l'intention de passer votre contrat avec Kenge et Carboy? lui demandai-je.

— Mais je n'en ai pas du tout l'intention, répondit-il en faisant un effort sur lui-même; je suis rassasié de procédure. Cette affaire Jarndyce, en me faisant travailler comme un galérien, n'a pas seulement calmé mon ardeur pour la jurisprudence, elle m'a encore prouvé que je n'avais aucun goût pour le droit; et puis cela augmente mon irrésolution d'être constamment près de la scène où se débattent nos intérêts. Aussi, continua-t-il d'un ton plein d'assurance, vers quelle carrière pensez-vous que j'aie naturellement dirigé ma pensée?

— Je ne m'en doute pas, répondis-je.

— N'ayez pas l'air si grave, petite mère, c'est ce que je puis faire de mieux; ce n'est pas comme si j'avais besoin d'une profession que je dusse continuer toute ma vie. Ce procès aura une fin, et alors je serai pourvu. Je regarde donc cette nouvelle carrière comme quelque chose de provisoire et qui, par cela même, convient à merveille à la position passagère où je me trouve; ne devinez-vous pas, Esther? »

Je fis un signe négatif.

« Comment? dit Richard d'un ton surpris, mais l'armée!

— L'armée! répondis-je.

— Certainement! Qu'ai-je à faire pour y entrer? Obtenir un brevet et c'est une chose finie. Supposez maintenant, dit-il en prenant son carnet afin de prouver son raisonnement par des chiffres, supposez que j'aie fait en dehors de l'armée deux cents livres de dettes en six mois, dettes que je ne ferai pas dans l'état militaire, j'y suis bien résolu; c'est donc une économie de quatre cents livres par an et de deux mille en cinq ans, ce qui fait une somme considérable. »

Il me parla ensuite avec tant de sincérité du sacrifice qu'il faisait en s'éloignant d'Eva, et de l'ardeur avec laquelle il aspirait à assurer l'heureux avenir de cet ange adoré, du soin qu'il apporterait à vaincre ses défauts, à acquérir l'esprit de décision qui lui manquait, enfin à se rendre digne de son amour, que j'en eus le cœur brisé, car je prévoyais trop comment tout cela devait finir, puisque désormais son caractère avait subi l'atteinte fatale de cette influence maudite qui avait flétri tout ce qu'elle avait touché.

Je lui répondis avec toute la chaleur que je pus y mettre et le suppliai, pour l'amour d'Eva, de ne pas compter sur un jugement illusoire et de ne plus penser à ce procès. Il approuva toutes mes paroles, s'éleva contre la cour et la procédure avec sa verve habituelle, fit un brillant tableau des résolutions qu'il voulait prendre et de ce qu'il serait un jour.... hélas! quand ce malheureux procès le lui aurait permis. Notre conversation dura longtemps encore, et nous en revînmes toujours à cette conclusion désespérante.

A la fin nous arrivâmes à Soho-square, où Caroline m'avait donné rendez-vous; elle était dans le jardin et s'empressa de venir à ma rencontre dès qu'elle m'eut aperçue. Après avoir échangé quelques mots de politesse affectueuse, Richard prit congé de nous et nous laissa toutes deux.

« Prince a une élève dans le Square et a obtenu la clef du jardin pour nous, me dit aussitôt miss Jellyby; si vous voulez faire un tour avec moi, je vais fermer la porte et je pourrai vous dire tout à mon aise pourquoi j'avais tant besoin de vous voir.

— Cela me convient parfaitement, » lui répondis-je.

Caroline m'ayant embrassée ferma la porte, prit mon bras et nous nous promenâmes tranquillement dans le jardin.

« Comme vous m'aviez dit, reprit-elle, que j'aurais tort de me marier sans en parler à ma mère, et même de lui laisser ignorer mon engagement avec M. Turveydrop, bien que je sois persuadée qu'elle ne s'y intéresse pas beaucoup, j'ai dit à Prince ce que vous pensiez à cet égard, d'abord parce que je désire profiter de vos conseils, et, ensuite, parce que je n'ai pas de secret pour lui.

— J'espère qu'il a été de mon avis ?

— Oh! certainement; d'ailleurs, il approuve tout ce que vous 'ites; vous ne vous faites pas une idée de l'opinion qu'il a de vous. Toute autre que moi en serait jalouse, dit-elle en riant et en hochant la tête avec malice; mais tout cela me fait plaisir, car vous êtes la première amie que j'aie jamais eue, la meilleure que je pourrai jamais avoir; et plus on vous aimera, plus je serai contente.

— Chère et bonne Caroline, vous conspirez avec les autres pour me rendre la plus heureuse des femmes; mais de quoi vouliez-vous m'entretenir ?

— Eh bien, reprit-elle en croisant les mains sur mon bras d'un air confidentiel, nous avons donc beaucoup parlé de cela, Prince et moi; puisque miss Summerson, lui disais-je....

— Vous n'avez pas dit miss Summerson, j'espère bien!

— Non, non, s'écria-t-elle le visage tout rayonnant, j'ai dit à Prince, puisque c'est l'opinion d'Esther, je suis décidée à tout apprendre à maman, dès que vous le jugerez convenable; et je crois qu'Esther est également d'avis que ma position serait plus franche et plus honorable si vous faisiez la même communication à M. Turveydrop.

— Vous aviez raison, Caroline : Esther est complétement de cet avis, répondis-je.

— Vous voyez donc bien; mais Prince en fut profondément troublé. Non pas qu'il ait le moindre doute à cet égard; mais

1. — 20

il a tant de respect pour son père! et il craint qu'en apprenant cette nouvelle, M. Turveydrop ne s'évanouisse, ou tout au moins n'éprouve une émotion trop vive; il a peur que le vieux gentleman ne considère cela comme un acte d'irrévérence et n'en reçoive une secousse trop violente, car M. Turveydrop est, vous le savez, d'une suprême distinction et d'une sensibilité dont rien n'approche.

— En vérité !

— Oh ! mais excessivement sensible; ce qui fait que ce cher enfant.... Je n'avais pas l'intention d'employer cette expression devant vous, Esther, dit-elle en rougissant, mais c'est ainsi que je nomme Prince habituellement. »

Je me mis à rire, elle en fit autant, devint pourpre et continua :

« Ce qui lui a causé une....

— A qui donc ? lui demandai-je.

— Oh ! que vous êtes ennuyeuse, dit-elle en riant et le visage tout en feu; à ce cher enfant, puisque vous y tenez absolument; ce qui lui a causé plusieurs semaines d'inquiétude, et lui a fait remettre de jour en jour son entretien avec M. Turveydrop. Enfin, m'a-t-il dit, si vous pouviez obtenir de miss Summerson, qui est en grande faveur auprès de mon père, qu'elle voulût bien être là quand j'aborderai ce sujet, il me semble que j'aurais plus de courage ; je lui promis de vous le proposer, et je pensai, d'ailleurs, que si vous y consentiez, je vous prierais ensuite de venir avec moi chez ma mère; c'est là ce que j'avais à vous demander, et si vous croyez pouvoir le faire, chère amie, nous vous en serons bien reconnaissants.

— Je ferais, lui dis-je, bien autre chose pour vous être agréable, si c'était en mon pouvoir; disposez de moi quand vous voudrez, je suis entièrement à votre service. »

Caroline fut transportée de joie en entendant cette réponse, la moindre preuve de bienveillance ou d'affection touchait son cœur; et, après avoir fait un second tour de jardin, pendant lequel elle mit une paire de gants tout neufs et se rendit aussi resplendissante que possible pour faire honneur au dernier gentleman, nous nous rendîmes à Newman-street.

Nous trouvâmes Prince dansant avec une petite élève de peu d'espérance, au visage rechigné, à l'air stupide, à la voix creuse, accompagnée d'une mère inanimée, paraissant peu satisfaite des progrès de sa fille, dont la mauvaise grâce et l'inintelligence s'augmentèrent nécessairement de la confusion dans laquelle notre arrivée plongea son professeur. La leçon terminée, la petite fille changea de chaussures, fit disparaître sa robe de mousseline blanche sous un grand châle et partit avec sa mère. Nous échangeâmes quelques mots préparatoires, et nous nous mîmes à la recherche de M. Turveydrop, que nous trouvâmes groupé avec son chapeau et ses gants sur le canapé de sa chambre, la seule pièce confortable de toute la maison; il s'était habillé à loisir en prenant une légère collation, et son nécessaire, ses brosses, ses flacons, tout cela d'une grande élégance, se trouvait encore sur la table de toilette.

« Mon père, miss Summerson et miss Jellyby.

— Enchanté de leur visite, dit le gentleman en se levant et en nous saluant des épaules. Veuillez vous asseoir, poursuivit-il en baisant le bout des doigts de sa main gauche. Transporté de joie, ajouta-t-il en fermant les yeux et en les roulant sous ses paupières. Mon humble retraite devient un paradis. Vous nous retrouvez, miss Summerson, exerçant notre art et cherchant toujours à polir la jeunesse; le sexe, dont l'approbation nous stimule, vient nous récompenser en daignant nous accorder quelques instants de son aimable présence. Et dans le temps où nous sommes (nous avons terriblement dégénéré depuis l'époque où brillait Son Altesse Royale le prince régent, mon noble patron, si j'ose parler ainsi); oui, dans ces temps douloureux, c'est beaucoup d'avoir la preuve que la grâce et le maintien ne sont pas complétement foulés aux pieds par de vils artisans, et qu'ils peuvent encore, chère madame, se ranimer au sourire de la beauté. »

Le silence me parut être la seule réponse convenable en pareil cas, et le gentleman puisa dans sa tabatière avec toute la grâce dont il était capable.

« Mon cher enfant, dit-il à Prince, vous avez quatre cours cette après-midi; je vous recommande de manger une sandwich à la hâte.

— Merci, mon père, je suis sûr d'être exact. Mon cher père, oserai-je vous demander de préparer votre esprit pour ce que j'ai à vous dire?

— Bonté divine! s'écria le modèle de tournure avec effroi lorsqu'il vit Prince et Caddy s'agenouiller devant lui en se tenant par la main; qu'est-ce cela signifie? est-ce de la démence?

— Mon père, j'aime cette jeune personne, et nous nous sommes promis de nous épouser, répondit Prince avec une entière soumission.

— De vous épouser? reprit M. Turveydrop en s'appuyant sur

le sofa et en portant la main à ses yeux ; une flèche m'est lancée au cœur et par mon propre enfant !

— Il y a déjà quelque temps que nous avons pris cet engagement, balbutia Prince ; et miss Summerson, l'ayant su, nous a donné le conseil de vous en informer ; elle est assez bonne pour venir se joindre à nous dans la présente occasion. Miss Jellyby a pour vous, mon père, le plus profond respect. »

M. Turveydrop laissa tomber un gémissement.

« Oh ! mon père, ne le prenez pas ainsi ; mon père ! miss Jellyby vous respecte, et son plus vif désir est de contribuer à votre bien-être. »

M. Turveydrop se mit à sangloter.

« Oh ! mon père, ne vous désolez pas !

— Enfant ! il est heureux que cette angoisse ait été épargnée à votre sainte mère ; frappez, monsieur, frappez au cœur et soyez sans pitié !

— Mon père ! ne parlez pas ainsi, répondit Prince d'une voix suppliante et en fondant en larmes. Je vous jure que notre intention la plus ferme est de songer avant tout à votre bonheur ; Caroline et moi, nous ne négligerons rien pour que vous soyez heureux ; c'est notre devoir et nous ne l'oublierons pas ; nous l'avons dit souvent ensemble et si vous y consentez, mon père, nous n'aurons d'autre soin que de vous rendre la vie agréable.

— Frappé au cœur, murmura le gentleman qui me parut néanmoins prêter quelque attention aux paroles de son fils.

— Mon père, nous savons à quel confortable vous êtes habitué, nous connaissons le bien-être auquel vous avez droit. Ce sera notre pensée constante de songer aux moyens d'y pourvoir et notre orgueil de parvenir à satisfaire vos besoins. Si vous êtes assez bon pour nous donner votre consentement, nous attendrons sans nous plaindre qu'il vous plaise de fixer l'époque de notre mariage ; et quand nous serons mariés, vous resterez toujours le premier objet de nos soins, le chef de cette maison, mon père ; nous sentons qu'il faudrait être dénaturés pour manquer à ce devoir, et pour ne pas faire tout ce qui dépendrait de nous afin de vous être agréable. »

Le vieux gentleman parut soutenir à l'intérieur un violent combat ; puis, se redressant tout à coup sur le canapé, les joues gonflées, la cravate roide, modèle achevé de suprême élégance et de tournure paternelle :

« Mon fils, dit-il, je ne puis résister plus longtemps à votre prière ; enfants, soyez heureux ! »

Je n'ai rien vu de plus saisissant que la bénignité avec la

quelle il releva sa future belle-fille et tendit la main à son fils, qui s'empressa de la baiser avec autant d'affection que de respect et de gratitude.

« Mes enfants, continua-t-il en mettant la main droite sur la hanche, et en passant paternellement son bras gauche autour de la taille de Caroline, qu'il fit asseoir à côté de lui, mon fils et ma fille, votre bonheur sera mon unique souci ; je veillerai sur vous ; je ne vous quitterai jamais ; vous vivrez avec moi (voulant dire : je vivrai avec vous). Cette maison sera désormais la vôtre ; et puissions-nous la partager longtemps ! »

Heureux effet d'une tournure élégante ! Elle eut sur les deux fiancés une influence si puissante, qu'ils restèrent accablés sous le poids de leur gratitude, comme si, au lieu de se mettre à leur crochet pour le reste de ses jours, le vieux gentleman avait au contraire fait les plus grands sacrifices en leur faveur.

« Quant à moi, mes enfants, poursuivit-il, je suis arrivé à l'arrière-saison où les feuilles commencent à jaunir ; et il est impossible de prévoir combien de temps les dernières traces de la suprême élégance et de la distinction des manières se maintiendront chez un être parvenu à cet âge où l'on décline. Mais aussi longtemps qu'elles me resteront fidèles, je remplirai mes devoirs envers la société, et je me montrerai comme à l'ordinaire aux endroits les plus fréquentés de la ville ; mes besoins sont aussi simples qu'ils sont peu nombreux. Mon petit appartement tel que le voici, les quelques objets indispensables à ma toilette, mon déjeuner frugal et mon dîner, voilà tout ; je m'en rapporte à votre affection, à votre cœur si profondément pénétré de ses devoirs pour qu'il soit pourvu à ces quelques besoins : je me charge du reste. »

Les deux amants furent subjugués de nouveau par tant de générosité.

« Quant aux avantages dont vous êtes dépourvu, mon fils, continua le gentleman, quant au maintien et à la distinction des manières, don précieux qu'un homme reçoit de la nature, que l'on peut développer en les cultivant, mais qu'on ne saurait faire naître où ils n'existent pas, comptez sur moi, mon fils ; je suis resté fidèle à mon poste depuis le temps où vivait Son Altesse Royale le prince régent, soyez sûr que je ne le déserterai jamais. Et vous Prince, dont la nature est si différente de la mienne (tous les hommes ne peuvent pas se ressembler, et il serait malheureux qu'il en fût autrement), travaillez, soyez actif, laborieux, gagnez de l'argent, et multipliez vos relations afin d'augmenter vos élèves.

— Vous pouvez être assuré, mon père, que je m'y appliquerai de toutes mes forces.

— Je n'en doute pas, répondit M. Turveydrop; vos qualités ne sont point brillantes, mon cher enfant, mais elles sont solides; je ne vous dirai plus qu'un mot, cher fils et chère fille, au nom de la sainte femme sur le sentier de laquelle j'ai eu le bonheur de faire briller un rayon lumineux, rappelez-vous toujours les exigences de votre profession, n'oubliez pas mes simples besoins et soyez bénis à jamais. »

Le vieux gentleman devint après cela d'une telle galanterie, en l'honneur de la circonstance, que je m'empressai de rappeler à Caroline que nous ferions bien d'aller tout de suite chez sa mère, si nous voulions pour cela profiter de mon séjour. Nous partîmes donc après un tendre adieu échangé entre les deux amants, et pendant tout le trajet que nous avions à faire, Caroline se montra si heureuse et si remplie d'admiration pour le vieux gentleman, que je n'aurais voulu pour rien au monde lui dire un mot qui pût affaiblir l'opinion qu'elle en avait conçue.

La maison de Thavies-Inn était à louer; elle me parut plus sombre et plus sale que jamais; le nom de M. Jellyby avait figuré sur la liste des banqueroutiers deux ou trois jours auparavant; et nous trouvâmes ce pauvre homme dans la salle à manger où il était enfermé avec deux gentlemen, un tas de sacs bleus, de papiers et de livres de compte, et faisant des efforts désespérés pour comprendre quelque chose à ses affaires. Les enfants criaient dans la cuisine où ils étaient seuls; nous montâmes dans la chambre de mistress Jellyby. Comme à l'ordinaire, cette dame était au milieu d'un monceau de lettres dont les enveloppes déchirées couvraient le parquet. Elle était si préoccupée qu'elle ne me reconnut pas tout d'abord, bien qu'elle eût tourné vers moi le regard lointain de ses yeux brillants.

« Miss Summerson, dit-elle enfin, pardon, j'étais si loin de penser au plaisir de vous voir! J'espère que votre santé est bonne, et que M. Jarndyce et miss Clare vont bien ? J'espérai en échange que M. Jellyby allait fort bien aussi.

— Non, ma chère, pas très-bien, répondit-elle avec le plus grand calme. Il a été malheureux dans ses affaires et il en est tout abattu. Heureusement pour moi que je suis trop occupée pour avoir le temps d'y penser. Nous avons maintenant cent soixante-dix familles, comptant cinq personnes, l'une dans l'autre, qui sont déjà parties ou qui vont partir pour la rive gauche du Niger. »

Je pensai malgré moi à la famille qui restait auprès d'elle, et je me demandais comment mistress Jellyby pouvait être si tranquille.

« Vous avez ramené Caroline, à ce que je vois, dit-elle en jetant un coup d'œil à sa fille ; sa présence est maintenant une chose rare ; elle a presque entièrement abandonné son emploi et m'a forcée de prendre un jeune homme à sa place.

— Mais, maman....

— Vous savez bien, Caddy, reprit sa mère en l'interrompant avec douceur, que j'ai pris un secrétaire (il est maintenant à dîner); à quoi bon me contredire?

— Maman, je ne voulais pas vous contredire ; mais vous n'avez jamais eu l'intention de faire de moi à perpétuité une simple machine à copier.

— Ma chère enfant, dit mistress Jellyby en continuant d'ouvrir ses lettres, et en jetant autour d'elle son regard tranquille et souriant, vous aviez dans votre mère un exemple qui aurait pu vous donner le goût du travail et des affaires sérieuses ; une simple machine ! ah ! si vous aviez la moindre sympathie pour les destinées de la race humaine, vous ne ravaleriez pas ainsi les fonctions qu'il vous était donné de remplir ; mais je vous l'ai dit souvent, Caroline, vous manquez totalement de sympathie et de générosité.

— Oh ! vous avez raison, maman ; je n'aime pas du tout l'Afrique.

— Je le sais bien, Caroline ; et, si je n'avais pas le bonheur d'être aussi occupée, ce serait pour moi un grand sujet de chagrin et d'humiliation, dit mistress Jellyby en cherchant où caser la lettre qu'elle venait d'ouvrir ; mais heureusement que j'ai à penser à tant d'autres choses, que cela m'empêche de songer à mes propres ennuis. »

Caroline tourna vers moi des yeux suppliants, et, pendant que sa mère contemplait au loin l'Afrique par-dessus mon chapeau et toute ma personne, qu'elle avait l'air de regarder sans les voir, je profitai de cet instant favorable pour en venir à l'objet de ma visite.

« Peut-être serez-vous fort étonnée, dis-je à mistress Jellyby, quand vous saurez pourquoi je suis venue vous interrompre.

— Je suis toujours enchantée de vous voir, miss Summerson, répondit-elle en continuant l'examen de sa correspondance ; je souhaiterais seulement que vous prissiez plus d'intérêt à notre projet de Borrioboula-Gha.

— J'ai accompagné Caroline, repris-je, parce qu'elle s'est

imaginé que je pourrais l'aider à vous faire la confidence dont elle voudrait vous parler.

— Quelque sottise, probablement, » dit mistress Jellyby en secouant la tête et en poursuivant son travail.

Caroline ôta son chapeau et dit en pleurant :

« Je me suis promise en mariage, maman.

— Vous, stupide enfant ! répondit mistress Jellyby d'un air distrait en parcourant la lettre qu'elle tenait à la main; quel oison vous faites !

— Je me marie avec le jeune M. Turveydrop de l'Académie, continua Caroline en sanglotant; M. Turveydrop, son père, gentleman très-distingué, nous a donné son consentement et je vous supplie de vouloir bien nous accorder le vôtre, maman; car je serais bien malheureuse si je ne l'obtenais pas, oh ! oui, bien malheureuse, ajouta la pauvre enfant qui oubliait ses griefs pour ne se rappeler que son affection.

— Vous voyez, miss Summerson, répondit mistress Jellyby avec sérénité, combien il est heureux que j'aie autant d'occupation et que je sois complétement absorbée par les affaires. Voilà ma fille qui épouse le fils d'un maître de danse, qui s'allie avec des gens qui n'ont aucune sympathie pour les destinées de la race humaine, alors que M. Gusher, l'un des premiers philanthropes de nos jours, m'a déclaré positivement qu'il s'intéressait à elle.

— Mais j'ai toujours détesté M. Gusher, maman !

— Comment l'auriez-vous aimé, répondit mistress Jellyby en ouvrant une lettre avec la plus grande sérénité, vous qui êtes totalement dépourvue des sympathies généreuses qui débordent en lui ! Ah ! si mes devoirs envers l'humanité ne remplissaient pas mon cœur, si je n'étais pas occupée d'aussi grandes questions et sur une échelle aussi vaste, ces détails mesquins pourraient m'affliger, miss Summerson ; mais dois-je permettre à la sottise de ma fille (sottise à laquelle j'aurais bien dû m'attendre) de se placer entre moi et la terre africaine ? Non, non ! répéta mistress Jellyby d'une voix calme et en ouvrant toujours ses lettres avec un agréable sourire. Non, vraiment ! »

Je m'attendais si peu à cette parfaite indifférence, que je ne trouvais pas un mot à répondre. De son côté la pauvre Caddy ne semblait pas moins embarrassée, tandis que mistress Jellyby continuait à ouvrir ses lettres et répétait de temps en temps d'une voix pleine de charme et avec un sourire plein de douceur : « Non, vraiment ; non, vraiment ! »

— J'espère que vous n'êtes pas fâchée, dit enfin la malheureuse enfant qui pleurait à chaudes larmes.

— Il faut que vous soyez bien absurde, pour me faire une pareille demande, Caroline, après ce que je viens de vous dire des préoccupations de mon esprit.

— Vous nous donnerez votre consentement et vous ferez des vœux pour notre bonheur ? ajouta la pauvre fille d'un ton suppliant.

— Vous n'êtes qu'une folle et qu'une sotte, d'avoir ainsi perdu votre avenir, enfant dégénéré, quand il vous était si facile de vous dévouer aux grandes mesures d'intérêt public; mais enfin la chose est faite, j'ai pris un secrétaire et il n'y a plus à y songer. Allons, dit-elle en éloignant sa fille qui était venue l'embrasser; ne me retardez pas; il faut que j'aie parcouru cette énorme quantité de lettres avant l'arrivée du prochain courrier. »

J'allais partir quand je fus retenue par ces paroles de Caroline :

— Vous ne vous opposez pas à ce que je vous l'amène, maman ?

— Allez-vous recommencer ? dit mistress Jellyby qui était retombée dans sa contemplation du Niger. Amener qui ?

— Lui, maman.

— Oh ! mon Dieu, répliqua mistress Jellyby fatiguée d'entendre parler encore d'un sujet aussi peu important ; amenez-le, si vous voulez, un soir où je n'aurai pas de réunion de la société maternelle ou de celle des ramifications, ou des succursales, ou de n'importe quelle autre association ; enfin choisissez votre jour d'après l'emploi de mon temps. C'est bien bon à vous, ma chère miss Summerson, d'avoir prêté votre concours à cette petite sotte ; adieu, chère miss ; quand vous saurez que j'ai reçu ce matin cinquante-huit lettres de familles industrielles qui désirent avoir des détails sur la culture du café en Afrique et sur les indigènes de Borrioboula-Gha, vous comprendrez qu'il me reste peu de loisirs. »

Je le compris à merveille ainsi que l'abattement de la pauvre Caddy, et je ne fus pas surprise des larmes que cette chère enfant versa de nouveau quand nous fûmes en bas de l'escalier, en me disant qu'elle aurait mieux aimé des reproches que cette indifférence, et en me confiant qu'elle ne savait pas comment elle ferait pour s'habiller d'une manière convenable le jour de son mariage, tant sa garde-robe était pauvre. Je la consolai peu à peu en lui montrant tout le bien qu'elle pourrait faire à son malheureux père, une fois qu'elle serait chez elle. Et nous descendîmes ensuite dans la cuisine où les enfants se traînaient sur les dalles, et où nous commençâmes avec eux une partie si aninue, que je me vis obligée, pour que ma robe ne fût pas mise en pièces, d'en revenir aux contes de fées. De temps en temps un bruit de voix arrivait jusqu'à nous, et les meubles, qu'on remuait violemment dans la salle à manger, me faisaient craindre que le pauvre M. Jellyby ne se jetât par la fenêtre pour aller chercher ailleurs la solution des affaires qu'il ne pouvait comprendre.

En revenant le soir à Bleak-House, après cette journée d'émotions, je pensai au mariage de Caddy, et je restai convaincue, malgré la charge du vieux gentleman, qu'elle ne pourrait que gagner à changer de position. Il y avait peu de chance, il est vrai, pour qu'elle finît, ainsi que Prince, par apprécier à sa juste valeur l'illustre modèle de grâce et de maintien ; mais qui aurait pu leur souhaiter plus de sagesse et de clairvoyance ? Quant à moi, qui m'en serais bien gardée, j'étais presque honteuse de ne pas prendre au sérieux la suprême distinction du dernier gentleman. Rassurée à l'égard de la pauvre Caroline, je pensai, en regardant les étoiles, à ceux qui parcouraient les mers lointaines, et je demandai au ciel d'avoir toujours le bonheur d'être utile à quelqu'un dans la mesure de mes forces.

Quand j'arrivai au château, ils furent si heureux de me revoir, et me le témoignèrent avec tant d'empressement, que j'aurais volontiers pleuré de joie, si ce n'eût pas été le moyen de leur déplaire.

Chacun dans la maison, du premier jusqu'au dernier, me faisait un si joyeux accueil, et se montrait si content de faire quelque chose qui pût m'être agréable, que je ne crois pas qu'il y ait jamais eu de créature aussi heureuse que moi dans le monde.

Toute la soirée fut employée à causer ; j'avais tant de choses à raconter sur Caroline à propos de son mariage, qu'une fois dans ma chambre, je me sentis presque honteuse d'avoir parlé si longtemps ; comme je songeais à tout ce que j'avais dit, un coup léger fut frappé à ma porte, et je vis entrer une jolie petite fille, proprement vêtue de noir, qui me fit la révérence.

« Je suis Charley, pour vous servir, me dit-elle d'une voix pleine de douceur.

— Ah ! c'est vrai, lui répondis-je en l'embrassant ; mais comment se fait-il que vous soyez ici, Charley ? du reste, je suis bien contente de vous voir.

— C'est que je suis votre femme de chambre, miss, répondit-elle.

— Comment cela, Charley ?

— C'est un présent que vous fait M. Jarndyce. »

Je pris un siége et passai mon bras autour du cou de Charley.

« Si vous saviez, miss ! dit-elle en frappant dans ses mains tandis que les larmes coulaient sur ses joues à fossettes ; oui, miss ! Tom est à l'école où il apprend si bien ! la petite Emma est chez mistress Blinder qui a tant de bontés pour elle ! et moi, je serais ici depuis longtemps, si M. Jarndyce n'avait pas dit comme ça, qu'il fallait nous habituer peu à peu à n'être plus ensemble, parce qu'ils sont si petits, voyez-vous, Emma et Tom ! il ne faut pas pleurer, miss.

— Je ne peux pas m'en empêcher.

— Ni moi non plus, miss, reprit Charley ; M. Jarndyce, qui me met à votre service, pense que vous voudrez bien m'enseigner tout ce qu'il faudra que j'apprenne, et il a dit que je verrais mon petit frère et ma petite sœur une fois par mois ; et je suis si heureuse et si reconnaissante, miss ! que je ferai tous mes efforts pour être une bonne femme de chambre.

— Oh ! Charley, n'oubliez jamais tant de bonté.

— Non, miss, jamais ; ni Tom non plus, ni Emma ; c'est vous, miss, qui avez fait tout ça.

— Je ne le savais même pas ; c'est à M. Jarndyce et à lui seul que vous devez tout, Charley.

— Oui ; mais c'est à cause de vous et pour que vous soyez ma maîtresse ; et moi et Tom, soyez-en sûre, nous nous en souviendrons. »

Charley entra immédiatement en fonctions, allant et venant dans la chambre comme une petite femme, pliant soigneusement tout ce qu'elle trouvait sous sa main ; puis se glissant auprès de moi :

« Oh ! ne pleurez pas, miss, je vous en prie, dit-elle.

— Je ne peux pas m'en empêcher, lui répondis-je encore.

— Ni moi non plus, » répéta de nouveau Charley. Après tout, c'était de joie que nous pleurions toutes les deux.

CHAPITRE XXIV.

Un cas d'appel.

Richard communiqua l'état de son esprit à mon tuteur, peu de temps après l'entretien que nous avions eu ensemble.

M. Jarndyce parut en éprouver une véritable peine, mais je doute qu'il fût surpris de cette nouvelle détermination. Lui et Richard eurent, à ce sujet, de longues conférences; ils passèrent des jours entiers à Londres, allèrent cent fois chez M. Kenge, et rencontrèrent une foule de difficultés excessivement désagréables. Pendant tout ce temps-là, mon tuteur, bien qu'il souffrît beaucoup du vent d'est, fut toujours aussi bon et aussi aimable qu'à l'ordinaire pour Eva et pour moi; mais il garda une réserve complète sur cette affaire; et tout ce que nous pûmes obtenir, ce fut l'assurance que nous donna Richard que tout allait parfaitement, et s'arrangerait à merveille, ce qui était loin de nous rassurer.

Nous apprîmes cependant qu'une demande avait été faite au lord chancelier, Richard étant pupille de la cour, ce qui avait fourni au grand chancelier l'occasion de dépeindre Richard, en pleine audience, comme un esprit capricieux qui ne ferait jamais rien. L'affaire, remise de semaine en semaine, avait donné lieu à des référés, à des pétitions, à des rapports sans nombre, au point que Richard en vint lui-même à nous dire que si jamais il entrait dans l'armée, ce serait comme vétéran, après la soixantaine. Enfin, rendez-vous lui fut donné dans le cabinet particulier du grand chancelier, où milord lui reprocha sévèrement de perdre son temps et de ne pas savoir prendre une décision. « Bonne plaisanterie de la part de ces gens-là, nous dit Richard, que de parler de temps perdu et de décision à prendre. » Toutefois sa demande lui fut accordée, son nom fut inscrit à l'état-major des gardes à cheval, pour obtenir une commission d'enseigne; le prix du brevet fut déposé chez un agent. Richard, suivant sa manière habituelle de procéder, s'enfonça jusqu'aux oreilles dans les études spéciales qu'exige l'état militaire, et se leva à cinq heures du matin pour s'exercer au maniement du sabre.

C'est ainsi que les vacances de la cour succédèrent aux sessions et les sessions aux vacances. Nous entendions dire de temps en temps que l'affaire Jarndyce était rappelée, suspendue, reprise ou ajournée, sans jamais rien savoir de concluant à ce sujet. Richard, qui était alors chez un professeur à Londres, ne venait plus nous voir aussi souvent; mon tuteur gardait toujours la même réserve; enfin les mois s'écoulèrent, la commission d'enseigne fut obtenue, et Richard reçut l'ordre de rejoindre son régiment qui était en Irlande.

Il arriva un soir en toute hâte, apportant cette nouvelle, et eut un long entretien avec M. Jarndyce; plus d'une heure s'écoula avant que ce dernier, mettant la tête à la porte de la chambre où nous étions Eva et moi, nous priât de passer dans son cabinet; nous y trouvâmes Richard que nous avions quitté plein d'ardeur, et qui, maintenant, s'appuyait sur la cheminée d'un air abattu et chagrin.

« Rick et moi, Eva, ne sommes pas tout à fait du même avis, dit M. Jarndyce. Allons, Richard, montrez-nous un visage plus souriant.

— Vous êtes bien sévère avec moi, monsieur, répondit celui-ci; cela me paraît d'autant plus dur que vous vous êtes montré plus indulgent sous tous les autres rapports, et que jusqu'ici vous avez été pour moi d'une bonté que je ne pourrai jamais reconnaître; car, sans vous, monsieur, il m'eût été impossible d'arranger cette affaire.

— Bien! bien! dit M. Jarndyce; mais tout cela ne suffit pas. Ce que je désire surtout, c'est de vous mettre d'accord avec vous-même.

— J'espère, monsieur, que vous voudrez bien me pardonner, reprit Richard avec une fierté mêlée de respect, si je crois être le meilleur juge de ce qui me regarde personnellement.

— J'espère que vous voudrez bien m'excuser, mon cher Rick, répondit à son tour M. Jarndyce d'une voix pleine de douceur et d'enjouement, si je vous fais observer qu'il est naturel que vous pensiez ainsi; mais qu'il ne l'est pas moins que je sois d'un avis différent; aussi ferai-je mon devoir, sans quoi, Richard, vous n'auriez plus pour moi la même estime lorsque vous serez de sang-froid; et je désire que vos sentiments à mon égard restent toujours les mêmes. »

Eva, en entendant ces mots, devint si pâle, que mon tuteur la fit asseoir dans son fauteuil, et prit un siége à côté d'elle.

« Ce n'est rien, chère enfant, lui dit-il; une petite discussion tout amicale que nous désirons vous soumettre, car vous en êtes le sujet; que cela ne vous effraye pas, chère fille! accordez-nous une minute d'attention, et que la petite mère veuille bien en faire autant. Vous vous rappelez l'entretien que nous avons eu tous les quatre, lorsque dame Durden me parla de votre amour.

— Il est impossible que Richard et moi nous l'ayons oublié, cousin John.

— Assurément, dit Richard.

— Il n'en sera que plus facile de nous entendre, continua M. Jarndyce dont tous les traits reflétaient l'honneur et la loyauté de son âme. Eva, ma douce colombe, vous savez que Richard a définitivement choisi la carrière qu'il veut suivre.

Tout ce qui lui reste de sa petite fortune va être absorbé par les frais de son équipement; il n'aura plus ensuite aucune ressource, et le voilà lié à tout jamais par sa propre résolution.

— Il est vrai, dit Richard, que tout ce que j'avais est épuisé ou va l'être; mais ce faible avoir n'était pas tout ce que je possède.

— Rick, s'écria M. Jarndyce avec une terreur subite et d'une voix altérée; au nom du ciel ! n'attendez rien de ce qui fut toujours une malédiction pour la famille; quelle que soit la route que vous parcouriez ici-bas, Richard, détournez vos yeux de l'horrible fantôme qui vous attire; il vaudrait mieux emprunter ou mendier, il vaudrait mieux mourir que de le suivre ! »

La ferveur avec laquelle M. Jarndyce prononça ces paroles nous fit tous tressaillir; Richard se mordit les lèvres, retint son haleine et me regarda, car il connaissait ma pensée.

« Chère Eva, poursuivit M. Jarndyce en retrouvant sa gaieté, ce sont là des paroles un peu vives; mais nous sommes à Bleak-House, et j'y ai vu les résultats de cette maudite influence. Revenons à la question qui nous occupe. Tout l'avenir de Richard est donc maintenant dans la nouvelle carrière qu'il embrasse aujourd'hui, et, par amour pour lui autant que pour vous, Eva, je lui demande de vous quitter avec la pensée qu'il n'existe aucun engagement entre vous deux; j'irai plus loin : vous vous êtes confiés librement à moi, et je vous parlerai avec franchise, je vous demande d'oublier provisoirement tout autre lien que celui de votre parenté.

— Il vaudrait mieux déclarer tout de suite, monsieur, répondit Richard, que je ne vous inspire aucune confiance, et conseiller à ma cousine de faire la même déclaration.

— Je ne le ferai pas, Richard, parce que c'est loin de ma pensée.

— Vous trouvez que j'ai mal débuté, monsieur, et vous avez raison.

— Je vous ai dit, Richard, la dernière fois que nous en avons parlé, ce que j'avais toujours espéré de vos débuts, reprit M. Jarndyce d'un ton encourageant; vous n'avez pas encore, à vrai dire, commencé votre carrière; mais le temps est venu d'y songer sérieusement; faites donc aujourd'hui ces débuts que nous attendons; mais jusque-là vous êtes cousin d'Eva, rien de plus, Richard; c'est quand vous aurez assuré votre avenir, que des relations plus étroites pourront s'établir entre vous, et seulement alors, pensez-y bien.

— Vous êtes cruel à mon égard, monsieur, plus cruel que je ne l'aurais supposé.

— Mon cher enfant, c'est envers moi que je le suis lorsque je vous fais de la peine; d'ailleurs, votre destinée est dans vos mains. Eva, il vaut mieux pour lui qu'il n'y ait pas entre vous d'engagement prématuré; pour elle aussi, Richard, croyez-le bien. Allons! chacun de vous fera, je n'en doute pas, ce qui est dans l'intérêt de l'autre, et nous en serons tous plus heureux.

— Ce n'est pas ainsi que vous nous avez parlé, monsieur, au moment où notre cœur vous fut ouvert.

— Je ne vous blâme pas, Rick; mais l'expérience est venue. Vous êtes trop jeunes pour prendre un engagement; je le reconnais aujourd'hui. Allons, chers cousins, laissons là le passé, tournons le feuillet et commencez à écrire votre vie sur la page blanche qui se présente. »

Richard leva des yeux inquiets sur sa cousine.

« J'avais évité de vous en parler, ainsi qu'à Esther, poursuivit M. Jarndyce, afin que nous pussions en causer franchement aujourd'hui, sans parti pris d'avance. Il ne me reste plus qu'à vous renouveler ma prière de regarder le passé comme non avenu. Laissez à votre courage et à votre fidélité le soin de vous réunir. En agissant autrement vous me mettriez dans mon tort, et vous me feriez repentir de vous avoir rapprochés. »

Ces paroles furent suivies d'un long silence.

« Cousin Richard, dit enfin Eva en fixant tendrement sur lui ses yeux bleus, après ce que vient de dire mon cousin John, nous n'avons pas à hésiter. Vous pouvez être tranquille sur mon compte; vous me laissez aux soins d'un homme qui prévient tous mes désirs et dont la volonté doit être pour moi une loi. Je ne doute pas, cousin Richard, poursuivit-elle un peu confuse, que vous ne m'aimiez beaucoup.... je.... ne.... pense pas que vous puissiez jamais en aimer une autre; mais rappelez-vous bien ce que je vais vous dire, car c'est votre bonheur que je désire avant tout. Comptez sur moi, cousin Rick; je ne suis pas du tout changeante; mais je suis raisonnable, et je ne vous blâmerais pas.... Je penserai toujours à vous; je parlerai de vous souvent avec Esther; vous penserez quelquefois à moi, n'est-ce pas? Et maintenant, dit-elle en lui donnant sa main tremblante, nous revoilà seulement cousins, Richard... peut-être pour toujours.... mais quoi qu'il arrive, je prierai pour que vous soyez heureux, en quelque lieu que vous puissiez être. »

Il me parut singulier que Richard ne pardonnât pas à mon tuteur d'avoir de sa conduite l'opinion qu'il m'en avait souvent exprimée lui-même en termes bien plus forts: et pourtant j'observai avec douleur que, depuis cette époque, il n'eut jamais avec M. Jarndyce, le même abandon qu'autrefois. Quant à mon tuteur, ses sentiments et ses manières restèrent toujours les mêmes ; ce fut seulement du côté de Richard que vint la froideur, qui s'augmenta chaque jour et qui grandit au point de les séparer complétement.

Les préparatifs du départ et les soins qu'exigea son équipement furent néanmoins pour Richard une distraction puissante, qui lui fit oublier jusqu'au chagrin qu'il avait eu de quitter sa cousine, restée à Bleak-House, tandis que nous étions venus, mon tuteur et moi, passer à Londres une semaine avec lui. Il pensait à elle par accès, fondait en larmes et me confiait tous les reproches qu'il s'adressait alors ; mais, au bout de quelques minutes, il évoquait je ne sais quel plan d'avenir qui devait à la fois leur donner le bonheur et la fortune, et retrouvait toute sa gaieté.

Ce fut une semaine excessivement occupée. Je trottais avec lui du matin jusqu'au soir pour faire emplette d'une foule de choses dont il avait besoin ; je ne dis rien de celles qu'il aurait achetées s'il avait été seul. Il avait pleine confiance en moi, et parlait de ses torts d'une manière si touchante, il m'exprimait ses bonnes résolutions avec tant d'ardeur, et puisait tant de courage, m'assurait-il, dans ces conversations, que j'oubliais aisément la fatigue de ces courses multipliées.

A cette époque il venait tous les jours à la maison, pour faire des armes avec Richard, un ancien soldat qui autrefois avait servi dans la cavalerie. C'était un bel homme, à l'air brave, aux manières dégagées, que Richard avait déjà eu pour professeur. J'avais entendu non-seulement ce dernier, mais encore M. Jarndyce parler si souvent de lui, qu'un matin je pris exprès mon ouvrage pour aller le voir et m'installai dans la pièce où il était reçu d'ordinaire.

« Bonjour, monsieur Georges, dit mon tuteur qui se trouvait seul avec moi lorsque arriva l'ancien soldat ; M. Carstone va venir. En attendant, miss Summerson sera enchantée de faire connaissance avec vous. Veuillez donc vous asseoir. »

Il prit une chaise, un peu déconcerté par ma présence, et passa plusieurs fois sa main hâlée sur sa lèvre supérieure sans tourner les yeux de mon côté.

« Vous êtes aussi exact que le soleil, lui dit M. Jarndyce.

— Heure militaire, monsieur, répondit-il ; la force de l'habitude ; car c'est pure habitude, ce n'est pas que je sois pressé par les affaires.

— Vous dirigez cependant, m'a-t-on dit, un grand établissement? reprit M. Jarndyce.

— Un tir au pistolet, mais d'une faible importance.

— Et que pensez-vous de l'adresse de M. Carstone aux différents exercices que vous lui enseignez?

— Il ne va pas mal, répondit-il en croisant les bras sur sa poitrine ; et, s'il voulait y apporter plus d'attention, il irait même fort bien.

— Mais je suppose qu'il y met toute la bonne volonté dont il est susceptible? dit mon tuteur.

— C'est ce qu'il a fait tout d'abord, mais pas longtemps, monsieur ; il est distrait. Peut-être a-t-il autre chose dans l'esprit, ajouta M. Georges en me regardant pour la première fois.

— Ce n'est toujours pas à moi qu'il pense, bien que vous ayez l'air de le soupçonner, monsieur, lui répondis-je en riant.

— J'espère, miss, ne pas vous avoir offensée, dit-il en rougissant un peu sous sa peau brune; excusez-moi, vous savez que je ne suis qu'un troupier.

— Je l'ai pris au contraire comme un compliment de votre part, » lui dis-je.

Il me regarda trois ou quatre fois de suite en me lançant un coup d'œil rapide.

« Je vous demande pardon, dit-il à M. Jarndyce ; mais ne m'avez-vous pas fait l'honneur de me dire le nom de cette jeune lady?

— Miss Summerson.

— Miss Summerson! répéta-t-il en me regardant de nouveau.

— Mon nom vous serait-il connu? lui demandai-je.

— Non, miss, je ne l'ai jamais entendu ; mais je crois vous avoir vue quelque part.

— Je ne me rappelle pas vous avoir jamais rencontré, lui dis-je, et pourtant j'ai la mémoire des figures.

— Moi aussi, reprit-il en me regardant en face. Hum! d'où peut me venir cette idée-là? »

Il rougit encore une fois, et mon tuteur, le voyant embarrassé des efforts qu'il faisait pour se rappeler comment il avait pu me connaître, vint à son secours en lui demandant s'il avait beaucoup d'élèves.

« C'est suivant, répondit-il ; leur nombre varie d'un jour à l'autre ; mais c'est en somme bien peu de chose quand il faut vivre là-dessus.

— Et quelles sont en général les personnes qui viennent à votre galerie?

— Toutes sortes de gens, monsieur ; depuis des gentlemen jusqu'à des apprentis, des Anglais, des étrangers, n'importe qui. J'ai eu des Françaises qui tiraient le pistolet de main de maître ; j'ai eu des fous…. mais ces gens-là entrent partout quand la porte est ouverte.

— J'espère, dit mon tuteur en souriant, qu'on ne va pas chez vous avec l'intention de se servir de cible à soi-même ?

— Ça n'arrive pas souvent, monsieur ; mais cependant ça s'est vu. Toutefois ceux qui viennent à la galerie c'est par oisiveté ou pour exercer leur adresse ; moitié l'un, moitié l'autre. Mais ne plaidez-vous pas en chancellerie, monsieur ? Je crois l'avoir entendu dire ?

— C'est malheureusement vrai, dit mon tuteur.

— J'ai eu autrefois au tir un de vos compatriotes, monsieur.

— Un plaideur à la cour ? et comment cela ? demanda M. Jarndyce.

— Le pauvre homme était si malmené, on l'avait tant de fois renvoyé de Caïphe à Pilate et de Pilate à Caïphe, qu'il en avait presque perdu la raison. Je ne crois pas qu'il ait jamais eu l'intention de tuer quelqu'un ; mais il était dans un tel état d'exaspération qu'il venait à la galerie, et, le visage tout en feu, tirait jusqu'à cinquante fois de suite. Un jour que nous étions seuls et qu'il m'avait parlé avec colère de tous les torts dont il avait à se plaindre : « Camarade, lui répondis-je, l'exercice du pistolet n'est peut-être pour vous qu'une soupape de sûreté, je ne dis pas non ; mais je n'aime point à vous voir si passionné pour le tir dans la situation où vous êtes. Croyez-moi, occupez-vous d'autre chose. » Je m'étais mis sur mes gardes, le sachant fort emporté ; mais il prit au contraire mon avis en bonne part, jeta son pistolet, me donna une poignée de main, et depuis lors il y a toujours eu entre nous une sorte d'amitié.

— Quel homme était-ce ? demanda M. Jardnyce d'un ton plein d'intérêt.

— Avant qu'on l'eût mis en fureur comme un taureau poursuivi par les chiens, il était fermier dans le Shrospshire, répondit M. Georges.

— Gridley, n'est-ce pas ?

— Oui, monsieur. »

Nous échangeâmes quelques mots de surprise, mon tuteur et moi, au sujet de cette singulière coïncidence, et j'expliquai à M. Georges, qui pendant ce temps-là m'avait regardé plusieurs fois, comment nous avions connu M. Gridley, ce qui me valut de sa part un beau salut militaire pour me remercier de l'explication que j'avais bien voulu lui donner. « Je ne sais vraiment pas, dit-il en me regardant toujours, ce qui peut me mettre dans la tête que je vous ai déjà vue; » il passa la main sur son front comme pour chasser une idée importune, et se penchant un peu en avant, le poing sur la hanche, l'autre sur la cuisse, il regarda le plancher d'un air méditatif.

« J'ai appris avec peine que ce malheureux Gridley s'était encore attiré quelque méchante affaire, et qu'il a été obligé de se cacher, dit mon tuteur.

— Je l'ai entendu dire aussi, répondit M. Georges en regardant toujours le plancher.

— Vous ne savez pas où il est?

— Non, monsieur, répondit-il en sortant de sa rêverie, je ne peux rien dire à cet égard. Le pauvre Gridley n'en a plus pour longtemps à user sa violence; quand un homme est fort et robuste il lui faut des années pour lui abattre le cœur, mais un beau matin, il tombe et ne se relève plus. »

L'arrivée de Richard termina la conversation; M. Georges se leva, me salua militairement, souhaita le bonjour à mon tuteur et sortit de la chambre.

C'était le matin du jour fixé pour le départ de notre enseigne. Nous n'avions plus aucune emplette à faire, j'avais fini tous ses paquets de bonne heure, et nous étions libres jusqu'au moment où il devait partir pour Liverpool afin de se rendre à Holyhead. Ce jour-là même, disait-on, la cour devait s'occuper de l'affaire Jarndyce, et Richard me proposa d'y aller pour voir un peu ce qu'on y ferait. C'était la dernière fois que de longtemps nous sortirions ensemble, je n'avais jamais été à l'audience, il brûlait d'envie de s'y rendre; et nous partîmes pour Westminster où la cour siégeait alors. Tout le long du chemin nous nous occupâmes de divers arrangements relatifs aux lettres que Richard devait m'écrire, à celles que je devais lui répondre, et nous fîmes de beaux projets d'avenir; mon tuteur savait où nous allions et c'est pour cela qu'il n'était pas avec nous.

Lorsque nous arrivâmes à la cour, le grand chancelier était à son banc et siégeait dans toute sa dignité; sur une table drapée de rouge et placée au-dessous de lui, se trouvaient la masse, les sceaux et un énorme bouquet, véritable parterre qui embaumait toute la salle. Au-dessous de la table était une longue rangée de procureurs, ayant à leurs pieds des monceaux de paperasses et non loin d'eux les avocats portant robe et perruque; les uns éveillés, les autres endormis; l'un d'eux parlait, mais personne ne l'écoutait; le lord chancelier était enfoncé dans un excellent fauteuil, le coude appuyé sur le bras coussiné, et le front posé sur sa main; parmi ceux qui étaient à l'audience, quelques-uns sommeillaient, d'autres lisaient le journal, se promenaient de long en large, ou bien formaient des groupes où l'on causait tout bas; chacun parfaitement à son aise paraissait n'avoir aucune préoccupation, aucun motif de se presser ou d'agir, mais au contraire mille raisons d'être satisfait de son heureux repos. Quant à moi, cette douce quiétude, ces riches vêtements, toute cette pompe qui se déploie chaque jour, toutes ces formalités qui, dans leur majestueuse lenteur, s'accomplissent ainsi d'année en année; ce lord chancelier, ces hommes de loi sans nombre qui se regardaient entre eux et tournaient vers l'assistance un front tranquille, comme s'ils n'avaient jamais entendu dire que la justice au nom de laquelle ils se rassemblent n'est pour le pays tout entier qu'une dérision amère, qu'un sujet de mépris, d'indignation ou d'horreur, une invention si malfaisante que l'on regarderait comme un miracle qu'il en sortît un peu de bien, tout cela, dis-je, formait dans ma pensée un tel contraste avec les inquiétudes, les privations, les vêtements en lambeaux des malheureux plaideurs; avec les tortures, les défaillances qu'éprouve celui qui attend; avec la rage que l'espoir trompé met au cœur; avec la ruine, la folie ou la mort qui résultent de cet appareil judiciaire, que je ne comprenais pas, moi qui suis sans expérience, comment cette contradiction avait pu subsister un seul jour, et que je finissais par douter de mes yeux ou de mes souvenirs. Je m'assis à la place où Richard m'avait conduite et j'essayai d'écouter; mais rien autour de moi ne me paraissait réel, excepté la pauvre miss Flite qui était sur un banc et qui souriait à la cour.

Elle vint s'asseoir auprès de moi dès qu'elle m'eut aperçue, me fit un gracieux accueil, se félicita de me voir sur ses domaines, et s'empressa de m'en faire connaître tous les agréments. M. Kenge vint aussi nous parler et nous fit les honneurs du lieu avec la modestie pleine de grâce d'un propriétaire. Le jour, nous dit-il, n'était pas bien choisi pour une première visite; il aurait préféré me voir assister à la séance d'ouverture; mais ce n'en était pas moins un spectacle fort imposant, même un jour ordinaire.

Il y avait à peu près une demi-heure que nous étions arrivés, quand la plaidoirie dont la cour semblait être occupée s'éteignit subitement sans avoir amené la moindre conclusion, et sans que personne, excepté le pauvre plaideur, en eût attendu autre chose. Le grand chancelier prit sur son pupitre une liasse de papiers qu'il jeta aux gentlemen placés au-dessous de lui, et quelqu'un dit alors : « AFFAIRE JARDNYCE CONTRE JARDNYCE. » A peine ces mots étaient-ils prononcés, qu'un grand mouvement eut lieu dans l'assemblée ; on se mit à rire, presque tout le monde quitta l'audience, et l'on apporta dans la salle des piles de dossiers et une énorme quantité de sacs bleus qui en étaient également remplis.

Autant que je pus en juger, l'affaire était appelée pour des règlements de compte relatifs aux frais de la cause ; je comptai vingt-trois gentlemen en perruque qui déclarèrent appartenir au procès, et qui ne paraissaient pas y comprendre beaucoup plus que je ne le faisais moi-même ; ils en parlèrent avec le chancelier, s'expliquèrent et se contredirent réciproquement ; quelques-uns proposèrent de lire à la cour d'énormes volumes d'affidavits, plaisanterie qui excita un rire général, mais qui n'eut pas d'autre résultat que d'amuser l'auditoire. Enfin, après une heure environ, pendant laquelle beaucoup de plaidoiries avaient été commencées et interrompues, la cause fut « renvoyée pour le présent, » à ce que nous dit M. Kenge, et les dossiers furent remis en paquet avant qu'on eût fini d'apporter toutes les pièces.

Je regardai Richard et je fus vivement peinée de l'abattement qu'exprimait son visage. « Cela ne durera pas toujours, dame Durden ; nous serons plus heureux la prochaine fois. » C'est là tout ce qu'il put dire.

J'avais vu M. Guppy apporter des papiers et les arranger pour M. Kenge ; il m'avait aperçue et m'avait fait un salut expressif qui me donnait le plus grand désir de m'en aller. J'avais pris le bras de Richard et nous partions quand M. Guppy nous aborda.

« Je vous demande pardon de vous arrêter, nous dit-il ; mais il y a ici une personne de mes amis qui connaît miss Summerson et qui serait heureuse de lui serrer la main. » En même temps je vis apparaître, comme si elle fût sortie vivante de mon souvenir, mistress Rachaël, la gouvernante de ma marraine.

« Comment vous portez-vous ? me dit-elle ; me reconnaissez-vous, Esther ?

— Oui, répondis-je en lui donnant la main ; vous êtes toujours la même.

— Je m'étonne que vous vous rappeliez encore ce temps-là, poursuivit-elle avec la même dureté d'expression qu'autrefois ; il y a un si grand changement ! c'est égal, je suis bien aise de voir que vous n'êtes pas trop fière pour me reconnaître. »

Elle parut cependant un peu désappointée de ce que je la reconnaissais.

« Fière ! mistress Rachaël ; que voulez-vous dire ?

— Je suis remariée, répondit-elle froidement, et je m'appelle aujourd'hui mistress Chadband ; je vous souhaite le bonjour, Esther, et je désire que vous vous portiez bien. »

M. Guppy, qui avait écouté ce dialogue avec beaucoup d'attention, me glissa un soupir douloureux à l'oreille et offrit son bras à mistress Chadband pour lui faire traverser la foule des allants et des venants au milieu desquels nous nous étions arrêtés. J'étais encore sous l'impression que m'avait faite cette reconnaissance inattendue, quand j'aperçus M. Georges qui se dirigeait de notre côté et ne semblait pas nous voir ; il allait droit devant lui, sans s'inquiéter des gens qui se trouvaient sur son passage, et regardait par-dessus leurs têtes en ayant l'air de chercher quelqu'un dans l'intérieur de la cour.

« Georges ! s'écria Richard quand j'eus attiré son attention vers l'ancien militaire.

— Enchanté de vous rencontrer, monsieur, répondit-il, ainsi que vous, mademoiselle ; ne pourriez-vous pas me montrer la personne dont j'ai besoin ? Je ne connais pas du tout cet endroit où je ne suis jamais venu. » Et nous faisant faire place, il s'arrêta dans un coin de la salle, derrière un grand rideau rouge.

« Il y a de ce côté, reprit-il, une petite femme vieille et folle.... »

Je lui fis signe de se taire, car miss Flite ne m'avait pas quittée d'un instant, me désignant (à ma grande confusion) aux gens de robe qu'elle connaissait et leur disant tout bas : « Chut ! Fitz Jarndyce est à ma gauche. »

« Vous vous rappelez, miss, notre conversation de ce matin sur un nommé Gridley ? continua M. Georges en me parlant à l'oreille.

— Oui, répliquai-je.

— C'est chez moi qu'il est caché ; je ne pouvais pas vous le dire, je n'y étais pas autorisé ; il est à sa dernière étape, et il lui est venu la fantaisie de voir encore une fois cette petite vieille ; il dit qu'elle ne manque pas de sympathie pour les autres et qu'elle a eu pour lui de grandes bontés quand il venait ici. Je viens donc pour la chercher, car lorsque tantôt j'ai revu le pauvre Gridley, j'ai cru entendre le roulement des tambours drapés de noir.

— Voulez-vous que je le lui dise ?

— Volontiers, répondit-il en jetant sur miss Flite un regard inquiet; je suis bien heureux de vous avoir rencontrée, miss; car je ne sais vraiment pas comment sans vous je me serais tiré d'affaire. » Il mit une main sur sa poitrine et attendit que j'eusse fait part à miss Flite de l'objet de son message. « Mon terrible ami du Shropshire! presque aussi célèbre que moi-même! s'écria-t-elle; certainement, je vais aller le voir et de tout mon cœur, Fitz Jardnyce!

— Chut! il est caché et demeure dans ce moment-ci chez monsieur, lui dis-je en désignant l'ancien soldat.

— Vrai....ment! très-fière de tant d'honneur! Un militaire, un général, Fitz Jardnyce? » me dit-elle à l'oreille.

La pauvre miss Flite éprouva le besoin de témoigner son respect à l'armée anglaise par tant de politesses et de révérences, qu'il devint fort difficile de sortir de la cour. Lorsqu'enfin elle eut fini de saluer et de sourire, elle prit le bras du général, au grand divertissement de quelques oisifs qui regardaient cette petite scène; et l'ancien militaire, dont l'embarras était visible, me pria si respectueusement « de ne pas déserter, » que sachant d'ailleurs toute l'influence que j'avais sur miss Flite, je consentis à les accompagner. Richard ne demandait pas mieux, et comme M. Georges nous dit que M. Gridley n'avait fait que parler de M. Jardnyce depuis qu'il avait appris l'entrevue du matin, j'écrivis à la hâte quelques lignes à mon tuteur pour l'informer de l'endroit où nous allions et du but de notre visite.

Nous prîmes une voiture et nous nous arrêtâmes dans les environs de Leicester-Square; de là, nous traversâmes un dédale de petites cours à propos desquelles M. Georges nous fit beaucoup d'excuses, et nous fûmes bientôt arrivés à sa galerie, dont la porte était fermée. Comme il venait de sonner, un gentleman très-respectable, à cheveux gris et en lunettes, ayant un spencer noir, des guêtres de même couleur, un large chapeau et une canne à pomme d'or, lui adressa la parole.

« Mille pardons, mon ami, lui dit-il; mais n'est-ce pas ici la galerie de M. Georges?

— Oui, monsieur, répondit ce dernier en lançant un regard à l'inscription qui était peinte sur le mur en très-gros caractères.

— Ah! c'est vrai, dit le gentleman en suivant la direction qu'avait prise les yeux du maître d'armes; je vous remercie; avez-vous sonné?

— Oui, monsieur, et d'ailleurs c'est moi qu'on appelle Georges.

— Fort bien! dit le gentleman; vous le voyez, je ne me fais pas attendre; c'est vous sans doute qui êtes venu me chercher?

— Non, monsieur; et je ne vous connais pas.

— Alors c'est votre jeune homme qui sera venu me demander. Je suis médecin ; et l'on est arrivé chez moi il n'y a pas cinq minutes pour me prier de venir voir un malade à la galerie de M. Georges.

— Les tambours drapés de noir ! dit l'ancien militaire en se tournant vers nous et en hochant la tête ; c'est juste, reprit-il, donnez-vous la peine d'entrer. »

Un petit homme d'un aspect bizarre, ayant un tablier de serge verte et un bonnet pareil, les mains, la figure et les vêtements noircis, venait d'ouvrir la porte, et nous nous trouvâmes dans un passage qui nous conduisit à un grand édifice en briques dont l'intérieur était garni de pistolets, de carabines, de cibles, d'épées et d'autres objets du même genre. Quand nous fûmes tous dans la salle, le médecin ôta son chapeau et à la place du médecin qui avait disparu comme par enchantement, fit paraître à nos yeux un personnage d'une espèce toute différente.

« A présent, Georges, regardez-moi, dit-il en se retournant vivement et en frappant de l'index la poitrine du militaire. Vous me connaissez et je vous connais ; je m'appelle Bucket, vous le savez bien ; j'ai un mandat contre Gridley ; vous l'avez caché longtemps, vous y avez mis une adresse qui vous fait honneur. »

M. Georges se mordit les lèvres et secoua la tête.

« Allons, reprit M. Bucket en restant toujours auprès de lui, vous êtes un homme raisonnable ; vous avez des principes ; je ne m'adresse pas à vous comme à un être ordinaire, vous avez servi votre pays et vous savez qu'il faut obéir quand le devoir a parlé ; conséquemment vous ne pensez pas à me faire obstacle ; bien au contraire, vous m'aiderez si je réclame votre assistance ; je le sais et n'en doute pas. Phil Squod, ne vous frottez pas comme ça le long du mur ; je vous connais et je vous prie de ne pas bouger.

— Phil ! dit M. Georges.

— Quoi ! go've'neur ?

— Reste tranquille. »

Le petit homme s'arrêta en étouffant un grognement.

« Ladies et gentleman, poursuivit M. Bucket, vous voudrez bien m'excuser s'il y a quelque chose de désagréable dans cette affaire ; je suis inspecteur de la police, et j'ai ici un devoir à remplir. Georges, je sais où est mon homme ; j'étais la nuit dernière sur le toit, et je l'ai aperçu par le vasistas ; vous étiez auprès de lui, je vous ai vu. Il est là, couché sur un sofa. Il faut que je le voie, pour lui dire de se considérer comme prisonnier ; mais vous me connaissez et vous savez que je n'emploierai jamais contre lui aucune rigueur; donnez-moi seulement votre parole d'honneur qu'il ne s'échappera pas et je ferai tout ce que vous voudrez.

— Je vous la donne; mais c'est mal de votre part, monsieur Bucket, répondit l'ancien soldat.

— Mal de ma part! allons donc, Georges. Quelle blague! reprit l'inspecteur de police en frappant de nouveau sur la poitrine du maître d'armes et en échangeant avec lui une poignée de main; est-ce que je vous dis que c'est mal à vous de m'avoir caché mon homme? Soyez aussi juste envers moi que je le suis à votre égard, mon vieux brave! Comme il représente bien l'armée anglaise, ladies et gentleman; quelle tenue, quel air martial! je donnerais un billet de cinquante livres pour être taillé comme ça!»

M. Georges, après avoir réfléchi quelques instants, proposa d'aller trouver d'abord Gridley et d'introduire miss Flite auprès de lui; M. Bucket l'ayant accordé, ils se dirigèrent tous les deux vers le bout opposé de la galerie et nous laissèrent auprès d'une table couverte de pistolets et de carabines; M. Bucket profita de l'occasion pour causer avec nous; il me demanda si j'avais peur des armes à feu comme la plupart des jeunes filles; à Richard, s'il était bon tireur; à Phil, quelle était la meilleure de toutes ses carabines; ce qu'elle pouvait valoir toute neuve, etc., etc.; lui disant en outre qu'il serait bien fâcheux qu'il changeât de caractère, car il avait reçu de la nature une douceur toute féminine.

Quelques instants après, voyant revenir M. Georges, il se dirigea vers l'endroit où gisait son prisonnier, et Richard et moi nous nous disposions à partir, quand l'ancien militaire s'approcha et nous dit que le malade nous verrait avec plaisir. A peine ces paroles étaient-elles prononcées que la sonnette se fit entendre et que mon tuteur parut dans la salle, « heureux, dit-il, de pouvoir faire quelque chose qui pût être agréable à un homme dont il partageait l'infortune, » et nous nous rendîmes tous les quatre auprès du pauvre Gridley.

La petite pièce, ou plutôt le cabinet où on l'avait caché, n'était séparé de la galerie que par une cloison de huit ou dix pieds de haut; ce réduit n'était pas plafonné et s'éclairait par la toiture où se trouvait le vasistas qui avait permis à M. Bucket de découvrir le malheureux qu'il cherchait; le soleil allait se coucher; ses derniers rayons qui jetaient une teinte embrasée au-dessus de nos têtes n'arrivaient plus au fond de la petite pièce que l'ombre commençait à envahir; sur un canapé recouvert d'une mauvaise toile, gisait l'homme du Shropshire, vêtu à peu près comme la première fois que nous l'avions vu, mais tellement changé qu'au premier abord j'eus de la peine à le reconnaître.

Il n'avait pas cessé d'écrire depuis sa reclusion et de s'appesantir sur les griefs dont il avait à se plaindre. Des tronçons de plume, de vieux manuscrits, des papiers de toute espèce couvraient pêle-mêle la table et les planches qui se trouvaient dans le cabinet; auprès du lit, réunion touchante et douloureuse, était assise la pauvre folle qui tenait la main gauche du malade entre les siennes; ils se regardaient et nous restâmes près de la porte.

Sa voix, l'expression farouche de son visage, sa colère, sa force, tout s'était évanoui; l'ombre seule de l'homme du Shropshire apparaissait à nos yeux; il inclina la tête quand il nous aperçut, et s'adressant à mon tuteur:

« Monsieur Jarndyce, lui dit-il, c'est bien bon à vous d'être venu me voir; je suis heureux de toucher votre main, monsieur; oui, vous avez le cœur bon et juste, Dieu sait combien je vous estime et vous honore. »

Mon tuteur lui serra la main d'un air ému et prononça quelques paroles consolantes.

« Peut-être, monsieur, reprit Gridley, trouverez-vous cela bizarre, et pourtant rien n'est plus vrai; je n'aurais pas voulu vous voir aujourd'hui, si vous ne m'aviez pas connu auparavant; mais vous savez que j'ai combattu, que j'ai lutté seul contre eux tous, que je leur ai montré ce qu'ils étaient et ce qu'ils avaient fait à mon égard; il m'est donc indifférent que vous me voyiez à cette heure où je ne suis plus qu'une ruine de moi-même.

— Vous leur avez assez prouvé que vous ne manquiez pas de courage, lui dit M. Jarndyce.

— Oui, répondit-il avec un pâle sourire. Je vous ai dit ce qui arriverait le jour où ma colère s'éteindrait; voyez, monsieur, regardez-nous tous les deux. »

Il passa la main de miss Flite sous son bras et l'attira vers lui:

« De toutes mes affections, dit-il, de mes travaux, de mes espérances, de ma vie tout entière enfin, voilà ce qui me reste: la sympathie de cette pauvre créature, la seule qui ait avec moi quelque rapport; de longues années de souffrances nous ont unis; et c'est, de tous les liens que j'avais sur terre, le seul que la chancellerie n'ait pas rompu.

— Recevez ma bénédiction, Gridley, s'écria miss Flite en fondant en larmes.

— Je pensais avec orgueil, monsieur Jarndyce, qu'ils ne me briseraient jamais; j'y étais bien résolu; je croyais pouvoir les défier jusqu'au moment où je mourrais de quelque maladie. Mais je succombe épuisé. Combien y a-t-il que cet épuisement a commencé? je l'ignore. Il me semble qu'une heure a suffi pour m'abattre. J'espère qu'ils ne le sauront jamais; que vous leur direz, au contraire, que je suis mort en les bravant, avec la vigueur et la persévérance que j'y ai mises depuis plus de vingt-cinq ans.

— Allons, allons, dit M. Bucket pensant devoir offrir à l'agonisant les consolations que lui suggérait son bon cœur. Ne parlez pas ainsi, monsieur Gridley; vous êtes maintenant un peu bas; mais cela nous arrive à tous plus d'une fois dans la vie; qui est-ce qui n'a pas ses moments d'abattement, moi tout le premier? Du courage, monsieur Gridley, vous leur direz encore plus d'une fois votre pensée; j'obtiendrai contre vous une vingtaine de mandats, et je vous pincerai si j'ai de la chance. Ne tournez pas la tête, faites signe que oui, au contraire; bonté divine! que de fois déjà nous avons eu affaire ensemble! ne vous ai-je pas vu bien souvent en prison pour insulte à la cour? Ne suis-je pas allé vingt fois à l'audience, où je passais l'après-midi tout entière, rien que pour vous voir relancer le chancelier comme un bouledogue? Et les menaces que vous faisiez aux procureurs deux ou trois fois par semaine, et les mandats qui s'ensuivaient, l'avez-vous oublié? Demandez plutôt à cette bonne petite dame, elle y était toujours et pourra bien vous le dire. Allons, monsieur Gridley! du courage!

— Qu'allez-vous faire de lui? demanda M. Georges à voix basse.

— Je ne sais pas encore, » répondit M. Bucket sur le même ton.

Puis il reprit tout haut :

« Vous dites que vous êtes épuisé, monsieur Gridley! vous! après m'avoir fait droguer pendant trois semaines, forcé de courir sur les toits comme un chat, et obligé de me déguiser en docteur pour pénétrer jusqu'à vous? Ce n'est pas ça de l'épuisement, ou je ne m'y connais pas. Savez-vous ce qui vous manque? Un peu d'excitation, et voilà tout; vous y êtes habitué, monsieur Gridley, et ne pouvez pas vous en passer; moi-même, je ne vivrais pas sans cela. Comme ça se trouve, j'ai précisément un mandat contre vous, obtenu par M. Tulkinghorn, et qui a couru depuis ce temps-là la province à votre poursuite. Que pensez-vous d'une petite promenade avec moi et d'une bonne colère devant les juges, monsieur Gridley ? comme ça vous ferait du bien ! ça vous remettrait en vigueur et vous inspirerait de nouvelles fureurs contre le chancelier. Vous céderiez ?... allons donc ! un homme de votre énergie ne peut pas céder comme ça ; vous ne le devez pas ; vous êtes pour plus de moitié dans le plaisir que l'on trouve à l'audience. Georges, donnez-lui un peu la main, et nous allons voir s'il ne se trouvera pas mieux d'être levé que dans son lit.

— Il est bien faible, dit l'ancien troupier à voix basse.

— Vraiment ? répondit M. Bucket d'un air plein de compassion ; je voulais seulement le remonter ; je n'aime pas à voir une vieille connaissance dans cet état-là. Je suis sûr que rien ne le remettrait comme de venir un peu avec moi ; il pourra se pencher sur moi, à droite, à gauche, comme il voudra. Il sait bien qu'il n'a rien à craindre avec moi ! »

Un cri perçant de miss Flite retentit dans toute la salle et vibre encore à mon oreille.

« Oh ! non, Gridley ! s'écria-t-elle en voyant celui-ci retomber pesamment sur sa couche ; non, ne me quittez pas sans ma bénédiction ; après tant d'années, tant d'années ! »

Le soleil était couché ; la lumière avait peu à peu disparu de la toiture, et l'ombre croissait autour de nous ; mais, pour moi, le triste spectacle de ces deux infortunés, l'un mort, l'autre vivante, jetait une ombre plus triste encore sur le départ de Richard que la nuit épaisse dont nous étions entourés ; et, à travers ses adieux, j'entendais toujours l'écho de ces paroles :

« De toutes mes affections, de mes travaux, de mes espérances, de ma vie tout entière enfin, voilà ce qui me reste : la sympathie de cette pauvre créature, la seule qui ait avec moi quelque rapport : de longues années de souffrances nous ont unis ; et c'est, de tous les liens que j'avais sur la terre, le seul que la chancellerie n'ait pas rompu ! »

CHAPITRE XXV.

Mistress Snagsby a tout deviné.

L'inquiétude s'est glissée dans Cursitor-street, et le noir soupçon a pénétré dans cette région paisible; la masse des habitants de Cook's-court pourtant n'a rien changé à ses habitudes, elle n'est ni pis ni mieux; mais M. Snagsby n'est plus le même, et sa petite femme s'en aperçoit bien.

Tom-all-alone's et Lincoln's-Inn-Field, sous la forme de coursiers indomptables, persistent à s'atteler au char fantastique qui poursuit l'imagination de M. Snagsby. M. Bucket les conduit; Jo et M. Tulkinghorn sont traînés par ces dragons infernaux qui tourbillonnent sans cesse devant les yeux du papetier, dans le magasin, dans l'arrière-boutique, partout; même dans la petite cuisine où la famille prend ses repas, et où, les voyant courir sur la table, il s'arrête brusquement après avoir coupé la première tranche de gigot aux pommes de terre, et fixe un regard plein d'effroi sur le mur de la cuisine.

Quel rapport avait-il avec toute cette affaire? c'est là ce qu'il ne peut pas deviner. Il y a quelque part une personne contre laquelle on ourdit quelque chose; mais qu'est-ce que cela peut-être et qu'en adviendra-t-il? quelle en sera la victime et de quel endroit le coup doit-il partir? M. Snagsby le cherche en vain, l'impression que lui ont toujours fait éprouver les robes et les couronnes, les jarretières et les étoiles qui brillent sous la poussière qui les couvre dans l'appartement de M. Tulkinghorn; sa vénération pour les mystères que dirige l'avoué, sa meilleure pratique, surtout la plus discrète; le respect que d'un commun accord chacun témoigne au procureur dans Chancery-Lane, et dans tous les Inns de la cour; le souvenir qu'il a lui-même conservé de l'inspecteur Bucket, de ses manières irrésistibles, de son index, de son titre, le confirment dans la pensée qu'il fait partie d'un secret dangereux dont il ignore la teneur; et c'est précisément cette ignorance qui rend sa position si affreuse: car, à chaque instant du jour, à chaque porte qui s'ouvre, à chaque coup de sonnette, à chaque lettre qui arrive, le secret peut éclater comme une bombe, et faire sauter.... qui?... il n'y a que M. Bucket qui le sache.

Lorsqu'un inconnu entre dans la boutique (comme le font beaucoup d'inconnus) en disant : « M. Snagsby y est-il? » un violent battement de cœur ébranle la poitrine du papetier; cette question le fait tant souffrir, que, si elle vient d'un enfant, il se venge en tirant les oreilles du gamin par-dessus le comptoir, et demande à ce vaurien ce qu'il entend par ces paroles et pourquoi il ne dit pas tout de suite le sujet qui l'amène. Il lui semble que tous les chalands s'entendent pour renouveler ses peurs et le terrifier par leurs questions sans nombre; si bien qu'à l'heure où le coq de la laiterie de Cursitor-street annonce le jour, M. Snagsby se trouve plongé dans un affreux cauchemar et secoué vivement par sa petite femme qui s'écrie :

« Mais qu'est-ce qu'il a donc? »

Et sa petite femme n'est pas le moindre de ses embarras; cette nécessité de lui cacher un secret, de se tenir toujours en garde pour ne pas se laisser tirer les vers du nez, donne à M. Snagsby, en présence de son épouse, l'air d'un chien qui a quelque chose sur la conscience, et qui regarde n'importe où pour éviter l'œil de son maître; signes trop évidents, hélas! que remarque la petite femme. C'est ainsi que le soupçon est entré dans Cursitor-street; du soupçon à la jalousie, le chemin est aussi court et aussi naturel que de Cursitor-street à Chancery-Lane, et la jalousie a pénétré dans la maison du papetier; une fois introduite, et elle n'a pas eu grand'peine, elle éveille chez la petite femme une activité que rien n'arrête; elle la pousse à l'examen nocturne des poches de M. Snagsby, à la lecture de sa correspondance, à des recherches dans ses livres de compte, dans ses tiroirs, dans sa caisse; à faire le guet aux fenêtres, à écouter aux portes et à prendre tout de travers.

Mistress Snagsby est tellement alerte, qu'aux mystérieux craquements du plancher, aux frôlements inexplicables de vêtements invisibles, qui bruissent perpétuellement dans l'ombre, on dirait la maison hantée par des revenants; les apprentis supposent qu'il faut que jadis il y ait eu quelqu'un d'*assassiné* par là; et Guster, rassemblant les atomes dispersés d'une idée qu'elle a recueillis à Tooting, où ils trottaient dans la tête des orphelins, pense qu'il y a dans la cave un trésor gardé par un vieillard à barbe blanche, qui est là depuis soixante-dix mille ans sans pouvoir en sortir, parce qu'il a dit son *Pater noster* à rebours.

« Qu'est-ce que c'était donc que ce Nemrod? se demande continuellement la petite femme; et cette lady.... cette créature? et ce garçon?... Qu'est-ce que tout ça peut être?... » Nemrod est mort; cette lady est introuvable; il n'y a plus que ce va-nu-pieds avec lequel il faut redoubler de vigilance. « Mais qui est-il? se répète mistress Snagsby pour la mille et unième fois; qui peut-il être, mon Dieu! »

Une inspiration saisit la petite femme; il est sans respect pour M. Chadband, et ça doit être, d'après tout ce qu'il y a de suspect sur son compte. Le saint homme lui avait dit de revenir demander son adresse afin d'aller le trouver, mistress Snagsby l'a entendu de ses propres oreilles, et ce vaurien n'est pas revenu. Pourquoi cela? Parce qu'on lui a prescrit de ne pas revenir; et qui a pu le lui prescrire?... Ah! ah! mistress Snagsby a enfin tout deviné.

Mais par bonheur, M. Chadband a rencontré hier ce vaurien dans la rue, et comme la conversion d'un pareil mécréant serait d'un prix inestimable et ferait les délices d'une congrégation d'élite, M. Chadband a saisi le vaurien et l'a menacé de le conduire à la police, à moins qu'il ne consentît à lui montrer sa demeure, et à prendre l'engagement formel de se présenter le lendemain soir chez le papetier de Cursitor-street. « Demain soir! répète mistress Snagsby en secouant la tête et en souriant d'un air pincé; demain soir il viendra, et j'aurai l'œil sur lui et sur quelqu'un. Ah! vous pouvez garder vos secrets aussi longtemps qu'il vous plaira, dit la petite femme avec dédain; mais vous verrez que ce n'est pas moi qu'on peut tromper. »

Le lendemain ramène les savoureux préparatifs à l'occasion du révérend; le papetier, en habit noir, descend au petit salon, où les Chadband arrivent quelques instants après; et quand le saint homme est rassasié, les apprentis et Guster viennent se joindre à l'auditoire de l'éloquent personnage; enfin, après eux, l'oreille basse, la tête inclinée, traînant une jambe, poussant une épaule à droite, à gauche, un pied en avant, un pied en arrière, et tournant dans ses mains crasseuses un lambeau de casquette fourrée qu'il épluche comme si c'était un oiseau galeux qui lui fût tombé du ciel et qu'il plumât avec ardeur, avant de le manger tout cru, entre Jo, le Dur-à-cuire que M. Chadband a la prétention de convertir.

La petite femme jette sur lui un coup d'œil attentif; il a regardé M. Snagsby en entrant, et M. Snagsby l'a regardé; pourquoi cela?... Mistress Snagsby le devine.... pourquoi M. Snagsby a-t-il un air confus et fait-il entendre derrière sa main une toux d'avertissement? pourquoi?... Mais il est clair comme le jour que M. Snagsby est le père de ce drôle-là.

« Que la paix soit avec nous! dit M. Chadband en se levant

et en essuyant l'exsudation huileuse qui couvre son visage. Que la paix soit avec nous ! et pourquoi cela, mes amis ? parce qu'elle n'est pas faite pour endurcir, mais qu'elle est faite pour attendrir ; parce qu'elle ne déclare pas la guerre comme l'oiseau de proie, mais qu'elle vient à nous comme la colombe. C'est pourquoi je vous répète, mes amis : Que la paix soit avec nous ! Avancez, jeune garçon ! »

M. Chadband étend sa main grasse et flasque, et la pose sur le bras de Jo, qu'il retient quelques instants, pendant qu'il cherche où il devra le placer. Jo, qui a peu de confiance dans les intentions de M. Chadband, et qui s'est vu trop souvent empoigné de cette façon pour ne pas redouter les suites d'une pareille étreinte, balbutie entre ses dents : « Lâchez-moi, j'vous ai rin fait à vous ; lâchez-moi donc.

— Non, mon jeune ami, je ne veux pas vous lâcher, répond M. Chadband avec douceur ; et pour quelle raison, mon jeune ami ? parce que je suis un travailleur, un moissonneur ; parce que vous m'avez été envoyé, et qu'entre mes mains vous devenez un précieux instrument. Puissé-je, mes amis, employer cet instrument à votre profit, à votre avantage, à votre bénéfice, à votre bien-être, à votre fortune céleste :... asseyez-vous sur ce tabouret, mon jeune ami. »

Jo, qui s'imagine que le révérend va lui couper les cheveux, protége sa tête de ses bras et oppose la plus vive résistance aux efforts que l'on fait pour le placer comme il faut. Quand M. Chadband est enfin parvenu à l'ajuster comme un mannequin, le saint homme se retire derrière la table et lève sa main huileuse en disant : « Mes amis ! » Ainsi prévenu, chacun, dans l'auditoire, s'établit commodément ; les apprentis se donnent un coup de coude ; Guster ouvre les yeux et la bouche d'un air distrait ; elle est partagée entre l'admiration que lui inspire M. Chadband et la pitié qu'elle éprouve pour l'orphelin dont l'abandon et la misère la touchent profondément. Mistress Snagsby prépare en silence ses batteries ; mistress Chadband se compose un visage de circonstance, elle est auprès du feu et se chauffe les genoux, sensation qui lui paraît éminemment favorable à la réception fructueuse de la parole sacrée.

M. Chadband a pour habitude, lorsqu'il est en chaire, de fixer du regard l'un des membres de son auditoire, et d'entrer en communication particulière avec cet individu qui, cédant à sa propre émotion, laisse échapper à l'occasion un gémissement, un grognement, un bâillement, n'importe quel témoignage sensible d'une impression profonde, témoignage flatteur dont quelque vieille dame se fait l'écho fidèle, et qui, se transmettant de proche en proche aux pêcheurs les plus inflammables de l'assistance, remplace les acclamations parlementaires et lance le vaisseau Chadband à toute vapeur. Il résulte de cette habitude, que tout à l'heure, en commençant, le révérend a jeté les yeux sur le pauvre Snagsby, et se prépare à faire de cet infortuné déjà suffisamment confus, le récipient immédiat de son éloquente homélie.

« Nous avons parmi nous, continue M. Chadband, un gentil, un païen, un habitant de Tom-all-alone's, un vagabond sur la terre; nous avons parmi nous, mes amis, » et le saint homme, qui appuie le fait d'un mouvement expressif de l'ongle du pouce, envoie au papetier un sourire onctueux signifiant qu'il va décocher à son adversaire un argument irrésistible dont il sera terrassé. « Nous avons parmi nous un frère, un enfant sans famille, sans parents, sans bercail, dépourvu de toute ressource, n'ayant pas d'or, pas d'argent, pas de pierres précieuses. Et pourquoi, mes amis, vous dis-je qu'il est privé de tous ces biens? Pourquoi l'est-il en effet? » M. Chadband adresse cette question au papetier, comme s'il lui proposait une énigme entièrement neuve et qu'il le suppliât de la deviner. M. Snagsby, fort inquiet du regard mystérieux que sa petite femme lui a lancé précisément au mot « sans famille, » répond modestement : « Je ne sais pas, monsieur; » interruption qui lui attire un coup d'œil flamboyant de mistress Chadband et de la part de mistress Snagsby, un chut! à la fois énergique et indigné.

« J'entends une voix, répond M. Chadband, une faible voix, il est vrai, car j'espère qu'on n'oserait l'affirmer....

— Ah...! profère Mme Snagsby.

— Une faible voix qui répond : « Je ne sais pas! » Eh bien! je vais vous le dire, mes amis : ce jeune frère ici présent est sans or, sans argent, sans pierres précieuses, parce qu'il est privé de la lumière qui rayonne dans l'âme de quelques-uns d'entre nous. Et quelle est cette lumière? Quelle est-elle? mes amis, je vous le demande. »

Le révérend se rejette en arrière et fait une pause; mais M. Snagsby ne se laisse pas tenter une seconde fois et garde le silence; M. Chadband se penche de nouveau sur la table et pénètre le papetier des paroles qui vont suivre et qu'il appuie du mouvement expressif de l'ongle déjà nommé.

« C'est, dit-il, le rayon des rayons, la lune des lunes, le soleil des soleils, l'astre des astres; c'est la lumière de la vérité! »

— 22

M. Chadband se redresse et jette un regard triomphant sur le papetier, comme pour lui demander ce qu'il pense de cette définition : « De la vérité, reprend-il en s'adressant toujours au malheureux Snagsby ; et ne me dites pas que ce n'est point la lampe des lampes, car je répondrais que c'est la lumière des lumières ; je vous le répéterais cent fois, un million de fois, que cela vous plût ou non de l'entendre ; et moins vous y consentiriez et plus j'insisterais, et je prendrais un porte-voix, et je vous dirais que si vous vous élevez contre elle, vous serez renversés, flagellés, brisés, broyés, complétement écrasés. »

Ce mouvement oratoire, dont la puissance est fort admirée par les disciples de M. Chadband, n'ayant pas seulement pour effet de mettre le saint homme dans un état de transpiration peu agréable, mais encore de présenter, par hypothèse, l'innocent papetier comme un ennemi de toute vertu, au front d'airain, au cœur de pierre, le malheureux Snagsby, de plus en plus accablé, essaye de rassembler ses forces, qui bientôt vont le trahir, quand M. Chadband lui porte le dernier coup en reprenant son discours, après avoir épongé sa tête fumante avec son mouchoir de poche, qui semble s'allumer au contact, et fume aussi chaque fois que le révérend s'en est essuyé le front.

« Mes amis, dit-il, reprenons le sujet que, dans la mesure de nos faibles moyens, nous cherchons à faire pénétrer dans vos âmes, et demandons-nous, dans un esprit d'amour, en quoi consiste la vérité à laquelle je viens de faire allusion ; car si le médecin du corps me conseille le calomel ou le castoreum, je demande naturellement qu'est-ce que c'est que le castoreum ou le calomel ; je désire le savoir avant de m'administrer l'un ou l'autre de ces médicaments : cherchons donc, mes amis, ce que peut être la vérité ; examinons d'abord la vérité simple, ordinaire, en costume de travail, en habit de tous les jours. Est-ce l'imposture ? »

Mme Snagsby : « Ah !...

— Est-ce la dissimulation ? »

Mme Snagsby tressaille et fait un signe négatif.

« Est-ce le silence ? »

Dénégation prolongée de la part de Mme Snagsby.

« Non, tout cela n'est pas la vérité ; aucun de ces noms ne peut lui convenir ; et quand ce jeune païen.... il dort, mes amis ; le sceau de l'indifférence et de la perdition a fermé ses paupières ; gardez-vous de l'éveiller, car il est juste que j'aie à souffrir, à lutter, à combattre pour l'amour de lui.... Quand ce païen endurci nous a fait ce coq-à-l'âne d'une lady et d'un souverain, était-ce la vérité?... Non! Etait-ce du moins la vérité tout entière?... Non! mes amis, non! »

Pour soutenir le regard que sa petite femme plonge au fond de son être et dont elle fouille les replis les plus cachés de son cœur, il faudrait que le papetier fût un autre homme; aussi, le malheureux ne peut-il que trembler et courber la tête en détournant les yeux.

« Car, mes jeunes amis, continue Chadband en s'adressant à Guster et aux deux apprentis et, en se mettant à la portée de leur faible intelligence, si le maître de cette maison, parcourant les rues de la ville, y voyait une anguille, et que, de retour chez lui, cet homme, faisant venir la maîtresse de cette demeure, lui dît : « Réjouissez-vous avec moi, Sarah! car j'ai vu un éléphant, » serait-ce la vérité? »

Mme Snagsby fond en larmes.

« Ou, qu'ayant vu un éléphant il revînt et s'écriât: « Hélas! je n'ai vu qu'une anguille ! » serait-ce la vérité?

Mme Snagsby éclate en sanglots.

« Ou bien encore, poursuit M. Chadband exalté par ces pleurs, supposé que les parents dénaturés de ce païen endormi (car, n'en doutez pas, il a eu des parents), après l'avoir jeté en pâture aux loups et aux vautours, aux chiens sauvages, aux gazelles et aux serpents, fussent revenus à leur foyer, à leurs pipes et à leurs pots, à leurs airs de flûte et à leurs danses, à leurs boissons, à leur volaille et à leur viande, serait-ce la vérité? »

Mme Snagsby est en proie à des spasmes d'une telle violence, que tous les échos du voisinage retentissent de ses cris; et, finissant par tomber en catalepsie, elle est emportée dans sa chambre par l'étroit escalier. Après quelques instants de douleurs indicibles, qui produisent une consternation profonde parmi ses invités, on vient dire qu'elle ne souffre plus, mais qu'elle est excessivement faible, ce qui permet à M. Snagsby, plus timide et plus déconcerté que jamais, de sortir de derrière la porte du salon, où il s'était blotti, après avoir été plus ou moins écrasé lorsqu'on transporta sa petite femme à l'étage supérieur.

Pendant tout ce temps-là, Jo est resté à l'endroit où il s'est réveillé; il plume sa casquette, et met dans sa bouche des lambeaux de fourrure qu'il crache ensuite d'un air repentant; il sent bien qu'il ne sera jamais qu'un pécheur endurci, et qu'il lui sera toujours impossible de ne pas dormir quand le révérend se met à prêcher, car jamais il n'y comprendra rien. Et cependant pauvre Jo, il s'est accompli sur la terre des actes si touchants pour le salut des hommes, et l'histoire en est tellement simple, que si tous les Chadband, s'écartant avec respect, laissaient rayonner jusqu'à toi la lumière qui émane de ce récit, assez éloquent en lui-même pour se passer de leurs discours, tu resterais éveillé, Jo, et tu comprendrais cette parole, car tu serais attendri. »

Jo n'a jamais entendu dire qu'un pareil livre existât; les évangélistes et le révérend Chadband ne font qu'un à ses yeux; excepté pourtant qu'il connaît le révérend et courrait volontiers pendant une heure pour ne pas l'écouter cinq minutes.

« J'ai rin à faire ici, et pas besoin d'attendre, se dit Jo en lui-même; M. Sangsby n' me dira rin à c' soir. » Et il descend l'escalier.

En bas, il trouve la charitable Guster, appuyée sur la rampe et s'efforçant de lutter contre l'impression qu'ont produite sur elle les cris de mistress Snagsby; elle tient à la main son propre souper : un morceau de pain et de fromage qu'elle donne à Jo; et pour la première fois elle s'aventure à lui parler.

« V'là un peu d' quoi manger, mon pauv' garçon, lui dit-elle.

— Merci, m'zelle, répond Jo.

— Avez-vous faim?

— Un peu!

— Et vos père et mère? quoi donc qui sont d'venus, hein? »

Jo s'arrête pétrifié au milieu d'un coup de dent qu'il donnait à son pain, car l'orpheline de Tooting lui a posé la main sur l'épaule et c'est la première fois de sa vie qu'une main décente l'a touché de cette manière.

« J'les connais pas, répond-il; j' sais rin d'eux.

— Moi non plus, dit Guster; je n' connais pas les miens. » Elle s'efforce de réprimer l'émotion qui la gagne; et tout effrayée d'un léger bruit qui se fait entendre, elle s'enfuit et disparaît en un clin d'œil.

« Jo, dit tout bas le papetier.

— Me v'là, m'sieur Sangsby.

— Je ne savais pas ce que vous étiez devenu, mon enfant; voici une autre demi-couronne, Jo; vous avez bien fait de ne pas parler de notre course de l'autre soir et de cette lady que nous avons vue ensemble. N'en dites rien, Jo; il en résulterait quelque malheur.

— J' m'esbigne alors. Bonsoir, m'sieur.

— Bonsoir, Jo. »

Un spectre en camisole et en bonnet de nuit glisse derrière le papetier jusqu'à l'entrée du salon et se dirige ensuite vers l'étage supérieur. Désormais, en quelque lieu qu'il soit, il est suivi d'une ombre qui n'est pas la sienne, mais qui n'est pas moins obstinée ; et qu'il prenne garde aux secrets renfermés dans l'atmosphère où il passe, car sa vigilante petite femme la traverse avec lui, sa petite femme, les os de ses os, la chair de sa chair, l'ombre de son ombre.

CHAPITRE XXVI.

Aigrefins.

On est en hiver, et le matin, regardant avec ses yeux ternes et sa face pâle les environs de Leicester-square, trouve les habitants de cette région peu disposés à se lever ; car pour la plupart ce sont des oiseaux de nuit qui dorment pendant que le soleil brille, et qui s'éveillent pour guetter leur proie dans l'ombre au moment où les étoiles paraissent. Là, au dernier étage, ou dans les greniers, derrière de vieux volets et des rideaux crasseux, cachés plus ou moins sous de faux noms, de faux titres, de faux cheveux, de faux bijoux, de fausses histoires, repose une colonie de brigands, plongés dans leur premier sommeil. Gentlemen du tapis vert, pouvant, d'après leur propre expérience, parler des bagnes étrangers et des cachots nationaux ; espions politiques que la peur fait trembler ; misérables traîtres et lâches de toute espèce : joueurs, bretteurs, escrocs, faux témoins et chevaliers d'industrie, renfermant en eux plus de cruautés que Néron, plus de crimes que Newgate ; car si mauvais que le diable puisse se montrer en blouse et en veste de futaine, il est encore plus infernal et plus noir quand il porte un brillant à sa chemise ; quand il s'appelle gentleman, tient une carte, joue au billard, se connaît en lettres de change et en billets à ordre ; et c'est précisément sous cette forme que M. Bucket est toujours sûr de le rencontrer lorsqu'il juge à propos de parcourir les affluents de Leicester-square.

Mais ce jour d'hiver, en paraissant, réveille M. George et son fidèle serviteur ; ils se lèvent tous les deux, et chacun roule son matelas qu'il remet à sa place. M. George, après avoir fait sa barbe devant un miroir d'une extrême petitesse, va dans la cour, la tête découverte, la poitrine nue, s'approche de la pompe, et revient ensuite la peau luisante à force de s'être savonné, frictionné, surtout arrosé d'une énorme quantité d'eau froide ; il prend une serviette de grosse toile, et tandis qu'il s'en frotte vigoureusement la tête, le cou et les bras en soufflant comme un plongeon qui sort de la mer, que ses cheveux frisent d'autant plus qu'il les a mouillés davantage, Phil, agenouillé devant le feu qu'il allume, regarde tout ce lavage comme s'il lui suffisait d'en avoir la vue pour être nettoyé personnellement, et de recueillir, pour ranimer ses forces, le superflu de santé dont le maître d'armes se dépouille.

Quand M. Georges est séché, qu'il a fini de se peigner, de se brosser, et que la partie ornementale de sa toilette, promptement expédiée, a complété ses opérations du matin, il bourre sa pipe, l'allume et parcourt la galerie de long en large, en fumant, suivant son habitude, pendant que Phil prépare le déjeuner. Il fume d'un air grave et marche avec lenteur ; peut-être cette première pipe est-elle consacrée à la mémoire de Gridley.

« Ainsi donc, Phil, dit M. Georges, après avoir fait plusieurs fois en silence le tour de la galerie, tu as rêvé cette nuit de la campagne?

— Oui, gouverneur !

— A quoi ça ressemblait-il ?

— J' sais pas, gouverneur, dit le petit homme, après avoir réfléchi.

— Comment as-tu reconnu que c'était la campagne, alors ?

— J' pense que c'est à cause de l'herbe, et pis des cygnes qui étaient dessus, répond Phil après une nouvelle réflexion.

— Des cygnes ! Et que faisaient-ils sur l'herbe ?

— Ils en mangeaient, gouverneur. »

M. Georges reprend sa promenade et Phil ses occupations culinaires; la préparation du déjeuner, composé simplement d'une tranche de jambon grillé et d'une tasse de café, n'exigerait pas beaucoup de temps ; mais, comme le serviteur du maître d'armes a l'habitude de faire le tour de la salle pour aller chercher tous les objets qui lui sont nécessaires, et qu'il n'apporte jamais deux choses à la fois, cette opération est encore assez longue. A la fin, le petit homme annonce que le déjeuner est prêt; M. Georges frappe sa pipe contre l'intérieur du foyer, pour en faire tomber les cendres, la pose sur le coin de la cheminée et s'assied pour manger. Une fois qu'il est servi, Phil prend sa part, se place tout au bout de la petite table et met son assiette sur ses genoux, soit par humilité, soit pour cacher ses mains noires, ou tout simplement par habitude.

« La campagne! dit M. Georges en se servant activement de son couteau et de sa fourchette; mais tu ne l'as jamais vue, Phil?

— J'ai vu aut'fois les marais, commandant, répond celui-ci la bouche pleine.

— Quels marais?

— Les marais, gouverneur.

— Dans quel endroit?

— J' sais pas l'endroit où c' qui sont; mais j' les ai vus, commandant, ils étaient plats et puis humides. »

Gouverneur et commandant sont les titres que, dans son respect, Phil donne alternativement à M. Georges, le seul qui, d'après lui, soit digne de les porter.

« Je suis né à la campagne, Phil.

— Pour de vrai, commandant?

— Oui; j'y ai même été élevé. »

Phil regarde respectueusement son maître pour lui exprimer tout l'intérêt qu'il prend à la chose, et avale une partie de son café sans quitter M. Georges des yeux.

« Il n'y a pas en Angleterre un chant d'oiseau que je ne connaisse, Phil, continue le maître d'armes; pas une feuille ou une baie que je ne puisse te nommer; pas d'arbre auquel je ne puisse encore grimper, si je me trouvais à même de le faire; j'étais un franc campagnard dans ma jeunesse; ma bonne mère habitait la campagne, Phil!

— Ça devait être une belle vieille dame, governeur, dit le petit homme.

— Il y a trente-cinq ans, elle n'était pas vieille; mais, en eût-elle quatre-vingt-dix, je parie qu'elle serait encore aussi droite et presque aussi large des épaules que je le suis aujourd'hui.

— Elle est morte à quatre-vingt-dix ans, governeur?

— Non!... chut!... laissons ma mère en paix et que Dieu la bénisse! Pourquoi diable vais-je penser à tout cela, aux champs, aux petits vagabonds qui se sauvent du toit paternel? il faut que ce soit ton rêve qui m'y ait entraîné.... ainsi donc, tu n'as jamais vu la campagne, si ce n'est en songe? »

Le petit homme fait signe que non.

« As-tu envie de la voir?

— N.... non, j' sais pas positivement.

— La ville te suffit, hein?

— Voyez-vous, commandant, j'connais pas autre chose, et j'suis peut-être trop âgé pour aimer les nouveautés.

— Quel âge as-tu ? demande l'ancien militaire en portant à ses lèvres sa soucoupe fumante.

— J'ai un âge qu'y a un huit dedans ; c'est pas quatre-vingt-huit, ni dix-huit ; c'est entre les deux. »

M. Georges remet sa soucoupe sur la table sans y avoir goûté.

« Que diable ! » dit-il en riant.

Mais il s'arrête pour ne pas troubler Phil, qui est en train de compter sur ses doigts.

« Suivant le calcul de la paroisse, dit celui-ci, j'avais juste huit ans quand j'ai parti avec le chaudronnier. On m'avait envoyé en commission et je le vois qu'était assis sous un vieux bâtiment, auprès d'un bon feu, et qui me dit : « Ça te plairait-y d't'en venir avec moi ? j'ai besoin d'un garçon. » Je dis oui que j'réponds ; et nous v'là partis ensemble pour chez lui à Clerkenwell ; c'était le premier avril ; je savais compter jusqu'à dix ; alors quand c'est que le premier avril a été de retour, j'me dis comme ça : « Mon camarade, t'as huit ans et pis un autre avec ; » le premier avril d'après, j'me dis encore : « T'as huit ans et pis deux avec ; » enfin, j'ai arrivé par la suite à en avoir dix en plus que huit ; et pis huit avec deux fois dix ; mais arrivé là, c'était trop haut pour moi, je n'ai pu compter ; seulement j'suis sûr qu'il y a un huit dedans.

— Et qu'est devenu le chaudronnier ? dit M. Georges en reprenant son café.

— La boisson l'a mis à l'hôpital, gouverneur, et l'hôpital... l'a fourré dans un grand étui à lorgnette ; j'l'ai entendu dire, ajoute Phil mystérieusement.

— Et tu as monté en grade, tu as pris la suite de ses affaires ?

— Oui, commandant, j'ai pris la suite de ses affaires ; la tournée n'était pas forte, Saffron-hill, Hatton-garden, Clerkenwell, Smithffield ; un pauvre voisinage où c'qui zusent tant leu chaudrons qui n' sont pus raccommodables. Avec ça, les chaudronniers ambulants qui venaient loger cheu nous du temps d'mon maître (c'était le pus clair de son gain) n' vinrent pas loger cheu moi ; c'était pas la même chose. I' savait de bonnes chansons et moi j'en savais pas. I' leu jouait des petits airs sur n'importe quel pot soit en fer ou en étain ; et j'n'ai jamais pu rin faire d'une marmite que d'la raccommoder ou ben d'la faire bouillir, mais pas une note de musique ; et pis j'étais trop laid, et j'déplaisais à leu femmes.

— Qu'est-ce que ça leur faisait? tu n'es pas plus mal qu'un autre.

— Oh! si, gouv'neur, au contraire, reprend Phil en secouant la tête; j'étais passable quand j'ai parti avec le chaudronnier, et pourtant y avait pas d' quoi se vanter; mais à force de souffler le feu avec ma bouche, et d' me gâter la piau, et d' me griller les cheveux, et d'avaler d' la fumée; et pis d'être malheureux naturellement, et de m'attraper à tout : contre l' fer rouge, l'étain bouillant, n'importe quoi, et d'en garder les marques; et d' tomber avec le chaudronnier quand il avait trop bu et que je l' ramenais d' loin, c' qui arrivait tous les jours, c'était déjà dans ce temps-là une drôle de beauté qu' la mienne; et depuis, que j' suis resté douze ans dans une forge où c' que les ouvriers aimaient à rire, et que j'ai été brûlé dans un accident où c' que j' travaillais au gaz; et, qu'après ça, en faisant des cartouches pour des artificiers, la poudre m'a fait sauter par la fenêtre, j' suis devenu asez laid pour qu'on me montre comme une curiosité. »

Parfaitement résigné à sa laideur, qui ne paraît pas lui déplaire, Phil demande une seconde tasse de café, et la boit en disant :

« C'est après c't accident-là que vous m'avez rencontré; vous en souvenez-vous, governeur?

— Oui, Phil, tu te promenais au soleil.

— Dites donc que j' rampais contr' un mur.

— C'est vrai, Phil, tu te frottais à la muraille.

— En bonnet de nuit! s'écrie le petit homme avec animation.

— En bonnet de nuit.

— Et clopinant sur une paire de béquilles, continue Phil de plus en plus animé.

— Sur une paire de béquilles.

— Et qu' vous vous arrêtez pour me dire.... vous savez ben, s'écrie le petit homme en posant sur la table sa soucoupe et sa tasse et en ôtant l'assiette qui est restée sur ses genoux : « Camarade, que vous m' dites, tu as donc fait la guerre? » Je n' réponds pas grand'chose, la surprise m'étouffait; un homme comme vous, si fort et si fièrement bâti, s'arrêter pour parler à une mauvaise carcasse boiteuse, car j' n'étais vraiment qu' ça. Mais v'là qu' vous m' dites, et d' si bon cœur, qu' c'était comme un verre de queuqu' chose de chaud sur l'estomac : « Qu'est-ce qui t'est donc arrivé, mon camarade? tu es gravement blessé; voyons, qu'as-tu? Du courage et conte-moi ça! » Du courage! governeur, ah! j'en avais ben r'trouvé, à preuve qu' j' vous dis c' qui en est, et qu' vous m' dites queuqu' autr' chose, et que j' vous réponds, et pis qu' vous me répondez, et qu'en fin de compte me v'là ici, goverueur, ici, goverueur ! »

Phil se lève et commence à faire le tour de la salle en se frottant contre le mur.

« Et si un jour, s'écrie-t-il, y avait une cib' qui manque, ou ben si les affaires pouvaient s'en embonnir, laissez-les tirer sur moi; i' n' gâterout pas ma figure, commandant ! Si la pratique voulait boxer queuques-uns, laissez-la faire, cogner dru sur ma tête, j'y ferai pas attention. S'ils ont besoin d'un boulon pour s'exercer à le lancer, Cornwall, Devonshire ou Lancashire, laissez-les me prendre et me jeter où ils voudront, j'y suis ben habitué, j' l'ai été dans ma vie et d' toutes les sortes de manières. »

Tout en prononçant avec énergie cette improvisation, qu'il accompagne des gestes particuliers aux différents exercices dont il parle, Phil Squod fait trois fois le tour de la galerie en se frottant contre la muraille, et, virant de bord tout à coup, se précipite vers le gouverneur, lui donne un coup de tête destiné à lui exprimer tout le dévouement qu'il a pour lui, et commence à desservir la table.

M. Georges rit de bon cœur, frappe sur l'épaule du petit homme et l'aide à mettre tout en ordre et à tout disposer dans la salle pour le travail du jour. Il s'exerce avec les haltères, se pèse l'instant d'après, trouve qu'il devient « trop corpulent, » prend un sabre et fait des armes tout seul avec beaucoup de gravité; pendant ce temps-là, Phil s'est mis à son établi, et, tout entier à sa besogne, visse et dévisse, lime et fourbit, souffle dans le canon des armes, dans leurs moindres petits trous, se noircit de plus en plus et fait et défait tout ce qui peut se faire et défaire quand il s'agit de nettoyer des carabines et des pistolets.

Au bout de quelque temps, le maître et le serviteur sont troublés dans leurs occupations par un bruit singulier qui se fait entendre dans le couloir et qui annonce une visite non moins étrange. Les pas approchent, la porte s'ouvre et donne accès à un groupe tellement bizarre que, de prime abord, on croirait voir la mascarade du cinq novembre [1]. Il est composé d'un affreux personnage porté sur une chaise par deux hommes, et suivi d'une femme étique au visage pincé, qu'on s'attendrait à voir réciter la complainte commémorative de l'heureux temps où l'on espéra faire sauter l'Angleterre avec quelques barils

1. Anniversaire de la conspiration des poudres, (*Note du traducteur.*)

de poudre, si ses lèvres ne restaient serrées avec défiance pendant que les porteurs déposent leur fardeau sur le plancher.

« Seigneur, mon Dieu ! s'écrie l'affreux personnage d'une voix entrecoupée ; je n'en puis plus ; m'ont-ils secoué ! Comment vous portez-vous, mon cher ami ? »

M. Georges reconnaît alors le vénérable M. Smallweed, sorti pour prendre l'air, accompagné de sa petite fille Judy, qui est son garde du corps.

« Monsieur Georges, mon bon ami, comment vous portez-vous ? dit le vieillard en lâchant ses porteurs qu'il tenait par le cou ; vous êtes surpris de me voir, cher monsieur ?

— Presque autant que si je voyais votre ami de la Cité, répond l'ancien soldat.

— Je sors bien rarement ; ça m'est très-difficile, et puis c'est dispendieux. Mais j'avais tant le désir de vous voir, cher monsieur Georges ; comment vous portez vous ?

— Assez bien, je vous remercie ; et vous, monsieur Smallweed ?

— Vous ne vous porterez jamais trop bien, mon cher monsieur (l'avare lui prend les mains). J'ai amené ma petite fille ; je ne peux guère me passer d'elle, et puis elle désirait tant vous voir !

— Hum ! elle a pourtant l'air assez calme, dit M. Georges entre ses dents.

— Alors nous avons pris un cab et mis une chaise dans la voiture ; arrivés au coin de la rue, ils m'ont sorti du cab, m'ont placé sur la chaise et m'ont porté ici pour que je puisse voir ce cher ami et son établissement. Voici le cocher du cab, poursuit M. Smalweed en montrant l'un de ses porteurs qu'il a failli étrangler en le tenant par la gorge, et qui s'en va en faisant un effort pour se remettre le gosier ; je ne lui donne rien pour m'avoir apporté, c'est compris dans la course ; mais quant à l'autre, c'est différent ; nous l'avons loué au coin de la rue pour une chopine de bière, c'est à dire pour deux pence. Compte-lui deux pence, Judy. Je ne savais pas que vous aviez un ouvrier, monsieur Georges, ce qui m'aurait épargné la dépense d'un second porteur. »

Le grand-père Smallweed jette un regard du côté de Phil, et s'écrie avec effroi : « Miséricorde ! Seigneur, mon Dieu ! » terreur justifiée par les apparences, car le petit homme, qui n'a jamais vu l'affreux avare, stupéfié par cette apparition, s'arrête tout à coup au milieu de son travail, une carabine à la main, et semble vouloir tirer sur le grand-père Smallweed comme sur un oiseau de proie.

« Judy, ma fille, reprend le vieux ladre, donne à cet homme les deux pence que je lui ai promis ; c'est beaucoup pour le peu qu'il a fait. »

Cet homme, l'un des spécimens les plus extraordinaires de ces fongus humains qui croissent spontanément dans les rues occidentales de Londres, porte une vieille jaquette rouge ; il a pour mission de tenir les chevaux et d'appeler les voitures ; il reçoit les deux pence de Judy avec assez de froideur, jette la pièce en l'air, la rattrape sur le dos de sa main et sort de la galerie.

« Mon cher monsieur Georges, dit le grand-père Smallweed, seriez-vous assez bon pour m'approcher de la cheminée ; je me fais vieux et j'ai froid lorsque je suis loin du feu. Miséricorde ! bonté divine ! »

Cette exclamation est arrachée au vieillard par la brusquerie avec laquelle Phil Squod le saisit, lui et sa chaise, et le dépose à côté du foyer.

« Seigneur, mon Dieu ! s'écrie l'avare tout palpitant ; bonté du ciel ! Mon cher ami, comme il est fort, votre ouvrier ! comme il est vif ! Seigneur, mon Dieu ! Judy, recule-moi un peu, j'ai les jambes toutes brûlées ; » le nez des assistants ne peut s'y méprendre, à l'odeur qui s'exhale de ses bas de laine.

« Mon cher ami, dit-il à M. Georges en lui tendant les mains, que je suis heureux de vous rencontrer ! C'est votre établissement ? un délicieux endroit ! un tableau enchanteur. Il n'arrive jamais que par hasard.... une de ces armes.... parte toute seule ? n'est-ce pas, cher ami, ajoute M. Smallweed qui est fort mal à son aise.

— Non, non ; n'ayez pas peur.

— Et votre ouvrier, miséricorde ! il ne laisse rien partir sans le vouloir ?

— Il n'a jamais blessé personne que lui, répond M. George en souriant.

— Mais ça pourrait lui arriver, répond M. Smallweed ; il paraît s'être blessé fréquemment, et rien n'empêche qu'il n'en puisse blesser d'autre, avec ou sans mauvaise intention ; mon cher ami, voudriez-vous lui dire de ne pas toucher à ces armes infernales et.... de s'éloigner. »

Phil obéit à un signe de M. Georges et se retire, les mains vides, à l'autre bout de la salle ; M. Smallweed se rassure et se frotte les jambes.

« Et comment vont les affaires ? dit-il au maître d'armes qui, debout carrément en face de lui, tient son sabre à la main. Grâce à Dieu vous prospérez. »

M. Georges répond froidement d'un signe de tête et ajoute :
« Continuez, monsieur Smallweed, ce n'est pas pour me dire ça que vous êtes venu.

— Toujours gai, toujours plaisant, répond l'avare ; quelle aimable société que la vôtre ?

— Allez, allez, monsieur Smallweed.

— Cher monsieur Georges ! mais vous avez là un sabre qui est terriblement tranchant et qui brille d'une façon.... ne pourrait-il pas blesser quelqu'un, par hasard ? je tremble rien que de le voir, monsieur Georges. Maudit soldat ! ajoute l'excellent homme en s'adressant tout bas à sa petite-fille, pendant que le maître d'armes s'éloigne pour déposer son sabre. Il me doit de l'argent et pourrait bien songer à s'acquitter de sa dette en se débarrassant de moi par quelque mauvais coup. Encore si votre furie de grand'mère était ici ! il pourrait au moins lui trancher la tête, Judy. »

M. Georges revient auprès de la cheminée, croise les bras et, du haut de sa grande taille, regarde M. Smallweed qui s'affaisse peu à peu sur lui-même.

« A présent, venons au fait, lui dit-il.

— Oui, oui ! s'écrie M. Smallweed en riant avec malice. Oui, au fait ; mais à quel fait, mon cher monsieur ?

— A celui qui vous amène, » répond l'ancien soldat qui s'assied, prend sa pipe sur le coin de la cheminée, la bourre, l'allume et se met tranquillement à fumer.

Déconcerté par tant de calme et trouvant fort difficile d'aborder le sujet dont il voudrait parler, M. Smallweed finit par tellement s'exaspérer, que, dans sa rage impuissante, il fend l'air de ses griffes sous l'impression du violent désir qu'il éprouve de déchirer le visage de M. Georges ; et comme ce vénérable vieillard a les ongles longs et plombés, les mains décharnées, les yeux gris et vitreux, et qu'il glisse de plus en plus sur sa chaise, il présente un spectacle si affreux, même aux regards de sa petite-fille habituée à son visage, que cette jeune vierge fond sur lui avec plus d'emportement que de tendresse et le tapote, le secoue, le pétrit dans toutes les parties du corps, principalement à la gorge, au point que le vieux ladre en bondit comme la demoiselle d'un paveur en retombant sur la pierre.

Quand, à l'aide de ces différents moyens, Judy est parvenue à rétablir sur sa chaise le vieil avare, qui a le nez glacé, la figure livide, mais qui continue toujours à déployer ses griffes, elle étend son doigt ridé, et frappe M. Georges entre les deux épaules; tandis que le maître d'armes lève la tête, elle donne un coup pareil à son estimable grand-père, et, les ayant ainsi rapprochés et remis face à face, elle redevient immobile et tourne vers le feu son regard dur et sévère.

« Aye, aye! oh! oh! oh! euh! euh! s'écrie M. Smallweed en étouffant sa rage, mon cher ami!

— Je vous répète, dit M. Georges, que, si vous voulez causer avec moi, il faut dire franc et net ce que vous avez à dire; je n'entends rien à toutes vos finasseries, je ne suis pas assez habile, et ça ne me convient pas; quand vous êtes là, m'entortillant de vos phrases qui ne veulent jamais sortir, dit l'ancien militaire en reprenant sa pipe, l'air me manque, il me semble que je suffoque. »

M. Georges gonfle sa poitrine et respire largement, comme pour s'assurer qu'il n'est pas encore étouffé.

« Si vous êtes venu d'amitié, pour me faire une visite, je vous en remercie et je vous salue; si vous avez voulu voir ce qu'il y avait dans mon établissement, regardez autour de vous; si c'est avec l'intention d'emporter quelque chose, prenez-le et partez. »

La charmante Judy, toujours les yeux fixés dans la cheminée, donne à son grand-père un coup de poing, sans détourner la tête.

« Vous le voyez, c'est aussi l'opinion de mademoiselle; mais pourquoi diable ne s'est-elle pas assise? dit M. Georges.

— Elle reste à côté de moi pour me servir, mon cher monsieur, répond le grand-père Smallweed. Je suis un vieillard et j'ai besoin de quelques petites attentions; je porte bien les années, je ne suis pas comme cette vieille tête de perroquet fêlée, ajoute-t-il en cherchant instinctivement son coussin par souvenir de sa femme, mais il faut qu'on me soigne de temps en temps.

— Très-bien, dit le maître d'armes en tournant sa chaise pour être en face de l'avare; et maintenant?

— Mon ami de la Cité a fait une petite affaire avec un de vos élèves, monsieur Georges.

— Ah! j'en suis fâché pour mon élève.

— Oui, dit le vieillard en se frottant les jambes. Oui, monsieur, un beau jeune homme, à présent officier, un appelé M. Carstone; des amis sont venus, qui ont tout payé fort honorablement.

— Pensez-vous, dit M. Georges, que votre ami veuille écouter un bon conseil?

— Mais je le suppose, si c'est vous qui le donnez.

— Eh bien ! qu'il me croie et ne fasse plus d'affaires de ce côté-là ; il y perdrait. Le jeune homme est au bout, halte forcée ; la chose est sûre.

— Non, non, mon cher ami ; non, monsieur Georges ; non, non, monsieur ! dit le grand-père Smallweed, en continuant de se frotter les jambes d'un air rusé. Il ne s'arrêtera pas et l'on n'y perdra rien ; il a de bons amis, il est bon par lui-même, par sa paye, par le prix de son brevet qu'on peut faire vendre, par les chances qu'il a dans un procès, par la dot de la femme qu'il aura.... et puis.... vous savez, monsieur George, mon ami de la Cité considère que ce jeune homme est bon encore par quelque chose de plus..., dit le grand-père Smallweed en mettant son bonnet noir de travers, et en se grattant l'oreille comme un singe. »

M. Georges, visiblement contrarié des paroles qu'il vient d'entendre, a posé sa pipe sur la cheminée ; l'un de ses bras est appuyé sur le dos de sa chaise, et, du pied droit, il bat la retraite sur le plancher.

« Mais pour passer d'un sujet à un autre, poursuit M. Smallweed, et pour avancer la conversation, comme dirait un plaisant, passons de l'enseigne au capitaine.

— De qui parlez-vous ? demande M. Georges en fronçant les sourcils et en frappant vivement l'ombre de sa moustache.

— De notre capitaine, monsieur Georges ; de celui que vous savez, du capitaine Hawdon.

— Ah ! vous y voilà, dit le maître d'armes qui siffle tout bas en voyant le grand-père et la petite-fille le regarder fixement. Ah ! c'est de lui qu'il s'agissait ; très-bien, parlez ; je ne veux pas suffoquer plus longtemps ; parlez, monsieur, parlez.

— Mon cher ami, reprend le vieillard, on m'a donné hier... Judy, relève-moi un peu.... quelques nouveaux renseignements, relatifs au capitaine ; et je suis plus que jamais persuadé qu'il n'est pas mort.

— Ouais !

— Que dites-vous ? cher monsieur Georges, demande M. Smallweed, en mettant sa main derrière l'oreille.

— Ouais !

— Monsieur Georges, vous pouvez juger par vous-même si mon opinion est fondée ; en vous disant les questions qui m'ont été posées et les motifs que l'on avait pour me les faire, vous verrez que j'ai raison ; savez-vous ce que désire l'avoué qui m'a fait ces questions ?

— De gros honoraires, monsieur Smallweed.

— Pas le moins du monde.

— Alors, ce n'est pas un avoué, dit M. Georges en croisant ses bras d'un air profondément convaincu.

— Pardonnez-moi, cher ami ; c'est un procureur et un fameux. Il voudrait avoir quelques lignes de l'écriture du capitaine Hawdon. Il ne demande pas à les garder, mais seulement à les voir afin de les confronter avec des papiers qu'il possède.

— Après ?

— Se rappelant alors l'avertissement qui avait paru dans les journaux relativement au capitaine et aux informations qu'on pourrait donner sur son compte, il est venu me trouver, précisément comme vous êtes venu vous-même, très-cher ami ; une poignée de main en souvenir de ce beau jour ! Qu'il est heureux que vous soyez venu ! Quelle amitié j'aurais perdue sans cela !

— Après, monsieur Smallweed ?

— Je n'ai que sa signature ; pas une ligne de sa main ; que la peste et la famine, la guerre et le meurtre soient avec lui, dit le vieillard en écrasant son bonnet noir entre ses mains furieuses ; j'ai un demi-million de ses signatures ! mais vous, cher ami, dit-il en reprenant tout à coup sa parole doucereuse, pendant que Judy replace le bonnet noir sur son vénérable chef, pareil à une tête de quille ; mais vous, cher monsieur Georges, vous avez bien quelque lettre, quelque papier du capitaine ; un rien nous suffirait.

— Quelques lignes de sa main ? dit l'ancien soldat d'un air pensif. Il est possible que j'aie cela.

— Mon ami ! le plus cher de mes amis !

— Il est possible que non !

— Oh !

— Mais, en aurais-je des monceaux, que je n'en montrerais pas de quoi couvrir une cartouche avant de savoir quel usage on veut en faire.

— Je vous l'ai dit, cher monsieur Georges.

— Ce n'est pas assez comme ça, dit l'ancien militaire en secouant la tête. Je veux en savoir davantage et voir si cela me convient.

— Venez alors chez le procureur, mon cher ami ; venez voir ce gentleman, répond l'avare en tirant de ses mains de squelette une vieille montre d'argent ; il est dix heures et demie ; je lui ai dit que probablement je passerais chez lui entre dix et onze, voulez-vous venir avec moi, monsieur Georges ? vous verrez ce gentleman.

— Hum! ça ne me va qu'à moitié, dit gravement celui-ci; vous prenez à cela un intérêt qui ne me paraît pas clair.

— Tout ce qui peut jeter sur lui quelque lumière m'intéresse naturellement; ne nous doit-il pas des sommes considérables? Si cela m'intéresse? Mais qui donc plus que moi s'intéressera aux moindres choses qui concernent cet homme? Non pas, mon cher ami, ajoute le vieillard en baissant la voix, que je veuille vous faire faire quelque trahison, bien loin de là. Venez-vous, cher monsieur Georges?

— Oui, dans un instant; mais je ne promets rien; vous le savez.

— Je le sais, cher ami, je le sais.

— Et vous allez me conduire chez cet avoué, n'importe où il demeure, sans me faire payer la course? » demande M. George en prenant son chapeau et ses gants.

Cette plaisanterie amuse tellement l'avare, qu'il rit tout bas en regardant d'un œil avide le maître d'armes ouvrir la porte d'un buffet grossier à l'autre bout de la salle, fouiller, çà et là, sur les planches supérieures, et finalement y prendre un papier qu'il met dans sa poitrine après l'avoir plié. Ce que voyant, Judy et son grand-père se donnent réciproquement une bourrade significative.

« Je suis prêt, dit M. Georges en se rapprochant de la cheminée. Phil, vous allez porter ce gentleman dans sa voiture, et vous ne lui prendrez rien.

— Seigneur, mon Dieu! un moment! s'écrie M. Smallweed; il est si vif! Mon brave homme, êtes-vous bien sûr de pouvoir me porter sans me faire mal? »

Pour toute réponse, Phil saisit la chaise et l'avare qu'il emporte, étroitement embrassé par M. Smallweed, devenu silencieux; et se précipite dans le passage, comme s'il avait reçu l'ordre d'aller jeter au galop le vieux grigou dans le plus prochain volcan; toutefois sa mission se terminant au cab, il y dépose M. Smallweed; la belle Judy se place à côté de son grand-père, la chaise orne le dessus de la voiture, et M. Georges monte à côté du cocher.

CHAPITRE XXVII.

Encore un vieux soldat.

M. Georges n'a pas longtemps à rester assis, les bras croisés, sur le siége de la voiture, car Lincoln's-Inn Fields est leur destination.

« Est-ce M. Tulkinghorn, votre fameux procureur ? demande le maître d'armes.

— Oui, mon cher ami ; le connaîtriez-vous, par hasard ?

— J'ai entendu parler de lui, je crois même l'avoir vu ; mais je ne le connais pas. »

Le transport de M. Smallweed s'effectue à merveille avec l'aide de M. Georges ; l'avare est introduit sur sa chaise dans le cabinet du procureur, et déposé devant le feu sur le tapis de Turquie. M. Tulkinghorn est absent, mais va rentrer tout de suite ; l'homme entre deux âges qui remplit les fonctions de clerc et d'huissier les en prévient, attise le feu et retourne à son banc, situé dans l'antichambre, laissant le triumvirat se chauffer tout à son aise.

L'intérieur de ce cabinet excite puissamment la curiosité de M. Georges ; il regarde le plafond, les vieux livres ; contemple les portraits des grands personnages que l'avoué a pour clients ; et lit tout haut les noms qui sont gravés sur les boîtes.

« Sir Leicester Dedlock, baronnet, lit M. Georges d'un air pensif. Manoir de Chesney-Wold ! Hum ! » L'ancien soldat regarde longtemps ces boîtes et revient auprès du feu en répétant : « Sir Leicester Dedlock, baronnet, manoir de Chesney-Wold ! »

— Un vrai Mondor, monsieur Georges, lui dit tout bas M. Smallweed en se frictionnant les jambes. Il est puissamment riche !

— Qui ça ! l'avoué ou le baronnet ?

— L'avoué, l'avoué.

— Je l'ai entendu dire et je sais plusieurs choses qui me porteraient à le croire. La place a l'air d'ailleurs d'être assez bien ravitaillée, dit-il en regardant autour de lui ; voyez-vous là-bas ce coffre-fort ? »

L'arrivée de M. Tulkinghorn met fin à cette conversation ; le procureur est toujours le même : vêtu de noir mat, ayant à la main ses lunettes et leur antique étui ; froid et sec dans ses manières, la voix sourde, l'œil au guet derrière un masque impassible, dont l'expression habituelle est peut-être le mépris ; et le peerage pourrait bien avoir, après tout, de plus chauds adorateurs et des fidèles plus sincères que M. Tulkinghorn.

« Bonjour, monsieur Smallweed, bonjour ! dit-il en entrant ; vous l'avez amené, à ce que je vois ; asseyez-vous, sergent. »

Et, tout en ôtant ses gants et les mettant dans son chapeau, il regarde, entre ses paupières demi-closes, du côté où est assis M. Georges et se dit peut-être en lui-même : « Vous ferez l'affaire, mon ami. »

« Asseyez-vous, sergent, répète l'avoué en se mettant à son bureau qui est auprès du feu et en s'asseyant dans son fauteuil. Il fait ce matin un froid pénétrant, dit-il en se chauffant alternativement la paume des mains et le dessus des doigts, et en regardant (toujours derrière son masque) le trio qui forme un hémicycle devant lui.

Monsieur Smallweed, voilà que je commence à me reconnaître ;... vous avez amené, à ce que je vois, notre bon ami le sergent.

— Oui, monsieur, répond l'avare entièrement dévoué à la fortune et à l'influence du procureur.

— Et que dit-il de cette affaire ?

— Monsieur est le gentleman dont je vous ai parlé, monsieur Georges, » dit le grand-père Smallweed en montrant l'avoué de sa main tremblante et ridée.

L'ancien militaire salue le gentleman et se redresse immédiatement sans proférer une parole ; son attitude est pleine de roideur, et il est assis sur le bord de sa chaise comme s'il avait encore sur le dos son fourniment complet.

« Eh bien ! Georges..., dit M. Tulkinghorn, c'est ainsi que vous vous appelez ?

— Oui, monsieur.

— Eh bien ! Georges, que dites-vous ?

— Mille fois pardon, monsieur ; mais je désirerais d'abord savoir ce que vous dites vous-même.

— De la récompense ?

— Mais de tout, monsieur. »

Cette réponse irrite tellement M. Smallweed qu'il s'écrie avec colère : « Vieille bête ! » Puis se reprenant tout à coup, il demande pardon à M. Tulkinghorn et s'excuse en disant à Judy : « Je pensais à votre grand'mère, ma fille. »

« J'avais cru, dit l'avoué en s'appuyant sur l'un des bras de son fauteuil et en se croisant les jambes, que M. Smallweed vous avait expliqué suffisamment l'affaire ; elle est aussi simple que possible ; vous avez servi autrefois sous les ordres du capitaine Hawdon ; vous l'avez soigné pendant ses maladies et lui avez rendu plusieurs petits services ; je me suis même laissé dire que vous étiez un peu son confident, tout cela est-il vrai, oui ou non ?

— Très-vrai, dit M. Georges.

— D'où il résulte, continue M. Tulkinghorn, que vous devez avoir quelque chose de la main du capitaine ; un compte, une instruction, une lettre, un billet, n'importe quoi ; je désire comparer son écriture avec celle de certains papiers que je possède ; si vous pouvez m'en fournir le moyen, vous serez convenablement récompensé. Trois, quatre ou cinq guinées vous paraîtraient sans doute un assez beau denier ?

— Noble récompense, mon cher ami ! s'écrie M. Smallweed en tordant ses petits yeux.

— Si vous ne la trouvez pas suffisante, poursuit l'avoué, dites combien, dans votre conscience de soldat, vous désirez avoir, et vous serez satisfait. Il n'est pas nécessaire que vous vous sépariez de l'écrit en question, si vous tenez à le garder ; je préférerais toutefois que vous consentissiez à vous en dessaisir. »

M. Georges demeure impassible dans l'attitude qu'il a prise, regarde alternativement le tapis et le plafond, mais ne dit pas un seul mot. M. Smallweed, de plus en plus irrité, déchire l'air de ses griffes.

« Toute la question, continue M. Tulkinghorn avec son flegme habituel, est de savoir : 1° si vous avez de l'écriture du capitaine Hawdon ; 2° ce que vous demandez pour produire cette écriture ; 3° vous pouvez juger par vous-même si elle ressemble à celle-ci, reprend l'avoué en lui présentant tout à coup plusieurs feuilles manuscrites. »

Vous voulez savoir tout cela ? Eh bien ! oui monsieur, dit M. Georges, répétant machinalement les trois premières questions : et, les yeux fixés sur M. Tulkinghorn, il continue à regarder l'avoué, sans faire la moindre attention à la pièce qu'on lui a remise et qui appartient au procès Jarndyce contre Jarndyce.

« Eh bien ! qu'en dites-vous ? lui demande l'avoué.

— Je dis, monsieur, répond le sergent en se levant de toute sa hauteur, que je désirerais ne pas me mêler de cette affaire.

— Pourquoi cela ? reprend M. Tulkinghorn complétement impassible

— Parce que, à l'exception de la consigne et des règlements militaires, je ne connais rien aux choses de ce monde. En fait de civil, je ne suis bon à rien, comme on dit ; je n'ai pas l'esprit aux paperasses, et je serais plus à mon aise sous le feu croisé d'une batterie que sous les questions qu'on m'adresse. Je disais à M. Smallweed, il y a une heure à peine, que, lorsqu'on m'entortille avec des phrases, il me semble qu'on m'étouffe, et c'est la sensation que j'éprouve en ce moment, » ajoute M. Georges en regardant ceux qui l'entourent.

Il fait trois pas en avant pour remettre les papiers qu'il tient sur le bureau du procureur, trois pas en arrière pour revenir à sa place où il reste debout, les mains derrière le dos comme pour s'empêcher de recevoir n'importe quelle autre pièce.

M. Smallweed, exaspéré, a sur la langue les épithètes favorites de son vocabulaire, mais il parvient à se contenir, bégaye quelques monosyllabes et finit par exhorter son cher ami à se montrer plus sage, à faire ce que désire un gentleman si éminent, et à le faire de bonne grâce, bien persuadé que la chose qu'on lui demande est aussi honnête que profitable. M. Tulkinghorn se contente de laisser tomber de temps en temps quelque phrase comme celle-ci : « Vous êtes meilleur juge que personne de vos intérêts.... si vous craignez de faire du mal à quelqu'un.... faites comme vous voudrez, vous êtes le maître. » Il prononce ces mots avec une parfaite indifférence, jette un coup d'œil sur les papiers dont sa table est couverte, et se prépare à écrire quelque lettre.

M. Georges regarde d'un air de défiance autour de lui, jette les yeux au plafond, les reporte sur le tapis, du tapis sur l'avare, de l'avare sur le procureur, et de l'avoué au plafond, s'appuyant, dans son trouble, tantôt sur une jambe et tantôt sur une autre.

« Je ne voudrais pas vous offenser, dit-il enfin ; mais je vous assure, monsieur, qu'entre vous et M. Smallweed, ici présent, je suis complétement suffoqué ; j'étouffe mille fois pour une ; je ne suis pas de force à me défendre contre des avocats ; permettez-moi de vous demander seulement, dans le cas où je pourrais trouver quelques lignes de la main du capitaine, pourquoi il vous importe de voir son écriture?

— Si vous connaissiez les affaires, sergent, répond M. Tulkinghorn en secouant la tête avec calme, je n'aurais pas besoin de vous dire qu'il y a, dans la profession que j'exerce, des raisons confidentielles, bien que fort innocentes par elles-mêmes, qui donnent souvent lieu à des demandes de la nature de celle que je vous adresse et qu'il est impossible de divulguer. Mais si vous craignez que cela puisse porter préjudice au capitaine Hawdon, vous pouvez être tranquille, sergent, et n'avoir aucune inquiétude à cet égard.

— Je le crois, monsieur, car il est mort.

— Vraiment! répond l'avoué qui prend sa plume et commence à écrire.

— Monsieur, dit l'ancien militaire après quelques instants de silence et en regardant au fond de son chapeau d'un air embarrassé, je regrette de ne pas vous répondre comme vous l'auriez voulu; mais si la chose doit rendre service à quelqu'un, je serais bien aise d'avoir l'opinion d'un de mes amis qui s'entend mieux que moi aux affaires et qui est aussi un vieux soldat. Je.... je suis tellement suffoqué, troublé dans ce moment-ci, ajoute M. Georges en passant la main sur son front, que j'ai besoin de consulter une meilleure tête que la mienne; j'aimerais mieux ne pas me mêler de cette affaire, et ce serait une grande satisfaction pour moi d'être confirmé dans mon jugement par l'ami dont je vous parle. »

M. Smallweed approuve énergiquement cette résolution et engage le maître d'armes à voir immédiatement son camarade, surtout à lui dire que c'est une question de cinq guinées, peut-être davantage. M. Tulkinghorn continue d'écrire et ne profère pas une parole.

« Je vais, avec votre permission, lui dit M. Georges, consulter mon ami; et je prendrai la liberté de revenir ce soir vous donner la réponse définitive. M. Smallweed, si vous désirez que je vous descende?...

— Dans une minute, cher ami, dans une minute; permettez-vous que je dise un mot en particulier à M. Tulkinghorn?

— Certainement, monsieur, et ne vous pressez pas pour moi. »

Le sergent se retire à l'extrémité du cabinet et reprend son examen attentif des divers objets qu'il a remarqués en arrivant.

« Si je n'étais pas aussi faible qu'un enfant, monsieur, dit tout bas le grand-père Smallweed en attirant l'avoué par le pan de son habit et en laissant échapper de ses yeux irrités quelques vertes étincelles d'un feu à demi éteint, je lui arracherais l'écrit en question; il l'a sur lui, boutonné dans son habit, je l'y ai vu placer; Judy l'a vu aussi; parle donc, rotin épineux fait pour servir d'enseigne à un magasin de cannes, et dis aussi que tu le lui as vu mettre. »

Le vieillard accompagne cette apostrophe d'un coup si violent à sa petite fille, qu'il glisse de sa chaise en entraînant M. Tulkinghorn. Il est heureusement retenu par Judy, qui le rétablit sur son siége après l'avoir bien tapoté.

« La violence ne me va pas, répond froidement l'avoué.

— Non, non, je le sais, monsieur, je le sais; mais c'est vexant, faut en convenir.... c'est encore pis que votre jacasse de grand'mère, dit le vieillard à l'imperturbable Judy qui regarde dans la cheminée. Savoir qu'il possède la chose dont on aurait besoin, et il ne veut pas la donner! ne pas la donner! lui!... un vagabond, un va-nu-pieds! N'importe, soyez tranquille, monsieur. Qu'il fasse le fier aujourd'hui, ça ne durera pas longtemps, j'aurai mon tour; je le tiens périodiquement dans un étau, moi! je serrerai la vis et nous verrons; un bon tour d'écrou, monsieur, il faudra bien qu'il cède.... Maintenant, cher monsieur Georges, dit l'avare en lâchant l'avoué avec une grimace hideuse et un clignement d'œil significatif, maintenant je suis prêt à recevoir votre assistance, mon excellent ami. »

M. Tulkinghorn se lève, et, debout sur le tapis du foyer, le dos au feu, ne peut s'empêcher de témoigner, malgré son masque impassible, l'amusement qu'il éprouve à voir l'ordre et la marche de l'enlèvement de M. Smallweed, et répond par un léger mouvement de tête au salut de M. Georges.

Celui-ci trouve plus facile de porter M. Smallweed jusqu'au bas de l'escalier que de s'en débarrasser. L'avare, installé dans son cab, devient tellement loquace, il a tant de choses à dire au sujet des cinq guinées et retient son cher ami d'une manière si affectueuse par le bouton de l'habit, éprouvant le secret désir de voler le précieux papier caché derrière ce bouton, qu'il faut à M. Georges un certain effort pour lui faire lâcher prise; toutefois, ayant fini par se délivrer de cette étreinte amicale, le sergent s'éloigne et se dirige vers la demeure de son vieux camarade. Il traverse le Temple, Whitefriars, donne un coup d'œil à Hanging-Sword-Alley, qui se trouve à peu près sur son chemin, passe le pont de Blackfriars, prend la route du même nom et arrive dans une rue située au milieu de ce dédale que forment les routes de Kent et de Surrey, avec les rues qui viennent des ponts et qui aboutissent au célèbre Éléphant[1], dont la locomotive, dragon moderne, a détruit le château et dévoré les mille voitures. L'une des petites boutiques de cette rue appartient à un luthier, ainsi qu'on peut le voir aux quelques violons, aux flûtes de Pan et au tambourin qui en décorent la fenêtre, et c'est vers la maison du

---

1. *L'éléphant et le château*, ancienne auberge où descendaient toutes les voitures allant vers le Sud. (*Note du traducteur.*)

luthier que se dirige M. Georges ; il s'arrête à quelques pas de la porte, en voyant sortir de la boutique une femme à l'air martial, qui, sa jupe relevée et rattachée avec une épingle, tient un baquet dans ses bras et se livre, près du ruisseau, à quelque opération ménagère qui fait dire au sergent : « Toujours la même ! toujours à laver des choux ! Je ne l'ai jamais vue, excepté sur un chariot de bagages, sans laver des choux ! »

La personne qui motive cette réflexion est tellement absorbée par les soins qu'elle donne à ses choux verts, qu'elle n'aperçoit M. Georges qu'au moment où, ayant versé l'eau de son baquet, elle se relève et se trouve en face du sergent à qui elle fait un accueil peu flatteur.

« Georges, lui dit-elle, je ne vous vois jamais sans vous souhaiter à cent lieues de chez nous. »

Le sergent ne fait pas la moindre attention à ces paroles et suit la brave femme dans la boutique ; elle lui donne une poignée de main, croise les bras sur le comptoir où elle a posé son baquet, et continue sur le même ton :

« Oui, cent lieues, car je ne suis jamais tranquille pour Mathieu quand vous êtes auprès de lui ; coureur que vous êtes, vagabond qui ne pouvez pas rester en place!

— Je le sais, mistress Bagnet, je le sais, je le reconnais.

— Eh bien, alors, pourquoi ne changez-vous pas ?

— C'est l'acabit de l'animal, répond gaiement l'ancien troupier.

— Une belle réponse que vous me faites là, s'écrie mistress Bagnet d'une voix un peu aiguë ; j'aurai bien de quoi me réjouir, n'est-ce pas, quand l'animal, en raison de son acabit, aura détourné Mathieu de ses affaires pour l'entraîner à la Nouvelle-Zélande ou bien en Australie ? »

Mistress Bagnet est loin d'avoir un extérieur désagréable ; peut-être a-t-elle le grain un peu grossier, la charpente un peu forte, quelques taches de rousseur, et les cheveux tannés et durcis par le vent et le soleil ; mais elle a l'œil brillant, et son visage annonce autant de santé que de franchise. C'est une femme de quarante à cinquante ans, robuste, active et toujours occupée ; courageuse, économe, habillée de vêtements solides, et tellement simples, que son anneau de mariage est le seul ornement qu'elle paraisse posséder : et la mort seule pourra l'en détacher, tant son doigt a grossi depuis l'époque où il y fut passé.

« Mistress Bagnet, répond le sergent, vous avez ma parole ; Mat n'a rien à craindre de moi, vous pouvez y compter.

— Je l'espère ; mais c'est égal, au fond vous serez toujours remuant. Ah ! Georges ! Georges ! si vous vous étiez établi, marié avec la veuve de Joe Pouch, lorsque le pauvre homme mourut en Amérique; elle vous aurait si bien dorloté.

— C'eût été bien heureux pour moi, répond l'ancien troupier d'un air à demi souriant, à demi pensif; mais c'en est fait: je ne puis plus espérer de devenir jamais un homme respectable à présent; la veuve de Joe Pouch m'aurait fait grand bien de ce côté-là; elle avait du bon.... Mais je n'ai jamais pu me décider; ah! si j'avais eu le bonheur de rencontrer une femme pareille à celle de Mat! »

Mistress Bagnet, dont la vertu accepte les compliments d'un camarade, mais sait également y répondre, accueille celui-ci en jetant, à la figure de M. Georges, une feuille de chou; et emporte son baquet dans l'arrière-boutique.

Sur l'invitation qui lui en est faite, M. Georges entre avec elle dans cette pièce.

« Québec! ma pouponne, et toi aussi, petite Malte! venez embrasser votre bon ami, s'écrie-t-il en s'adressant à deux petites filles, probablement baptisées sous d'autres noms, mais que leur famille appelle ainsi de l'endroit où elles sont nées; toutes les deux sont fort occupées: la plus jeune, âgée de cinq ou six ans, étudie ses lettres dans un alphabet de deux sous; l'aînée, qui a huit ou neuf ans, fait lire sa sœur, tout en cousant avec assiduité; elles accueillent M. Georges comme un vieil ami, l'embrassent de tout leur cœur, et, après avoir joué un instant avec lui, apportent leurs tabourets de chaque côté du sergent.

« Et Woolwich, dit M. Georges, comment va-t-il?

— A propos! s'écrie mistress Bagnet, en rougissant d'orgueil et en détournant les yeux de sa poêle, car elle est en train de fricasser le dîner; vous ne le croirez jamais! engagé au théâtre, avec son père, pour jouer du fifre dans une pièce militaire.

— Bravo, mon filleul! répond M. Georges en frappant sur sa cuisse.

— Je crois bien, dit mistress Bagnet; c'est un Anglais, un vrai Anglais, que mon Woolwich!

— Et Mat va là-bas souffler dans son basson? vous voilà de respectables civils, continue M. Georges: une famille, des enfants qui grandissent, la vieille mère de Mat en Écosse, et votre vieux père dans son pays; et vous leur écrivez; vous les soutenez un peu; oui, oui.... il est certain que je ne vois pas pourquoi on ne me souhaiterait pas à cent lieues d'ici, car je n'ai rien de commun avec tout ça. »

M. Georges devient rêveur; il est assis devant le feu dans une petite pièce dont les murs sont blanchis à la chaux, dont le carrelage est couvert de sable, et qui sent comme un parfum de caserne ; on n'y voit rien de superflu, pas un grain de poussière, pas une tache, depuis la figure de Malte et de Québec, jusqu'aux écuelles et aux cafetières rangées sur le dressoir. M. Georges est encore plongé dans sa rêverie, lorsque M. Bagnet et le jeune Woolwich rentrent fort à propos. Le camarade du sergent est un ex-artilleur, grand, sec et droit, avec des sourcils ébouriffés, des moustaches pareilles aux fibres d'une noix de coco, un teint bronzé sous les tropiques, et pas un cheveu sur la tête ; sa voix brève, grave et sonore, a quelque ressemblance avec le son de l'instrument qu'il cultive ; il y a même en lui une certaine roideur, une sécheresse de forme, un certain air métallique, qui le ferait prendre pour le basson d'un orchestre humain ; quant à Woolwich, c'est le type du jeune tambour.

Après un salut cordial échangé de part et d'autre, M. George ayant dit qu'il était venu pour consulter M. Bagnet, celui-ci déclare ne vouloir entendre parler d'affaires qu'après avoir dîné, ajoutant que son ami n'aura les conseils qu'il demande que quand il aura pris sa part du porc bouilli et des choux verts qui composent le repas de la famille ; le sergent accepte ; et, pour ne pas entraver les préparatifs culinaires, lui et M Bagnet vont dans la rue qu'ils remontent et redescendent en marquant le pas et les bras croisés comme s'ils étaient encore sur les remparts.

« Tu me connais, Georges, dit M. Bagnet, c'est la vieille qui dirige tout ; c'est elle qui a la tête. Je ne l'avouerais pas devant elle ; il faut maintenir la discipline ; mais attends que ses légumes lui aient passé de l'esprit, nous la consulterons, et fais ce qu'elle te dira ; crois-moi, suis mon conseil, et tu ne t'en trouveras pas mal.

— C'est bien mon intention, Mat ; j'ai plus de confiance en elle que dans un collége de savants.

— Un collége, reprend M. Bagnet par petites notes qu'il détache comme une partie de basson ; et quel collége reviendrait seul de l'autre bout du monde, sans autre chose qu'un parapluie, un manteau gris ; et se retrouverait en Angleterre, comme la vieille le ferait demain, comme elle l'a déjà fait une fois ?

— Tu as raison, dit M. Georges.

— Et quel collége, poursuit M. Bagnet, se tirerait d'affaires avec quatre sous de blanc d'Espagne, deux sous de Tripoli, un sou de savon, et ce qui reste après cela d'une pièce de dix sous, comme a fait la vieille, et en arriverait où elle a mené sa barque ?

— Ainsi ton commerce va bien ?

— La vieille fait des économies, reprend M. Bagnet avec un

signe affirmatif; elle a quelque part un vieux bas plein d'argent. Je ne l'ai jamais vu; mais je sais qu'il existe; crois-moi, attends qu'elle ne pense plus à ses légumes, et fais ce qu'elle te dira.

— C'est un trésor ! dit M. Georges.

— Mieux que ça, dit l'autre; mais je ne l'avoue pas devant elle; il faut maintenir la discipline. C'est la vieille qui m'a fait musicien : sans elle, je serais encore dans l'artillerie. J'avais travaillé six ans le violon, dix ans la flûte; « Jamais ça n'ira, disait-elle. De bonnes intentions, mais point de flexibilité. » Elle va trouver le chef de musique des carabiniers, lui emprunte un basson. J'étudie dans les tranchées; ça marche un peu, encore un peu, et ça me fait un gagne-pain.

— Elle est fraîche comme une rose et saine comme une pomme, dit M. Georges.

— C'est tout à fait une belle femme, répond M. Bagnet. Absolument comme un beau jour; plus elle va, plus elle est belle. Je n'ai jamais vu sa pareille; mais je ne l'avoue pas devant elle; il faut maintenir la discipline. »

La conversation continue sur le même ton jusqu'au moment où les deux camarades sont priés, par Malte et Québec, de venir faire honneur au porc et aux choux verts de mistress Bagnet, qui prononce un petit bénédicité avant le repas, et distribue les vivres avec méthode, joignant à chaque portion de viande la ration de choux, de pommes de terre, voire de moutarde, qui revient à chacun. Elle distribue la bière, et, quand elle a pourvu aux besoins des convives, elle se prépare à satisfaire son appétit qui ne manque pas d'une certaine vigueur. Le fourniment de la table, si l'on peut s'exprimer ainsi, est principalement composé d'ustensiles de corne et d'étain, qui ont fait campagne dans les cinq parties du monde. Le couteau du jeune Woolwich en particulier, qui ne s'ouvrirait pas plus qu'une huître, sans une charnière assez rude pour taquiner souvent l'appétit du jeune musicien, a, dit-on, en passant par plusieurs mains, fait le tour complet du service d'outre-mer.

Le repas terminé, mistress Bagnet, avec l'aide de ses enfants qui fourbissent leurs propres assiettes, leurs tasses, leurs couteaux et leurs fourchettes, fait briller de nouveau la vaisselle d'étain qu'elle remet sur le dressoir, après avoir balayé toutefois les abords de la cheminée, pour que M. Bagnet et son ami puissent se mettre à fumer. Ces soins de ménage exigent une infinité d'allées et de venues dans la petite cour de derrière, et une énorme quantité d'eau; un dernier seau est enfin tiré, qui sert aux ablutions de la ménagère. Mistress Bagnet reparaît fraîche comme une rose, saine comme une pomme, s'assied avec son ouvrage, et M. Bagnet, supposant qu'elle ne songe plus à ses légumes, dit au sergent d'exposer son affaire.

M. Georges explique alors ce qui l'amène, et discrètement s'adresse à l'artilleur, mais en conservant un œil sur la vieille, ainsi que M. Bagnet le fait lui-même en l'écoutant. Non moins discrète, elle semble ne faire attention qu'à sa couture; et, lorsque l'affaire est complétement exposée, M. Bagnet a recours à l'artifice qu'il emploie dans les grandes occasions pour sauver les apparences et maintenir la discipline.

« C'est là tout ce que tu avais à me dire, Georges? demande-t-il au sergent.

— Pas autre chose, répond celui-ci.

— Et tu agiras d'après mon opinion?

— Complétement, répond M. Georges.

— Eh bien! la vieille, reprend M. Bagnet, donne-lui mon opinion, tu la connais; dis-lui ce que je pense. »

L'avis de M. Bagnet, exprimé par sa femme, est que M. Georges doit se méfier de certaines gens qui en savent trop long pour lui, et ne point se mêler d'affaires qu'il ne peut pas comprendre; que la raison commande de ne pas agir dans l'ombre, de ne faire partie d'aucun mystère, et de ne jamais poser le pied où l'on ne voit pas le terrain. Cette opinion soulage tellement l'esprit de M. Georges, dont elle bannit les doutes, qu'il se prépare à fumer une seconde pipe, et se met à causer d'autrefois avec tous les membres de la famille Bagnet, chacun apportant à la conversation les souvenirs que lui permettent son âge et sa propre expérience.

Il en résulte que le temps passe d'une manière fort agréable, et que le sergent ne se lève de sa chaise qu'au moment où le basson et le fifre sont attendus au théâtre; et, comme il faut encore quelques instants à M. Georges pour prendre congé de Malte et de Québec, pour glisser un schelling dans la poche de son filleul en félicitant le jeune Woolwich de ses succès, il commence à faire nuit quand le sergent se dirige de nouveau du côté de Lincoln's-Inn-Fields.

« Un intérieur, si petit qu'il soit, et une famille, rumine-t-il en marchant, font sentir, à un homme de mon espèce, combien il est isolé. N'importe; j'ai bien fait de ne pas me marier; je ne convenais point pour cette évolution. J'ai encore l'humeur si vagabonde, que je ne tiendrais pas un mois de suite à la galerie, si c'était une occupation régulière, ou si je n'y étais pas en camp volant comme un Bohémien. Et puis, je ne déshonore et n'embarrasse personne depuis déjà bien des années ; c'est quelque chose après tout. »

Il siffle pour changer le cours de ses idées, et continue sa route. Arrivé chez le procureur, il trouve la porte close, et tâtonne dans l'ombre, cherchant une serrure, un loquet ou un cordon de sonnette, quand M. Tulkinghorn, qui monte tranquillement l'escalier, s'écrie d'une voix irritée :

« Qui est là ?

— Excusez-moi, monsieur ; c'est Georges, le sergent.

— Et Georges, le sergent, ne peut-il pas voir que ma porte est fermée ?

— Pardon, monsieur, il fait si noir que je n'y vois pas du tout.

— Êtes-vous toujours dans les mêmes dispositions ? demande l'avoué.

— Toujours, monsieur.

— Cela suffit ; vous pouvez partir ; c'est chez vous qu'on a trouvé Gridley ? dit l'homme de loi en ouvrant sa porte.

— Oui, répond le sergent qui s'arrête sur l'escalier qu'il commençait à descendre. C'est chez moi qu'on l'a trouvé ; après, monsieur ?

— Je n'aime pas les gens que vous hébergez ; et vous n'auriez pas vu l'autre côté de ma porte, si j'avais su ce matin que vous étiez l'ami de Gridley : un misérable, un scélérat, un assassin ! »

L'avoué profère ces paroles d'une voix qui ne lui est pas habituelle, entre chez lui et ferme la porte avec violence.

M. Georges est d'autant plus offensé de la manière dont il vient d'être congédié, qu'au même instant monte un clerc qui a entendu les derniers mots du procureur, et qui nécessairement doit les lui appliquer : « Une jolie réputation qu'il me fait là, grommelle l'ancien militaire en laissant échapper un juron énergique, un misérable, un assassin ! » Il lève les yeux et voit le jeune homme, qui, du haut de l'escalier, le regarde attentivement quand il passe auprès de la lampe, ce qui augmente son irritation et le rend de mauvaise humeur pendant au moins cinq minutes. Mais il chasse bientôt cette idée en sifflant une marche accélérée, et reprend le chemin qui mène à la galerie.

CHAPITRE XXVIII.

Le maître de forges.

Sir Leicester Dedlock a triomphé de sa goutte héréditaire et se retrouve encore une fois sur ses pieds, au propre comme au figuré. Il est dans son trou du Lincolnshire, où la rivière est débordée; le froid et l'humidité pénètrent dans Chesney-Wold et morfondent le baronnet jusqu'à la moelle des os. Les grands feux de bois et de charbon, qui flambent dans les vastes foyers et jettent comme un défi, vers l'heure du crépuscule, leurs reflets vacillants sur la futaie morose, attristée sans doute de voir comment on sacrifie ses beaux arbres, ne suffisont pas à chasser l'humidité du château. Les tuyaux d'eau chaude qui montent jusqu'en haut du manoir, les doubles fenêtres, les portes matelassées, les paravents, les épais rideaux ne sauraient suppléer à ce qui manque au foyer et ne réchauffent pas sir Leicester. D'où il résulte que le *Courrier fashionable* annonce un matin à l'univers attentif que lady Dedlock va revenir à la ville, où elle passera plusieurs semaines.

C'est triste à dire : mais les grands eux-mêmes ont aussi leurs parents pauvres, et souvent plus qu'une part équitable de ce fléau domestique. Et c'est d'autant plus triste que le beau sang rouge, première qualité, qui coule dans de pauvres veines, n'en crie pas moins, comme le sang vulgaire, sous la main de l'assassin, et demande obstinément aide ou vengeance. Les cousins de sir Leicester, au degré le plus éloigné, crient vers lui comme autant d'Abels opprimés par leur frère. Il y en a même de si pauvres, qu'on en est à se demander s'il n'aurait pas été plus avantageux pour eux, au lieu d'être rivés par leur naissance, chétifs anneaux de plaqué, à la noble chaîne d'or des Dedlock, de naître tout bonnement d'un métal plus modeste, de fer, par exemple, comme les gens du commun, et de gagner leur vie dans un humble métier.

Appartenant aux Dedlock, dont ils partagent la dignité, ils ne peuvent, hélas! avoir aucun emploi, si ce n'est certaines fonctions restreintes, plus distinguées que profitables; et ils passent leur existence à visiter leurs cousins riches, à faire des dettes quand ils le peuvent, à végéter misérablement quand cette ressource leur manque; à monter dans des carrosses d'emprunt, à s'asseoir à une table qui n'est jamais la leur, sans trouver à se marier ni les uns ni les autres; fractions infimes d'une somme considérable et dont on ne sait plus que faire.

Toutes les notabilités qui partagent les opinions du baronnet sont plus ou moins de sa famille. Depuis milord Boodle jusqu'à Noodle, en passant par le duc de Foodle, sir Leicester étend partout, comme une glorieuse araignée, les fils de son illustre parenté; mais s'il est fier de ses liens avec les notabilités, il se montre généreux et bon envers les nullités de son vaste cousinage; et en dépit du froid humide qui pénètre en ce moment à Chesney-Wold, il supporte la visite de plusieurs cousins de cette dernière catégorie avec la constance d'un martyr.

Au premier rang se trouve Volumnia Dedlock, (jeune demoiselle de soixante ans), doublement bien née; car elle a l'honneur, par sa mère, d'être l'un des parents pauvres d'une autre grande famille. Comme elle a déployé très-jeune un fort joli talent pour les découpures en papier, qu'elle chantait l'espagnol en s'accompagnant de la guitare, et proposait des énigmes et des charades françaises dans les châteaux, elle a passé vingt ans de sa vie, entre vingt et quarante, d'une manière assez agréable. Commençant alors à dater et à ne plus obtenir le moindre succès avec ses chants et sa guitare, elle se retira dans la petite ville de Bath, où depuis cette époque elle vit maigrement d'une petite rente que lui fait sir Leicester, et d'où elle surgit de temps à autre pour apparaître dans les manoirs de ses cousins. A Bath, elle a un cercle de connaissances fort étendu, composé de vieux gentlemen effrayants, aux jambes grêles enfermées dans de larges pantalons de nankin, et occupe une haute position dans cette morne cité; mais l'indiscret emploi du rouge, qu'elle pousse jusqu'à la profusion, et un collier de perles suranné qui ressemble à un chapelet d'œufs de petits oiseaux, fait ailleurs redouter sa présence.

Dans un pays sainement administré, Volumnia eût été sans aucun doute inscrite au budget, à l'article pensions; de louables efforts ont été faits pour arriver à ce but; et, quand William Buffy entra au ministère, on s'attendait bien à lui voir toucher deux cents livres par an; mais contre toute prévision, William Buffy trouva que le temps n'était pas venu d'accomplir cet acte d'équité, et ce fut le premier indice qui révéla clairement à sir Leicester que le pays marchait à sa ruine.

L'honorable Bob Stables, un autre cousin pauvre, est à Chesney-Wold en même temps que Volumnia; il possède, pour faire l'eau blanche, toute l'habileté d'un vétérinaire consommé; et la plupart des garde-chasses sont moins bons tireurs que lui. Son vœu le plus cher a été pendant quelque temps de servir son pays dans quelque bonne place, bien rétribuée, où il n'y eût rien à faire entre les repas; un gouvernement intelligent n'eût pas manqué de satisfaire ce désir, très-naturel de la part d'un gentleman rempli de zèle et appartenant à une si grande famille; mais lorsque William Buffy arriva au pouvoir, il trouva que ce n'était pas le moment de s'occuper de cette affaire, et ce fut la seconde fois que le baronnet vit clairement que le pays courait à sa perte.

Le reste des cousins de sir Dedlock se compose de ladies et de gentlemen de différents âges et de capacités diverses, qui, pour la plupart aimables et bons, se seraient fait une position dans le monde s'ils avaient pu triompher de leur noble origine; mais qui, écrasés par elle, se traînent dans la vie nonchalamment et sans but, ne sachant que faire d'eux-mêmes et ne trouvant personne qui pût deviner à quoi ils peuvent servir.

Comme partout ailleurs, milady Dedlock est la reine de cette société de famille; d'une élégance et d'une beauté accomplies, toute-puissante dans sa petite sphère (petite comme étendue, car malheureusement le monde de la fashion ne s'étend pas d'un pôle à l'autre), elle exerce dans la maison de sir Leicester, malgré la froideur insouciante de sa nature, une influence qui a puissamment contribué au perfectionnement de tout ce qui l'entoure. Les cousins de sir Leicester, même les plus âgés, que son mariage avec le baronnet stupéfia de contrariété, sont devenus ses hommes liges; et l'honorable Bob Stables se plaît à répéter chaque jour, entre la poire et le fromage, à quelques personnes de choix, « qu'il n'y a pas dans tout le Stud, de noble coursier mieux soigné que milady. »

Tels sont les hôtes qu'on trouve par cette triste soirée dans le grand salon de Chesney-Wold; un bruit de pas se fait entendre sur la terrasse du revenant; peut-être celui que fait en marchant le spectre boiteux d'une ombre glacée. Il est tard, l'heure du sommeil approche; de grands feux sont allumés dans toutes les chambres, et la flamme couvre les murs et les plafonds de silhouettes grimaçantes. Les bougeoirs brillent sur la table qui est à côté de la porte, à l'autre bout du salon. Des cousins de sir Leicester bâillent sur les ottomanes; des cousines sont au piano; des cousins et des cousines entourent le plateau chargé de soda-water; d'autres cousins se lèvent des tables de jeu, d'autres encore sont rassemblés près de la cheminée. Sir Leicester est au coin de son feu particulier (car il y en a deux dans le salon); milady est en face de lui, à côté de sa table particulière. Volumnia, en sa qualité de cousine privilégiée, est assise entre eux, dans un immense fauteuil; le baronnet jette un regard mécontent sur le rouge et le collier de perles de sa cousine.

« Je rencontre quelquefois dans mon escalier, dit languissamment Volumnia, dont l'esprit s'est peut-être endormi pendant cette longue soirée de conversation à bâtons rompus, je rencontre l'une des plus jolies personnes que je crois avoir jamais vues.

— Une protégée de milady, répond sir Leicester.

— Je l'ai pensé; j'ai senti qu'un œil supérieur devait avoir découvert cette jeune fille; c'est vraiment une merveille; peut-être une beauté un peu insignifiante; mais parfaite dans son genre, dit Volumnia, mettant hors ligne comme de raison son propre genre de beauté; je n'ai jamais vu de pareille fraîcheur. »

Sir Leicester est du même avis, et jette un regard mécontent sur le rouge de Volumnia.

« S'il y a dans cette affaire une supériorité quelconque, dit alors milady, ce n'est pas à moi qu'il faut en faire honneur, mais à mistress Rouncewell, qui a découvert Rosa.

— Je suppose qu'elle est votre femme de chambre?

— Non; elle est ma favorite, mon secrétaire; elle fait mes commissions, une infinité de choses.

— Vous aimez à l'avoir auprès de vous, comme une fleur, un oiseau, un pastel ou un caniche.... Non, non, pas un caniche; mais, dans tous les cas, un objet ravissant, dit Volumnia d'un air attendri; elle est délicieuse; et que cette bonne mistress Rouncewell a un air respectable et bien portant! Elle doit être horriblement âgée; mais comme elle est encore belle et active! c'est bien la meilleure amie que je me connaisse. »

Le baronnet trouve qu'il est juste et naturel que la femme de charge de Chesney-Wold soit une personne remarquable; il a d'ailleurs une profonde estime pour mistress Rouncewell, et il aime à entendre faire son éloge; aussi répond-il à Volumnia qu'elle a raison, ce qui enchante cette chère cousine.

« Je crois qu'elle n'a jamais eu de fille? demande-t-elle.

— Mistress Rouncewell? non, mais elle a un fils; elle en a même deux. Et c'est un exemple remarquable du désordre où notre siècle est arrivé, du renversement de toute barrière, de la rupture de toutes les digues sociales, de la confusion des rangs et des classes, ajoute le baronnet avec une sombre dignité; j'ai appris par M. Tulkinghorn, qu'on avait offert au fils de mistress Rouncewell la candidature au Parlement! »

Volumnia pousse un petit cri aigu.

« Oui, au Parlement! répète sir Leicester.

— On n'a jamais rien vu de pareil! Et quel homme est-ce? dit Volumnia.

— Je crois qu'on appelle ça un.... maître de forges, répond sir Leicester, qui n'en est pas bien sûr. »

Volumnia pousse un autre petit cri.

« Si les informations qui m'ont été données sont positives, et je n'en doute pas, M. Tulkinghorn ayant toujours été d'une extrême exactitude dans ce qu'il avance, M. Rouncewell aurait eu au moins le bon sens de décliner cette proposition, continue sir Leicester; mais cela ne détruit pas l'anomalie du fait, qui, suivant moi, donne lieu à des réflexions aussi étranges que révoltantes. »

Miss Volumnia s'étant levée en jetant un regard vers la table où sont rangés les bougeoirs, sir Leicester va galamment en chercher un dont il allume la bougie à la lampe voilée de milady.

« Je vous demanderai, dit-il à cette dernière, de rester encore quelques instants, car la personne dont il était question tout à l'heure est arrivée ce soir, un peu avant le dîner; et, dans un billet fort convenable (sir Leicester, avec sa loyauté habituelle, croit devoir insister sur ce point), dans un billet fort convenable et parfaitement tourné, sollicite la faveur d'un entretien avec vous, milady, ainsi qu'avec moi, au sujet de votre protégée; comme il semble vouloir partir cette nuit, j'ai répondu que vous le verriez avant de rentrer dans votre appartement. »

Miss Volumnia pousse un troisième petit cri, et s'enfuit en disant : « Oh Dieu! je vous souhaite un prompt débarras de ce.... comment l'appelle-t-on?... maître de forges? »

Les autres cousins disparaissent à leur tour, et, quand le dernier a pris son bougeoir, le baronnet tire le cordon de la sonnette : « Présentez, dit-il, mes compliments à M. Rouncevell, qui est chez la femme de charge, et dites-lui que je suis prêt à le recevoir. »

Milady, qui a écouté ces paroles avec une légère attention, regarde M. Rouncewell au moment où il entre. C'est un homme de cinquante et quelques années; il se présente bien; il a la voix claire, un front élevé d'où ses cheveux bruns commencent à disparaître, et la figure à la fois pleine de finesse et de franchise; son aspect est celui d'un gentleman; il est vêtu de noir, et ne manque pas de dignité, bien qu'il soit aussi actif que vigoureux. Il est naturel dans ses manières et ne paraît pas embarrassé le moins du monde en présence des augustes personnages devant lesquels il est admis.

« Sir Leicester et lady Dedlock, dit-il, je me suis déjà excusé du dérangement que je vous cause; il ne me reste plus qu'à être bref. »

Les Dedlock ont tourné la tête vers un divan placé entre sir Leicester et milady; le maître de forges répond à cette muette invitation en s'asseyant avec calme sur le divan qu'on lui désigne.

« A cette époque de travail et d'affaires, reprend M. Rouncewell, où d'énormes entreprises sont en cours d'exécution, les gens comme moi ont tant d'ouvriers, dans tant de lieux différents, qu'ils sont toujours par voies et par chemins. »

Sir Leicester est enchanté que maître de forges puisse voir qu'au milieu de ce mouvement universel, tout est calme à Chesney-Wold; que rien ne s'agite au fond de cette ancienne demeure profondément enracinée dans ce parc paisible où le lierre et la mousse prennent le temps de vieillir, où les ormes tordus et calleux, où les vieux chênes couvrent de leur ombre ces couches épaisses de feuilles et de fougère lentement accumulées par les siècles; où le cadran solaire de la terrasse, immobile et silencieux, marque, depuis tant d'années, ces heures qui furent la propriété des générations éteintes sans avoir laissé de trace; et le baronnet, gravement assis dans son fauteuil, oppose à l'agitation incessante des maîtres de forges son calme profond et celui de Chesney-Wold.

« Lady Dedlock, continue M. Rouncewell en s'inclinant avec respect, a eu la bonté de placer auprès d'elle une jeune fille appelée Rosa : mon fils est fort épris de cette jeune personne et m'a demandé de consentir à son mariage avec elle, si toutefois il peut convenir à la jeune fille, ce que j'ai lieu de supposer; je ne connaissais pas Rosa, mais j'avais confiance dans le jugement de mon fils, même en amour; et j'ai trouvé la jeune personne telle qu'il me l'avait dépeinte; ma mère, d'ailleurs, m'en a fait le plus grand éloge.

— Elle le mérite sous tous les rapports, dit milady.

— Je suis heureux, lady Dedlock, de vous entendre parler ainsi; je n'ai pas besoin d'ajouter de quelle valeur est pour moi l'opinion bienveillante que vous venez d'exprimer.

— C'est complétement inutile, répond avec grandeur sir Leicester, qui commence à trouver le maître de forges un peu trop familier.

— Complétement, je l'avoue, sir Leicester Dedlock; mon fils

est très-jeune ainsi que la jeune fille ; il doit, en outre, se faire une position avant de songer à s'établir, et l'époque de son mariage est, quant à présent, hors de question. Mais si je consens aux fiançailles, toujours en supposant que mon fils soit accepté par Rosa, je crois devoir déclarer que j'y mets pour condition, et je suis sûr que vous me comprendrez, sir Leicester et milady, que cette jeune fille ne restera pas à Chesney-Wold ; c'est pourquoi, avant d'aller plus loin, je prends la liberté de vous dire que, si l'éloignement de Rosa soulevait quelque objection de votre part, je laisserais cette affaire où elle en est au...d'hui, et je détournerais mon fils d'un mariage qui ne saurai... ir lieu. »

Ne pas rester à Chesney-Wold ! en faire une condition ! tous les vieux pressentiments de sir Dedlock relatifs à Wat Tyler et à ces forgerons qui ne font pas autre chose que de courir les rues à la lueur des torches, viennent en foule assaillir son esprit ; et ses cheveux se dressent sur sa tête, ses favoris se hérissent, tant il est indigné.

« Milady et moi devons-nous comprendre, M. Rouncewell, dit-il en faisant intervenir milady, non-seulement par galanterie, mais encore par respect pour le jugement élevé qui la caractérise ; milady et moi devons-nous comprendre que vous trouvez cette jeune fille déplacée à Chesney-Wold, et que vous considérez le séjour qu'elle fait ici comme pouvant lui être nuisible ?

— Assurément non, sir Leicester.

— Je suis bien aise de vous l'entendre dire, répond le baronnet d'un ton de suprême hauteur.

— M. Rouncewell, dit milady en interrompant sir Leicester, qu'elle écarte d'un geste de sa belle main comme elle eût fait d'une mouche, expliquez-moi ce que vous avez voulu dire.

— Très-volontiers, milady, car je désire vivement que Votre Seigneurie veuille bien me comprendre. »

Lady Dedlock tourne vers la figure énergique du Saxon un visage impassible, dont le calme étudié ne parvient pas, néanmoins, à dissimuler un intérêt trop vif pour ne pas se trahir en dépit d'elle-même ; elle écoute avec attention les paroles du maître de forges et fait de temps en temps un léger signe de tête.

« Je suis le fils de votre femme de charge, dit M. Rouncewell, et j'ai passé mon enfance à Chesney-Wold ; ma mère est dans ce château depuis un demi-siècle, et c'est ici qu'elle mourra, je n'en doute pas, lady Dedlock ; elle est un de ces exemples d'attachement et de fidélité domestiques dont l'Angleterre peut à bon droit s'enorgueillir, mais dont il serait injuste d'attribuer le mérite à elle seule, car il prouve autant de qualités chez le maître qu'il en exige de la part du serviteur. »

Sir Leicester s'ébroue un peu en entendant cette déclaration de principes; mais il a trop d'honneur et de loyauté pour ne pas admettre la justice des paroles du maître de forges.

« Pardonnez-moi, continue celui-ci, de vous entretenir de choses trop connues pour avoir besoin qu'on les rappelle; mais je ne voudrais pas qu'on pût supposer que je rougis de la position de ma mère, ou que je manque au respect que méritent Chesney-Wold et la famille. J'aurais certainement désiré, milady, qu'après tant d'années de travail ma mère se retirât du service et vînt finir ses jours avec moi; mais j'ai compris que ce serait briser son cœur que de l'arracher d'ici, et j'ai depuis longtemps abandonné ce projet. »

La fierté de sir Leicester se révolte de nouveau à l'idée de voir mistress Rouncewell quitter sa demeure pour aller finir son existence chez un maître de forges!

« J'ai commencé ma carrière, poursuit l'industriel, par être simple ouvrier; j'ai vécu pendant longtemps du salaire que me rapportaient mes bras, et il m'a fallu faire mon éducation moi-même. J'ai épousé la fille d'un contre-maître, élevée comme moi, très-simplement; mais nous avons trois filles en outre du fils dont je parlais tout à l'heure, et pouvant heureusement leur donner l'instruction qui nous avait manqué, nous avons mis toute notre joie et tous nos soins à les rendre dignes de n'importe quelle position sociale. »

Un certain orgueil paternel qui perce dans la voix du maître de forges semble dire qu'il comprend jusqu'à celle de Chesney-Wold parmi les positions que ses filles peuvent atteindre, ce qui fait redoubler sir Leicester de hauteur et de fierté.

« Tout cela, milady, arrive si fréquemment, dans la classe à laquelle j'appartiens, qu'il n'est pas rare de voir parmi nous ce qu'on appelle ailleurs une mésalliance. Un jeune homme apprend à sa famille qu'il est amoureux d'une jeune ouvrière de la manufacture; il est possible que le père, autrefois ouvrier lui-même dans quelque usine, soit un peu contrarié tout d'abord; peut-être avait-il d'autres vues pour son fils; néanmoins, si la jeune fille est d'une réputation sans tache, il répond au jeune homme : « Je dois avant tout m'assurer que le sentiment dont tu parles est sérieux. L'intérêt de la jeune fille, aussi bien que le tien y est profondément engagé; c'est pourquoi je vais mettre cette jeune ouvrière dans une pension où elle restera deux ans, dans celle par exemple où l'on élève tes sœurs; et, lorsque l'éducation l'aura faite ton égale, si vous êtes encore dans les mêmes sentiments, loin de m'opposer à vos désirs, je ferai tout ce qui dépendra de moi pour assurer votre bonheur; je connais divers exemples du fait que j'énonce, et je crois, milady, qu'ils m'indiquent précisément la conduite que j'ai à suivre. »

L'indignation de sir Leicester éclate enfin, terrible dans sa majesté.

« M. Rouncewell, dit le baronnet la main droite passée dans l'habit bleu, attitude de cérémonie dans laquelle le représente son portrait de la galerie des ancêtres, mettez-vous sur la même ligne Chesney-Wold et une.... — Il fait un effort pour surmonter quelque chose qui l'étrangle, — et une manu-fac-ture?

— Je n'ai pas besoin de répondre que ce sont deux situations bien différentes; toutefois, si l'on envisage le but qu'il s'agirait d'atteindre, je pense qu'on peut établir entre eux un certain parallèle. »

Sir Leicester jette un regard majestueux d'un bout à l'autre du grand salon pour s'assurer que tout ce qu'il entend n'est pas un rêve, et reprenant la parole :

« Savez-vous, dit-il, que cette jeune personne qui a l'honneur d'être placée auprès de milady, a été élevée à l'école du village?

— Je le sais parfaitement, sir Leicester; une excellente école soutenue généreusement par la famille.

— Alors, M. Rouncewell, l'application de vos remarques au fait dont il s'agit est incompréhensible pour moi

— Vous le comprendrez mieux, sir Leicester, répond le maître de forges, en rougissant légèrement, quand je vous aurai dit que je ne considère pas l'école du village comme pouvant donner l'instruction qu'on doit trouver chez la femme de mon fils. »

De cette attaque à l'école du village, respectée jusqu'à ce jour, aux secousses effrayantes que reçoit la société par le fait de ces gens sans principes (maîtres de forges et autres) qui oubliant leur catéchisme, et sortant de la position dans laquelle ils sont nés, donnent à leurs enfants une éducation qui bouleverse les classes et conduit le peuple au mépris des lois, au renversement des barrières, à la destruction de toutes les digues, etc., etc., sir Dedlock ne voit qu'un pas; et sa logique héréditaire parcourt le cercle effroyable de tous les maux qui peuvent résulter de la confusion des rangs et de l'ébranlement de cette hiérarchie sur laquelle est fondé l'ordre social.

« Veuillez m'accorder une minute, dit-il à milady, qui annonce l'intention de prendre la parole. M. Rouncewell, reprend sir Leicester, nos idées sur les devoirs et l'éducation des diverses classes de la société, sur tout en général, sont tellement opposées, qu'il est inutile de prolonger plus longtemps une discussion qui ne peut que blesser vos sentiments et les miens. Cette jeune fille est honorée de l'attention et de la faveur de milady ; si elle veut renoncer à cette faveur, si elle préfère se placer sous l'influence d'une personne qui, d'après ses opinions particulières, permettez-moi de le dire (bien que je reconnaisse que cette personne n'a pas à les justifier devant moi), qui, d'après ses opinions particulières, croit devoir l'enlever à cette faveur, elle est complétement libre de le faire. Nous vous remercions de la franchise avec laquelle vous nous avez parlé ; cette franchise n'influera en aucune manière sur la position de la jeune personne dans le château, si elle désire la conserver. Il ne me reste plus rien à dire à cet égard, et je vous prierai, monsieur, d'être assez bon.... pour parler d'autre chose. »

Le maître de forges attend un instant pour donner à milady l'occasion d'exprimer sa pensée ; mais, voyant qu'elle reste silencieuse, il se lève et se dispose à se retirer.

« Sir Leicester et lady Dedlock, permettez-moi, dit-il, de vous remercier de l'attention que vous m'avez accordée ; je vais recommander sérieusement à mon fils de vaincre l'inclination qu'il a pour cette jeune fille ; j'ai l'honneur de vous souhaiter le bonsoir.

— Monsieur Rouncewell, dit sir Leicester avec toute la grâce et la dignité d'un gentleman, il est tard, la nuit est sombre ; j'espère que vous n'êtes pas tellement pressé que vous ne puissiez permettre à milady, ainsi qu'à moi, de vous offrir l'hospitalité de Chesney-Wold, au moins jusqu'au matin.

— Je l'espère également, ajoute Sa Seigneurie.

— Je vous suis fort obligé, sir Leicester et milady ; mais il faut que je parte immédiatement afin de ne pas manquer le rendez-vous auquel je suis attendu. »

Le maître de forges s'éloigne ; le baronnet tire le cordon de la sonnette et milady se lève au moment où M. Rouncewell va sortir du salon. Quand elle est rentrée dans son boudoir, elle s'assied pensive au coin du feu ; et, sans faire attention au bruit de pas qu'on entend sur la terrasse, elle regarde Rosa, qui écrit dans la chambre voisine, et finit par l'appeler.

« Mon enfant, lui dit-elle, parlez-moi sincèrement ; est-il vrai que vous aimez quelqu'un ?

— Oh ! milady ! »

Elle contemple en souriant la rougeur et les yeux baissés de la jeune fille.

« Est-ce le petit-fils de mistress Rouncewell ?

— Oui, milady.... je ne sais pas si je l'aime.... et cependant....

— Et cependant quoi ? chère petite folle ! Savez-vous qu'il vous aime, lui ?

— Je le suppose, milady ; » et Rosa fond en larmes.

Est-ce bien lady Dedlock qui est à côté de cette jeune villageoise, dont elle caresse les cheveux d'une main toute maternelle, et sur qui ses yeux rêveurs se reposent avec un si tendre intérêt ? Oui, c'est bien cette femme ordinairement si fière.

« Écoutez-moi, chère enfant, vous êtes jeune et sincère, et je crois que vous m'êtes attachée.

— Oh ! oui, milady ; je ferais tout au monde pour vous prouver mon dévouement.

— Et je ne crois pas que vous vouliez me quitter aujourd'hui, même pour un amoureux.

— Non, milady ; oh ! non ! Rosa lève les yeux pour la première fois, tout effrayée de cette pensée.

— Ayez confiance en moi, chère enfant ; n'ayez pas peur ; je désire que vous soyez heureuse, et je ferai tout pour cela, si je puis, ici-bas, faire le bonheur de quelqu'un. »

Rosa se met à genoux devant milady et lui baise les mains, qu'elle couvre de ses pleurs ; milady prend la main de la jeune fille, la retient quelque temps entre les siennes, et la laisse échapper graduellement ; ses yeux sont tournés vers la cheminée ; Rosa, la voyant absorbée dans sa rêverie, se retire doucement, et le regard de milady est toujours fixé sur la flamme du foyer.

À quoi pense-t-elle ? Qui sait ? peut-être à une autre main qui n'est plus, qui ne fut jamais, et dont le simple attouchement aurait comme par magie transformé son existence ? ou bien est-ce le bruit de la terrasse qu'elle écoute, en se demandant s'il ressemble au pas d'une femme.... ou plutôt si ce n'est pas le piétinement d'un petit enfant qui va toujours...., toujours ?

Une secrète influence agit sur elle ; autrement pourquoi cette femme si fière aurait-elle fermé sa porte et resterait-elle ainsi près de ce foyer où elle est seule ?

Volumnia quitte le lendemain Chesney-Wold, et tous les cousins partent dans la journée ; pas un qui ne soit étonné d'entendre sir Leicester parler tout le temps du déjeuner du morcellement des propriétés, de la destruction des digues, de la confusion des rangs, du craquement de l'édifice social, affreux désastres dus au fils de mistress Rouncewell ; pas un dans le nombre qui, après l'avoir entendu, ne s'indigne et n'attribue tous ces dangers à la faiblesse que sir William Buffy a montrée dans les affaires, et ne sente plus que jamais le besoin d'avoir une place importante, une pension, quelque chose enfin qui les fasse mordre au budget ! Quant à Volumnia, conduite jusqu'au bas du grand escalier par sir Leicester qui lui donne la main, elle déploie à parler du maître de forges autant d'éloquence et d'ardeur que s'il s'agissait d'une révolution générale dans le nord de l'Angleterre pour la conquête de son pot de rouge et de son collier de grosses perles. Et au milieu d'un fracas de valets et de femmes de chambre, car c'est l'une des exigences de leur noble parenté, que quelle que soit la difficulté qu'ils éprouvent à s'entretenir personnellement, il faut qu'ils entretiennent femmes de chambre et valets, tous les cousins se dispersent aux quatre vents du ciel ; et la bise qui souffle par ce jour d'hiver, fait tourbillonner la dépouille des arbres qui avoisinent le château déserté, comme si tous les cousins s'étaient métamorphosés en feuilles mortes.

CHAPITRE XXIX.

Le jeune M. Guppy.

Chesney-Wold est fermé ; les tapis sont roulés et placés dans les coins de petites chambres inhabitées ; le damas fait pénitence sous la toile brune ; les sculptures et les dorures se mortifient dans l'ombre, et les ancêtres de la famille Dedlock s'évanouissent de nouveau dans les ténèbres ; autour du vieux manoir, les feuilles s'amoncellent ou s'envolent pour retomber en tournoyant avec une morne lenteur ; que le jardinier les balaye, qu'il les enlève des pelouses, les entasse dans sa brouette et les conduise au loin, elles n'en couvrent pas moins d'une couche épaisse les allées et les pelouses. Le vent hurle et siffle dans les arbres, et vient s'abattre en gémissant contre les murs ; la pluie fouette les vitres, les fenêtres craquent, les cheminées grondent, les nuages couvrent les avenues d'un voile épais, masquent les points de vue, et passent comme un cortége funèbre au-dessus des pelouses ruisselantes. Partout dans le château s'élève une odeur fade et glacée, pareille à celle qu'on respire dans la chapelle, et qui fait naître cette pensée, que les vieux Dedlock se lèvent du tombeau pour venir se promener la nuit dans leur ancien manoir et laissent derrière eux cette vapeur sépulcrale.

Mais l'hôtel de Londres, qui brille ou s'assombrit rarement en même temps que Chesney-Wold, excepté quand un Dedlock vient à mourir, est aujourd'hui dans tout l'éclat de son réveil; un air tiède et chargé du parfum des fleurs y fait oublier l'hiver; de moelleux tapis, d'épaisses tentures y interceptent les bruits du dehors; le tintement des pendules, le pétillement de la flamme, troublent seuls le silence qui règne partout dans cette demeure somptueuse, et sir Leicester repose avec joie et dignité ses membres transis devant le grand feu de la bibliothèque, parcourant d'un œil protecteur les titres inscrits au dos de ses livres, et honorant d'un regard d'approbation les œuvres d'art qui l'entourent; car il a ses tableaux anciens et modernes, dont quelques-uns pourraient se cataloguer ainsi, comme un lot d'articles divers : trois fauteuils gothiques, une table préparée pour le repas, une bouteille à long col remplie de vin, un flacon, un costume de femme espagnole, le portrait de miss Jogg (le modèle) vue de trois quarts, et une armure complète renfermant don Quichotte; ou bien dans le fond une gondole et une terrasse dégradée; au premier plan un costume de vénitienne, robe de satin blanc richement brodée de perles et d'or; le portrait de miss Jogg (vue de profil), un magnifique cimeterre, dont la poignée est enrichie de pierreries, un costume mauresque très-étudié, fort rare, avec un Othello.

M. Tulkinghorn vient souvent à l'hôtel, où l'amènent des affaires relatives aux propriétés du baronnet, des baux à renouveler, des quittances à signer et ainsi de suite; il voit souvent milady; tous les deux se rencontrent avec le même calme, la même indifférence qu'à l'ordinaire, et ne semblent pas faire la moindre attention l'un à l'autre. Il se peut toutefois que milady craigne M. Tulkinghorn, et qu'il le sache; il se peut qu'il la poursuive impitoyablement, sans repos ni trêve, comme sans remords; que sa beauté, sa grâce, la grandeur et l'éclat dont elle est entourée, ne fassent qu'ajouter un intérêt plus vif au complot qu'il médite et le rende plus inflexible. Que ce soit chez lui froideur ou cruauté, amour de la domination, curiosité ardente, volonté ferme de pénétrer le seul secret qui lui reste à connaître; qu'au fond de l'âme il n'ait que haine et mépris pour cette splendeur dont il est un reflet affaibli, ou qu'il amasse en lui-même les dédains et les offenses que lui prodigue l'amabilité de sa pompeuse clientèle; que ce soit l'un ou l'autre de ces motifs, ou tous ensemble, il vaudrait mieux pour milady avoir les regards de cinq mille fashionables fixés sur elle, avec toute la vigilance soupçonneuse des gens du monde, que les yeux ternes de ce procureur à la cravate tortillonnée, à la culotte d'un noir mat, liée aux genoux par des rubans assortis.

Sir Leicester est dans la chambre de milady, dans cette chambre où M. Tulkinghorn lut un jour le fameux *affidavit* dont milady Dedlock remarqua l'écriture; le baronnet est près du feu et s'abandonne à la satisfaction qu'il éprouve. Milady, comme le jour où M. Tulkinghorn apporta la pièce en question, est assise en face du baronnet, son écran à la main. Sir Leicester est éminemment satisfait, car il vient de trouver dans son journal quelques remarques identiques à sa manière de voir sur la destruction des digues et le renversement de tout ce qui forme la base de l'édifice social; elles sont d'une application tellement heureuse au fait du maître de forges, que sir Leicester est venu tout exprès de la bibliothèque pour en faire la lecture à milady. « L'auteur de cet article a l'esprit aussi éclairé que judicieux, fait-il observer par manière de préface, en hochant la tête comme si du haut d'une montagne il laissait tomber son regard protecteur sur l'auteur de l'article. »

L'esprit du publiciste, malgré son jugement et ses lumières, a pour effet de causer un ennui mortel à milady, qui, après un languissant effort pour écouter, ou plutôt pour paraître écouter, devient rêveuse et regarde le feu, comme si elle n'avait pas quitté Chesney-Wold et qu'elle fût seule dans son boudoir. Sir Leicester, qui ne se doute pas de cette contemplation mélancolique, poursuit sa lecture à travers son double lorgnon et s'arrête de temps en temps pour exprimer son approbation en ces termes : « Parfaitement vrai ! très-nettement exposé ! J'ai souvent fait cette remarque. »

A chacune de ces observations, il perd invariablement l'endroit où il en est, et parcourt la colonne du haut en bas pour retrouver la ligne à laquelle il s'est arrêté.

Le baronnet est donc en train de lire son article avec une excessive gravité, lorsque, ouvrant la porte, Mercure jette dans la chambre ces paroles étranges : « Milady, le jeune homme appelé Guppy. »

Sir Leicester fait une pause, répète d'un ton écrasant : « Le jeune homme appelé Guppy ! » et, jetant un regard autour de la chambre, aperçoit ledit jeune homme extrêmement embarrassé de lui-même, et ne se recommandant pas le moins du monde par sa tournure et ses manières.

« Que voulez-vous dire, et à quoi pensez-vous d'annoncer avec cette promptitude le jeune homme appelé Guppy? demande sir Leicester au valet de chambre.

— Pardon, sir Leicester; milady m'a donné l'ordre d'introduire ce jeune homme dès qu'il serait arrivé, et je ne savais pas que vous étiez chez milady, sir Leicester. »

Mercure, en faisant cette excuse, lance au jeune Guppy un coup d'œil méprisant et indigné qu'on peut traduire de la sorte: « Qu'aviez-vous besoin de venir ici pour me faire avoir cette algarade? »

« C'est juste, répond milady; c'est moi qui en ai donné l'ordre; faites attendre ce jeune homme.

— Pas du tout, milady, puisque vous l'avez fait demander, je ne veux nullement retarder ce que vous avez à lui dire. » Et le baronnet s'éloigne, sans accepter le salut du jeune homme qu'il prend majestueusement pour un cordonnier ou pour quelque intrus du même genre.

Lorsqu'elle est seule avec lui, lady Dedlock toise le visiteur de son regard impérieux; et, le laissant debout auprès de la porte, lui demande ce qu'il désire.

« Que Votre Seigneurie veuille bien être assez bonne pour m'accorder un instant d'entretien, répond M. Guppy avec un profond embarras.

— C'est probablement vous qui m'avez écrit tant de lettres?

— Il est vrai, milady; j'en ai écrit plusieurs avant que Votre Seigneurie ait daigné condescendre à m'honorer d'une réponse.

— Et ne pouviez-vous pas, en continuant de m'écrire, éviter cette visite et la rendre inutile? »

M. Guppy tourne la tête en proférant des lèvres un « non » silencieux.

« Vous avez été singulièrement importun, reprend milady; s'il est vrai que vous ayez à me dire quelque chose qui me concerne, et je ne le comprends pas, vous me permettrez de couper court à toute cérémonie, et de vous prier d'en venir au fait. »

Milady fait un geste d'insouciance avec son écran; et, reprenant la position qu'elle a quittée un instant pour regarder le jeune homme, lui tourne presque le dos.

« Avec la permission de Votre Seigneurie, je vais donc entrer en matière, répond M. Guppy; hum!.... Je suis dans la procédure, ainsi que je l'ai dit à Votre Seigneurie dans mon premier billet. J'ai pris dans cette profession l'habitude de ne rien écrire qui puisse me compromettre ; et c'est pourquoi je me suis abstenu de nommer à Votre Seigneurie l'étude où je travaille, et dans laquelle ma position.... et je puis dire mes appointements.... sont assez satisfaisants. Je puis maintenant confier à Votre Seigneurie que cette étude est celle de Kenge et Carboy de Lincoln's-Inn ; étude que Votre Seigneurie doit nécessairement connaître à cause de ses rapports avec le procès en chancellerie Jarndyce contre Jarndyce. »

Milady commence à devenir attentive et cesse d'agiter son écran qu'elle tient immobile, comme pour écouter.

« Je dirai tout de suite à Votre Seigneurie, poursuit le jeune homme légèrement enhardi par l'attention qu'on lui témoigne, que ce n'est point à l'occasion de Jarndyce contre Jarndyce que j'ai si vivement désiré de m'entretenir avec elle ; désir qui m'a dicté une conduite qui, je le pense, a paru et paraît encore importune, je dirai même frisant la grossièreté. » Après s'être arrêté quelques instants pour recevoir l'assurance du contraire, M. Guppy, n'obtenant pas le moindre mot, continue son exposé de l'affaire : « Si le fait en question, poursuivit-il, avait eu un rapport quelconque avec le procès Jarndyce, c'est à M. Tulkinghorn des Champs, le procureur de Votre Seigneurie, que je me serais adressé tout d'abord. J'ai l'honneur de connaître M. Tulkinghorn,... du moins nous échangeons un salut quand nous nous rencontrons ; et si, je le répète, il se fût agi d'un incident judiciaire, je serais allé tout simplement trouver le procureur de Votre Seigneurie. »

Milady tourne la tête et dit au jeune homme : « Vous feriez mieux de vous asseoir.

— Je remercie Votre Seigneurie, » répond M. Guppy en s'asseyant ; il consulte un petit morceau de papier où il a jeté rapidement quelques notes relatives à l'argumentation qu'il doit suivre, et qui paraît le plonger dans une épaisse obscurité, de quelque façon qu'il l'envisage : « Je.... ah! oui..., mon sort est entre les mains de Votre Seigneurie ; si Votre Seigneurie portait plainte de la présente visite à Kenge ou Carboy, ou à M. Tulkinghorn, je me trouverais placé dans une position extrêmement désagréable ; je le dis franchement, et je me fie à l'honneur de Votre Seigneurie. »

Milady fait un geste dédaigneux de la main qui tient l'écran, et assure M. Guppy qu'il ne mérite pas qu'elle fasse une plainte contre lui.

« Je remercie Votre Seigneurie, dit le jeune homme complètement satisfait ; maintenant, poursuit-il, je.... où donc en étais-je ? Qu'est-ce que j'ai donc voulu mettre là ?... C'est que, voyez-vous, j'ai couché sur ce papier un ou deux chefs des points que je voulais aborder ; je les ai écrits par abréviations..., et je ne sais plus ce que ça veut dire. Si Votre Seigneurie veut bien m'excuser et me permettre de m'approcher de la fenêtre un instant.... je.... »

M. Guppy se dirige vers la croisée, tombe au milieu de bengalis auxquels, dans son trouble, il demande mille pardons, ce qui ne contribue pas à rendre ses notes plus lisibles ; il s'échauffe, devient rouge, approche le papier de ses yeux, l'en éloigne et balbutie à demi-voix :

« C. S. ! Qu'est-ce que ces lettres veulent dire ?... Ah ! j'y suis, m'y voilà ; certainement ! » et il revient à sa place n'ayant plus aucun doute.

« Je ne sais pas, dit-il en s'arrêtant à moitié chemin devant milady, si Votre Seigneurie a jamais entendu parler d'une jeune demoiselle appelée miss Summerson. »

Milady le regarde en face.

« J'ai vu l'automne dernier, répond-elle, une jeune fille que l'on nommait ainsi.

— Votre Seigneurie n'a-t-elle pas été frappée de la ressemblance de cette demoiselle avec quelqu'un ? » demande M. Guppy en inclinant la tête et en se grattant le coin de la bouche avec son memorandum.

« Non, répond milady qui le regarde toujours.

— Quelqu'un de la famille de Votre Seigneurie ?

— Non.

— Sans doute que Votre Seigneurie ne se rappelle pas exactement les traits et l'ensemble de miss Summerson.

— Je me les rappelle fort bien. Qu'est-ce que cela peut avoir de commun avec moi ?

— J'affirme à Votre Seigneurie, qu'ayant l'image de miss Summerson profondément gravée dans mon cœur, ce qui est une confidence, j'ai trouvé, lorsque j'ai eu l'honneur de visiter le château de Chesney-Wold, pendant une courte excursion que je fis avec un ami dans le comté de Lincoln, j'ai trouvé, dis-je, une telle ressemblance entre miss Summerson et le portrait de Votre Seigneurie, que j'en suis resté foudroyé ; au point que je ne me suis pas rendu compte, jusqu'à présent, de ce qui avait pu produire sur moi un pareil saisissement ; et maintenant que j'ai l'honneur de contempler Votre Seigneurie de plus près (j'ai pris souvent la liberté, depuis lors, de regarder Votre Seigneurie dans sa voiture, au parc ou ailleurs, sans qu'elle m'ait remarqué), j'avoue que cette ressemblance est encore plus frappante que je ne l'avais pensé. »

Il fut un temps, jeune homme, lorsque les ladies habitaient des châteaux forts et avaient à portée de la voix des serviteurs peu scrupuleux, où votre chétive existence n'aurait pas duré une minute, si ces beaux yeux avaient jeté sur vous le regard qu'ils viennent de vous lancer.

Milady s'évente négligemment avec son riche écran, et demande à M. Guppy en quoi il suppose que son goût pour les ressemblances puisse avoir pour elle quelque intérêt.

« J'arrive précisément,... répond l'audacieux en consultant de nouveau ses abréviations;... maudites notes! Ah! oui! mistress Chadband! »

M. Guppy approche un peu sa chaise et s'assied. Milady se penche tranquillement sur le bras de son fauteuil; peut-être y a-t-il dans sa pose un peu moins d'aisance qu'à l'ordinaire; toutefois, son regard conserve toute sa fermeté. « Une.... attendez un instant, continue M. Guppy cherchant toujours à déchiffrer ses notes; E. S. deux fois! Oui, oui, c'est bien cela! Je me rappelle à présent. »

Il roule son morceau de papier pour s'en faire un instrument de démonstration et continue ainsi :

« Un profond mystère plane sur la naissance et les premières années de miss Esther Summerson; c'est à ma position, je le dis en confidence à Votre Seigneurie, à ma position chez Kenge et Carboy que je dois d'être informé de ce fait. Comme je l'ai dit à Votre Seigneurie, l'image de miss Summerson est gravée dans mon cœur; si donc je pouvais éclaircir ce mystère, prouver qu'elle a des parents bien placés, et découvrir, qu'ayant l'honneur de représenter l'une des branches éloignées de la famille de Votre Seigneurie, elle a des droits à se constituer partie dans le procès Jarndyce contre Jarndyce, je pourrais espérer que miss Summerson voulût bien écouter avec plus de faveur qu'elle ne l'a fait jusqu'à présent les propositions que j'ai eu l'honneur de lui soumettre et qu'elle est bien loin d'avoir encouragées. »

On voit poindre une sorte de sourire sur le visage irrité de milady.

« Par un de ces hasards singuliers qui se rencontrent quelquefois sur notre chemin, à nous autres hommes de loi (ainsi que je puis m'appeler dès aujourd'hui, car, bien que n'étant pas encore admis, j'ai reçu de Kenge et Carboy mes diplômes, sur l'avance que ma mère a faite de la somme nécessaire pour le timbre, en employant à cet usage une partie du capital qui forme son revenu); par un de ces hasards singuliers, j'ai rencontré la personne qui habitait en qualité de servante chez la dame où fut élevée miss Summerson jusqu'à l'époque où M. Jarndyce se chargea de cette jeune fille; c'était une dame Barbary. »

Est-ce le reflet verdâtre de l'écran qu'elle tient à la main et qu'elle rapproche de son visage qui répand cette pâleur effrayante sur la figure de milady?

« Votre Seigneurie connaîtrait-elle, par hasard, le nom de miss Barbary? lui demande M. Guppy.

— Je ne sais pas; peut-être bien; je crois que oui.

— Appartenait-elle à la famille de Votre Seigneurie? »

Les lèvres de milady s'agitent, mais ne profèrent aucun son; elle fait un signe négatif.

« Pas même alliée? reprend le jeune homme; il se peut que Votre Seigneurie l'ignore. Ah! cela peut être?... Oui.... très-bien. »

Après chacune de ces questions, milady a fait un signe affirmatif.

« Cette miss Barbary, continue l'homme de loi, était d'une réserve extraordinaire, surtout pour une femme, le sexe étant généralement (au moins dans la classe moyenne) fort enclin à la conversation; et mon témoin n'a jamais pu savoir si elle avait des parents. Une fois, une seule fois, elle s'écarta de la réserve qu'elle avait toujours eue à l'égard de mon témoin, et lui dit que le véritable nom de l'enfant n'était pas Esther Summerson, mais bien Esther Hawdon.

— Ciel! »

M. Guppy s'étonne; lady Dedlock est assise en face de lui, son regard est fixe, la pâleur qui couvre son visage est plus sombre, ses lèvres sont entr'ouvertes, ses sourcils contractés; elle est immobile et comme morte pendant un instant; peu à peu le sentiment lui revient, un tressaillement imperceptible passe sur toute sa personne, comme une ride à la surface de l'eau, ses lèvres s'agitent, elle fait un violent effort et se rappelle enfin la présence du jeune homme, les paroles qu'il vient de dire; mais tout cela si rapidement, que son exclamation et sa stupeur se sont évanouies comme les traits de ces cadavres longtemps conservés dans la tombe, qui, lorsqu'on ouvre leur cercueil, tombent en poussière au contact de l'air comme frappés d'un coup de foudre.

« Votre Seigneurie connaissait le nom que je viens de dire?

— Je l'ai entendu prononcer autrefois.

— Peut-être celui d'un parent, d'un collatéral de Votre Seigneurie ?

— Non !

— J'arrive au dernier point de la cause ; à l'endroit où nous en sommes, les faits se présentent d'eux-mêmes, et je vais les resserrer de plus en plus dans un rapide exposé. Il faut d'abord que j'apprenne à Votre Seigneurie, si toutefois Votre Seigneurie l'ignore, qu'il y a quelque temps un expéditionnaire faisant des copies pour les gens de loi fut trouvé mort dans la plus profonde misère, au second étage d'une maison sise près Chancery-Lane, et appartenant à un marchand nommé Krook ; à la suite d'une enquête, il fut déclaré anonyme, son nom étant demeuré inconnu. Or, j'ai découvert dernièrement que cet infortuné s'appelait Hawdon.

— Et qu'est-ce que cela peut me faire?

— Ah! c'est précisément la question. Il s'est passé après la mort de cet homme un fait étrange ; une dame, sous un costume d'emprunt, est venue voir la scène où le drame avait eu lieu, et a visité jusqu'au cimetière où sont les restes du malheureux Hawdon ; elle a été conduite dans ces différents endroits par un petit balayeur des rues que je pourrais produire et dont la déposition viendrait corroborer mon témoignage si Votre Seigneurie le désirait ; je puis à toute heure mettre la main sur lui. »

Ce misérable importe fort peu à milady ; elle ne désire pas le moins du monde qu'il soit amené devant elle.

« C'est une étrange histoire, reprend M. Guppy ; et, si Votre Seigneurie entendait ce petit balayeur parler des bagues qui étincelèrent aux doigts de cette lady quand elle ôta son gant, elle trouverait, j'en suis sûr, que l'incident est du dernier romantique. »

Des diamants étincellent aux doigts qui tiennent l'écran ; milady, en jouant avec cette précieuse bagatelle, fait briller d'autant plus ces bagues resplendissantes, et son visage prend de plus en plus cette expression qui, dans le temps jadis, eût été si fatale au jeune M. Guppy.

« On a cru longtemps, poursuit-il, que ledit Hawdon n'avait rien laissé qui pût faire reconnaître son identité ; c'est une erreur ; on a trouvé chez lui un paquet d'anciennes lettres. »

Le regard de milady est rivé sur l'audacieux jeune homme, et l'écran s'agite de plus en plus.

« Ces lettres ont été prises et conservées en secret ; j'avertis Votre Seigneurie que demain soir elles seront en ma possession.

— Qu'est-ce que tout cela peut me faire ?

— Voici mes conclusions, dit M. Guppy en se levant ; si Votre Seigneurie trouve qu'il y a dans la ressemblance frappante qui existe entre miss Summerson et Votre Seigneurie, fait positif et concluant pour des jurés ; dans la première éducation de cette jeune fille livrée aux soins de miss Barbary ; dans l'aveu de cette dernière que le véritable nom de l'enfant n'est pas Summerson, mais bien Hawdon ; dans la connaissance parfaite que Votre Seigneurie avait de ces deux noms ; dans la mort du copiste et la démarche qui a suivi son décès ; si Votre Seigneurie trouve, en un mot, dans cet enchaînement de circonstances, un intérêt de famille suffisant pour s'occuper de cette affaire, je lui apporterai les papiers qu'on doit me remettre demain ; je ne les connais pas, je sais seulement que ce sont d'anciennes lettres ; je les donnerai à Votre Seigneurie avant même de les avoir examinées. Maintenant, j'ai dit à Votre Seigneurie quel était le but de ma visite, je lui répète qu'une plainte de sa part me placerait dans une position très-fâcheuse, et que je compte sur son entière discrétion. »

Est-ce bien là tout ce que s'est proposé M. Guppy ? A-t-il révélé dans toute leur étendue l'objet de sa visite et le soupçon qui l'amène ? Que cache-t-il donc, si ses paroles n'ont pas exprimé toute sa pensée ? Il est digne de lutter de ruse et d'audace avec milady ; elle peut le sonder du regard, il baissera les yeux sur la barre, et, témoin impénétrable, son visage ne laissera rien paraître de ce qu'il ne veut pas dire.

« Vous pouvez apporter ces lettres si bon vous semble, répond milady.

— Sur mon honneur, Votre Seigneurie n'est pas encourageante, dit-il un peu froissé.

— Vous pouvez apporter ces lettres si vous voulez, répète milady avec indifférence.

— Je les apporterai à Votre Seigneurie. J'ai l'honneur de vous souhaiter le bonjour. »

Une cassette richement ciselée, barrée, verrouillée comme un vieux coffre-fort, est sur la table, auprès de milady ; Sa Seigneurie l'attire à elle en regardant M. Guppy, et en ouvre la serrure.

« Non, l'intérêt pécuniaire est complétement étranger au motif qui me fait agir, reprend le jeune homme ; et je n'accepterai ni argent ni valeur ; je n'en remercie pas moins Votre Seigneurie de ses intentions. »

M. Guppy salue profondément et descend l'escalier ; l'arrogaut Mercure est dans l'antichambre, installé près du feu, et ne croit pas devoir quitter son Olympe pour lui ouvrir la porte.

Mais pendant que sir Leicester se chauffe dans la bibliothèque et s'endort sur le journal qu'il tient toujours, n'y a-t-il pas dans sa maison une influence qui devrait l'éveiller, assombrir les portraits des ancêtres, faire frissonner les armures et faire tendre aux arbres de Chesney-Wold leurs bras noueux vers le ciel?

Non; l'air est trop étouffé dans l'hôtel pour que les sanglots et les cris puissent parvenir jusqu'aux oreilles de sir Leicester; et pourtant, dans la chambre de milady, une femme est à genoux, égarée par la douleur, et jette à Dieu ces paroles désespérées :

« Mon enfant, mon enfant! Elle n'était donc pas morte?... elle vit encore; mon impitoyable sœur m'a trompée, après m'avoir reniée moi et mon nom. Oh! mon enfant! mon enfant! »

CHAPITRE XXX.

Narration d'Esther.

Il y avait déjà quelque temps que Richard était parti, lorsque nous eûmes la visite d'une personne qui vint passer quelques jours avec nous, une vieille dame, mistress Woodcourt; elle avait quitté le pays de Galles pour aller voir mistress Badger; et M. Jarndyce, ayant reçu d'elle une lettre où elle lui disait que son fils la priait de nous donner de ses nouvelles et de le rappeler à notre souvenir, l'avait invitée à venir nous voir à Bleak-House. Elle y resta près de trois semaines, me témoigna une vive affection et m'honora d'une confiance qui, parfois, me rendit bien malheureuse. Je n'avais pas de motif pour souffrir de ses paroles, je le savais à merveille; ce n'était pas raisonnable, et pourtant ses confidences me désolaient. C'était une petite femme un peu roide, à l'esprit vif et pénétrant, qui croisait ses mains lorsqu'elle était assise, et dont le regard s'attachait sur moi avec tant d'insistance pendant qu'elle me parlait, que j'en éprouvais comme un certain malaise. J'aimais pourtant sa toilette et sa tenue, qui me paraissaient avoir un cachet d'originalité qui n'était pas sans charme; ce n'était pas non plus sa physionomie pleine de vivacité, ni ses traits, fort bien encore malgré son âge, qui me déconcertaient ainsi. Je ne puis pas dire ce qui me troublait si fort en elle ; du moins, si je le sais à présent, je l'ignorais alors ; mais peu importe.

Le soir, au moment de nous coucher, elle me priait d'entrer dans sa chambre, et, s'asseyant dans un grand fauteuil auprès du feu, elle se mettait à me parler de Morgan-Ap-Kerrig jusqu'à ce que mes forces complétement épuisées ne me permissent plus de l'entendre. Elle me récitait des passages entiers de Crumlin-wallinwer et du Mewlinwillinwoda (il est probable que j'écorche ces noms illustres), et s'enflammait d'une noble ardeur en déclamant ces beaux vers que je ne pouvais comprendre, car ils étaient en gallois ; je savais seulement qu'ils faisaient un pompeux éloge de la lignée de Morgan-Ap-Kerrig.

« Voilà, me disait-elle d'un air triomphant, l'héritage de mon fils : en quelque lieu qu'il soit, il peut se vanter d'appartenir à la race d'Ap-Kerrig. Il peut être pauvre ; mais il a ce qui vaut mieux que la fortune, c'est-à-dire la naissance. »

Je n'étais pas sûre qu'en Chine ou aux Indes on se souciât beaucoup de Morgan-Ap-Kerrig ; je me gardais bien toutefois d'exprimer un pareil doute, et je répondais que c'était une belle chose que d'avoir une si noble origine.

« Certainement, répliquait mistress Woodcourt ; mais cet immense avantage a ses inconvénients ; par exemple, celui d'imposer des limites fort restreintes au choix que mon fils devra faire d'une épouse ; il est vrai que le même motif impose la même contrainte aux membres de la famille royale. »

Et me frappant légèrement sur le bras, elle caressait ma manche comme pour m'assurer de la bonne opinion qu'elle avait de moi, en dépit de la distance qui existait entre nous.

« Ce pauvre M. Woodcourt, me disait-elle encore d'une voix émue, car, au bout du compte, elle avait un cœur affectueux en dépit de ses prétentions généalogiques, ce pauvre M. Woodcourt descendait d'une grande famille highlandaise, les Mac Coorts de Mac Coort ; il servit son pays et son roi en qualité d'officier dans le Royal-Highlanders et mourut glorieusement au champ d'honneur. Mon fils est le dernier représentant de ces deux anciennes familles, qu'avec l'aide de Dieu il relèvera, je n'en doute pas, en epousant la descendante d'une race non moins ancienne. »

J'essayais vainement de changer de conversation ; j'employais tous les moyens possibles ; par besoin de variété, peut-être aussi .... mais à quoi bon entrer dans ces détails. Mistress Woodcourt n'en restait pas moins fidèle à son sujet

« Vous avez une si haute raison, me dit-elle un soir, vous envisagez le monde avec une supériorité si rare à votre âge, que c'est pour moi un plaisir extrême que de m'entretenir avec vous de mes affaires de famille ; vous connaissez peu mon fils ; mais je crois que vous l'avez assez vu pour ne l'avoir pas oublié.

— Je me le rappelle fort bien, madame.

— Eh bien ! chère miss, que pensez-vous de son caractère ? Je voudrais avoir là-dessus votre opinion.

— Oh ! madame ! ce serait bien difficile.

— Comment cela ? Je n'y vois pas de difficulté.

— Donner son opinion sur....

— Une personne que l'on connaît si peu ? je le comprends. »

Ce n'est pas cela que je voulais dire ; nous avions vu souvent M. Woodcourt ; il avait fini par se lier intimement avec M. Jarndyce, et je le connaissais parfaitement ; je le dis à sa mère ; j'ajoutai qu'il paraissait fort habile comme médecin, et que la bonté qu'il avait eue pour miss Flite, son dévouement et sa douceur étaient au-dessus de tout éloge.

« Je vois que vous l'avez apprécié, répondit-elle en me serrant la main ; vous le connaissez à merveille ; Allan est un brave garçon, plein de science et de cœur, et médecin irréprochable ; mais, je dois l'avouer, néanmoins, il n'est pas sans défaut.

— Tout le monde a les siens, répliquai-je.

— Heureusement qu'il pourra se corriger et qu'il se corrigera, poursuivit la vieille dame en secouant la tête avec malice. Je vous suis tellement attachée, qu'entre nous, je puis bien vous le dire, comme à un tiers complétement désintéressé dans la question : mon fils est l'inconstance personnifiée.

— J'aurais pensé, répondis-je, qu'il avait au contraire fait preuve d'une grande persévérance dans ses études, et qu'il apportait dans sa profession un zèle que rien n'avait pu ralentir.

— Vous avez raison ; mais ce n'est pas de cela qu'il s'agit.

— Ah ! vraiment ?

— Pas du tout ; je parle de sa conduite dans le monde ; il est avec les femmes d'une extrême légèreté ; entourant les jeunes filles d'attentions banales qu'il leur prodigue indistinctement, et cela depuis l'âge de dix-huit ans ; il n'a jamais aimé aucune d'elles, et ne croit faire aucun mal en agissant ainsi ; affaire de politesse et d'amabilité.... toujours est-il que ce n'est pas bien, chère miss.

— Non, répondis-je.

— Vous comprenez que cela pourrait donner lieu à des méprises cruelles.

— Certainement.

— Aussi lui ai-je maintes fois répété qu'il devrait se montrer plus réservé, par égard pour lui-même aussi bien que pour les autres. « Je le ferai, bonne mère, me répond-il ; vous me connaissez mieux que personne, vous savez que je n'ai pas de mauvaise intention : c'est sans y penser. » Ce qui est très-vrai, mais cela ne le justifie pas. Enfin le voilà parti et pour longtemps; il a des recommandations excellentes, et ne sera présenté que dans de bonnes familles, ainsi donc ne songeons plus au passé. Mais vous, chère miss? dit la vieille dame en souriant, parlons un peu de votre chère personne.

— De moi! mistress Woodcourt.

— Il serait trop égoïste de ne songer qu'à mon fils, parti pour faire fortune et pour trouver une femme. Quand pensez-vous, de votre côté, chercher fortune et trouver un mari, miss Summerson? Pourquoi rougissez-vous? »

Je ne savais pas que je rougissais, et la chose importait peu ; je répondis que j'étais si contente de mon sort, que je ne désirais nullement en changer.

« Voulez-vous que je vous dise ce que vous deviendrez et ce que je pense de votre avenir, ma toute belle, me dit mistress Woodcourt.

— Êtes-vous si bon prophète que vous puissiez le savoir?

— Oh! la chose est facile; vous épouserez quelqu'un de très-riche et du plus noble caractère; un peu âgé; vingt-cinq ans peut-être de plus que vous: et vous n'en serez pas moins une excellente femme, très-aimée, très-aimable et très-heureuse.

— C'est vraiment la bonne aventure, répondis-je ; mais ce ne sera pas la mienne.

— Pourquoi donc? Il y aurait parfaite convenance, ma chère belle ; vous êtes si active, si bien placée à la tête d'une maison, si parfaitement posée pour un pareil mariage, que je ne doute pas qu'il se fasse, et personne, croyez-le, ne vous en félicitera plus sincèrement que moi-même. »

Chose étrange, ces paroles me causèrent un profond déplaisir; j'en fus tourmentée une partie de la nuit, et j'eus tellement honte de cette folie, que je ne l'aurais avouée à personne, pas même à Eva, ce qui augmentait encore le malaise que j'en ressentais. J'aurais donné beaucoup pour ne pas être aussi avant dans la confiance de cette vieille dame; l'ennui que j'éprouvais à cet égard me donnait de mistress Woodcourt les opinions les plus opposées ; tantôt, je la prenais pour une femme qui voulait m'en imposer ; tantôt pour un miroir de vérité ; quelquefois elle me semblait pleine de ruse, et, l'instant d'après, j'avais la plus entière confiance en la droiture et la simplicité de son cœur. Après tout, qu'est-ce que tout cela me faisait ? Pourquoi n'allais-je pas tranquillement causer avec elle au coin de son feu, mes clefs dans mon panier, mon panier à mon bras, comme je l'aurais fait avec une autre, au lieu de m'inquiéter de ses paroles assurément fort innocentes ? J'étais attirée vers elle par une secrète influence, je désirais qu'elle m'aimât, j'étais heureuse de lui plaire ; pourquoi dès lors attacher un sentiment pénible à chaque mot qu'elle me disait ? pourquoi le peser vingt fois dans mon esprit, quelque insignifiant qu'il pût être, et souffrir d'avoir à écouter les confidences qu'elle me faisait chaque soir ; il y avait dans tout cela des contradictions perpétuelles que je ne pouvais comprendre ; ou si parfois.... mais j'y reviendrai à l'occasion, il est fort inutile d'en parler à présent.

J'étais à la fois triste du départ de mistress Woodcourt et délivrée d'un grand poids depuis qu'elle avait quitté Bleak-House, lorsque l'arrivée de Caroline vint me distraire de mes préoccupations.

Elle déclara d'abord que j'étais la meilleure conseillère qui eût jamais existé ; ce à quoi Mignonne répondit que ce n'était pas une nouvelle, et moi que c'était une plaisanterie. Elle ajouta qu'elle se mariait dans trois semaines et qu'elle serait la plus heureuse du monde si nous consentions à être ses filles d'honneur. Voilà bien du nouveau ; aussi je crus un instant que nous ne finirions jamais de causer, tant nous avions de choses à nous dire.

Il paraît que la banqueroute de M. Jellyby s'était arrangée à l'amiable ; que ses créanciers avaient eu pitié de lui, et qu'après leur avoir abandonné tout ce qu'il avait (peu de chose, à en juger d'après l'état de son mobilier), il était sorti de ses affaires sans être parvenu à les comprendre ; mais, en laissant à chaque intéressé l'intime conviction qu'il avait fait tout ce qui était en son pouvoir ; il fut donc renvoyé honorablement à son bureau pour recommencer une nouvelle carrière. Que faisait-il à ce bureau ? je n'ai jamais pu le savoir ; Caroline prétendait qu'il était directeur de quelque chose à la douane ; et tout ce que je vis clairement dans cette affaire, c'est que, quand il avait besoin d'un peu plus d'argent que d'habitude, il allait aux docks pour tâcher de s'en procurer, et n'en trouvait presque jamais.

Dès qu'il se fut tranquillisé l'esprit en se dépouillant complétement comme un agneau qui se ferait tondre, et qu'il se fût logé en garni dans Hatton-Garden (où je trouvai les enfants, la première fois que j'y allai, occupés à arracher le crin des fauteuils pour s'en gonfler les joues), Caroline lui fit avoir une entrevue avec M. Turveydrop; et M. Jellyby avait reconnu si humblement la supériorité des grâces et de la distinction du gentleman, qu'ils étaient devenus fort bons amis. Peu à peu, M. Turveydrop, se familiarisant avec l'idée du mariage de son fils, avait amené ses sentiments paternels à envisager cette union comme prochaine, et avait consenti gracieusement à ce que les jeunes gens entrassent en ménage quand bon leur semblerait.

« Et que vous a dit M. Jellyby quand vous lui avez parlé de vos projets? demandai-je à Caroline.

— Pauvre père! il a pleuré en disant qu'il espérait que nous serions plus heureux ensemble qu'il ne l'avait été avec maman; il n'a pas dit ça devant Prince, mais à moi seule; puis il ajouta : « Ma pauvre fille, on ne t'a pas enseigné à rendre ta maison agréable à ton mari, et, si tu n'as pas la ferme intention d'employer tous tes efforts pour y parvenir, il vaudrait mieux le tuer tout de suite que de l'épouser, si tu l'aimes réellement. »

— L'avez-vous rassuré, Caroline?

— Vous comprenez qu'il était bien triste de voir papa si malheureux et de lui entendre dire de si terribles choses; aussi je n'ai pas pu faire autrement que de pleurer avec lui; mais je lui ai répondu que je m'appliquerais de toutes mes forces et de tout mon cœur à bien tenir ma maison; que j'espérais qu'il viendrait chez nous tous les soirs; qu'il y trouverait un peu de consolation et de bien-être, et que Pepy resterait avec moi. Il a recommencé à pleurer, en disant que ses pauvres enfants étaient de véritables sauvages; et il a dit encore (ici la pauvre fille se mit à sangloter) que le plus grand bonheur qui pût leur arriver serait d'être tués tous ensemble d'un coup de tomahawk[1].

— M. Jellyby est loin d'être cruel, répondit Eva; il ne pense pas un mot de ce qu'il disait alors.

— Je sais bien que papa ne voudrait pas voir mourir ses enfants; mais il veut dire par là combien nous sommes malheureux d'avoir une mère comme la nôtre; et je vous assure que c'est vrai, bien qu'il paraisse dénaturé de le dire. »

Je demandai à Caroline si mistress Jellyby savait que le jour de son mariage était fixé.

---

1. Hache-d'armes des sauvages de l'Amérique. (*Note du trad.*)

« Je ne pourrais pas vous le dire, répondit-elle; vous connaissez maman; chaque fois que je lui en parle, ce que je fais souvent, elle me regarde comme si j'étais un clocher à l'horizon, secoue la tête, me répond doucement que je la tourmente, et continue ses lettres pour Borrioboula-Gha.

— Et votre trousseau, Caroline?

— Mon Dieu! chère Esther, je ferai comme je pourrai; j'ai confiance en Prince; il est assez bon pour ne pas m'en vouloir de ce que je viens à lui si pauvrement montée; s'il était question d'équiper un colon pour Borrioboula-Gha, maman s'en occuperait avec ardeur; mais quand il s'agit de moi, elle ne s'en inquiète pas, et se soucie bien de savoir si j'ai l'indispensable. »

Caroline ne manquait pas d'une certaine affection pour sa mère, et ne faisait en disant ces paroles que mentionner un fait malheureusement avéré. Elle pleurait, pauvre fille; et nous admirions si sincèrement les qualités qui, chez elle, avaient survécu, en dépit de l'abandon où elle avait grandi, qu'Eva et moi nous lui proposâmes un plan dont elle fut toute joyeuse. C'était de rester avec nous jusqu'à l'époque de son mariage et d'employer ces trois semaines à tailler, à réparer, à inventer et à coudre tout ce que nous pourrions imaginer pour lui faire un trousseau. Mon tuteur ayant approuvé cette idée, nous partîmes le lendemain pour Londres, et nous ramenâmes triomphalement Caroline avec ses cartons et ses caisses et toutes les emplettes que nous avions pu extraire d'un billet de dix livres, que M. Jellyby avait trouvé probablement aux docks et lui avait donné. Je ne sais pas tout ce que nous aurions eu de mon tuteur si nous l'avions laissé faire; mais nous pensâmes qu'il devait se borner à la toilette de noces et au chapeau; il accepta le compromis; et si jamais Caroline fut heureuse, c'est quand elle vint s'asseoir entre nous pour se mettre à l'ouvrage.

Elle ne savait pas tenir son aiguille, pauvre enfant! et se piquait les doigts avec autant de verve que jadis elle les noircissait d'encre. Elle rougissait alors, un peu à cause de la piqûre, et un peu plus de se voir si maladroite; mais elle ne tarda pas à triompher de son inexpérience et fut bientôt bonne ouvrière; c'est ainsi que nous passions nos journées, travaillant de toutes nos forces avec un plaisir infini, Eva, Caroline, ma petite Charley, une lingère de la ville et moi.

En outre, elle voulut absolument que je lui apprisse à tenir une maison; bonté divine! l'idée de vouloir s'instruire auprès d'une personne de mon vaste mérite me parut si plaisante, que je me mis à rire, en devenant toute confuse lorsqu'elle me le demanda; néanmoins, je lui répondis que je me mettais à sa disposition pour lui apprendre tout ce que je pouvais savoir, et je lui montrai mes livres, lui expliquai mon système, je lui donnai mes recettes, mes méthodes et tous les petits secrets de mon tatillonnage. On aurait dit qu'il s'agissait d'inventions merveilleuses, à la manière dont elle les étudiait; et si vous aviez vu avec quel empressement elle accourait pour me suivre, dès qu'elle entendait quelque part tinter mon trousseau de clefs, vous auriez pensé que jamais plus grand imposteur que moi n'avait rencontré side plus aveugle que Caddy Jellyby.

Si bien qu'avec notre travail et les soins du ménage, les leçons de Charley, le trictrac de mon tuteur et les duos avec Eva, le temps s'envola plus rapidement que jamais. Les trois semaines à peu près écoulées, je ramenai Caroline chez elle pour voir un peu ce que nous pourrions y faire; Eva et Charley restèrent à Bleak-House pour soigner mon tuteur.

Quand je dis chez elle, je parle de la maison où son père et sa mère étaient logés en garni. On faisait, à l'académie de Newman-Street, certains préparatifs pour le mariage, presque tous destinés à augmenter le bien-être du vieux gentleman et quelques-uns pour établir le jeune couple au meilleur marché possible dans le grenier de la maison; mais le grand point pour nous c'était de disposer d'une manière décente l'appartement garni de Hatton pour le déjeuner de noces, et d'inculquer à mistress Jellyby quelque notion de la solennité qui allait avoir lieu.

Entreprise difficile, car mistress Jellyby occupait, avec le jeune homme maladif qui lui servait de secrétaire, la pièce principale, située sur le devant de la maison; cette pièce était jonchée de papiers déchirés et de documents africains, autant qu'une étable mal tenue peut l'être de litière. C'était là qu'elle restait depuis le matin jusqu'au soir, avalant du café, dictant des lettres et donnant à heure fixe des audiences relatives à Borrioboula-Gha. Le jeune secrétaire, qui paraissait décliner chaque jour, prenait ses repas au dehors. Quand M. Jellyby rentrait, il grognait un peu, et descendait à la cuisine, où il mangeait, si toutefois la servante avait quelque chose à lui donner; après quoi, sentant bien qu'il gênait, il sortait de la maison et se promenait dans la rue au brouillard et à la pluie; quant aux enfants, ils se traînaient jusqu'en haut de l'escalier, qu'ils dégringolaient ensuite, comme ils avaient toujours fait.

L'impossibilité de produire ces pauvres petits sous un aspect convenable, le jour de la cérémonie, étant hors de doute, je proposai à leur sœur de les reléguer dans leur mansarde le jour du mariage, de les y rendre aussi heureux que possible en l'honneur de la fête, et de concentrer tous nos efforts sur leur mère et sur la salle du festin. Mistress Jellyby exigeait pour sa part beaucoup de soins particuliers, si on voulait qu'elle fût présentable, l'échelle que formait dans son dos le lacet blanc qui retenait son corsage, s'étant considérablement élargie depuis ma première visite, et sa chevelure ressemblant à la crinière d'un cheval de boueur.

Pensant donc que l'exhibition du trousseau de Caroline serait le meilleur moyen d'aborder la question, j'invitai mistress Jellyby, un soir, après le départ du secrétaire, à venir dans la chambre de sa fille, où nous avions étalé toutes nos jolies choses sur le lit.

« Ma chère miss Summerson, répondit-elle en quittant son pupitre avec sa douceur ordinaire, tout cela est du dernier ridicule, bien que l'assistance que vous avez prêtée à ma fille soit une preuve de votre bonté; mais il y a pour moi quelque chose de si étrangement absurde dans la pensée de voir Caddy se marier!... Caddy, folle et niaise que vous êtes! »

Elle n'en monta pas moins et considéra tout ce qui était sur le lit avec cet air distrait qui lui était habituel; puis, secouant la tête, elle me dit en souriant: « Miss Summerson, avec la moitié de ce qu'on a dépensé là, cette folle enfant aurait pu s'équiper pour l'Afrique. »

En descendant, elle me demanda s'il était vrai que cette ennuyeuse affaire dût réellement avoir lieu le mercredi suivant, et, sur ma réponse affirmative: « Est-ce qu'on aura besoin de mon cabinet? dit-elle; chère miss Summerson, il est tout à fait impossible que mes papiers soient mis ailleurs. »

Je pris la liberté de lui dire qu'il était indispensable qu'elle nous prêtât son cabinet, et que je ne croyais pas impossible de placer ailleurs les papiers qui s'y trouvaient: « Fort bien, chère miss; vous savez cela mieux que moi: seulement, en me forçant à prendre un secrétaire, accablée de besogne comme je le suis, Caddy m'a dérangée au point que je ne sais plus où donner de la tête. Nous avons une séance de la Société de ramification mercredi vers trois heures; ce mariage est un grave inconvénient.

— Qui ne se renouvellera pas, répondis-je en souriant; Caddy ne se mariera probablement qu'une fois.

— C'est vrai, ma chère; faites donc ce que vous jugerez convenable. »

Restait à savoir quelle toilette aurait mistress Jellyby. Rien n'était plus curieux que le regard paisible qu'elle nous jetait de son bureau pendant que sa fille et moi nous discutions cette affaire importante. De temps en temps elle secouait la tête avec un sourire de demi-tolérance, comme un être supérieur qui voulait bien, quoique avec peine, supporter nos discours frivoles.

L'état de sa garde-robe ajoutait encore aux difficultés de l'entreprise ; nous parvînmes cependant à organiser un costume convenable pour une mère de condition moyenne en pareille circonstance.

Sa maison n'était certes pas grande ; mais je suis persuadée qu'eût-elle eu pour logement Saint-Pierre ou Saint-Paul, le seul avantage qu'elle y aurait trouvé eût été d'avoir plus d'espace à mettre sens dessus dessous ; tout ce qu'on pouvait casser dans la maison était en pièces ; tout ce qu'il avait été possible d'endommager d'une façon ou d'une autre était flétri, souillé, déchiré ; tout ce qui pouvait être sale, depuis les genoux des enfants jusqu'à la plaque de la porte, avait autant de crasse et de boue qu'ils en pouvaient porter.

Le pauvre M. Jellyby, qui parlait bien rarement, et qui, à la maison, restait presque toujours assis dans un coin, la tête appuyée contre le mur, s'intéressant aux efforts que nous faisions pour mettre un peu d'ordre dans tout ce gâchis, ôta son habit et voulut nous aider ; mais quand nous ouvrîmes les cabinets, tant d'objets incroyables s'en échappèrent de tous côtés, débris de pâtés moisis, restes de bouteilles, bonnets à fleurs, monceaux de lettres, cornets de thé, souliers d'enfants, bottes de monsieur, chapeaux de madame, bois de chauffage, pains à cacheter, couvercles de marmites, sucre fondu dans de vieux sacs de papier, tabourets, brosses à tête, morceaux de pain, tartines de beurre, livres dépareillés, bouts de chandelles retournés dans des flambeaux cassés, coquilles de noix, têtes de crevettes, paillassons, café en poudre, gants et ombrelles, etc., qu'il en fut effrayé et sortit de la maison ; mais chaque fois qu'il rentrait, il ôtait son habit, s'asseyait la tête contre le mur, et nous aurait aidés s'il avait su comment faire.

« Pauvre père ! me disait Caddy la veille du grand jour, alors que nous étions parvenus à mettre les choses en ordre, il est cruel de le quitter ; mais qu'aurais-je pu pour lui, quand même je serais restée ? Depuis que je vous connais, chère amie, j'ai essayé plus d'une fois de ranger et de nettoyer ; mais, à quoi bon ? maman et l'Afrique remettent tout à l'envers. Nous n'avons jamais eu de servantes qui n'aient fini par boire; maman n'est bonne qu'à tout gâter. »

M. Jellyby n'entendait pas ce que me disait sa fille; mais il semblait fort triste, et je crus voir qu'il pleurait.

« Mon cœur se brise quand je le regarde, poursuivit Caddy en pleurant à son tour; et moi qui espère être si heureuse avec Prince, je ne peux pas m'empêcher de penser qu'il fut un jour, comme ce soir, où il espéra de tout son cœur être heureux avec maman.

— Quelle amère déception, ma chère enfant! » dit M. Jellyby en promenant lentement son regard autour de lui; c'était la première fois que je lui entendais dire trois paroles de suite. Caddy se leva et courut l'embrasser.

« Ma chère enfant, reprit-il, ne prends jamais....
— Prince? balbutia Caroline.
— Si, mon enfant, épouse-le; mais ne prends jamais....
— Qu'est-ce qu'il ne faut pas que je prenne, cher papa? dites-le-moi, lui demanda Caddy en lui passant les bras autour du cou.
— Ne prends jamais une mission, mon enfant. »

Il laissa tomber un gémissement, appuya sa tête contre le mur, et c'est la seule allusion qu'il ait jamais faite devant moi à la question africaine. Je suppose qu'il fut un temps où il parlait davantage et où il montrait plus de vivacité, mais l'abattement complet où je le voyais plongé paraissait déjà fort ancien, la première fois que je le vis.

Je crus, ce soir-là, que mistress Jellyby n'en finirait pas de jeter son regard plein de sérénité sur ses paperasses et de prendre du café. Il était plus de minuit quand elle nous abandonna son cabinet; et le nettoyage dont il avait besoin était si décourageant, que la pauvre Caroline, fatiguée au delà de toute expression, se laissa tomber sur une chaise au milieu de la poussière, et ne put retenir ses larmes. Mais elle reprit bientôt courage, et nous fîmes des merveilles avant d'aller nous coucher. Aussi, le lendemain matin, à l'aide de quelques fleurs et de beaucoup d'eau de savon, le cabinet de mistress Jellyby offrait-il un aspect tout à fait réjouissant; le déjeuner, quoique très-simple, avait bonne apparence, et la mariée était charmante. Quant à Eva, je ne crois pas qu'il ait jamais existé de figure plus ravissante que la sienne.

Nous organisâmes une petite fête pour les enfants, dans la mansarde où ils couchaient: Pepy occupa la place d'honneur. Caroline vint se faire voir en toilette de mariée à ces pauvres anges, qui frappèrent dans leurs mains en criant hourra! de toute leur force. Elle se mit à pleurer en songeant qu'elle allait partir, et les embrassa mille et mille fois, jusqu'au moment où Prince vint la chercher; ce que voyant, je regretta d'avoir à le dire, Pepy se jeta sur son beau-frère et le mordit tant qu'il put. M. Turveydrop attendait Caroline au salon dans toute la pompe de son maintien et de ses grâces; il lui donna sa bénédiction avec attendrissement et fit entendre à mon tuteur que le bonheur de son fils était son propre ouvrage, et qu'il avait tout sacrifié pour arriver à ce but. « Ils vivront chez moi, disait-il; ma maison est assez grande pour qu'ils y soient commodément; et je suis heureux de les abriter sous mon toit. J'aurais désiré, vous le comprenez, cher monsieur, car vous vous souvenez du prince régent, mon illustre modèle, j'aurais désiré que mon fils entrât dans une famille où il y aurait eu plus de grâce et de tournure;... mais que la volonté de Dieu soit faite! »

Ainsi qu'on pouvait s'y attendre chez mistress Jollyby, les convives peu nombreux s'occupaient exclusivement des intérêts publics. C'étaient d'abord mistress Pardiggle et son mari, gentleman obstiné, avec un habit trop large, une perruque de chiendent, et qui, d'une voix de basse retentissante, parlait continuellement de sa légère offrande, de celle de sa femme et de l'obole donnés par ses enfants; M. Gusher, avec ses cheveux rejetés violemment en arrière, ses tempes osseuses et luisantes, ne représentant pas le moins du monde un amant désappointé, mais plutôt l'heureux futur d'une lady, sinon jeune, du moins célibataire, mademoiselle Wisk, qui faisait également partie de la fête, et dont la mission, dit mon tuteur, était de prouver au monde que l'homme et la femme n'ont ici-bas d'autre mission que d'aller de meeting en meeting provoquer des résolutions déclaratoires sur tout en général; puis une dame extrêmement sale, avec son chapeau de travers et un châle où était restée l'étiquette du marchand et dont la maison, à ce que nous dit Caroline, offrait le tableau d'un désert dégoûtant, mais dont l'église ressemblait à une foire d'objets de curiosités. Enfin un gentleman ergoteur qui avait, disait-il, pour mission la fraternité universelle, mais qui semblait fort mal avec toute sa famille, complétait l'assemblée.

Je ne crois pas, quand on l'aurait fait exprès, qu'il fût possible de trouver des gens ayant moins de rapport avec la circonstance qui les réunissait. De toutes les missions, la seule qu'ils ne pussent pas supporter était la vile mission des intérêts domestiques. Miss Wisk alla même jusqu'à nous dire avec indignation, un peu avant de nous mettre à table, que penser que la mission de la femme se renfermait principalement dans la sphère étroite du foyer était une calomnie outrageante que l'homme, indigne tyran de l'autre sexe, se plaisait à répandre. Une autre singularité qui me frappa, c'est que personne, à l'exception de M. Gusher, dont la mission était, comme je l'ai dit ailleurs, de tomber en extase devant la mission de n'importe qui, ne faisait cas de la mission du voisin. L'unique remède à tous les maux de la société, d'après mistress Pardiggle, était de poursuivre le pauvre, de le saisir et de lui appliquer la bienfaisance comme une camisole de force. Pour miss Wisk, l'émancipation de la femme était la seule chose au contraire qui pût sauver le genre humain ; et tandis qu'elle soutenait cette thèse avec ardeur, mistress Jellyby souriait à la vision lointaine de Borrioboula-Gha.

Mais revenons au mariage de Caroline; nous nous rendîmes à l'église, où M. Jellyby conduisit la mariée. Venait ensuite le vieux M. Turveydrop, et je n'en dirai jamais assez pour rendre justice à l'air incroyablement distingué avec lequel ce gentleman, son chapeau sous le bras gauche (l'intérieur présenté au ministre comme la bouche d'un canon), les yeux épanouis jusqu'aux bords de sa perruque, le cou roide, l'épaule haute, se tint derrière Eva et moi pendant toute la cérémonie. Miss Wisk, d'un extérieur naturellement peu agréable, écouta les paroles consacrées, si révoltantes à l'égard de la femme, avec le plus profond dédain. Quant à mistress Jellyby, dont le regard et le sourire conservaient leur éternelle sérénité, nul, parmi tous ceux qui étaient là, n'avait l'air aussi complétement étranger au mariage qui se faisait sous ses yeux.

Nous revînmes déjeuner ; mistress Jellyby occupa le haut bout de la table et son mari se plaça vis-à-vis.

Avant d'entrer dans la pièce où le repas avait lieu, Caroline avait couru chez les enfants pour les embrasser de nouveau et pour leur dire qu'elle s'appelait maintenant Caroline Turveydrop; mais, au lieu de causer une agréable surprise à Pepy, cette information le mit dans une telle colère, que sa sœur m'ayant envoyé chercher pour le calmer, je ne pus faire autrement que de consentir à ce qu'il vînt déjeuner avec moi ; je le pris donc sur mes genoux, et sa mère, voyant alors dans quel état se trouvait son tablier, ne put s'empêcher de lui dire : « Vilain Pepy! quel petit cochon vous faites ! » Mais elle ne s'en trouble pas autrement. Pepy fut très-sage tout le temps du repas, si ce n'est qu'ayant descendu le Noé d'une arche que je lui avais donnée le matin, il le trempait dans mon verre pour le mettre ensuite dans sa bouche.

Mon tuteur, avec sa bienveillance accoutumée, son esprit plein de tact et sa figure aimable, finit par égayer le repas en dépit des convives dont chacun ne savait parler que de son propre sujet; et je ne sais pas ce que nous serions devenus s'il n'y avait pas été; car tous les hôtes de mistress Jellyby, ayant pour les mariés un véritable mépris, et M. Turveydrop se considérant, en vertu de sa suprême distinction, comme infiniment supérieur à toute la compagnie, le cas devenait extrêmement embarrassant.

Enfin, le moment arriva de se séparer; tous les bagages de Caroline furent attachés sur la voiture qui devait avec son mari l'emporter à Gravesend, et nous fûmes touchés de voir la pauvre enfant donner un dernier regret à ce déplorable intérieur et se suspendre au cou de sa mère avec la plus vive affection.

« J'ai bien du chagrin, lui disait-elle au milieu de ses sanglots, de n'avoir pas pu continuer à écrire sous votre dictée, maman; j'espère que vous me le pardonnez aujourd'hui.

— Je vous ai déjà répondu cent fois que j'avais pris un jeune homme à votre place et qu'il n'était plus question de cela, disait mistress Jellyby.

— Vous n'êtes pas fâchée contre moi, maman? je vous en prie, dites-le-moi bien avant que je parte.

— Vous êtes folle, Caroline; est-ce que j'ai l'air mécontent? est-ce qu'il est dans ma nature de me fâcher, et d'ailleurs, est-ce que j'en aurais le temps?

— Ayez soin de papa jusqu'à mon retour, maman. »

Mistress Jellyby ne put pas s'empêcher de rire: « Petite sotte, enfant romanesque, dit-elle en frappant légèrement sur l'épaule de sa fille; soyez tranquille et partez; nous nous quittons fort bien ensemble; adieu, Caddy, soyez heureuse; encore adieu. » Caroline alla embrasser son père, appuya sa joue contre la sienne et le berça doucement comme on fait à un enfant malade pour endormir sa douleur; puis, son père la quitta, prit son mouchoir de poche et alla s'asseoir sur l'escalier, la tête contre le mur; j'espère que les murailles avaient pour lui quelque consolation secrète, et je le crois réellement.

Prince, prenant alors sa femme par la main avec l'émotion la plus profonde, se tourna vers son père dont le maintien superlatif était vraiment écrasant:

« Merci mille fois encore, dit-il au vieux gentleman en lui

baisant la main; oh! mon père! que de reconnaissance pour toutes vos bontés!

— Oh! oui, murmura Caroline tout en larmes.

— J'ai fait mon devoir, cher fils et chère fille, répondit M. Turveydrop; et je trouverai dans le regard d'une sainte qui plane au-dessus de nous, comme dans votre constante affection, la récompense de tous mes sacrifices. Vous ne manquerez pas à vos devoirs envers moi, j'en ai la certitude.

— Jamais, mon père, s'écria Prince.

— Jamais, jamais, cher monsieur Turveydrop, ajouta Caroline.

— Cela doit être, continua le vieux gentleman, et j'y compte assurément; chers enfants! ma maison est la vôtre; mon cœur est à vous avec tout ce qui m'appartient. Je ne vous quitterai jamais; la mort seule pourra nous séparer; mon fils, je suppose que vous avez l'intention de rester huit jours absent.

— Oui, mon père, d'aujourd'hui en huit nous serons de retour.

— Mon cher enfant, permettez-moi, dans la circonstance exceptionnelle où nous sommes, de vous recommander la plus grande exactitude; il est de la plus haute importance de conserver vos élèves et les pensions que vous avez; les habituées du cours pourraient aussi se formaliser d'une absence trop prolongée.

— D'aujourd'hui en huit nous arriverons pour dîner, mon père.

— Très-bien! mon enfant; vous trouverez, ma chère Caroline, du feu dans votre chambre et le dîner servi dans mon appartement. Si, si, mon fils, ajouta-t-il en prévenant quelque objection de Prince sur l'embarras que cela pourrait lui causer; vous seriez comme dépaysés dans votre nouveau logement; c'est pourquoi vous dînerez chez moi le jour de votre arrivée. Et, maintenant soyez bénis, chers enfants! »

Ils partirent, et je ne sais pas qui des deux m'étonna davantage, de mistress Jellyby ou de M. Turveydrop. Au moment où nous allions monter en voiture, M. Jellyby vint me trouver dans la salle, me prit les mains qu'il pressa dans les siennes, et ouvrit deux fois la bouche sans rien dire; je crus toutefois comprendre les remercîments qu'il voulait m'adresser.

« Je vous en prie, lui répondis-je, ne parlons pas de cela, je serai toujours heureuse de vous être agréable. »

« J'espère que ce mariage tournera bien, tuteur, dis-je à M. Jarndyce en roulant vers Bleak-House.

— Je l'espère aussi, petite femme; mais, patience, nous verrons cela plus tard.

— Est-ce qu'aujourd'hui le vent est de l'est? me hasardai-je à lui demander.

— Non, répondit-il en riant.

— Mais peut-être l'a-t-il été ce matin?

— Non, » répondit-il de nouveau. Non, dit aussi mon Eva en secouant sa jolie tête couronnée de fleurs mêlées à ses cheveux d'or, et qui l'aurait fait prendre pour l'image du printemps. « Et que savez-vous du vent d'est, vilain amour? » lui dis-je en l'embrassant.

Il y a bien longtemps de cela, et je sais bien que c'était leur affection pour moi qui le leur faisait dire; mais il faut que je l'écrive, quitte à l'effacer aussitôt; j'ai trop de plaisir à me le rappeler encore; ils répondirent « que le vent d'est ne pouvait pas souffler quand certaine personne était là, et que le soleil et la brise d'été suivaient partout dame Durden. »

FIN DU PREMIER VOLUME

TABLE DES MATIÈRES

CONTENUES DANS LE PREMIER VOLUME.

Chapitres.		Pages.
I.	Coup d'œil sur la chancellerie...	1
II.	Coup d'œil sur le grand monde...	7
III.	Narration d'Esther...	14
IV.	Philanthropie télescopique...	32
V.	Une aventure...	42
VI.	Tout à fait chez nous...	54
VII.	Le Promenoir du Revenant...	74
VIII.	La narration d'Ester continue...	84
IX.	Signes et présages...	102
X.	L'expéditionnaire...	117
XI.	Notre cher frère...	127
XII.	Au guet...	141
XIII.	Narration d'Esther...	155
XIV.	Le dernier gentleman...	169
XV.	Bell Yard...	188
XVI.	Tom-all-Alone...	202
XVII	Narration d'Esther...	211
XVIII.	Lady Dedlock...	224
XIX.	Circulez...	241
XX.	Un nouveau locataire...	254
XXI.	La famille Smallweed...	268
XXII.	M. Bucket...	285
XXIII.	Narration d'Esther...	298
XXIV.	Un appel...	315

Chapitres.		Pages.
XXV.	Mistress Snagsby a tout deviné	329
XXVI.	Aigrefins	341
XXVII.	Encore un vieux soldat	354
XXVIII.	Le maître de forges	366
XXIX.	Le jeune M. Guppy	377
XXX.	Narration d'Esther	391

FIN DE LA TABLE DU PREMIER VOLUME.

Coulommiers. — Imp. PAUL BRODARD. — 383-96

LIBRAIRIE HACHETTE ET Cie
79, BOULEVARD SAINT-GERMAIN, 79

EXTRAIT DU CATALOGUE
1895
BIBLIOTHÈQUE DES MEILLEURS ROMANS ÉTRANGERS
Traductions françaises à 1 fr. le volume broché.

ROMANS ANGLAIS

Ainsworth (W.) : *Crichton*. 1 vol.
— *Jack Sheppard*, ou les Chevaliers du brouillard. 1 vol.

Alexander (Mrs.) : *L'épousera-t-il?* 2 vol.
— *Une seconde vie*. 2 vol.
— *Autour d'un héritage*. 2 vol.

Anonymes : *Les pilleurs d'épaves*. 1 vol.
— *Miss Mortimer*. 1 vol.
— *Paul Ferroll*. 1 vol.
— *Violette*, imitation de l'anglais. 1 vol.
— *Whitefriars*. 2 vol.
— *La veuve Barnaby*. 2 vol.
— *Tom Brown à Oxford*, imité de l'anglais. 1 vol.
— *Mehalah*. 1 vol.
— *Portia*. 1 vol.
— *Le bien d'autrui*, étude de mœurs américaines. 1 vol.
— *La maison du Marais*. 1 vol.
— *Helen Clifford*. 1 vol.

Austen (Miss) : *Persuasion*. 1 vol.

Beecher-Stowe (Mrs.) : *La case de l'oncle Tom*. 1 vol.
— *La fiancée du ministre*. 1 vol.

Black (W.) : *Anna Beresford*. 1 vol.

Blackmore (R.) : *Erema*. 1 vol.

Blind (M.) : *Tarantella*. 1 vol.

Braddon (Miss) : *Œuvres*. 29 volumes :
— *Henri Dunbar*. 2 vol.

Braddon (Miss) (suite) :
La trace du serpent. 2 vol.
Le capitaine du Vautour. 1 vol.
Le testament de John Marchmont. 2 vol.
Le triomphe d'Eleanor. 2 vol.
Lady Lisle. 1 vol.
Ralph l'intendant. 1 vol.
La femme du docteur. 2 vol.
Le locataire de sir Gaspard. 2 vol.
Rupert Godwin. 2 vol.
Les oiseaux de proie. 2 vol.
La chanteuse des rues. 2 vol.
Un fruit de la mer Morte. 2 vol.
Lucius Davoren. D. M. 2 vol.
Joshua Haggard. 2 vol.
Le chêne de Blatchmardean. 1 vol.
Fatalité. 1 vol.

Bret Harte. *Le blocus des neiges*. 1 vol.

Bulwer Lytton (sir Ed.) : *Œuvres*. 25 volumes :
Devereux. 2 vol.
Ernest Maltravers. 1 vol.
Le dernier des barons. 2 vol.
Les derniers jours de Pompéi. 1 vol.
Mémoires de Pisistrate Caxton. 2 vol.
Mon roman. 2 vol.
Paul Clifford. 2 vol.
Qu'en fera-t-il? 2 vol.
Rienzi. 2 vol.
Zanoni. 2 vol.

Bulwer Lytton (sir Ed.) (suite):
Eugène Aram. 2 vol.
Alice, ou les Mystères. 1 vol.
Pelham, ou Aventures d'un gentleman. 2 vol.
Jour et nuit, ou Heur et malheur. 2 vol.

Burnett (F. H.): *Entre deux présidences.* 1 vol.

Conway (H.): *Affaire de famille.* 1 vol.
— *Vivant ou mort.* 1 vol.
— *Nouvelles.* 1 vol.

Craik (Miss Mullock): *Deux mariages,* 1 vol.
— *Une noble femme.* 1 vol.
— *Mildred.* 1 vol.

Cummins (Miss): *L'allumeur de réverbères.* 1 vol.
— *Mabel Vaughan.* 1 vol.
— *La rose du Liban.* 1 vol.
— *Les cœurs hantés.* 1 vol.

Currer-Bell (Miss Brontë): *Jane Eyre.* 2 vol.
— *Le professeur.* 1 vol.
— *Shirley.* 2 vol.

Dasent: *Les Vikings de la Baltique.* 1 vol.

Derrick (F.): *Olive Varcoe,* 1 vol.

Dickens (Ch.): *Œuvres,* 28 volumes :
Aventures de M. Pickwick. 2 vol.
Barnabé Rudge. 2 vol.
Bleake-House. 2 vol.
Contes de Noël. 1 vol.
David Copperfield. 2 vol.
Dombey et fils. 3 vol.
La petite Dorrit. 2 vol.
Le magasin d'antiquités. 2 vol.
Les temps difficiles. 1 vol.
Nicolas Nickleby. 2 vol.
Olivier Twist. 1 vol.
Paris et Londres en 1793. 1 vol.
Vie et aventures de Martin Chuzzlewit. 2 vol.
Les grandes espérances. 2 vol.

Dickens (Ch.) (suite): *L'ami commun.* 2 vol.
Le mystère d'Edwin Drood. 1 vol.

Dickens et Collins: *L'abîme.* 1 vol.

Disraeli: *Sybil.* 1 vol.
— *Lothair.* 1 vol.

Edwardes (Mrs. Annie): *Un bas-bleu.* 1 vol.
— *Une singulière héroïne.* 1 vol.

Edwards (Miss Amelia): *L'héritage de Jacob Trefalden.* 1 vol.

Eliot (G.): *Adam Bede.* 2 vol.
— *La conversion de Jeanne.* 1 vol.
— *Les tribulations du révérend A. Barton.* 1 vol.
— *Le moulin sur la Floss.* 2 vol.
— *Romola, ou Florence et Savonarole.* 2 vol.
— *Silas Marner, le tisserand de Raveloe.* 1 vol.

Elliot (F.): *Les Italiens.* 1 vol.

Farjeon: *Le mystère de Porter Square.* 1 vol.

Fleming (G.): *Un roman sur le Nil.* 1 vol.

Fleming (M.): *Un mariage extravagant,* 2 vol.

Fullerton (Lady): *L'oiseau du bon Dieu.* 1 vol.
— *Hélène Middleton.* 1 vol.

Gaskell (Mrs.): *Œuvres.* 6 volumes :
Autour du sofa. 1 vol.
Marie Barton. 1 vol.
Marguerite Hall (Nord et Sud). 1 vol.
Ruth. 1 vol.
Les amoureux de Sylvia. 1 vol.
Cousine Philis. — *L'œuvre d'une nuit de mai.* — *Le héros du fossoyeur.* 1 vol.

Gissing: *Demos.* 2 vol.

Gray (M.): *Le silence du doyen.* 1 vol.

Grenville Murray : *Œuvres.* 5 volumes :
  Le jeune Brown. 2 vol.
  La cabale du boudoir. 1 vol.
  Veuve ou mariée? 1 vol.
  Une famille endettée. 1 vol.

Gunter : *M. Barnes de New-York.* 1 vol.

Hall (capitaine Basil) : *Scènes de la vie maritime.* 1 vol.
— *Scènes du bord et de la terre ferme.* 1 vol.

Hamilton-Aïdé : *Rita.* 1 vol.
— *Présentée.* 1 vol.

Hardy (T.) : *Le trompette-major.* 1 vol.

Harwood (J.) : *Lord Ulswater.* 1 vol.

Haworth (Miss) : *Une méprise.* — *Les trois soirées de la Saint-Jean.* — *Morwell.* Nouvelles. 1 vol.

Hawthorne : *La maison aux sept pignons* 1 vol.

Hildreth : *L'esclave blanc.* 1 vol.

Howells : *La passagère de l'Aroostoock.* 1 vol.
— *La fortune de Silas Lapham.* 1 vol.

Hume (F. G.). *Le mystère d'un hansom cab.* 1 vol.
— *Miss Méphistophélès.* 1 vol.

Hungerford (Mrs.) : *Molly Bawn.* 1 vol.
— *Doris.* 1 vol.
— *La conquête d'une belle-mère.* 1 vol.
— *Rossmoyne.* 1 vol.
— *Premières joies et premières larmes.* 2 vol.

Jackson : *Ramona.* 1 vol.

James : *Léonora d'Orco.* 1 vol.
— *L'Américain à Paris.* 1 vol.
— *Roderick Hudson.* 1 vol.

Jenkin (Mrs) : *Qui casse paye.* 1 vol.

Jerrold (D.) : *Sous les rideaux.* 1 vol.

Kavanagh (J.) : *Tuteur et pupille.* 2 vol.

Keary (Annie) : *L'Irlande il y a quarante ans.*

Kingsley : *Il y a deux ans.* 2 vol.

Lawrence (G.) : *Œuvres.* 6 volumes :
  Frontière et prison. 1 vol.
  Guy Livingstone. 1 vol.
  Honneur stérile. 1 vol.
  L'épée et la robe. 1 vol.
  Maurice Dering. 1 vol.
  Flora Bellasys. 1 vol.

Longfellow : *Drames et poésies.* 1 vol.

Lytton (Lord) : *Glenaveril.* 1 vol.

Marryat (Miss) : *Deux amours.* 1 vol.

Marsh (Mr.) : *Le contrefait.* 1 vol.

Mayne-Reid : *La piste de guerre.* 1 vol.
— *La quarteronne.* 1 vol.
— *Le doigt du destin.* 1 vol.
— *Le roi des Séminoles.* 1 vol.
— *Les partisans.* 1 vol.

Melville (Whyte) : *Œuvres.* 5 volumes :
  Les gladiateurs : Rome et Judée. 1 vol.
  Katerfelto. 1 vol.
  Digby Grand. 1 vol.
  Kate Coventry. 1 vol.
  Satanella. 1 vol.

Norris : *La méprise d'un célibataire.* 2 vol.

Ouida : *Ariane.* 2 vol.
— *Pascarel.* 1 vol.
— *Amitié.* 1 vol.
— *Umilta.* Nouvelles. 1 vol.
— *La princesse Zouroff.* 1 vol.

Ouida (suite) : *Les fresques. Nouvelles.* 1 vol.
— *Musa*, imité par J. Girardin. 1 vol.
— *Wanda.* 2 vol.
— *Les Napraxine.* 2 vol.
— *Othmar.* 2 vol.
— *Don Gesualdo. Nouvelles.* 1 vol.
— *Scènes de la vie de château.* 1 vol.
— *Syrlin.* 2 vol.
— *Guilderoy.* 2 vol.

Page (H.) : *Un collège de femmes.* 1 vol.

Poynter (E.) : *Helly.* 1 vol.

Reade et Dion Boucicault : *L'île providentielle.* 1 vol.

Ridder-Haggard : *Jess.* 1 vol.
— *Béatrice.* 1 vol.
— *Le colonel Quaritch.* 1 vol.

Rookingham (C.) : *Les surprises d'un célibataire.* 1 vol.

Savage : *Un mariage officiel.* 1 vol.

Segrave (A.) : *Marmorne.* 1 vol.

Smith (J.) : *L'héritage.* 3 vol.

Stephens (Miss) : *Opulence et misère.* 1 vol.

Thackeray : *Œuvres.* 9 volumes :
Henry Esmond. 2 vol.
Histoire de Pendennis. 3 vol.
La foire aux vanités. 2 vol.
Le livre des snobs. 1 vol.
Mémoires de Barry Lindon. 1 vol.

Thackeray (Miss) : *Sur la falaise.* 1 vol.

Townsend (V.-F.) : *Madeline.* 1 vol.

Trollope (A.) : *Le domaine de Belton.* 1 vol.
— *La veuve remariée.* 2 vol.
— *Le cousin Henry.* 1 vol.
— *Les tours de Barchester.* 1 vol.
— *Rachel Ray.* 2 vol.

Trollope (Mrs) : *La pupille.* 1 vol.

Wilkie Collins : *Œuvres.* 20 volumes :
Le secret. 1 vol.
La pierre de lune. 2 vol.
Mademoiselle ou Madame ? 1 vol.
Mari et femme. 2 vol.
La morte vivante. 1 vol.
La piste du crime. 2 vol.
Pauvre Lucile! 2 vol.
Cache-cache. 2 vol.
La mer glaciale. — La femme des rêves. 1 vol.
Les deux destinées. 1 vol.
L'hôtel hanté. 1 vol.
La fille de Jézabel. 1 vol.
Je dis non. 2 vol.
C'était écrit. 1 vol.

Winter (John Strange) : *Ce lutin. Petite folle.* 1 vol.

Wood (Mrs.) : *Œuvres.* 5 volumes :
Le maître de Greylands. 1 vol.
La gloire des Verner. 1 vol.
Edina. 1 vol.
L'héritier de Court-Netherleigh. 1 vol.
Perdu à la poste. 1 vol.

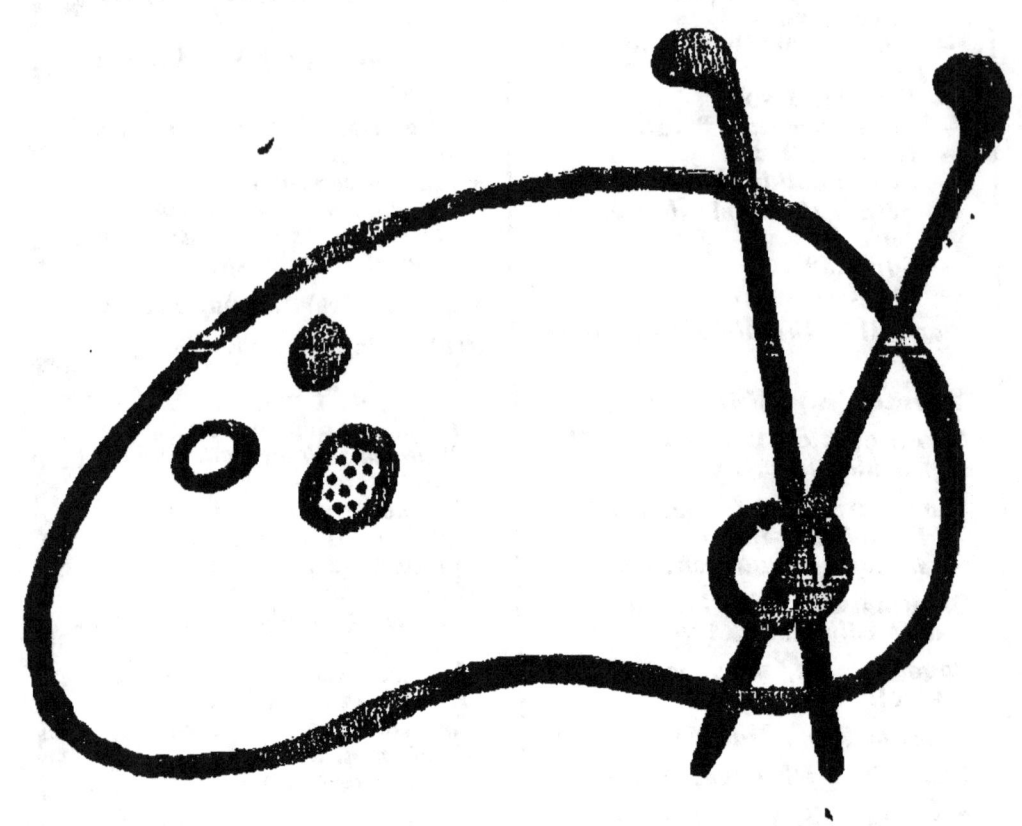

Original en couleur
NF Z 43-120-8